新世紀華人新聞傳播大系
鄭貞銘、丁淦林◎主編

口語
傳播

Speech Communication

秦琍琍、李佩雯、蔡鴻濱◎著

人類心靈的工程師
——「新世紀華人新聞傳播大系」總序

新聞傳播是人類心靈的工程師，任務何其艱鉅？隨著傳播科技的發達，新聞傳媒更形成一種權力；但這種權力究竟是基於何種哲學思維，建立它的基本核心價值？這是本叢書作者共同關切的問題。當傳播施展它的無邊威力時，究竟誰能制衡它的威力；當他爲社會百態進行論述時，究竟誰爲它們打分數？

這一大哉問，牽涉到新聞哲學的問題，這也是叢書作者們所最關心的基本觀念與核心價值。每一個從事新聞傳播研究與工作的人們，不能不思考：新聞傳播的目的何在？新聞傳播的價值何在？新聞人追求的目標究竟是什麼？如果不能確定新聞傳播的本質，追尋其基本的價值目標，則新聞傳媒恐也難免陷入進退維谷、進退失據的境地。

美國著名傳播學者梅里爾（John C. Merrill）強調新聞倫理是新聞哲學的核心。他說：

「倫理學……促使新聞從業人員在它們的新聞工作中，決定應當做的行爲；它是一種有著濃厚色彩的規範性行爲。」

基於此一信念，我曾以柏拉圖（Plato）《理想國》（*The Republic*）中所揭櫫的四種道德——智慧、勇氣、節制、公正，作爲新聞傳播哲學的中心基礎。

現今是一個人稱「資訊雖發達，知識卻貧乏」的時代，「資訊氾濫」的嘲諷，必須靠新聞人類的智慧來遏止，提供知識、提升文化品質與生活水準，絕對是新聞人的最高道德。

　　所以，新聞人在享受傳播自由時，必須隨時自省與自制：新聞人既不能以一己之私藉傳播之力謀名求利，更要積極地領導社會走向理性與和諧。

　　新聞傳播如能成為社會進步的標竿，自然就能掃除許多社會進步的絆腳石，新聞傳播哲學思維的確立，資訊才是人類走向世界和平的催生劑。

　　因此，新聞教育的重要性也就不言可喻。

　　1908年，當美國「新聞教育之父」威廉斯（Walter Williams）創辦密蘇里大學（University of Missouri）新聞學院時，第一件窘事便是學生無書可讀；1922年，普立茲（Joseph Pulitzer）創辦哥倫比亞大學（Columbia University）新聞學院，也大量聘請新聞界實務人才執教，講授他們的工作經驗，這固然說明新聞實務在新聞教育中的重要性，但同樣的原因是因為他們面臨缺乏教科書的痛苦。

　　新聞教育發展二十年後，儘管密大與哥大的教育績效良好，但是仍不免為教育界所譏諷與抨擊，他們認為新聞僅是技術而非學術，新聞學不過是一種工作經驗的「膚淺」傳授，這種過度重視職業趨向「庸俗之學」不足以使它在大學殿堂立足生根；「新聞無學」之說遂甚囂塵上。

　　我個人在台灣接受政治大學復校第一屆新聞學教育時，也同樣面臨「無書可讀」的痛苦，當時曾虛白、謝然之、馬星野、王洪鈞、錢震諸師的論著，乃洛陽紙貴，為入門學新聞之「聖經」。

　　王洪鈞教授的「新聞採訪學」一版再版、錢震教授的「新聞論」也備受重視，我稱這兩位恩師的著作為台灣新聞教育的啟蒙之作，是極為誠懇而忠實的推崇。

　　1963年起，我任教台灣各大學四十餘年，先後任教的學校包括文化大學、世新大學、輔仁大學、師範大學、銘傳大學、政戰學校、玄奘大學、東海大學、東吳大學、中原大學、香港珠海大學、

淡江大學等十餘所。其中以專任中國文化大學的時間最長,先後擔任大眾傳播館館長、新聞系主任、新聞研究所所長,以及社會科學院院長等職共十七年。

在長期從事新聞教育的歷程中,我深知如無優良的書籍為基礎,新聞教育如浮萍,並無扎實的根基。因此,從事有關大學新聞教科書的著作與出版,乃成了我努力的另一個目標。

四十年來,台北的三民書局、正中書局、商務印書館、五南書局、華欣文化事業中心、莘莘出版公司、遠景出版公司、遠流出版、時報出版公司、空中大學、台北市新聞記者公會等,都是熱心出版新聞叢書的單位,他們對新聞傳播學的闡揚皆極有貢獻,而學生更可以跳脫無書可讀的窘境。

兩岸交流之後,我遍訪大陸重要新聞學府,邀請大陸重要學府負責人訪台,他們一致的心聲就是大陸的新聞專著缺乏,即使有所出版,對近代之傳播研究仍顯得匱乏,於是乃就力之所及,盡量以台灣學者出版的新聞傳播著作,贈給各大陸名校,作為近代新聞教育之基礎;其中1996年,經由中華學術基金會的支持,購贈大批有關新聞傳播圖書贈送十二所名校,每校獲贈五大箱,三百多冊,這對兩岸新聞傳播學術之交流、瞭解與合作助益不少。

近些年,大陸新聞傳播教育迅速擴張,發展速度驚人。而有關書籍之出版也如雨後春筍,我們驚豔於許多學者的辛勤耕耘,但也認為其中有若干待充實與補正之處。

於是,在有志學者的倡議下,如何延攬海峽兩岸與美國、香港等地的著名華人學者,共同為二十一世紀的新聞傳播研究出版共同叢書,以迎向世界潮流,做為對全球華人研讀新聞傳播的重要藍本,成了有志者的共同心願。

這是一項艱鉅的工程,經過兩年兩岸與海外學者的不斷聯繫溝通,終獲許多學者的熱心參與。我們如臨深淵、如履薄冰,以誠懇

嚴謹的態度達成編輯這套叢書的共識：

1.前瞻性的眼光、世界性的展望；

2.落實於中國、港澳與台灣地區之運用；

3.體例的一致性；

4.文字之通俗易懂；

5.理論與實務之結合。

當然，要完成上述理想並非容易，但是，所有的作者都願意盡己所能，共同完成這一項壯舉。

也感謝上海復旦大學出版社與台北揚智文化公司為這套叢書在上海、台北兩地分別以正簡體字出版。

希望這套全球華人重要學者的結晶，能建立起新聞傳播的普世價值。

郭貞金銘

2010.4.20於上海樂雨軒

丁　序

　　教材爲教學之本。這個本，是教本或書本，也是根本。教師
教、學生學都以教材爲依據，教什麽、學什麽、範圍多大、程度多
深都體現在教材中。因此，編寫教材要特別重視知識體系的完整
性、科學性和準確性，其難度不下於寫專著。一部好的教材，往往
就是一部好的專著。第一部中國人撰寫的新聞學著作——《新聞
學》，就是徐寶璜教授爲北京大學新聞學研究會講課的教材；名著
《中國報學史》，也是戈公振先生爲了講課需要而撰寫的。

　　然而，專著與教材畢竟有所不同。寫專著，著眼於學術貢獻，
要求深入、深入、再深入；而寫教材，卻要求滿而不溢，即全面
地、系統地闡釋課程內容，不多不少，恰到好處。寫教材，還應注
意爲教師預留講解的空間，爲學生預留思考的空間。當然，這不是
削減內容，而是在表達上應重在啓迪。

　　在全世界華人地區中，新聞傳播教育與學術研究發展迅速。
在這方面，不同地區各有特點，更有共同的文化根源和共同的現實
需求，因而交流與合作十分必要。編輯出版這套「新世紀華人新聞
傳播大系」教材，目的是彙集各地區華人學者優勢力量，共同推進
華人新聞傳播教育與學術研究。這套教材，由中國內地、台灣、香
港、澳門以及美國等地華人學者通力合作編寫，執筆者都有豐富的
教學經驗與豐碩的學術成果。他們熟悉課堂、瞭解學生，善於釋疑
解惑，長於學術研究。「教然後知其困」，他們也遇到過種種問
題，找到過種種答案，有著種種感受。他們把自己在實踐中的切身
體驗融入教材，可以使之有完備的知識性、縝密的邏輯性和親切的

可讀性，學生「學然後知不足」，學然後知創新。

　　編好教材，是編者的責任，但也需要讀者的幫助。我們衷心期盼，讀者把閱讀的感想、意見和建議告訴編者或執筆者，以便修改補正，逐步完善。

丁淦林 謹識

自　序

　　台灣傳播學門自1980年代以來，有了多元的發展，其中尤以在西方已成熟發展的口語傳播學的加入，更豐富與完整了傳播學門的版圖。目前唯一完整設置相關課程並擁有齊備師資的世新大學口語傳播學系，創系至今也已近二十年，然而一般大眾還是不免經常問及「何謂口語傳播？」

　　口語傳播是一門關乎人心、人性與人類行為的學科，而其對於人類溝通中的互動性、情境性、口語性以及訊息交換過程的重視，也凸顯此學門和其它社會科學或是人文學科的差異。也許是因為口語傳播乍聽之下像是「人人皆會」的生存本能，也或許是因為華人文化自古以來對於「能言善道」者既存的負面印象，因而許多人對此學門的認識僅侷限於溝通技巧或是學習說話，而忽略了我們乃是透過溝通得以建立自我、認識他人、組成社群、學習並傳遞知識，以及建構所謂的「客觀」世界與真實。

　　本書兼顧理論與實務，除透過系統性的介紹，使讀者能夠全面瞭解口語傳播的理論基礎與歷史發展，並進一步思考口語傳播在本地與亞洲發展的可能性外，亦運用每章清楚的學習目標與末後所附型態多元的作業，幫助讀者將書中內容與實際生活扣連，並靈活運用以解決問題與建構生活世界。

　　本書由秦琍琍、李佩雯和蔡鴻濱三位老師共同撰寫。第一章「口語傳播概論」主要為口語傳播學的定義與內涵、研究取徑與理論演進、研究版圖的建構以及新的研究取徑和研究課題等做一完整介紹；第二章「語藝與說服」則是萃取語藝學的基礎知識，以做

為讀者認識語藝的起點，並經由對語藝發展脈絡的介紹，來認識二千五百年來人類自由民主的變動遞嬗與語藝興盛衰敗之間的密切關係；第三章「人際溝通」概述人際溝通學的起源、人際關係發展的基礎概念與理論等，並希望幫助讀者改善自身人際間的溝通，以求建立並維繫良善的人際關係；第四章「小團體溝通」除介紹小團體溝通的定義、內涵與相關概念外，也從團隊建立的角度來說明團體互動；第五章「組織傳播」乃從「組織素養」的角度來介紹讀者認識這個領域及其重要性，並透過組織傳播研究典範發展的說明，扣連真實組織生活中會面臨的重要課題與可能的解決之道；第六章「公共傳播」則是透過對公共傳播內涵與特性的介紹來說明公共傳播核心意義、更藉由對演說的類型、準備以及技巧等瞭解來培養讀者進行公共演說的能力；第七章「跨文化溝通」則從文化與溝通之間的關聯開始，除說明文化與建立自我認同的重要性外，並幫助讀者理解跨文化溝通的基本內涵、歷史的發展，以及生活上的應用；第八章「口語與科技」主要說明口語溝通與科技發展之間的複雜關係，本章以傳播科技發展為經，以Ong（1982）對希臘時代以來的口語表達方式之劃分：初級口語、書寫印刷與二度／電子口語等為緯，說明科技特性對於口語傳播內涵的影響與挑戰；第九章「非西方口語傳播思想與理論」旨在重新思考「理論」的定義以及未來傳播研究的走向，作者除探討現今西方傳播理論的通則性和適用性外，亦進一步介紹以亞洲文化為中心的傳播研究取向，並提出口語傳播學在亞洲發展的挑戰與可能性。

我們對於本書的待期，其實是超越了一般的教科書，因此與其說本書的目的主要是在介紹口語傳播學，倒不如將其視為是這些年來台灣口語傳播教學與研究成果的一種展現，因為書中每一章的內容除了介紹相關主題與理論外，作者們也將這些年各自的教學素材與研究心得融入，並同時帶出對相關議題的研究旨趣與省思。其

中，秦琍琍老師進行第一、四與五章的撰寫，李佩雯老師則是負責第三、七與九章的內容，而第二、六與八章則是由蔡鴻濱老師執筆。

　　本書不僅是作者們對於自己所學熱情的展現，也期待能改變許多人對於口語傳播只停留在工具層面的認識，就如杜威（Dewey）所說「傳播之美好，爲萬事之最。」傳播之所以美好，乃在於意義、價值、熱情、愛和美善都必須經由它來體現。

　　由於這是三位作者共同完成的第一本書，在內容及撰寫上不免仍有不足之處，書中若有錯誤或疏漏的地方，尚祈各界賢達不吝賜教爲感。

秦琍琍、李佩雯、蔡鴻濱　謹識

目　錄

口語傳播

第一章 口語傳播概論

學習目標

1. 瞭解口語傳播的定義與內涵、歷史發展以及理論基礎。

2. 認識口語傳播在日常生活中的情境與應用。

3. 進一步思考口語傳播學門在亞洲發展的可能性。

多年前，知名學者杜威（Dewey, 1939）曾說：「傳播之美好，為萬事之最。」（Of all things, communication is the most wonderful.）本書從人類傳播（human communication）的主旨出發，對於傳播相關理論首重生活世界的建構與問題的解決，因此無論是視傳播的本質為文化（Carey, 1989）、協商（Deetz, 1994）或是實踐（Craig, 2006），我們的立論在於人類乃是透過傳播得以建立自我、認識他人、組成社群、學習並傳遞知識，以及建構所謂的「客觀」世界與真實。換言之，我們經由或溝通得以存有並展現人性，因此，本書兼顧了理論與實務的面向，透過系統性的介紹，除了幫助讀者能更瞭解傳播領域外，也能進一步的將書中的概念與技巧，運用在實際生活中。

為達此目標，本章首先介紹從語藝傳統出發的口語傳播學，是如何轉移到兼容量化研究的社會科學取向；其次，則凸顯口語傳播學所強調脈絡（contextualization）的概念，闡釋在不同層次的社會情境中，人們如何透過語言與符號的使用，得以在其文化脈絡中窺知意義並達成溝通目的；最後，則延伸至從非西方──特別是以亞洲為主軸的傳播研究導向，來討論口語傳播學未來發展的契機。因此，本章除就口語傳播學的定義與內涵、研究取徑與理論演進、研究版圖的建構以及新的研究取徑和研究課題等做一整理與介紹外，亦會討論口語傳播學如何與其他學門／學域進行跨界的對話與知識的統整。

第一節　口語傳播的定義與內涵

　　嚴格說來，傳播研究成為一獨立學門，至今雖未滿百年，但人類的傳播行為自有人類以來就已經存在，人類的文明也因為透過語言與非語言符號的使用與互動，得以延續與發展。換言之，透過溝通與互動，我們得以瞭解與發展自我、組成團體與社群、進行經濟與政治行為、創造與使用媒體、同時能夠建立文化與共享意義，因此傳播從來不只是工具或技巧而已，人類透過傳播得以形塑存在與展現人性，故而Thayer（1982, 1987）曾說：「我們因傳播而存有。」（As we communicate, so shall we be.）

　　學者陳國明（2001）曾以樹來比喻傳播學領域，樹的主幹就是「傳播」，而樹上長有六大枝幹：人際傳播學（Interpersonal Communication）、小團體傳播學（Small Group Communication）、組織傳播學（Organizational Communication）、公共傳播學（Public Communication）、大眾傳播學（Mass Communication）與文化間傳播學（Intercultural Communication）。其中除了關注媒體與閱聽人研究的新聞學和大眾傳播學外，其餘的研究領域主要是屬於口語傳播學門（Speech Communication）的範疇。

　　口語傳播學除傳承自希臘羅馬時代起以說服為主要理念的語藝傳統外，亦經歷了中古世紀、文藝復興時期、啟蒙時代以及西方近代如理性主義、實證主義和行為科學等學說之衝擊，同時亦在與語言學、心理學、社會學、人類學、政治學和組織管理學等新舊學門等知識的激盪下，逐漸形成一個以跨領域為主體的學域。

　　時至今日，此學域之重心漸漸的由以語藝傳統與質性研究為主的人文取向，轉移到兼容量化研究的社會科學取向。換言之，口

語傳播學主要是從人類傳播的主旨出發，視人類傳播為一雙向溝通互動的過程，研究主題除了聚焦在研究人類傳播與互動時訊息的產製、接收、技巧與解讀的過程外，更強調在上述過程中所牽涉到的語藝、說服、協商、衝突解決以及意義共享等課題。

因此，口語傳播學強調研究不同社會情境中的溝通與互動，如人際、小團體、組織與跨文化傳播等，這樣的特色讓此學域不只在理論內涵與研究取徑上呈現出多元的發展；其所研讀的內容亦能充分反映出當代社會動向與職場需求，因為在後工業社會中具有溝通、表達與協調專長的傳播人才是任何組織與企業都需要的。

所以，我們可以視口語傳播學是回歸到以人為主的傳播研究，無論溝通的中介或是媒介為何，溝通的主體都是人，故而無論是從溝通技巧層面的演說、辯論、表達、說服、協調與領導，或是從影響社會運作更深層面的語藝與思辨、語言與權力、語言與社會化，以及語言與文化等面向來看，口語傳播學的核心知識與技能均可視為是傳播相關科系所需要的基礎知識。而美國多所大學也漸以「傳播研究」（communication studies）或「傳播」（communication）之系名取代既有的口語傳播學系，此一現象呈現出傳播學次領域間逐漸整合之態勢（McCroskey & Richmond, 1996；黃鈴媚，1999），因此這些傳播學系的課程內涵也兼容了口語傳播和大眾傳播的相關議題。

一、瞭解人類傳播

早期傳播學者使用人類傳播（human communication）一詞，主要是強調人類傳播時語言和非語言符碼的使用，以區分動物傳播（animal communication）。像學者Dance和Trenholm等人就將「傳播」視為是一個較為廣義的群集概念，因此必須進一步的對各種傳

播再進行界定。例如Trenholm（1986）就認為廣義的傳播包含了動物間的溝通，透過機械的傳播以及人類傳播等，而其所指的人類傳播主要是指人類產製與交換符號的過程，也就是口語傳播。

　　上述定義說明了人類和動物最大的不同，除了人類具有說話與表達的能力外，主要在於我們可以創造與使用表徵符號（symbols）。換言之，當人們經由語文和非語文符號的使用，創造出複雜的溝通系統時，人們得以表情達意、建構世界，並在其中生活，同時更在時空的流變中創造與改變意義，這也使得人類的歷史、文明與文化得以延續。而這也是為何之前許多學者認為口語傳播應該被區分出來，因為這種獨特的言說能力正是人類和其他動物區隔之所在。

　　當然，亦有許多學者使用人類傳播來代表口語傳播，認為它與大眾傳播最大的差異在於互動性，換言之，有別於早期大眾傳播認為訊息的傳遞是從傳送者到接收者（sender to receiver）的單向進行，在進行人類傳播時，則必然透過互動產生回饋，因而訊息的傳送者也同時會扮演訊息的接收者（Ong, 1982）。這樣的說法其實也強調了「口語」的概念，因此儘管台灣幾位學者以「語言傳播」（陳世敏，2000）或是「語藝傳播」（趙雅麗，2004）來翻譯Speech Communication，我們仍然沿用「口語傳播」來展現此一特性。

　　而人類傳播強調互動性與口語性的特質，也進一步將傳播的本質推展至所謂的相互主觀性（intersubjectivity）。當我們在進行口語的互動時，關注點絕非只在於話語的本身，而會同時顧及對話的他者和言談所指涉的情境，換言之，我們在互動時，必然對於情境脈絡和彼此所扮演的社會角色有所想像與認知，所以在傳播時所進行的符號交換過程，實際上也是意義建構和共享的過程。因此傳播可說是一全方位的交互行為（transaction），它始於自身卻必須連結於他人，在溝通情境中人們同時行動（action）和互動

（interaction），其中牽涉到經驗、感覺、情緒、性格等個體因素，也同時受到性別、族群、社會與文化等鉅觀因素的影響，所以並非只是一單向與線性的訊息傳遞過程。

　　綜上而論，我們除將傳播視為是一個持續進行的動態過程外，更應該要理解其是有意圖的、牽涉到符號使用以及存在於情境中的全方位交互過程（Miller, 2002），因此傳播可說是經由符號互動所達成的意義建構與共享之過程（Seiler & Beall, 2005），而這樣的特性或許用中文的「溝通」更能靈活的展現出來。不過，溝通固然有其實用性（pragmatic），但絕不應該只從工具性和技巧性的層次來理解與學習，否則就像是只從工具性和功能性的角度來理解生活般，是永遠無法揣度出生命的意義和厚度。

二、口語傳播的歷史發展

　　口語傳播的歷史發展，最早可回溯到西元前四、五世紀古希臘時代之語藝（rhetoric）學說。一般多將蘇格拉底（Socrates）、柏拉圖（Plato）和亞里斯多德（Aristotle）等希臘三哲與智辯士（sophist）對於語藝的論辯，視為是語藝發展的起點，而其時希臘城邦發展出來的雅典式民主制度，也提供了語藝發展的沃土，使得不論是技巧的（technical strand）、詭辯的（sophistic strand）或是哲學的（philosophical strand）語藝都尋找到生存的空間（林靜伶，1993）。

　　這麼多年來，雖然人們對語藝的認知有所歧見，但無論早期被認定是說服的藝術而聚焦在探究公眾性的口語論述，或是近期寬廣的將其定義為研究人們如何透過不同方式運用符號建構特定真實的學說，目前學者主要將其視為是發生在公共範疇中，具有高度目的性、結構性以及溝通角色鮮明的傳播。

　　語藝既爲傳播的濫觴，之後的傳播研究大約可分爲幾個重要的時期（Foss, et al., 2002; Kennedy, 1999; Trenholm, 2001, 2008）[註1]：

(一)古典時期（500 B.C.-400 A.D.）

　　在古希臘時期（The Ancient Greece），人們使用口語做爲主要的溝通方式，語藝除用於說服的實踐外，其另一重要的目的乃爲發現眞理（the discovery of truth）。除了科瑞斯（Corax）和提斯亞斯（Tisias）被視爲是最早的語藝教師外，柏拉圖、亞里斯多德、西塞羅（Cicero）和昆蒂連恩（Quintilian）等人皆是重要的人物。柏拉圖爲西方最有影響力的思想家，他對於古希臘時期以教授語藝與辯證爲生的智辯士多所批評，主要原因在於柏拉圖相信超驗眞理（transcendent truth）的存在，並認爲語藝的價值乃在於透過辯證來探究眞理與知識；亞里斯多德則將語藝視爲是由論辯與訴求所組成，而這個組成必須植基於言者與聽者共享的前提上，他並提出言說者可以用邏輯說理（logos）、情緒感動（pathos）以及誠信的人格（ethos）等方式說服聽衆；西塞羅則企圖結合語藝與哲學，並發展出比以前語藝學者更完整的風格概念；昆蒂連恩則是引用柏拉圖、亞里斯多德、西塞羅等人的著述與論點系統化其著作，成爲中古世紀教育理念的最重要來源之一。在此時期中，語藝擴張了人的思維，而語藝的五大要素像是創作（invention）、組織（arrangement）、風格（style）、發表（delivery）與記憶（memory）等可說是最早的傳播模式。

[註1] 對於語藝學的歷史發展，一般遵循學者George Kennedy（1999）之說，將其劃分爲古典時期、中古時期、文藝復興時期、近代與當代。本節主要討論口語傳播學的發展歷史，故採取Trenholm（ 2001, 2008）之說法，將語藝學的歷史發展一併融入。

(二)中古世紀（**400-1000 A.D.**）與文藝復興時期（**1000-1600 A.D.**）

此時期由於西方獨尊基督教，語藝為服務教會，主要有信件的書寫與傳教兩項功能，傳教士除須能闡釋上帝的話語外，亦須能傳講上帝的話語給信眾，此時期最重要的代表人物為聖奧古斯丁（St. Augustine），即致力於瞭解此傳播的過程，他認為人們是透過符號來溝通，而符號分為由上帝所創造的自然符號（natural signs）和由人們所創約定俗成的符號（conventional signs）。就整個黑暗時期來說，語藝雖是人文教育的一個學門，但仍是偏重實用的取向；而文藝復興時期促使人文主義興起，對語藝的發展提供了新的契機，語藝學至此有了更豐富的內涵。

(三)近代時期（**1600-1900 A.D.**）

此時期相當於所謂的啟蒙時期，其時民主思想的萌芽除了凸顯公眾演說與辯論的重要，當代對知識的思維也啟發了學者如John Locke、George Campbell、Hugh Blair和Richard Whately等人。近代語藝發展包括了認識論的取徑（epistemological approach）、文學的取徑（belletristic approach）以及演說術的取徑（elocutionary approach）等三個軸線。其中認識論的語藝發展，結合了當代心理學知識，致力於瞭解溝通者、訊息與說服過程間的關係，此學派透過對人類心理與思維過程的強調，企圖為人類傳播立論奠基；至於文學的語藝，則發展出現代文學批評與語藝批評的基礎；而演說的語藝，延續的是技術、詭辯的語藝傳統，關心的是聲音控制與技術問題。

(四)二十世紀（**1900 A.D.-**）

當時序進入了二十世紀，傳播學在回應當代社會、政治與科技的各種演變之餘持續發展著。在1920年代與1930年代，美國多所大學逐漸建制口語傳播學系，其中主要分為強調人文傳統的語藝學與強調實證研究的傳播科學兩大學派。

口語傳播學的研究主題包括了人際溝通、團體溝通、組織傳播等範疇，而相關研究主要植基於傳收雙方訊息的產製、使用、功能、效果以及說服形式等。

這樣的發展歷史，顯然與傳統大眾傳播學重視效果論的研究提出不同的問題，口語傳播學研究習慣於提問像是：「人們的互動具有什麼樣的功能？」「他們企圖達到什麼目的？」「他們使用何種的語言機制來引起所想要的效果？」以及「他們用什麼方法來建構互動以達到其結果？」等問題。換言之，長久以來口語傳播學關注的焦點不在於媒介的接收與使用或是媒介對閱聽人的影響與效果，而是在不同的社會情境裡（或是媒介中介下），探究人們如何使用語言符號與他者互動以達成溝通目的，這其中語言（language）、語言的使用（language use）、使用語言的互動者（the users of language）以及互動的情境脈絡（contextualization）與意義（meaning）才是關注的所在。

第二節　口語傳播學的研究取徑與範疇

口語傳播學的起源雖然可追溯到兩千餘年前甚或是更早，但是長久以來，人們對於溝通的理解就像是對於「愛」一般，縱使時刻都在經歷它，卻仍有數不清的困惑與疑問，於是有人從尋求「如

　　何去愛與被愛」等實務答案，轉而思索「愛是什麼？」「愛的種類（形式）有那些？」和「如何瞭解愛？」等本質的問題以求解惑。

　　當然，對於像是「傳播是什麼？」「傳播的種類（形式）有那些？」「應該如何研究傳播？」等問題的思考過程，其實就是一種抉擇，我們必然是依據了什麼方能決定，而「典範」（paradigm）往往就是決定答案的基礎，之後形成理論觀點（theoretical perspective）和研究取徑（research approach），接著也就能轉而探討像是「如何溝通」或「應該如何溝通」等方法的實作問題了。

一、研究取逕

　　口語傳播融合了人文（humanistic）與科學（scientific）的傳統，包括了語言（verbal）和非語言（nonverbal）的形式，發展的過程亦受到哲學、人類學、語言學、社會學、心理學等學門思維的影響，因此口語傳播學研究也如其他社會科學研究一般，主要可以歸於實證、批判和詮釋三大典範。

　　若依Kuhn（1970）的說法，典範就是不同學術社群成員所共享的世界觀，這樣的世界觀影響學者對於知識的信念、真理的態度、研究的價值以及對社會的關懷等。

(一)實證典範

　　Anderson（1996）在其書中指出，實證論的學者主要以經驗主義為基礎，認為知識必然是以人曾經驗或可經驗的事物為準，這種物質論的概念凸顯出必有一客觀世界的存在，且強調因果關係的決定論。這樣的論述不僅呈現出傳統科學理論的特性，也點出科學研究的本質是「中立」的，因此科學研究的主旨在於發現事實，不在

評論好壞與對錯。

(二)批判典範

　　批判理論的學者們固然繼承了馬克思主義的精髓，也認同物質論和決定論，但其思想亦深受建構主義的影響，因此否定了實證論對於知識與眞理那種「客觀」和「中立」的說法，認爲我們所處的眞實世界不僅是經由社會互動所建構，其中權力的運作、分配與對應關係更是重心所在，所以學術研究不應抽離社會正義，只停留在發現眞實的階段，而應從歷史脈絡與政經結構中理解社會現象並且伴隨著行動去遏止壓迫──無論是透過改革或是解放。

(三)詮釋典範

　　詮釋典範則植基於詮釋學和現象學兩大基石之上，強調對於現象的理解，這種過程除了是一種主觀的探究外，也駁斥了實證論對於客觀眞實的認知。因爲我們所知道的世界不僅是透過溝通互動所建構，它同時也是一種文化意義的系統，在其中我們得以理解自身與他人並建立關係，而科學也是此文化意義系統的一部分，所謂的「科學事實」也只是一種理解方式的再現與眞實的建構，換言之，任何的學術研究必然有其立論點，也必然涉及倫理，學術研究的價值在於從被研究對象的日常生活世界中開展。

　　這與德國學者哈伯瑪斯（Jürgen Habermas）在《知識與人類旨趣》（*Knowledge and Human Interests*）（1971）一書中所說的三個認知旨趣（黃瑞祺，1986），及其所對應發展的學術取向如經驗性─分析性的學科（empirical-analytical science）、歷史性─詮釋性的學科（historical-hermeneutical science）以及批判取向的學科（critically oriented science）等概念是類似的。

　　若以方法論來看，實證論典範為量化研究所依據的方法論基礎，基本的信念為科學知識可透過理性評估經驗證據而取得，這種合理獲取知識的方法與邏輯，原則上不應有自然科學與社會科學的差異。其中的邏輯實證論認為，研究者透過本身的感知能力掌握感官經驗，依照科學語言的邏輯結構，以及檢證的原則找出事物之間的因果關係；詮釋論典範則為質化研究所依據的方法論基礎，認為研究的進行是發生在生活世界中，故而強調使用具有互動性及人本的多元方法，以對現象獲致詮釋性的理解；而批判理論則是以結構的、批判的角度來進行研究。

　　多元典範的存在，說明了傳播學研究（包括口語傳播和大眾傳播）的分歧。學者Craig（1999）認為當代傳播理論主要來自七大傳統：語藝學、符號學、現象學、模控學、社會心理學、社會文化學以及批判理論的傳統（註2）。這些傳統對於如何解釋和研究傳播皆有不同的觀點，也造成傳播領域的分歧與發散（divergence）。因此Craig認為應使用組構模式（constitutive model）來取代過去所慣用的傳遞模式（transmission model），將傳播視為構成我們實際生活世界的過程，如此則不同的傳播理論強調的是此過程的某一面向與某一目的，因而宜以更大的後設組構模式（constitutive metamodel）整合來自不同傳統的傳播理論，這並非是指要將這些理論匯整成一個巨大的理論，而是要讓這些起源於不同傳統的理論，透過對話與

（註2）Craig（1999）認為當代傳播理論來自七大傳統，分別是語藝學傳統（the rhetorical tradition）、符號學傳統（the semiotic tradition）、現象學傳統（the phenomenological tradition）、模控學傳統（the cybernetic tradition）、社會心理學傳統（the sociopsychological tradition）、社會文化學傳統（the sociocultural tradition）以及批判理論的傳統（the critical tradition）。而其在2006年ICA的年會所發表的論文中，則再提出應將實用主義（pragmatism）列為另一傳統。

辯證而興起關於傳播的後設論述（metadiscourse），以呈現傳播的本質（Craig, 1999, 2006）。

二、研究範疇

　　傳播學門發展至1940年代逐漸呈現分歧的態勢，當時由於部分研究領域強調行為與社會科學的傳統，使得植基於人文科學的口語傳播學在二十世紀中葉，逐漸內化成獨尊語藝研究（rhetorical studies），但到了1960年代，口語傳播學兼容並蓄了人文科學與社會科學的傳統，蛻變為更寬廣的跨學門領域，定位在研究與解決人類社會中的各種傳播問題，語藝遂成為口語傳播學眾多研究範疇之一。這也是之後SCA（Speech Communication Association）更名為NCA（National Communication Association），以及部分口語傳播學系（Department of Speech Communication）更名為傳播學系。

　　時至今日，各校口語傳播學的課程建制雖有不同，但教學與研究的重心主要環繞在人類如何於各種社會情境中，透過語言（verbal）和非語言（nonverbal）符碼的使用，達成溝通目的。因此，口語傳播學除分別從人際、團體、組織、公眾和跨文化等社會情境中，來探究人際關係與溝通、團體運作與溝通、組織管理與溝通、公共演說與說服和跨文化溝通等實務主題外，亦關懷人們是如何產製與傳遞訊息，以建構與解讀意義以及形塑與認同文化的。

　　從訊息產製與傳遞的角度來看，在溝通互動的過程中，我們常常混合了語言和非語言的訊息以傳遞意義，而這些訊息具有下面幾種特性：語言和非語言的訊息是整體且互補的、訊息有其特定的文化規則與規範、訊息的抽象程度不同、訊息能傳遞不同的禮貌程度、訊息能傳遞不同的包含程度（inclusion）、訊息有著不同的直接程度（directness）、訊息呈現出不同的獨斷性（assertiveness）。

13

而從意義的角度來看，則意義是從語言和非語言符碼的使用而來，因此意義是存乎於互動的參與者與傳遞的訊息中，且受到當時溝通情境的影響。

(一)語言與溝通

在我們日常生活中，使用語言（與文字）溝通彷彿呼吸般理所當然，許多人從未想過語言反映了我們的文化與世界觀（world views），更未曾深思我們是透過語言使用的規則來傳遞意義與建構真實。語言學的轉向是二十世紀重要的思潮之一。語言學家索緒爾（Ferdinand de Saussure）指出語言是一種符號系統，而符號（比如一個字）是形式（能指）和意義（所指）的結合，亦即符號是「能指」（signifiers）加上「所指」（signified）共同組合而成的。換言之，「能指」和「所指」都不是指事物本身，「能指」是指表達涵義的符號如單字、字母或聲音，而「所指」是被表達的概念或意義。而此從結構性取向來論及符號與意義的學說就是符號學。

索緒爾更進一步用符號的任意性和差異的概念來說明意義的衍生，他認為單字的涵義不是來自於自然界的物體，而是來自於語言的整個溝通系統，這不僅表明單字與它所指的物體間沒有任何內在的聯繫，也說明了在「能指」與「所指」之間沒有任何內在聯繫，例如同樣的物體用不同的語言就有不同的呈現形式，這種物體與文字呈現間的連結關係是任意性的。而語言整體的概念也烘托出我們所認知的世界，是從二元對立的差異關係中衍生意義的。換言之，符號是憑藉著相互之間的差異來界定意義，如存有與無有（being and nothingness）、冷與熱（cold and hot）、文化與自然（culture and nature）。在此，字義不是獨立存在也不是自主的，它們完全依賴這整個系統。

　　由此可知，符號學理論的基本思想除了認為意義是來自於一個穩定不變的語言系統外，也可以看出結構主義者強調的是此系統中的關係，而不是意義存有的過程。然而，德希達（Jacques Derrida）卻打破了索緒爾的理論，解構了語言符號本身的穩定性，他認為意義的產生源自於能指的不同，因此我們必須用其他的文字或符號來解釋一個字，如此字義不斷衍生，文字的解釋形成是能指和所指的相互運轉，因此意義在一次次互文中流動，形成「延異」（différance）的概念。

　　另一方面，巴赫汀（Mikhail Bakhtin）對於語言的種種看法，也挑戰了索緒爾的理論。巴赫汀認為語言要達到其意義，必須放置於活生生的話語（utterance）中，而意義是來自言說者與聽者之間的對話關係，因此溝通的情境相對重要，否則話語可能被斷章取義而失去其真義，只成為一堆無生命的單字。巴赫汀的說法點出了溝通情境與溝通者的位置和重要性；換言之，意義產生的過程不只在於語言，更在於語言的使用者——人是如何執行語言。

　　而Austin和Searl的言詞行動埋論（speech act theory），則更進一步從語言的執行面（performative）來討論其功能。他們認為人類在使用語言溝通時，並不只在定義或描述事物，而是在於目的之達成。換言之，句子和說話的方式之所以重要，不是因為它們描述了事物，而是因為它們做了些什麼（Austin, 1962），這種語言即行動（language as action）的論述強調的不僅是意義，更側重在溝通互動時言說者的意圖、使用的機制和話語的結果。這和會話分析（conversation analysis）以及俗民方法論（ethnomethodology）對於語言的概念是類似的，會話分析和俗民方法論皆將人們所說當成研究對象，透過分析人們日常間的言談行動（talk-in-action）（Silverman, 1993），得以瞭解人們用以產生或理解日常生活之方法。

語言的使用和意義的產製之所以成為關注焦點，乃是因為就本質而言，人類透過語言的結構和使用得以展現自我與認同，再經由此構築與群體的關係。而語言組構成語句（sentence），語句又結合成論述（discourse），也就是建構一個物體陳述的連貫系統（Parker, 1992），因此社會生活的實踐即是論述的實踐（Wetherell, Taylor & Yates, 2001），而透過語言的使用，我們不只限於產製意義，更得以展現作為一個人的意義。

(二)非語言溝通

在溝通互動的過程中，我們常常混合了語言和非語言的訊息以傳遞意義，因為意義不僅存在於訊息中，亦存在於互動者和互動的過程中，換言之，意義除了受到文字與情境的影響外，更受到非語言訊息的影響，有學者甚至認為非語言行為占了整體溝通意義的65%到93%。

要瞭解非語言溝通（或稱非語文傳播）可以從非語言傳播的定義、非語言行為的分類、在整個傳播過程中的非語言傳播、非語言傳播研究的歷史以及日常生活中的非語言傳播等面向來看（Burgoon, Buller, & Woodall, 1996; Knapp & Hall, 2002）。

廣義而言，凡運用語言符號以外的傳播行為都屬於非語言溝通。然而，不是所有的非語言行為都算是非語言傳播，從溝通時解碼與製碼的過程來看，非語言的訊息必然是要對參與雙方有意義的。因此，非語言傳播必然牽涉到互動與意義共享。

至於非語言傳播的類型，早先 Harrison（1974）認為非語言傳播包含以下四種符碼（codes）：

1.表述符碼（performance codes）：透過肢體運動來表達的符碼，如表情、手勢與身體的動作等。

2.工藝符碼（artifactual codes）：與實物有關的，如建築、物件、擺飾等。

3.媒介符碼（media codes）：與媒體有關的，如影像、鏡頭的運作、音樂等。

4.時空符碼（spatiotemporal codes）：與時間、空間和距離有關的符碼。

近年來，學者多採用下列的分類方式，來說明非語言傳播的類型、功用和重要性：

1.體態語言（kinesics/body language）：包括面部表情、頭的動作、四肢的姿態、軀幹的動作與全身的姿勢等。人們常藉由彼此的肢體語言來認識、判斷與對待彼此，也常會根據一個人的面部表情去判斷他／她是否樂於與人互動（Remland, 2000）。

2.外表的傳播（physical appearance）：個人的外表有時也決定了其吸引力與影響力，在說什麼與做什麼之前，其外表、穿著與裝飾已經傳達出了一些訊息，這些也常是形成第一印象的重要因素。例如美國的一些相關研究就曾指出，在應徵工作時，多數人會認為高瘦的人較矮壯的人更能勝任（Anderson, 1999; Remland, 2000）。

3.副語言（paralanguage）：指聲音的表現與表情，說話時的頻率、強度、速度、發音的清晰度、節奏的控制與共鳴等聲音的特色都屬於副語言的範疇。

4.空間的傳播（proxemics）：主要是指我們如何使用環境與物件的符碼來影響人際溝通，環境與陳設的符碼包括了自然環境、環境中的其他人以及建築物與硬體陳設等，甚至於個人的人際領域（personal space）也包括在內。

17

5. 時間的傳播（chronemics）：指人們是如何看待、結構與使用時間的，因為時間也是環境的一部分。

6. 碰觸的傳播（haptics）：人際之間的碰觸與接觸常常也是重要的傳播訊息，事實上，從胚胎到新生嬰兒時期開始，觸覺是人體運作最早的感覺。

非語言傳播是人類最早的溝通形式。Argyle（1988）認為溝通時非語言行為具有表達情感、傳遞人際的態度、展現個性以及伴隨語言因應對話等功用；Ekman（1965）則認為非語言行為能重複、替代、補充、強調、調整甚至是抵觸語言行為。而一直到了二次世界大戰後，非語言傳播方有系統性的研究，例如1950年代研究動作學與空間學、1960年代主要聚焦在身體的特定部位如眼神的研究、1970年代強調介紹各種非語言傳播的運用、1980年代以降則是研究如何整合運用以達溝通目的。近年來相關研究也說明，非語言傳播在日常生活中的運用無處不在，較受矚目的研究範疇包括了犯罪行為、政治人物的形象、教室中的互動以及追求行為等（Knapp & Hall, 2002）。

第三節　口語傳播的情境與應用

一般而言，依照溝通層次或情境的角度，可將口語傳播的範疇由內而外概分為人際溝通、團體溝通、組織溝通、公眾傳播以及跨文化溝通等次領域，而自身傳播（intrapersonal communication）是所有傳播層次的基礎，也是各種口語傳播行為的基礎。

一、人際溝通

　　人際溝通一般是指兩人間面對面的溝通，因此也稱為「兩造傳播」（dyadic communication）。但隨著科技的進步，現在很多對話都發生在網路上（online），因而「線上溝通」（online communication）目前也變成人們經驗這個世界的一部分（DeVito, 2004）。

　　廣義而言，幾乎所有的溝通都可說是人際溝通，因為無論是在團體、組織或是經由媒介中介的傳播，都是人與人之間的溝通，Miller和Steinberg（1975）就認為當涉及到個體的信念、態度和人格特質等相關知識的互動時，都可視為是人際溝通，因此即使在大眾傳播的情境中，多數仍是在進行人際溝通（Berger & Bradac, 1982）。但與其他傳播情境相較，人際溝通最重要的特徵在於溝通情境的直接性（directness）與自發性（spontaneousness）（Trenholm, 2008）；換言之，當兩造溝通時，互動雙方除能直接感受到對方的反應外，彼此的回應也常是最為當下與即時的。

　　從其發展的歷史來看，1950到1960年代可說是人際溝通的萌芽成長時期。人際溝通研究受到耶魯學派的影響，主要集中在態度改變和說服等面向；而1970到1980年代因為許多理論的建立，人際溝通進入了發展成熟時期，像是「意義統合理論」（coordinated management of meaning theory）、「降低不確定感理論」（uncertainty reduction theory）與「違反預期理論」（expectancy violations theory）等相繼產生，確立了其學術地位。而從1970年代起，人際關係與關係的發展研究一直在此領域中占有重要的地位。

　　人際溝通的相關研究有五大主軸（Miller & Knapp, 1985）：

1. 注重行為：分析日常生活中發生的人際語言與非語言行為。
2. 強調時間性：視溝通為一持續過程，故而探究兩造在互動過程中的相互調適。
3. 聚焦於社會認知：亦即探究互動過程中人類心理與思考的過程。
4. 關懷不同面向的人際掌控：包括人際間的影響、順服的取得、關係的掌控等。
5. 強調個體的差異：視個體自我認知與性格等種種差異為影響溝通的變項。

二、團體溝通

所謂的「團體」（group），一般而言是指兩個以上的個體，互相影響、互相依賴，以達成目標的組合。而傳播學者Harris和Sherblom（2002）則進一步的提出「小團體」，是指當一群由三到二十人所組成的群體，成員除認定彼此屬於同一團體外，且經由溝通互動以形成特定的規範與角色，彼此互相依賴、影響以達共同的目標。因此，所謂的「小團體溝通」（small group communication，也有學者以「小團體傳播」稱之），是指團體成員經由使用符號表徵的行為，以建立共享意義的全方位傳播過程。

二十一世紀是一個告別單打獨鬥的年代，當實務界在徵選人才與拔擢主管時越來越注重團體溝通與團隊領導能力之際，傳播學界的相關研究早已從致力於鑽研有效的團體溝通及互動技巧之外，進而在團體的決策與問題的解決，以及團體的凝聚力與文化的塑造等議題上繼續深耕。這種研究範疇的擴展與研究議題的更新，反映出團體對於人類個體與群體生活的重要性。當我們在生活與工作場域中，經由溝通互動去分配資源以解決問題並達成目標之時，我們勢

必要進行團體溝通，此種傳播行為的本質與內涵，並非只是工具性（instrumental）的去完成任務與達成目標而已，它同時也在定義人們之間彼此的關係，以及塑造團體成員間共享的規範與文化。

小團體溝通的研究與發展主要植基於三個領域：

1. **Follett在1924年所提出的整合性思考（integrative thinking）理論**：主要是探討團體成員如何經由溝通討論來解決所面臨的問題與衝突之學說。

2. **口語傳播領域（speech communication）中對於團體討論研究的轉移（group-discussion movement）**：傳統的口語傳播研究逐漸從一對多的公眾傳播情境轉而開始注意到小團體溝通的情境。

3. **社會心理學中團體動力學（group dynamic）的研究範疇**：主要概念是聚焦在輸入（input）→過程（process）→輸出（output）的模式上，亦即在探討影響團體互動的因素（輸入）、在其中所發生的經過（過程）以及所產生的結果（輸出）。

而就小團體溝通的研究與發展的歷史而言，則可以分為三個主要時期：

1. **醞釀期（1940年代到1950年代）**：此時主要是以Kurt Lewin（1947）的研究為主，他的研究主要致力於瞭解團體互動過程是如何影響團體成員的態度與行為；而另兩位較為有貢獻的學者則為Bales（1950）與Black（1955），他們分別從事團體互動的分析與決策過程中的互動模式研究。

2. **奠基期（1960年代中期）**：此時傳播學者如Gouran（1969）和Fisher（1970）等，陸續發表了相關的研究與理論。

3.成長期（**1970年代**）：此時爲小團體傳播研究的高峰期，從
　1970到1978年不到十年的時間，國外主流的傳播研究期刊就
　有114篇的相關研究發表，也因爲實證研究的成果陸續公開，
　小團體互動的研究也逐漸從社會心理學的領域轉而在傳播學
　界繼續開花結果，成爲傳播學研究的次領域之一。

　　小團體的功能除了提供不同的個體滿足其分享資訊／知識／資
源、進行決策以解決問題、達成目標、建立關係，同時建立身分與
共識等社會需求外，在企業組織中更是必須經由許多小團體和團隊
的運作以達成組織的管理與目標；而再擴大一層來看，在社會的脈
絡中，我們之前所學過的兩級傳播、創新傳布、政治傳播以及大衆
傳播的許多其他理論，也都與小團體的傳播情境相關。

三、組織傳播

　　在實用目的的需求下，組織傳播在二十世紀初，即植基於傳
統語藝傳播、早期管理與組織理論與後來的人際關係學說等三個主
要學說之上（Redding & Tompkins, 1988），並藉由工業心理學、
社會心理學、組織行爲、行政管理學、人類學與政治學等學門的相
關理論，得以萌芽與成長（Daniels, et al., 1997; Allen, Tompkins &
Busemeyer, 1996）。因此，其發展過程亦如傳播學門中的各個次領
域般，呈現出一種跨學門的發展態勢。

　　Redding和Tompkins（1988）曾將這個主要在美國發展的學門
劃分爲三大時期：

1.準備期（**1900年到1940年**）：此一時期主要是在商用口語
　（business speech）和工業傳播（industrial communication）

兩大領域的整合，主要的方向也是在於人際傳播過程與技巧的研究。

2.**學門確立與整合期（1940年到1970年）**：此時「組織傳播」一詞逐漸取代「商業傳播」或「工業傳播」，更多的學者投入理論與概念的建構，主要的研究方向也轉延伸至傳播網絡與結構上，此時許多大學陸續產製出相關的博士論文（Daniels, et. al, 1997）。

3.**成熟創新期（1970年至今）**：此時組織傳播理論發展漸臻完全，從早先深受傳統組織與管理學門的影響，只重視實證—功能主義與傳播效果的論點，漸增發展到囊括文化—詮釋、批判與後現代等論點（Putnam, 1982; Redding & Tompkins, 1988），而研究重點更從70年代著重上司與下屬的人際溝通與領導行為（Jablin, 1979, 1980, 1982），擴大至80年代的組織文化與變遷，以及90年代興起的國際化、全球化與多元化等議題上（Daniels, et al., 1997; Miller, 1995; Mumby, 1988）。

在理論建構的過程中，組織傳播學理論的初期發展，主要在於將Aubrey Fisher（1978）所提之人類傳播的四大論點（即機械、心理、闡釋—符號與系統—互動），和傳統組織學理論的四大主流學派（即古典科學管理、人際關係、人力資源與系統理論）加以結合（Krone, Jablin & Putnam, 1987），這樣跨學科的結合，有助於學者和實務工作者能從多重的觀點去探討組織不同層次——包括了內部與外部，以及組織與環境間——的現象與問題。現今，「傳播」的角色已不再侷限於僅僅是傳達訊息的「溝通工具」而已，它成為一種「社會的黏著劑」（social glue），將組織成員、次級團體與部門以及不同的組織連結起來。因此，多數學者認為人類傳播的本質以及語言符號的使用，其實才是建立與形塑組織的中心點。而

Tompkins（1987）則指出，若是沒有符號論（symbolism）、語藝（rhetoric）與說服，我們就不會有組織。

故而，組織傳播的定義已由早期組織中訊息的接收與傳達，或是商業溝通的技巧等，轉變成爲視傳播爲組織系統內成員互動與協調，以達組織目標的基本過程（Daniels, et al., 1997; Tompkins, 1984）。如此，傳播行爲在組織中不再只是線性的、靜態的或只是技巧而已，在由互動的個體所組成的組織系統中，傳播活動其實就是建構組織的主要活動（Farace, Monge, & Russell, 1977; Weick, 1969）。

四、公共傳播

公眾一般指爲某種目的而聚集的人群，公共傳播則是指個體對一個群體所進行的傳播活動，也就是一種一對多（one-to-many）的傳播形式。由於受播者常常是在一定目標下，事先聚合在一定的場所，而公共傳播的特質又在於將訊息傳遞給此一群人，因此公共傳播可以視爲是公開的演說（public speaking），通常這些在公共場域中傳遞的訊息，都需要事先設計甚至演練過。

古希臘及羅馬時代，演講在教育及文明生活中扮演了重要的角色，當時人們也廣泛的研究這門學問，亞里斯多德在西元前三世紀所寫的《修辭學》，迄今還是研究演講非常重要的作品，今日許多演講者（或作家）還遵循著書中的原則。偉大的羅馬領袖西塞羅，也發表演講來捍衛自由，並創作了許多關於演說的作品。

幾世紀以來，許多有名的思想家都討論過修辭學、演講、語言的議題，包括羅馬教育家昆蒂連恩、基督教傳教士聖奧古斯丁、中世紀作家Christine de Pizan、英國哲學家Francis Bacon以及美國語藝學者Kenneth Burke。近年來，傳播學者爲瞭解有效演講的方法及策

略，提供了越來越多的科學根據（Lucas, 2007）。

公眾演說的類型一般來說可分為告知型演說、說服型演說以及特殊場合之演說等三大類。告知型演說主要在傳達或說明某些訊息，可以描述物件、展示操作方法、報告事件、解釋概念等，目的在於傳達知識或是說明理念，因此訊息的組織與內容的排列極為重要；說服型演說則是意圖改變聽者的態度或行為，因此可信度的建立、說服力的展現以及訴求方式的運用皆極為重要；至於特殊場合之演說則可再細分為介紹、頒獎與領獎以及婚喪節慶等特殊場合與性質的演說。

由於公共傳播通常是有目的性的傳遞訊息、說服或是凸顯社會情境，因此研究與教導的面向主要在於聽眾的分析、題目的選擇、演說內容的組織、訊息的訴求、演說者的可信度以及輔助器材的使用等。

五、跨文化溝通

在地球村的今日，跨文化的溝通與連結幾乎無法避免，因此跨文化傳播指的是不同文化間人們的溝通與互動。當然，即使是同一文化中，人們因著年齡、性別、社經背景、族群等因素影響，依然會形成不同的次文化（subculture）或共文化（co-culture），故而廣義的跨文化傳播亦包括了相關的研究。

跨文化溝通的發展歷程可分為（陳國明，2003）：

1. 革創期（**1959年之前**）：主要因為學者Hall（1959）的著作，使得從傳播角度來進行微觀分析的比較文化研究漸受到重視。

2. 築基期（**1960年至1969年**）：由於《文化與傳播》（Oliver,

25

1962）和《傳播與文化》（Smith, 1966）兩本書的相繼問世，使得跨文化傳播確立了其學術地位。

3.鞏固期（**1970年至1979年**）：這段期間中，許多學術期刊與專書的陸續出版，豐富了此一傳播次學門的內涵。

4.開花期（**1980年至今**）：則是由於理論和方法論的建立，使得跨文化傳播研究益臻成熟。

Steinfatt和Christophel（1996）指出跨文化傳播的研究主要有四大軸線：

1.社會科學取徑的傳播研究主要自Hall的《無聲的語言》（*The Silent Language*）一書開始，強調透過相關文化變項的比較研究，來瞭解與預測不同文化間的互動。

2.人文取徑則傾向文化人類學的觀點，關懷從傳播的角度瞭解文化的多元性。

3.發展傳播（developmental communication）則是植基於社會科學之上，強調有效的文化變革。

4.最後是探究語言與文化相對性的研究，此類研究強調既然溝通是經由認知過程，那麼透過對認知結構和溝通過程的分析，則可以瞭解為何不同文化間的人們在思考、信念和價值觀上會有所差異。

第四節　口語傳播學的發展契機
──一個跨學門的觀點

　　從二十世紀中期至今，口語傳播學持續成長與發展著。從最早的語藝學到之後的社會科學取經，這一個兼容並蓄人文傳統與社會科學傳統的傳播學門，發展至今，除了維持語藝一脈傳統外，亦受到許多人類學、心理學、社會學、語言學、政治學以及管理學等許多新舊學門的影響，而逐漸茁壯成為一個跨學門的領域。

　　回顧並展望，口語傳播學發展的契機與趨勢，可以從科技、文化、論述與實踐四個面向來勾勒，而這些面向也蘊含著跨學門／學域間的對話與知識的統整：

一、科技

　　隨著科技的進步，我們逐漸進入了媒介匯流的數位傳播時代，值此之際，人類的傳播行為、模式、方法、目的乃至使用的媒介必然產生變化，因此，從人際、團體、組織、公眾與跨文化等情境中，探究傳播科技之於人們訊息處理的過程、語藝的型塑、關係的發展、團體的認同、組織的建構以及跨文化的溝通等議題的影響與現狀，實有其重要性與迫切性。當然，無論新科技如何發展，傳播的本質依然是我們藉以創造並維繫個體存在以及與他人共享世界的過程，而我們所處的仍是一個經由溝通與互動所建構出來的世界，一個經由傳播而存有的世界。

二、文化

　　在全球化浪潮的席捲下，文化相關議題必然更為凸顯，因為文化的建構、認同、展現、解讀與批判等，都必須是在前述各種人類傳播的情境中進行的，然而許多傳統的傳播理論和研究，仍習慣從西方族群中心主義（ethnocentric）或是父權的（patriarchal）的觀點出發，忽略了不同性別、族群與社會階層的聲音，因此主位途徑（emic approach）的民族誌研究仍有其重要性，方能為口語傳播拓展更多元的視野。台灣組織傳播學者如李美華（1998, 1999a, 1999b）、秦琍琍（2001, 2002, 2008）等，近年來皆從此取徑致力於台灣組織文化的相關研究；此外，雖然持續探討人類傳播情境中的文化面向極為重要，但文化本身即為一研究範疇，因此從文化中去瞭解傳播所扮演的角色也可以成為新的研究契機。

三、論述

　　若從論述的概念來看，可以從兩方面思考口語傳播研究新的可能性，其一是將傳統語藝研究與論述分析中的語用（pragmatics）、言詞行動論（speech act theory）、會話分析（conversational analysis）等方法結合，使語藝從以往強調分析公共演說的文本研究，延伸到可以運用在各個傳播情境的互動性分析，這在組織傳播近期的許多研究中已可看出（Grant, et al., 2004）。其次，由於論述強調語言的使用（language in use），自然將我們對傳播的關懷轉到實踐的面向上，這種對於日常言談行動（talk-in-action）的探討，有助於我們對於人類溝通中的意義協商、互文性（intertextuality）、認知以及反思性（reflexivity）有更多的瞭解。

四、實踐

最後，重視實踐則爲傳播研究的另一趨勢（Craig, 1989, 1993, 2006），這意味著傳播研究應較以往更爲強調社會實踐的可能性。雖然早期的語藝、人際溝通、小團體溝通、組織傳播和跨文化溝通等均從實務性的需求發展而來，但現今的實踐則必須具有相關理論的基礎，因此，口語傳播學在論辯與溝通技巧的探討之外，應建構更多關於規範、倫理與教育等面向的實務性理論，如此對於人類社會與知識體系必然有更大的貢獻。像是台灣學者葉蓉慧（2005），近年即致力於從跨文化傳播教育的體現中，反思知識實踐的可能性，這對於本土口語傳播學門的發展必然有幫助。

而亞洲地區口語傳播學門的發展，除了可以根據上述幾個面向漸次發展外，更應回到傳播教育——尤其是博士階段的養成來思考。以台灣爲例，若從傳播教育來看，台灣一如美國，習慣用所謂的大眾傳播與口語傳播（或人類傳播）來區分兩大傳播次領域的訓練方向，然而兩地的不同處在於，台灣的傳播學研究乃是源於二十世紀方興起的新聞學與大眾傳播學，在缺乏西方語藝學的傳統下，台灣傳播學門的發展自然以新聞學與大眾傳播學爲重，因此，一個較爲全觀（holistic）的博士養成過程似乎是必須的，如此不僅符合國外傳播學門發展中整合口語傳播與大眾傳播之趨勢（Friedrich, 1996; Littlejohn, 1996），也更能使口語傳播學門回應當代社會與相關議題的發展。

口語傳播學是一門關乎人（人心、人性與人類行爲）的學科，而對於互動性、情境性、口語性以及訊息交換過程的重視，也凸顯此學門和其他的社會科學或是人文學科的差異。本書的完成，不僅是我們對於自己所學熱情的展現，也期待能改變許多人對溝通只停

留在工具層面的認識，就如杜威（Dewey, 1939）所說：「傳播之美好，為萬事之最。」傳播之所以美好，乃在於意義、價值、熱情、愛和美善都必須經由它體現。

 問題與討論

1.請討論什麼是口語傳播？並請舉出在日常生活中我們會進行那些口語傳播？

2.請討論口語傳播學的研究主題與範疇可以包括那些？並請分享你／妳最感興趣的是那部分？

3.若依照溝通層次或情境的角度，可將口語傳播的範疇由內而外概分為那些次領域？而這些口語傳播次領域的特色與關注點各為何？

參考書目

一、中文部分

李美華（1998）。〈在台美、日跨國企業組織文化之比較分析研究〉。
國科會專題研究報告。

李美華（1999a）。〈組織文化與跨文化企業管理〉。「中華傳播學會
1999 年會」。新竹：關西。

李美華（1999b）。〈比較在台美、日跨國廣告公司之組織管理與組織
文化〉。「傳播管理新思潮研討會」。高雄：中山大學。

林靜伶（1993）。〈民主自由與語藝生存空間〉。《傳播文化》，第1
期，頁67-80。

秦琍琍（2001）。〈公共電視企業文化、管理運作與組織溝通之關聯性
研究〉。《廣播與電視》，17，35-72。

秦琍琍（2008）。〈女性領導研究──從性別傳播看台灣組織文化的建
構〉。「2008 兩岸政經文教學術研討會」。台北：實踐大學。

陳世敏（2000）。〈傳播學入門科目的現實與理想〉。《新聞學研
究》，65，1-18。

陳國明（2003）。〈海外華人傳播學研究初探〉。《新聞學研究》，
69，1-28。

陳國明（2003）。《文化間傳播學》。台北：五南。

葉蓉慧（2005）。《跨文化傳播──教育的體驗與實踐》。台北：五
南。

黃瑞祺（1986）。《批判理論與現代社會學》。台北：巨流。

黃鈴媚（1999）。〈口語傳播在台灣的挑戰與回應〉。《新聞學研
究》，59，143-153。

趙雅麗（2004）。〈台灣口語傳播學門發展之綜論〉。翁秀琪主編，
《台灣傳播學的想像》，59，115-164。台北：巨流。

二、英文部分

Allen, B. J., Tompkins, P. K., & Busemeyer, S. (1996). Organizational communication. In M. B. Salwen & D. W. Stacks (Eds.), *Integrating theory and research in communication*. Mahwah, NJ: LEA.

Anderson, J. A. (1996). *Communication theory: Epistemological foundations*. New York, NY: The Guilford Press.

Anderson, P. A. (1999). *Nonverbal communication: Forms and functions*. Mountain View, CA: Mayfield.

Austin, J. L. (1962). *How to do things with words*. Cambridge, MA: Harvard University Press.

Berger, C. R. (1996). Interpersonal communication. In M. B. Salwen, & D. W. Stacks (eds.), *An integrated approach to communication theory and research*. Mahwah, NJ: LEA.

Berger, C. R., & Bradac, J. J. (1982). *Language and social language: Uncertainty in interpersonal relations*. London: Esward Arnold.

Burgoon, J. K., Buller, D. B., & Woodall, W. G. (1996). *Nonverbal communication: The unspoken dialogue* (2nd ed.). New York: McGraw-Hill Companies, Inc.

Carey, J. W. (1989). *Communication as culture: Essays on media and society*. Winchester, MA: Unwin Hyman.

Cheney, G., Christensen, L. T., Zorn, T. E., & Ganesh, S. (2004). *Organizational communication in an age of globalization: Issues, reflections, practices*. Prospect Heights, ILL: Waveland Press.

Chin, L. (2002). "The talking culture of TECO: Communication patterns in a Taiwanese organization." *Iowa Journal of Communication, 34(1)*, 61-83.

Craig, R. T. (1989). Communication as a practical discipline. In B. Dervin, L. Grossberg, B. J. Okeefe, & E. Wartella (Eds.), *Rethinking communication: Vol.1. paradigm issues* (pp. 97-122). Newbury Park, CA: Sage.

Craig, R. T. (1993). Why are there so many communication theory? *Journal of Communication, 43(3)*, 26-33.

Craig, R. T. (1999). Communication theory as a field. *Communication Theory*, *9*, 119-161.

Craig, R. T. (2006). Communication as a practice. In G. J. Shepherd, J. St. John, & T. Striphas (Eds.), *Communication as ...: Perspectives on theory* (pp. 38-47). Thousand Oaks, CA: Sage.

Daniels, T. D., Spiker, B. K., & Papa (1997). *Perspectives on organizational communication* (4th ed.). Madison, WI: Brown & Benchmark.

Deetz, S.A. (1994). Future of the discipline: The challenges, the research, and the social contribution. In S.A. Deetz (Ed.), *Communication yearbook 17* (pp. 565-600). Thousand Oaks, CA: Sage.

DeVito, J. A. (2004). *The interpersonal communication book* (10th ed.). San Francisco, CA: Allyn & Bacon.

Dewey, J. (1939/1958). *Experience and nature*. New York: Dover Publications.

Farace, R. V., Monge, P. R., & Russell, J. M. (1977). *Communicating and organizing*. Reading, MA: Addison-Wesley.

Fisher, B. A. (1978). *Perspectives on human communication*. New York: Macmillan Publishing Company.

Foss, S. K., Foss, K. A., & Trapp, R. (2002). *Contemporary perspectives on rhetoric* (3rd ed.). Prospect Heights, ILL: Waveland Press.

Friedrich, G..W., (1996). The future of the theory and research in communication: Human communication. In M. B. Salwen & D. W. Stacks (Eds.), *An integrated approach to communication theory and research*. Mahwah, NJ: LEA.

Grant, D., Hardy, C., Oswick, C., & Putnam, L. (2004). *Handbook of organizational discourse*. Thousand Oaks, CA: Sage.

Habermas, Jüergen (1971). *Knowledge and human interests*. Boston: Beacon Press.

Harris, T. E., & Sherblom, J. S. (2002) *Small group and team communication* (2nd ed.). Boston, MI: Allyn & Bacon.

Harrison, R. P. (1974). *Beyond words: An introduction to nonverbal communication*. Englewood Cliffs, NJ: Prentice-Hall.

Jablin, F. M. (1979). Superior-subordinate communication: The state of art. *Psychological Bulletin*, *86*, 1201-1222.

33

Jablin, F. M. (1980). Organizational communication theory and research: An overview of communication climate and network research. In D. Nimmo (Ed.), *Communication yearbook 4* (pp. 327-347). New Brunswick, NJ: Transaction.

Jablin, F. M. (1982). Organizational communication: An assimilation approach. In M. E. Roloff & C. R. Berger (Eds.), *Social cognition and communication* (pp. 255-286). Newbury Park, CA: Sage.

Kennedy, G. A. (1999). *Classical rhetoric and its Christian and secular tradition* (2nd ed.). Chapel Hill, NC: The University of North Carolina Press.

Knapp M., & Hall J. (2002). *Nonverbal communication in human interaction* (5th ed.). Forth Worth: Holt, Rinehart and Winston, Inc.

Krone, K. J., Jablin, F. M., & Putnam, L. L. (1987). Communication theory and organizational communication: Multiple perspectives. In F. M. Jablin, L. L. Putnam, K. H. Roberts, & L. W. Porter (Eds), *Handbook of organizational communication: An interdisciplinary perspectives*. Newbury Park, CA: Sage.

Kuhn, T. S. (1970). *The structure of scientific revolution* (2nd ed.). Chicago, IL: Chicago University Press.

Littlejohn, S. W. (1996). *Theories of human communication* (5th ed.). Belmont, CA: Thomson/Wadsworth.

Lucas, S. E. (2007). *The art of public speaking* (9th ed.). New York: The McGraw-Hill Companies.

McCroskey, J. C., & Richmond, V.P. (1996). Human Communication theory and research: Traditions and models. In M. B. Salwen & D. W. Stacks (Eds.), *An integrated approach to communication theory and research* (pp. 233-242). Mahwah, NJ: LEA.

Miller, G. R., & Knapp, M. L. (1985). Introduction: Background and current trends in the study of interpersonal communication. In M. L. Knapp & G. R. Miller (Eds.), *Handbook of interpersonal communication*. Beverly Hills, CA: Sage.

Miller, K. (1995). *Organizational communication: Approaches and processes*. Thousand Oaks, CA: Sage.

Miller, K. (2002). *Communication theories: Perspectives, processes, and contexts.* San Francisco, CA: McGraw-Hill.

Miller, K. (2005). *Communication theories: Perspectives, processes and contexts.* Boston: McGraw Hill.

Mumby, D. K. (1988). *Communication and power in organizations: Discourse, ideology and domination.* Norwood, NJ: Ablex.

Ong, W. (1982). *Orality and literacy: Technologizing of the word.* London: Routledge.

Parker, I. (1992). *Discourse dynamics: Critical analysis for social and individual psychology.* London: Routledge.

Putnam, L.L. (1982). Paradigms for organizational communication research: An overview and synthesis. *Western Journal of Speech Communication, 46*, 192-206.

Redding, W. C., & Tompkins, P. K. (1988). Organizational communication: Past and present tense. In G. Goldhaber & G. Barnett (Eds.), *Handbook of organizational communication* (pp. 5-33). Norwood, NJ: Ablex.

Remland, M. S. (2000). *Nonverbal communication in everyday life.* Boston, MI: Houghton Mifflin.

Salwen, M. B., & Stacks, D. W. (Ed.), (1996). *An integrated approach to communication theory and research.* Mahwah, NJ: LEA.

Seiler, W. J., & Beall, M. L. (2005). *Communication: Making connections* (6th ed.). San Francisco, CA: Pearson Eduction, Inc.

Silverman, D. (1993). *Interpreting qualitative data: Methods for analyzing talk, text, and interaction.* London: Sage.

Steinfatt, T., & Christophel, D. M. (1996). Intercultural communication. In M. B. Salwen & D. W. Stacks (Eds.), *An integrated approach to communication theory and research.* Mahwah, NJ: LEA.

Thayer, L. (1982). What would a theory of communication be for. *Journal of Applied Communication Research, 10(1)*, 21-28.

Thayer, L. (1987). *On communication: Essays in understanding.* Norwood, NJ: Albex.

Tompkins, P. K. (1987). Translating organizational theory: Symbolism over substance. In F. M. Jablin, L. L. Putnam, K. H. Roberts, & L. W. Porter

(Eds.), *Handbook of organizational communication: An interdisciplinary perspectives*. Newbury Park, CA: Sage.

Trenholm, S. (1986). *Human communication theory*. Englewood Cliffs, NJ: Prentice-Hall.

Trenholm, S. (2001). *Thinking through communication* (3rd ed.). Boston, MA: Allyn and Bacon.

Trenholm, S. (2008). *Thinking through communication* (5th ed.). Boston, MA: Pearson.

Weick, K. (1969). *The social psychology of organizing*. Reading, MA: Addison-Wesley.

Wetherell, M., Taylor, S., & Yates, S. J. (Eds.) (2001). *Discourse theory and practice: A reader*. London: Sage Publications.

第一章 語藝與說服

學習目標

1. 透過對語藝的定義、五大要素、論述特徵，以及社會功能的理解，瞭解語藝的核心意涵、精神與重要性。

2. 經由對語藝發展脈絡的認識，理解兩千五百年來人類自由民主的變動遞嬗，與語藝興盛衰敗之間的密切關係。

3. 藉由幻想主題批評、類型批評，以及社會運動語藝批評等三種批評方法的理解，認識語藝理論與語藝批評方法之間相互為用的緊密關係。

4. 探討語藝說服效果達成之方法，以為讀者實踐時之參考。

語藝學始祖科瑞斯教導提斯亞斯語藝，並言明教不好免學費。提斯亞斯習畢認為科瑞斯教得太差不願付學費，科瑞斯一氣告上法院。師徒兩人在對簿公堂前來了一段關於學費該不該繳的精采爭論，兩造詼諧中點明了語藝的核心概念不僅是追求說服，更在於創造最佳的說服可能性。讀者讀完本章，回頭再讀以下對話，當有更深的體會。

> 科瑞斯：如果你打贏官司，你一定就要付錢（學費），
> 　　　　因為證明了我的教學有價值（所以才贏了官
> 　　　　司）。假如你輸了，你也要付錢，因為法院會
> 　　　　強迫你付錢，不管如何，你都要付錢。
> 提斯亞斯：我絕對不會付你半毛錢，因為假如我打輸了，
> 　　　　就證明你的教學一文不值（所以不用付學費）。
> 　　　　然而假如我打贏了，法院就會赦免我，屆時我
> 　　　　一個子兒也不用付，不管如何，我都不會付錢。

語藝學的發展源遠流長，語藝學者繁如星，語藝論著多如毛，本章則是讀者認識語藝的起點。本章以認識語藝為基調，並分為五小節說明之，包括：第一節語藝是什麼？分從語藝的定義、語藝五大要素、語藝論述，以及語藝的社會功能來說明語藝是什麼；第二節語藝的發展脈絡，以兩千五百年的語藝歷史為經，再以語藝發展的三個脈絡（技巧的、哲學的與詭辯的語藝）為緯，說明語藝的發展歷程；第三節語藝理論與批評方法，說明了語藝理論與批評方法的關係、語藝批評的界定與發展，以及語藝理論與批評方法的結合，旨在說明語藝理論與批評方法間相互為用的關係；第四節語藝說服效果的保證，說明語藝說服效果達成的方法，以及語藝批評者應有的素養；最後，第五節則就全章做為結論。

第一節　語藝是什麼？

　　從人類溝通概念來看傳播，則最早有系統且有意識的傳播，始於西元前五世紀的希臘文明，其誕生之最早有系統性的傳播知識，稱之為「**語藝**」（rhetoric）。語藝是西方文明的產物，在中文字彙中很難找到一個完全對等的名詞，一般學者習慣將rhetoric一辭翻譯為「修辭」。但是修辭一詞僅是rhetoric的一部分並且狹隘許多，且容易和現代漢學中的修辭概念混淆。對此，台灣學者林靜伶乃將rhetoric翻譯為「語藝」，取其「語言藝術」之意，也更能反映出廣義rhetoric之意義（林靜伶，1993，頁69），此一定義目前普遍為台灣語藝學界研究者所援用。

　　在當代文化脈絡下，語藝經常被誤解為「空談」或「欺騙」的同義詞，甚至還會聽到如「那不過是個語藝」或是「那只是個空洞的語藝」之類的話語來形容狡猾的律師、甜言蜜語的政客、說得引人入勝的傳教士，或是話說得快速、天花亂墜的銷售員。這類對語藝的批評從西元前四世紀，柏拉圖《對話錄》（*The Dialogues*）中的Gorgias篇中便已開始，其直指語藝是愚蠢與醜陋（foul and ugly），並斥之為是討好群眾的技術，就像廚藝或諂媚用的化妝品。語藝遭受如此誤解，不過是因柏拉圖發現透過語藝可以讓事物變得比原來更好，與其一貫的哲學觀點背道而馳罷了，甚至到了1690年，英國哲學家John Locke還指出語藝是完美的欺騙等（Herrick, 2001）。

　　前述對語藝的看法未免太過偏頗。在人與人的互動之中，說服幾乎無所不在。例如在運動場上的犯規認定、在醫學上對特殊疾病病因的診斷、地球距離日月星辰的距離，乃至恐龍年齡等判斷，都

39

是相互說服的結果。如果缺乏說服的運作，則民眾將無所依循，因此，說服已經不僅是工作、社會與私人生活的一部分，本質上就是我們生活的中心。

那麼，語藝到底是什麼呢？這是一個很難用三言兩語簡單回答的問題，因為其意義端視我們從何種立場來看待語藝。如果視語藝為對文本中語言的操弄，則語藝是站在真理的對面，在研究如何愚弄人們；但若從裝飾、佯裝甚至誇張的角度看語藝文本（text），則是在研究言者如何尋求超越聽者的力量；若關切語藝的實踐特性，便具有為特定利益團體服務的工具性功能（Covino & Jolliffe, 1995, p. 4）。

中外學界普遍認同語藝的目的在於「說服」（persuasion），主要的差別在對於說服界定的或廣或狹：狹義的說服係指意圖改變對方的態度或行為；廣義的說服則未必是嘗試改變，即便是「告知」（inform）也是一種說服行為（林靜伶，1993）。雖然語藝經常被視為只是說服研究，但是語藝的目的不僅僅如此，我們必須意識到語藝不僅是我們生活的重心、生命行動的核心，基本上人類本質上就是語藝的動物（human beings are rhetorical beings）（Herrick, 2001），甚至人類的文明就是語藝的產物。

如前所述，語藝的發展源遠流長，意義複雜多變，因此以下特別從語藝的定義、語藝五大要素、語藝論述以及語藝的社會功能等角度，進一步說明語藝是什麼。

一、語藝的定義

語藝一詞源自於希臘文rhetorica，拉丁文rhetorike（techne），原意為演說的技術。但隨著兩千五百年來的發展與變化，rhetoric的意義逐漸豐富，定義也相當多元。

定義可言簡意賅的說明語藝是什麼。語藝從古典時期一直到當代，有許多代表性的定義（Herrick, 2001；林靜伶，2000）：

1. 科瑞斯和提斯亞斯（5th B.C.）：語藝是實際的論辯藝術。
2. 柏拉圖（5th-4th B.C.）：語藝是以語言文字使靈魂愉悅的藝術。
3. 亞里斯多德（4th B.C.）：語藝是在任何既定的情況下，發覺所有可運用的說服方法的藝術。
4. 西塞羅（87 B.C.）：語藝是有效的說服藝術。
5. 昆蒂連恩（95 A.D.）：語藝是善於言說的好人的行為。
6. 聖奧古斯丁（426 A.D.）：語藝是傳遞與詮釋權威的藝術。
7. **I. A. Richards**（1938 A.D.）：語藝是為達特定目的論述的藝術。
8. **Kenneth Burke**（1950 A.D.）：語藝是指人使用語言文字來型塑他人的態度或引導他人的行為。
9. **Sonja Foss**（1950 A.D.）：語藝是人類表現的行動、人類採取的觀點。
10. **Richard Weaver**（1953 A.D.）：語藝是真理加上藝術的呈現。

歸納前述語藝學者的定義後，林靜伶（2000）認為語藝是一種藝術、一種說服行為，且語藝的說服工具為語言。

詳細來說，亞里斯多德在其名著《修辭學》中，定義語藝為：在任何既定的情況下，發覺所有可運用的說服方法的藝術（Herrick, 2001）。他以更實用的角度看待語藝，指出如果不善用語藝，真理與正義也會被辯論的對手擊敗，如果用拳腳來防衛自己是正當的，那麼用語言演說來自我防衛不是更加應該（朱元鴻，1993，頁88）。其觀點大是有別於其師柏拉圖對於語藝的強烈貶抑。

George Kennedy定義語藝為情感與思想的本能、經由象徵系統

傳遞（包括語言），以影響他者的決定或行動。亦即，當我們對決定影響他者而表達情感與思想時，就是一種語藝行為，Kennedy強調我們的情感與思想表達的目標在影響或說服他者（Herrick, 2001）。

Herrick（2001, p. 7）則擴充語藝的定義，定義語藝的藝術是一種系統性的研究與有意圖的實踐有效的象徵性表達（effective symbolic express）。在此，有效意指達成象徵使用者的目標，不論目的是說服、明辨、美感或相互瞭解。語藝的藝術促使象徵的使用更加有說服性，也是美感的、可記憶的、有力的、深思熟慮的、清楚的，因此也更加具有強迫性。總而言之，語藝是一種有效地運用象徵的藝術。

Foss, Foss, & Trapp（1991, pp. 14-19）定義語藝為：

1. 人類表現的行動：意指我們使用象徵（symbol）進行溝通，其並包含四種說法，即：(1)語藝是一種行動；(2)語藝是一種有目的的行動；(3)語藝是一種象徵行動；以及(4)語藝是一種人類行動。

2. 人類採取的觀點：當我們說某人採取某種觀點，即指某人對該事務有特定的觀點。觀點，就像一組概念鏡片，人們透過該鏡片看世界，其也影響我們對現象的詮釋。而分析象徵的過程，涉及兩個關鍵詞：(1)過程（process）：關心象徵的過程而非其內容；(2)象徵性（symbolism）：其意在於分析人們如何展現語藝行動或分析人們如何詮釋象徵。

在前述定義中，亞里斯多德的定義較佳，此因其說明語藝的說服使用，必須配合不同情境的變化，而彈性調整其說服策略，當代學者Bitzer提出語藝是情境的（rhetoric is situational）觀點，也點出語藝因時因地制宜、靈動的特性（Herrick, 2001, pp. 34-36），具有

相互呼應之妙。

二、語藝五大要素

　　古羅馬著名的語藝學家西塞羅以語藝的五大要素（five cannons of rhetoric）：創作（invention）、組織（arrangement）、風格（style）、記憶（memory）、發表（delivery），將語藝的內涵進一步具體化。西塞羅雖非首提語藝五大要素之人，但卻在其著作中予以改良與發揚，影響後世甚遠。事實上，前述五大要素在西方不同時期受到不同程度的重視與貶抑，也具體說明了語藝的發展與外在環境變化息息相關。以下針對語藝五大要素概說之（Harper, 1979; Herrick, 2001；林靜伶，1993；游梓翔，1998）：

1. 創作：係指言者針對某一議題尋求可信的、具說服力資料的過程。
2. 組織：係探討言者如何將蒐集的資料加以整理組織的過程。
3. 風格：係探討言者如何將演說或論述透過適當的語言文字表達出來。
4. 記憶：係指言者如何背誦演說的內容。
5. 發表：係指言者如何透過聲音、表情、手勢等的掌握來傳遞訊息。

　　由對語藝五大要素的概述可知，將rhetoric翻譯成修辭是不恰當的，因修辭的意義，僅能表達語藝的「風格」要素，難免偏狹。在五大要素中，以創作最為重要，能夠創作的地區，必然是一個自由民主、開放成熟且文化豐富的社會，因此林靜伶乃以創作做為衡量一個社會自由民主程度的指標（Herrick, 2001；林靜伶，1993），並彰顯創作在語藝五大要素中的關鍵位置。

三、語藝論述

除了語藝五大要素之外，Herrick（2001）也指出語藝論述的五個特徵，包括：

(一)計畫性（**planned**）

語藝論述是有計畫的使用符號在我們選擇的對象上，並探討如何對其聽者演說。

(二)配合聽者需求（**adapted to an audience**）

語藝論述的計畫中必須包括聽者。對於聽者的概念不同於傳統認為有一群人坐著聽講，而是一種想像的聽者。因此，在語藝的論述中，言者必須碰觸聽者的價值觀、經驗、信仰、社會階級，以便與其產生連結。對此，亞里斯多德最早發展出一套完整的論辯系統，謂為簡易三段論法（enthymeme），來對聽者進行說服。換言之，他強調論辯應該建立在價值觀、信仰之上，或者奠基在言者與聽者共享知識的基礎上。Burke則以認同（identification）一詞來定義之；換言之，言者必須考慮什麼是聽者可以接受的真實、可能性與渴求。Chaim Perelman和Lucy Olbrechts-Tyteca則指出，重要的不是言者視何者為真實或重要的，而是知其演講對象的觀點（Herrick, 2001, pp. 9-10）。

(三)語藝顯露人類動機（**rhetoric reveals human motives**）

人類象徵性的行動，如承諾、目標、欲求與目的等，會顯露出人們的動機。因此，語藝的歷史乃一直在努力理解人類的價值觀、定

義、讓聽者產生行動的因素，以及抓取讓人們緊密相連的符號來源。

(四)回應情境（**responsive to situation**）

語藝不是對先前情境的回應，就是對先前談話內容的回應。此觀點來自Bitzer的「語藝是情境的」概念，其觀點又包含緊急狀態（exigence）、限制（constrains）與閱聽人（audience）三要素。簡單來說，語藝論述在任何情境中都是個人對特殊情境的反應，因此，語藝做出反應的（response-making）問題，也是邀請反應的（response-inviting）。換言之，所有的語藝表達都是引發某人產生對立觀點並做出回應。

(五)追求說服（**persuasion-seeking**）

語藝的論述經常是企圖影響聽者接受他們的觀念，因此其行動會和其觀念有關。至於語藝論述如何達到說服的效果，則有四種象徵系統可協助達成此一目標，即：

1. 論辯（argument）：一種公開的推論，亟求影響聽者。
2. 訴求（appeal）：一種象徵性的策略，目的在引起聽者的情緒反應或是忠誠與承諾。
3. 組織（arrangement）：提供有計畫的訊息排列以達到最大的效果。
4. 美學（aesthetics）：語藝的美學係增加形式、美的事物與象徵性表達的力量。

四、語藝的社會功能

　　語藝論述的實踐，除了說服外，更具有諸多的社會功能（Herrick, 2001），包括：

(一)檢測觀念（**test ideas**）

　　語藝的實踐過程中，言者對聽者呈現的訊息，以及聽者的回饋，提供了觀念檢測的機會。

(二)堅持立場（**assist advocacy**）

　　語藝是用來倡議我們所堅信的觀點的方法，其可用來深化我們堅信的理由，也更有效的向聽者傳達我們的觀點。

(三)力量分派（**distribute power**）

　　語藝有三種層次的力量：

1. 個人層面，語藝提供個人成功的力量，以及透過訓練有效增強自我表達的能力來深化個人力量。
2. 語藝也是一股心理邏輯形式的力量，此一力量可型塑他人的思想。象徵與人類思想結構是相連結的，因此我們可透過改變象徵性的框架來改變他人的思想。事實上，象徵性也許是唯一可進入他人心理世界的管道。
3. 語藝也是政治力量的來源。就如傅科（Foucault）探索語藝與政治力量在社會中的交互關係一樣，語藝、權力、意識型態三者是彼此相互連結的，當一意識型態宰制一個社會，其便

可塑造我們的語藝概念，並藉此傳遞力量給其他團體，例如
女性主義者的倡議，便是一種語藝，一種有力的意識型態的
表達。

(四)發現事實（discover facts）

　　語藝協助發現事實（facts）與眞理（truths），以供決策之
用，其方法有三：第一，準備某個案時，必須提供證據支持你的觀
點，此調查過程便是語藝的一部分，雖然我們有很強的判斷力，
但假如具有證據力與論辯力，會使聽者更加相信我們；第二，從
可得的事實中創造出具批判力思想的訊息，此過程即所謂的創作
（invention），此即建議以新的理解事實方式，來發現與事實之間
的新關係；第三，不同論辯個案之間的衝突經常帶來新的事實，讓
事實更清晰。

(五)塑造知識（shape knowledge）

　　一個社群如何同意他們的知識與價值？舉例來說，一個較特
殊的正義觀點如何受到社群或文化的普遍歡迎？平等觀如何在法的
基礎下建立？我們如何知道平等比不平等好？由於語藝實踐與社
會知識有著重要的關係，因此在判斷何者爲眞（true），何者正確
（correct），或何者較爲可能（probable）時，語藝經常扮演重要的
社會角色。基此，Robert Scott便指出語藝是知識的（epistemic），
亦即是建立知識（knowledge-building）（Herrick, 2001, p. 21）。經
由語藝的互動，人們開始接受一些觀念如眞實，或者反對他人並視
之爲錯誤（false）。簡言之，語藝建立知識功能來自於其對「觀念
的檢測」，一旦觀念徹底被社群或社會檢測後，就變成該社會可以
接受的知識（known）。舉例來說，就像天文學家發現新星一樣，

雖然天文學家基於物理證據的基礎，已證明星星的存在，並成為我們所知的知識（known），不過，星星的實際年齡，天文學家之間就必須透過論辯來決定。當科學家試圖以其所知來說服同僚時，語藝就扮演了建構知識的角色；而且如果天文學家達成對星星年齡的協議，就會讓公眾對該星星建構出不同的觀念（ideas）。

(六)建立社群（**build community**）

Michael J. Hogan研究語藝與社群之間的關係指出：「語藝有無限的方式塑造社群特性與健康的社群。」在此，社群並非地理上範圍的意義，而是心理上的共同社群，此社群的成員，會以相似的方式看待世界，彼此對關懷與鼓勵的定義也相當類似。因此，教堂構成社群、一群員工也形成社群。舉例來說，馬丁路德・金恩（Martin Luther King, Jr.）透過倡議公民權建構，與他者創造一個具價值與行動力的社群，其建立的社群論述讓人們能夠對社會上的嚴重種族問題做出思考與行動，基此，「語藝的過程」是建構社群的核心工作。Hogan指出社群是活生生的生物，藉由語藝論述滋潤成長茁壯（Herrick, 2001, p. 22）。

由前述可知，語藝的社會功能豐富，影響層面廣大，透過語藝的實踐，就有建構真實、知識，甚至改變文明的力量。

第二節　語藝的發展脈絡

語藝學最早出現於西元前476年，由語藝的始祖科瑞斯和提斯亞斯在希臘寫了有關教導人們如進行演說與口語表達的書籍開始，自此語藝也逐漸成為一知識領域。而且，早在科瑞斯和提斯亞斯之

前，對於人類溝通表達問題已經有零星的討論，但是有系統的、組織的、專注的討論，則從這兩人開始（林靜伶，2000）。

對於語藝發展的脈絡而言，George Kennedy（1980, 1999）為西方兩千五百年的語藝發展歸納出三個發展脈絡，分別是技巧的脈絡（technical strand）、詭辯的脈絡（sophistic strand）以及哲學的脈絡（philosophic strand），其整理如**表2-1**所示（林靜伶，1993、2004）。

詳細來說，首先出現的是**技巧的語藝**，其關切重點在於演說的建構與表達方式，關心如何成功發表一場演說或論辯，對於語言文字運用與表達技巧為其討論與研究的主題，此派學者因而有教科書的取向，內容以教導學生如何做為主。代表性學者有古希臘時期的科瑞斯、提斯亞斯，羅馬時期的西塞羅、昆蒂連恩等。

其次，**詭辯的語藝**，乃以演說者為中心，關切演說者個人的口才與表達能力的培養。此一脈絡與技巧的語藝一樣重視表達技巧，但是前者重視的是演說稿本身建構出來的技巧，而後者重視的則是演說者本身的技巧表達能力。由於詭辯學者關切的是如何贏得辯

表2-1　古典時期至當代之語藝發展脈絡

時期	主要發展脈絡	具體發展
古典時期	技巧的脈絡 哲學的脈絡 智辯士的脈絡	
中古時期	技巧的脈絡	將語藝應用於傳教 書寫藝術的興起
文藝復興時期	技巧的脈絡	
近代	技巧的脈絡 哲學的脈絡	演說術的興起 優美文學運動 認識論的語藝觀點
當代	哲學的脈絡	新語藝

資料來源：林靜伶（2004），頁173；作者整理。

論，因此鼓勵學生為辯論而辯論，不太關心辯論的問題和議題的本質，因此經常被批評缺乏道德。代表的學者有古希臘時期的Protagoras、Gorgias、Isocrates。

最後，**哲學的語藝**乃以聽眾為重心，探討演說訊息的有效性及其對聽眾發生影響的本質，並從不同情境下的閱聽眾區隔，建構不同的演說類型，演說者建構演說內容時，必須將聽眾的心理也納入考量。哲學的脈絡與前述兩個脈絡的差別在於其對語藝的建構與功能企圖做本質性的探討，此一脈絡源自蘇格拉底對前述兩脈絡的批評，並由柏拉圖、亞里斯多德承續之。

整體來說，不同時期的語藝發展脈絡，有其不同發展的重點，其差異的發生則與政治社會環境密切相關，越是民主自由的環境，哲學的脈絡越有發揮的空間；在專制獨裁的時空，語藝則專注於技巧的脈絡，僅能在學校教室中討論或在儀式典禮中表演，勉強求生存。因此，由**表2-1**可知在語藝的發展脈絡上，古典時期是語藝發展最為燦爛的時期，也為後世的語藝學發展奠下基石。

至於中古時期以及文藝復興時期而言，受限於羅馬帝國的君主政體、專制獨裁統治以及基督教文明的箝制，語藝流落為關切枝微末節的技巧，直到近代以降，語藝方逐漸復興，且在美國找到發展的沃土，朝向多元方向發展，尤其當代在60年代之後出現的新語藝（new rhetoric），以及80年代發展出來的語藝學轉向（rhetorical turn），使得原創的理論與批評方法不斷出現，不僅豐富了語藝學，更讓語藝發展頗有回到古典時期之勢。

至於古典時期到當代之代表性語藝學者著作與語藝發展期間，其如**表2-2**之所示（林靜伶，2004）。以下作者乃整理Foss（1991）與林靜伶譯（1996）兩位語藝學者對於語藝思想發展歷史的說明，概述語藝的發展脈絡、代表性學者、觀點與著作，其依時間序列敘述如下。

表2-2　古典時期至當代之語藝發展脈絡

時期	代表人物	代表著作
古典時期 （約500B.C.-400A.D.） 希臘 羅馬	Corax（科瑞斯） Tisias（提斯亞斯） Plato（柏拉圖） Aristotle（亞里斯多德） Cicero（西塞羅） Quintilian（昆蒂連恩）	*Art of Rhetoric* *Gorgias, Phaedrus* *Rhetoric* *De Inventione, De Oratore, Brutus, Orator* *Institutio Oratoria*
中古時期 （約400-1400A.D.）	St. Augustine （聖奧古斯丁）	*De Doctrina Christiana*
文藝復興時期 （約1400-1600A.D.）	Lorenzo Valla Peter Ramus	*De ver Falsoque Bono* *Dialectique*
近代 （約1600-1900A.D.）	Francis Bacon Rene Descartes Giambattista Vico George Campbell Richard Whately Huge Blair Gilbert Austin Thomas Sheridan	*Advancement of Learning* *Discourse on Method* *On the Study Methods of Our Time* *The Philosophy of Rhetoric* *Elements of Rhetoric* *Lectures on Rhetoric and Belles Lettres* *Chironomia* *Lectures on Elocution*
當代 （約1900A.D.-）	I. A. Richards Richard Weaver Kenneth Burke Stephen Toulmin Chaim Perelman Ernesto Grassi	*The Meaning of Meaning* *The Ethics of Rhetoric, Language is Sermonic* *A Rhetoric of Motives, A Grammar of Motives* *The Uses of Argument, Human Understanding* *The New Rhetoric: A Treatise on Argument* *Rhetoric as Philosophy*

資料來源：Foss（1991）；林靜伶（2004），頁173；作者整理。

　　發生在希臘殖民地Syracuse的一場革命，成為語藝研究的催化劑。原來島上獨裁的君主被推翻並建立民主後，因土地歸屬的問題，迫使公民產生為自己辯護的需求，於此之際，科瑞斯發現有系統的教導公民在法庭上說話的重要性，並寫下*Art of Rhetoric*一書，書中科瑞斯對於可能性（probability）概念的描述正是語藝系統的

核心，他相信當事實無法確立時，言者應該從一般的可能性或建立可能的結論來論辯，除了可能性原則，也指出演說應該包括前言、證明與結論三個主要部分。

科瑞斯的學生提斯亞斯將科瑞斯的語藝觀點介紹到希臘本土，且隨著雅典語藝教育的興起，出現一批以教授語藝維生的老師，稱之為「智辯士」（Sophist）。Sopho的本意為知識或智慧，所以智辯士乃指有智慧的老師（a teacher of wisdom），因此Sophistry這個詞具有尊敬的意思，只是還被視為是謬誤或脫軌的推論，而對於智辯士的不信任主要來自於：(1)智辯士通常是外國人或外地人；(2)他們宣稱可以教授智慧或口才，但希臘人相信這些是與生俱來的；(3)智辯士收費，此舉與希臘傳統相悖；(4)柏拉圖《對話錄》反對智辯士並將之描繪得愚蠢，此舉且影響至今。

Protagoras（480-411 B.C.）被視為智辯士運動（sophistic movement）的創始者。他以宣稱「人是衡量一切事物的標尺」（Humans are the measure of all things）著稱，由此探知智辯士以人文來認識世界，也意味著智辯士採取一種相對立場來認知世界，即絕對的真理是不可知的，也是不可能存在的，真理必須視個別情況而定。

第二位值得一提的是Gorgias（485-380 B.C.），他正是柏拉圖《對話錄》抨擊的對象，他也是即席演講之父，他最為著名的三段懷疑論哲學，即「萬物皆不存在」（nothing exists）、「即使真有東西存在，我們也無從得知」（If anything did exist, we could not know it）、「即使真的知道，也無法傳達給他人」（If we could know that something existed, we would not be able to communicate it to anyone else）。Gorgias十分瞭解偉大近乎魔術的說服性話語可以操縱人心，他堅持主張我們接觸到唯一「真實」（reality）存在於心理（psyche）。

　　另一位對語藝思想留下重要作品的是Isocrates（436-338B.
C.），他認為政治與語藝不可分，是參與公共事務的重要學門。智
辯士認為世界是不完整的、模糊且不確定的，可透過語言詮譯與瞭
解，因此智辯士認為真理和真實是語言的產物，不是先語言而存在
（Herrick, 2001, pp. 39-41）。

　　事實上，智辯士的哲學是頗為激進的，因智辯士相信「世
界總是可由語言而再創造」（the world could always be recreated
linguistically）。換言之，真實本身是語言的建構物（linguistic
construction），而非客觀事實（objective fact）。在此，真理因此
變成一種完全主觀的概念，認為每個人皆可創造私人觀點的道德
觀或存在觀。James Murphy和Richard Katula（1995, p. 28）便說：
「知識是主觀的（subjective）：人們相信這事物是什麼，它就是什
麼。」（Everything is precisely what individual believes it to be.）這
表示我們每一個人，不一定是集體人類，決定何者對我們有意義，
而且假如真理及真實依靠誰講得最具有說服力，那麼什麼東西會變
成正義、美德與社會秩序呢？這種激進的真理觀對保守的雅典人而
言是個威脅，一些古典哲學家乃大力責備智辯士處理的是幻象及個
人意見，而不是知識及真理（Herrick, 2001, p. 38）。

　　不過，智辯士雖然是最早對語藝提出哲學立場的人，但是語藝
有系統的編整乃透過後人之力完成，希臘哲學家柏拉圖（424-347
B.C.）提供語藝發展的基礎，雖然他反對智辯士所主張的實用性與
相對性的語藝本質。柏拉圖的語藝觀點大多出現在其《對話錄》中
的Gorgias、Phaedrus兩篇中。在Gorgias篇批評語藝是一種技術或技
藝，並指語藝似乎不是藝術的追求，而是一種看似聰明的為人之
道，作者稱之為諂媚的一支，就像廚藝一樣，但作者的觀念認為那
不過是一種技藝，根本不是藝術。至於Phaedrus篇中，他以有關愛
的演說做為他的語藝觀點的類推，他認為理想的語藝應該以對真理

與人性的認知為基礎，Phaedrus篇中也討論演說的組織、風格與表達方式，為語藝主要元素的發展鋪路。

柏拉圖的學生亞里斯多德是第一位將前人的語藝觀點做系統化整理的人。他的著作《修辭學》被視為是口傳領域的基礎，其觀點雖受柏拉圖的影響，但兩者之間卻有明顯的不同，並以較為可觀的方式進行語藝的討論。他將語藝定義為：「在特定的情境下，發覺可運用的說服方法的藝術。」亞里斯多德可說結合了柏拉圖與傳統智辯士兩者的語藝觀點，提供一哲學與實用兼具的論點。亞里斯多德在《修辭學》一書大篇幅討論了創作（invention）的概念，也討論演說中較實用的部分，例如風格、組織與表達，為語藝要素奠定日後的討論基礎。

亞里斯多德之後的兩百年沒有重要的語藝著作流傳下來，而羅馬人在接收地中海地區之後，希臘文化包括語藝，由逐漸為羅馬人所接收採用。其中最重要的學者是西塞羅，他是羅馬語藝的縮影，其不僅有豐富的語藝著作，同時也是偉大的演說家。西塞羅最早期的作品為*De Inventione*（87 B.C.），之後寫作*De Oratore*（55 B.C.）嘗試結合語藝與哲學，倡議語藝對許多實務的處理而言都是一種有用的藝術；*Orator*（46 B.C.）一書則發展完整的風格相關概念，區分三種不同風格——平鋪直敘、溫和的以及華麗的。

尚值得一提的羅馬語藝學者是昆蒂連恩（35-95 A.D.），他的著作*Institutio Oratoria*（93 A.D.）描述如何才是公民兼演說者從出生至退休的理想訓練方式，並將演說者定義為「善於言說的好人」。他是一位旁徵博引也富有彈性的人，其援引柏拉圖、亞里斯多德、Isocrates、西塞羅等人的論著並融合個人的教學經驗於著作中，其著作非常系統化，不僅是希臘羅馬時代的語藝思想的整合，也是當時中古世紀教育理念的重要來源。

羅馬帝國來臨，羅馬皇帝掌權讓任何人公然發表反對言論都受

到懲罰，因此語藝乃退至只關心風格與表達而不關心內容。此時期介乎西元150年至400年，稱爲第二智辯士時期或第二詭辯期（the Second Sophistic）。

第二智辯士時期之後爲中古世紀（the Middle Ages, 400-1400A.D.），此時期將傳教、書寫與教育結合。最早將傳教士爲口傳形式的是聖奧古斯丁（354-430 A.D.），他被視爲是古典語藝與中古世紀語藝的橋樑。中古世紀由於基督教勢力的興起，語藝被視爲希臘羅馬異教的藝術，不准公開傳授與教導。原是語藝老師的聖奧古斯丁在轉信基督教之後，在其著作*De Doctrina Christiana*中乃極力主張傳教者要能教人、能感動人與能說服人，因此他相信爲了傳達基督教的教義，學習有效的表達規則是有必要的。最後，語藝在中古世紀是三大人文教育學科（邏輯、文法、語藝）之一，當時的教學重點大致上較爲實用取向而非理論取向。

文藝復興時期約爲西元1400年至西元1600年，象徵著中古世紀的結束與人文主義的興起，此一人文主義運動在義大利開始並達到頂峰。大體而言，由於義大利人文主義者專業的繼承中古世紀修士的工作，如書寫與秘書性工作，因此也逐漸發展出與智辯士相近的語藝理論。文藝復興時期的義大利學者關注西塞羅的書信與對話錄，並認爲語藝才應是最重要的學門——不是哲學——因爲唯有透過語言人們才能認識外在的世界。

Francesco Petrarcha（1304-1374A.D.）是義大利詩人，也許是最有名的義大利人文學者，他對古羅馬文學特別感興趣；Lorenzo Valla（1407-1457A.D.）爲另一位義大利人文主義學者的代表，其著作*De ver Falsoque Bono*強調日常用語比正式用語重要，且建議語藝的親近性、彈性與回應性價值。Giambattista Vico（1668-1774A.D.）則被視爲集義大利人文思想之大成者。

第二個語藝發展趨勢肇始於文藝復興時期，並影響後來的語

藝發展，此即理性主義（rationalism），代表人物有Peter Ramus（1515-1572A.D.）、Rene Descartes（1596-1650A.D.），其尋求的是跨越時間限制的、客觀的與科學的真實。他們對語藝缺乏耐心，並視之與科學真理無關。其中法國學者Ramus將語藝五大要素中的創作與組織置於邏輯領域，讓語藝徒留風格與表達，也使得語藝附屬於邏輯之下；Descartes則拒絕口語表達或社會運動、政治行動所建構的真理，因為語言只被視為是傳達被發覺真理的工具，不是知識生活的有力量場域。受到兩人理性主義思考的影響，連帶使得近代延續提倡科學與哲學重要性凌駕於語藝之上的想法。

Francis Bacon（1561-1626A.D.）就認為敘事、神話與寓言是不正確的傳說故事，理性的人性應該從中解放，並將語藝定義為：語藝的任務在於將理性應用於想像力之上，以促使意志力獲得更好的發揮。而 Bacon以科學方法研究語藝，也為近代語藝思想的三個主要發展方向奠下基礎，即認識論的（epistemological）、文學的（belletristic）與演說術的（elocutionist）方向。

近代語藝學者中，George Campbell（1719-1796A.D.）與Richard Whately（1758-1859A.D.）是**認識論發展方向**下較重要的學者。Campbell是蘇格蘭的牧師與教師，其著作*The Philosophy of Rhetoric*（1776）廣泛引用亞里斯多德、西塞羅、昆蒂連恩以及當代感官心理學與實證主義的觀點。他並定義語藝是激發理解力、取悅想像力、刺激感受力與影響意志力。至於Whately也是傳教士，其著作*Elements of Rhetoric*（1828）被視為將Campbell思想中的邏輯觀點發揮到極致，不過他的語藝觀點雖然近似Campbell對感官心理學的依賴，但是關注語藝的焦點乃在於：發覺適當的論點以證明某一觀點，並將這些論點技巧的組織起來。他並以分析預設與證明的負擔（burden of proof）兩觀點著稱，並為近代辯論奠下基礎。兩人提供了以閱聽人為中心的語藝研究取徑，也為當代的閱聽人分析

開路。

　　近代語藝的第二個發展方向為**優美文學運動**（belles lettres movement）。法文中belles lettres指的是美麗的文學，其主要論點為文學的價值主要來自其美學的價值，而不是告知性的價值。優美文學的語藝相當寬廣，除了口語的論述，舉凡書寫的、批評的論述皆是。其代表人物為Huge Blair（1718-1800A.D.），代表著作*Lectures on Rhetoric and Belles Lettres*，主要是探討語藝、文學與批評的關係，而他最具原創的觀點乃為對品味（taste）的討論，品味就是接觸美的事物時產生喜悅的能力。Blair的語藝觀點頗受注意，並為現代文學批評與語藝批評奠下基礎。

　　近代語藝的第三個發展方向為**演說術運動**（elocutionary movement），並在十八世紀達到高峰，此發展肇始自對近代傳教士、律師、公眾人物等不善於演說的回應。演說者相信人類獨有的聲音、表情等特質有助於對人類本質的認識，他們也探討演說對於閱聽眾心理的效果。不過，他們雖然也關心創作問題，但事實上大都偏向於討論控制聲音與手勢等技術性問題。Gilbert Austin（1756-1837A.D.）是高度重視演說風格的代表性人物，其著作*Chironomia*便教導講者目光如何接觸、如何控制音量等。Thomas Sheridan（1719-1788A.D.）其著作為*Lectures on Elocution*，他可能是最有名的演說術專家，嘗試建立一套標準的英語發音方式，並為演說提供技術性的準則。

　　隨著優美文學運動與演說術運動的興起，語藝作為研究與教育學門的地位開始衰退；再者，隨著大學裡的各種測驗逐漸由口試改為筆試，使得書寫能力超越口語表達能力，也讓語藝更加式微。到了二十世紀，演說的教學都限於英語系，且是次於書寫或作文的科目，一直到1910年美國的語藝發展才開始產生轉變。此即一群在英語系教公共演說的老師，脫離英語教師全國協會，為了重新發掘

語藝教育與研究的廣度與深度，在1914年成立公共演說教師全國
協會，幾經演變成為今日的口語傳播協會（Speech Communication
Association, SCA）。

　　當代的語藝發展受到各種力量的影響，例如行為心理學講究
的科學研究方法、二次大戰之後大眾傳播說服與宣傳研究以及歐陸
批判理論等等，語藝學也開始引用不同領域的理論或概念，包括
語言學、符號學、語意學、心理語言學、人類學與生物學等等，
尤其I. A. Richards、Kenneth Burke以不同方式建立的新語藝（New
Rhetorics），更企圖含括論述過程的全貌。簡言之，語藝、哲學、
文學、心理學與大眾傳播領域的結合，也顯示對語藝過程研究興趣
的復興。

第三節　語藝理論與批評方法

　　語藝理論是認識語藝的系統性知識，語藝批評方法則有助於瞭
解人們的說服方法與邏輯；語藝理論與批評方法之間相互為用，是
一體的兩面。以下說明語藝理論與批評方法的關係、語藝批評的界
定與發展，以及語藝理論與批評方法的結合。

一、語藝理論與批評方法的關係

　　雖然西方語藝理論已經有兩千五百年的悠久歷史，但是語藝批
評方法的發展卻是二十世紀以後的事，而語藝批評方法的出現，背
後通常都有理論支持，且這些理論多數與當代思想的理論觀點密切
相關。

　　基本上，許多語藝批評方法都來自於某些理論，因此這些

批評方法就是理論觀點或預設的反映，這也使得語藝批評方法與一般純粹分析性的研究方法，如內容分析法、訪談法、觀察法等不同。就語藝批評方法對應的理論來說，有Ernest G. Bormann的符號輻合理論（symbolic convergence theory）與幻想主題批評（fantasy theme criticism）、Burke的戲劇理論（dramatism）與戲劇五因批評（pentadic criticism）、Water Fisher的敘事典範（narrative paradigm）與敘事批評（narrative criticism）、Stephen Toulmin的論辯架構（layout of argument）與論辯批評（argumentative criticism）、女性主義理論（feminism）與女性主義批評（feminist criticism）、社會運動理論（social movement theory）與社會運動語藝（social movement rhetoric）、批判理論（critical theory）與Raymie E. McKerrow的批判語藝（critical rhetoric）、Carl Jung的心理學理論（Jungian psychological theory）與榮格心理模式（psychological model）、Jacques Derrida的解構理論（deconstruction）與解構批評（deconstructionist critique）、Karl Marx的馬克思主義（Marxism）與馬克思主義批評（Marxist critique），以及類型批評（generic criticism）與B.L. Ware和W.A. Linkugel的自我辯解策略（self-defense strategy）等等。

再者，語藝批評雖然是質化分析，也會採用量化的分析技巧，例如內容分析法，但是語藝批評所採用的理論架構並非直接套用在文本之上，而且理論架構雖然提供了語藝分析的角度與起點，但是文本自身特性也會影響分析的結果（林靜伶，2000，頁9）。

因此，理論與語藝批評方法之間是很靈活的關係，並非制式不變，端視研究者的研究目的與選取的研究對象與文本而定。二十世紀60年代之後，西方新語藝的發展，讓語藝理論更加蓬勃發展，尤其語藝學與其他當代思潮的結合，例如符號學、語言學、文學、哲學、文化研究等等，不僅僅豐富了語藝學的內涵，更讓語藝批評

方法更加多元且豐富，此由本文下小節條列十六種批評方法可見一斑。

二、語藝批評的界定與發展

語藝批評不僅是一種研究方法，更是研究者採用的一種批評觀點與角度，與傳統上對研究方法的定義不大相同，對此作者乃分從語藝批評的界定與發展兩個面向來說明之。

(一)語藝批評的界定

語藝批評的界定，主要來自二十世紀的語藝學者，如：

1. Edwin Black（1965, pp. 10-17）指出，語藝批評是對語藝論述的批評，而語藝論述是指試圖影響他人的論述。

2. Sonja Foss（2004, pp. 6-7）認為，是為了理解語藝過程，而設計出對符號行為與文本的系統性調查與解釋的過程。

3. Roderick Hart（2005, p. 22）認為是發現語藝文本的複雜性，最棒的批評者得以整體有效的方式加以解釋。

4. Rybacki & Rybacki（1991, p. 8）指出語藝批評就是對語藝行動的分析與評估，意即系統性的解釋語藝行動由誰創造？創造出什麼？何時創造？以及在那裡呈現之？

語藝批評是以語藝觀點對人類的論述做有系統的分析（林靜伶，2000），此定義並包含三個要點，即：

1. 語藝批評是一種語藝觀點的分析：語藝觀點意指關心人的論述如何具有吸引力、說服力？並關心人的論述如何呈現或反映其思想、價值觀與世界觀。

2.語藝批評的對象是人類論述：人類論述包括公共論述與私領域論述，分為文字性與非文字性的論述。

3.語藝批評是一種有系統的分析：系統指語藝批評者應該自覺到方法與方法論的問題，應該為所選的批評觀點提出說明，並在分析中盡到舉證與論證的義務。

(二)語藝批評的發展

語藝批評是二十世紀的發展成果，而20年代與60年代則為語藝批評發展的兩個重要里程碑。1920年代之前的語藝批評只有一些零星的分析論述文章，缺乏具體且獨立的方法，甚至與文學批評等糾纏不清，直到Herbert Wichelns在1925年發表的文章The Literary Criticism of Oratory，方為語藝批評建立里程碑，而他從方法論討論語藝批評，也讓此一文章不僅勾勒出最早語藝批評的架構，更影響後世將近三十年的語藝批評發展。

Wichelns的文章對語藝批評發展所產生的影響有：重拾古典語藝的資源、人物研究興起、效果評估成為語藝批評的首要目的（林靜伶，2000）。1930年代到1950年代，由Wichelns提出的論點與批評面臨挑戰，認為其過於效果取向，以及以新亞里斯多德批評（neo-Aristotelian criticism）為唯一的語藝批評方法。

1950年代中期到1960年代中期，新的語藝批評逐漸出現，例如I. A. Richards的語意三角與對語言意義的討論；Burke的戲劇理論與五因分析；Edwin Black（1965）的著作*Rhetorical Criticism: A Study in Method*除將Wichelns提出的批評方法稱為新亞里斯多德批評外，其對Wichelns的批評，不僅終結新亞批評作為唯一批評方法的地位，並促成以社會運動的論述為研究對象的語藝批評，也成為類型批評的先聲。1970年代之後，語藝批評不再僅以效果評估為唯一目

61

的，而有多元的發展趨勢，新的批評方法也不斷被提出與嘗試，例如70年代出現或逐漸形成的批評方法——幻想主題批評與敘事批評等等（林靜伶，2000）。語藝批評研究的對象的也從60年代以前的大人物演說、政治性論述，逐漸擴及社會運動、性別、階級、種族、國族等等。整體來說，語藝批評的發展在方法、對象等等都有多元化且長足的進步，也讓語藝批評的成果益形豐富多彩。

三、語藝理論與批評方法的結合

凡是具有意義的文本都是語藝批評的對象，因此凡是人類表現的行動、人類採取的觀點，都是語藝批評實踐的對象（Foss, Foss, & Trap, 1991, pp. 13-19）。再者，所有基於語藝理論或觀點而產生的分析架構，都是語藝批評者進行批評時可以採用的批評方法。

目前，已探討的語藝批評方法除了林靜伶在《語藝批評——理論與實踐》一書中所專章討論的八種批評方法外，還有為數眾多的語藝批評方法，可以做為批評者分析傳播現象、社會現象時的批評方法，例如批判語藝（McKerrow, 1989）等等，作者整理三本充分探討語藝批評方法的書籍（Foss, 1996, 2004; Hart, 1997, 2005; Rybacki & Rybacki, 1991），共整理出十六種目前應用的語藝批評方法種類：(1)新亞里斯多德批評；(2)類型批評；(3)比喻／暗喻批評（metaphoric criticism）；(4)戲劇五因批評；(5)符號輻合理論與幻想主題批評；(6)女性主義批評；(7)敘事批評；(8)論辯分析；(9)意念／意識型態分析（ideological criticism）；(10)群聚分析（cluster criticism）；(11)批判語藝；(12)社會運動語藝；(13)科學語藝（science rhetoric）；(14)角色批評（role criticism）；(15)文化批評（cultural criticism），包括社會價值模式（social-values model）、榮格心理模式等；(16)歐陸批評（continental criticism），包括解構

批評與馬克思主義批評等等。

語藝批評的方法眾多，探討的議題不僅是一般的社會現象，舉凡當代文化研究的議題，從種族、國族、性別、階級、族群、認同、語言、意識型態，或是當代思潮如現代主義、後現代主義、殖民主義、後殖民主義、後結構理論、解構理論等等，都可以在對應、相關的語藝理論／觀點中找到批評方法應用之。以下作者乃介紹前台灣語藝社群經常應用的三種語藝批評方法：Bormann的符號輻合理論與幻想主題批評、類型批評與自我辯解策略，以及社會運動語藝批評，來說明語藝理論與批評方法的結合與應用情況。

(一)Bormann的符號輻合理論與幻想主題批評

1972年，學者Bormann延伸哈佛大學社會學教授Robert F. Bales在1970年的小團體互動研究，引用戲劇理論的概念，提出幻想主題批評，並發展出符號輻合理論。基本上，符號輻合理論是傳統語藝理論與現代傳播理論結合下，所發展出來的一般性傳播理論，幻想主題則是其實踐的方法。Bormann認為，一般性傳播理論可以解釋一群人在長期參與無數的論述插曲（episode）後，如何共享一社會真實，並共享某一類的價值觀；因此，它是可以用來指導、分析任何傳播活動的普遍性原則。以下作者整理了Bormann（1972, 1985）、Foss（1996, 2004）、Hart（1997, 2005）、Rybacki和Rybacki（1991）、林靜伶（2000）以及林靜伶、陳煥芸（1997）的討論，分別從源起、符號輻合理論、幻想主題批評的基本概念，以及幻想主題的分析步驟等角度說明之。

■源起：Bales小團體互動研究

1970年，Bales的研究發現，在小團體互動的過程中會出現群體幻想或戲劇化的現象，有些傳播符碼會如同戲劇化般地在團體內不

斷地被「複誦」（chain-out），促使會議或活動的節奏加快，使人們的情緒激奮，相互插嘴討論、臉紅耳赤、大笑、忘記自我意識，讓會議的氣氛由戲劇化前的安靜轉為活潑、喧鬧，使得參與者忘我地進入一種興奮與生動的對話狀態，這個包括語言與非語言傳播的連鎖過程，為該團體創造出一些共享的幻想或戲劇。前述幻想或戲劇在參與者不斷地複誦下，逐漸成為迫使該團體成員行動或觀念修正、並強化成員觀念的社會眞實。Bormann將Bales的結論加以延伸，發展出語藝批評方法中普遍使用的幻想主題批評，Bormann並以符號輻合理論為幻想主題批評的理論基礎。

■符號輻合理論

輻合（convergence）係指在傳播的過程中，兩個或兩個以上的私人符號世界逐漸趨同合一的過程，它可能是共享意義的達成，也可能是主觀意見獲得普遍的同意。符號輻合理論是以敘事人的角度來說明人類傳播的研究取向，其假定人類是「社會的說故事者」（social story-tellers），在訊息共享的過程中，人們形成團體共識並創造社會眞實。符號輻合理論預設符號間的互動創造了社會現實，而戲劇性的符號互動使個體共享幻想，進行建立團體意識，共創社會眞實。透過幻想的動態過程，團體成員彼此分享經驗與情感，久而久之形成了團體的共同文化，也發展出團體生活中的角色結構、儀式，以及行為規範。

符號輻合理論建立在兩個基本預設上。第一個預設為：**符號創造眞實**。渾沌失序的感官世界可以經由符號的組織與處理而被理解與掌握。Bormann（1972）援引Ernest Cassirer（1946）有關符號創造眞實的觀點指出：「符號形式不是對眞實的模仿，而是眞實的發言者（organs）。」並指出語言反映人類創造神話的傾向，遠超過反映人類理性化的傾向。「神話、藝術、語言與科學都是符號：這

意思的重點不在於這些領域為真實提出建議或解釋，而是在於這些領域各自產製其世界的能力。」

　　人與人會產生互動，並賦予互動意義，人對真實的概念由此產生。我們使用符號來解釋我們所認知的世界，透過符號的代言，真實的事物才能被我們看見與理解。Foss（1996, 2004）認為符號之所以能創造真實，在於它能將形式（form）與定律（law）導入混亂和失序的感官世界中，使這個混亂、失序的世界能井然有序地組織起來。語言或語藝是一種力量，透過語言符號的使用才能使流動的意識碇舶，使實體或意念的本質為人所知，成為真實（real）。

　　符號輻合理論的第二個預設是：**符號不僅為個人創造真實，個人賦予符號的意義更能進一步融合，產生一種成員們共享的真實**（consubstantiality）。Bormann指出一群人由於符號的重疊與融合，逐漸發展出彼此溝通的基礎，能透過這些符號分享共同的經驗，進而形成群體意識。符號輻合的結果是：「群體成員將有共同的經驗與相似的感覺；他們將對特定戲劇情節中的角色有共同的態度與情感上的回應。他們對某些經驗將有同樣的詮釋，並逐漸形成團體意識。」上述兩個預設，也成為符號輻合理論立論的基礎，為幻想主題批評宣稱可以尋找社群共享與複誦之觀點找到論述的基礎。

■幻想主題批評的基本概念

　　以下說明幻想主題批評的基本概念，包括：幻想主題、幻想類型（fantasy type）與語藝視野（rhetorical vision）、語藝社群（rhetorical community）與複誦等概念。

·幻想主題

　　符號輻合分析的基本單位是幻想主題。「幻想」（fantasy）一詞在一般的認知或聯想中是一種缺乏事實依據的想像，但是在Bormann的觀點中，幻想主題如前所述是建構一群人共享真實的基

65

本單位，這個共享真實以一種戲劇的形式呈現，而此戲劇可能包含場景主題（settings theme）、角色主題（characters theme）、行動主題（actions theme）與合法化機制（sanctioning agent）（學者Donald C. Shields的補充）。因此，對Bormann而言，幻想主題不是憑空想像與缺乏事實依據的妄想，而是對真實的詮釋。一些共享的幻想主題共同建構成員對外在世界的認知，將構成一種語藝視野，一種觀看世界的方式與角度。

詳細來說，幻想主題是語藝真實建構過程的基本單位主要包括：

1. **場景主題**：場景是描述行動發生的地點與人物活動的地方，不僅須指出背景的名稱，也要描述背景的特徵、特性。

2. **角色主題**：描述戲劇中所出現的角色特質、某種人格特徵與動機。

3. **行動主題**：也就是情節（plot），指角色人物在戲劇中所參與的行動，以構成行動主題。藉由行動主題呈現的戲劇張力，角色的意識型態、動機可以得到某種程度的解讀。

4. **合法化機制**：目的在合理化語藝戲劇的承諾與傳布的來源，可以是指崇高的權力，例如上帝、公平、自由、民主、帝國等絕對名詞；或者是當代某種顯著的、特定當下的現象，例如原子彈、核武、帝國大廈等，合法化機制使得語藝戲劇的接收和傳布正當化，易達到說服的可能。

·幻想類型與語藝視野

Bormann在1972年首次提出幻想主題的概念與分析方法時，便提出幻想主題與語藝視野這兩個分析概念。Bormann在1982年的文章裡，對幻想主題的分析概念與應用做了十年後的整體回顧與討論，並且提出幻想類型或語藝類型（rhetorical type）做為介於幻想主題與語藝視野之間的中程概念，此一設計乃因幻想主題是一個

比較微觀的概念，而語藝視野是一個比較鉅觀的概念，研究者企圖從微觀的概念組合建構出相當鉅觀的語藝視野並不容易，因此Bormann才在十年後的回顧與檢討中，提出中程概念幻想類型。

幻想類型是由一連串共享的相似場景、角色與行動所構成。這些幻想類型使得團體成員能將新的事件或經驗以熟悉的模式共同理解與分享，而不須針對其中的細節再加以解釋。團體成員所共享的幾個幻想類型，便逐漸構成語藝視野。Bormann雖然提出幻想類型這中程概念，但並不意味每一個語藝視野都必須由幻想類型構成，共享的幻想主題仍然可能直接構成語藝視野。事實上，應用幻想主題批評的語藝批評者，較少應用到幻想類型／語藝類型的概念。

- 語藝社群

語藝視野的浮現意味著語藝社群的形成。參與其中的成員共享著相同的觀看世界、詮釋世界的方式，也就是共享某些價值觀與世界觀。語藝社群的成員對一些事物的反應、對解決某些問題的程序與方法會有相近的看法，因而會排斥對立的觀點。另外，Bormann也指出語藝社群的形成，其語藝視野可能只被少數人所共享，因此，可能只持續相當短暫的時間；但是，某些語藝視野可能融入社群中個體生活的所有面向，因而成為「生活型態的語藝視野」。個體也可能同時分屬於各個不同的語藝社群，透過數種語藝視野的分享，為自己各個生活層面提供各種不同的社會真實。

- 複誦

幻想主題分析的另一重要概念是「複誦」或「串聯」的現象，複誦的現象是指共享的幻想主題——以語言或其他符號的方式呈現——會被語藝社群的成員所傳誦。因此，在成員的對話、論述等溝通行為中，可發現這些被複誦的幻想主題。在複誦過程中，成員只要以其共享的語言符號來溝通，便能心領神會，不須多加解釋。如果語藝社群中出現具有特殊魅力的領導者（charismatic），這個領

導者經常是符號的創造者，也就是領導成員詮釋世界的人，於是也可以發現成員不斷複誦著領導者的語言符號。

■幻想主題批評的應用

幻想主題批評提出後引起廣泛的討論與注意，相關研究也不斷出爐，例如Bormann（1977）就曾應用此批評方法分析1972年美國總統選舉期間麥高文（George McGovern）的新政主張之語藝視野，分析美國自林肯總統以來一種在美國殖民史上經常出現的幻想類型，乃為「從困厄中發現美好未來」（fetching good out of evil）；再者，Karen A. Foss和Stephen W. Littlejohn（1986）分析「浩劫後」（The Day After）這部電視影片所呈現的語藝視野，發現此一災難片建構的語藝視野之深層結構為反諷框架。

至於台灣第一本應用幻想主題分析的論文則是賴治怡（1993）的碩士論文，其以女性主義觀點與幻想主題分析探討新台灣文庫中的女性形象，結果發現此文庫中呈現有關女性形象的幻想主題為：「強韌的妻母」和「女英雄」兩種女性角色；劉玉惠（1994）以幻想主題分析來研究慈濟的相關論述，結果發現慈濟人所共享的語藝視野是由「聖界與凡界」兩者所構成；作者以幻想主題批評分別分析台灣著名團體「雲門舞集」，結果發現其語藝視野為「薪傳」（蔡鴻濱，1999）；分析台灣BBS站情愛討論板時，發現其論述建構的語藝視野為「擇你所愛，愛你所擇」（蔡鴻濱，2003）；分析網路語言建構的語藝視野則為「越界——簽入」（蔡鴻濱，2008）。

(二)類型批評與自我辯解策略

語藝批評的目標在於探知「說服」，即探討言者利用那些方法以使他者（other）認同言者的說詞與觀點，以達到言者語藝行動的

目的。類型批評做爲一種語藝批評方法，其目的在於瞭解言者所面臨的情境類型後，進而探討其可以使用的語藝策略，以達其說服的目的。基於類型概念，B. L. Ware和Wil A. Linkugel（1973）提出自我辯解策略（self-defense strategy）。以下，作者將說明類型批評與自我辯解策略的內涵及其應用。

■類型與類型批評

　　首先，就**類型的意義**來說，Hart（1997）指出其乃一群在重要結構及內容上具有極大相似性（similarities）的訊息，且會使閱聽眾產生某種期待。例如：美國總統就職演說、元旦文告、公開信、道歉聲明等等。Foss（1996）指出，類型與類型批評的概念最早可追溯至亞里斯多德及其他古典語藝學者的作品對不同論述類型的區分。許多古典語藝理論的基本預設爲「語藝的目的決定情境類型」。林靜伶（2000）則指出，亞里斯多德在《修辭學》一書中，依據演說目的及閱聽眾與論述情境的不同，將演說的論述類型區分爲三類，包括：法律性論述（forensic discourse）、政治性論述（deliberative discourse）、儀式性論述（epideictic discourse）。這三類論述的對象、目的、訴求方式皆不同，而亞里斯多德的討論，也反映出他對語藝情境影響語藝實踐的認知。

　　Foss（1996）強調語藝類型的形成必須由三種要素共同融合而成：(1)情境要素（situational requirements），即在特定情境或接收條件下會引發特定的語藝反映；(2)實質及修辭要素（substantive and stylistic characteristics），即言者爲了在特定情境下引起聽者有所反應而選擇的內容，實質要素構成語藝論述的內容（content），而修辭要素則構成語藝論述的形式（form）；(3)整體組織原則（organizing principle），指語藝論述中最基本的，同時也是貫穿全文的主要語詞，由前述的情境要素、實質及修辭要素所形成，並成

爲分類的內在動力（internal dynamic）。

　　因此，語藝類型的形成並不單靠一些重複出現的語藝特質，而是由一組互相依賴的內容共同組成。Hart（1997）則認爲，類型批評是基於下列幾項預設：(1)類型典範（generic patterns）發展的必需性。Black（1965）對此類看法的闡述是，言者對言說情境數目的建立及對這些情境回應的方法是有限的，亦即人因回應情境的方式有限，所以類型必然產生；(2)類型典範揭露社會眞實。類型批評得以檢視特殊情境中訊息的普遍性（universal），因此類型批評經由隱而不顯的訊息，尋找社會中所存在的基本眞實；(3)關於類型力量（generic forces）的認知是非常隱而不顯的。由於人們總是對於類型的存在毫無意識，甚至視爲理所當然，因此語藝批評者指出，類型典範將有助於人們的溝通；(4)類型典範穩定社會生活（stabilize social life），類型是保守的（conservative），並將事物定著於一點（in place），由於人們總視類型爲理所當然，而在行爲上遵守既定的原則，如此一來乃有助於穩定社會秩序，因此，類型就是一種社會共識；(5)類型典範影響後繼認知（subsequent perceptions）。不論批評者是否有自覺，幾乎所有的批評者都是類型的批評者（all critics are generic critics），因當他們接觸文本時，批評者便帶進對類型形式（generic types）的概念，並與自己先前研究過的文本做比較。換言之，我們對任何語藝文本的理解都受先前語藝類型的影響。

　　其次，就**類型批評的意義**來說，Foss（1996）指出，最早提出類型批評的是學者Edwin Black在1965年出版的*Rhetorical Criticism：A Study in Method*一書。書中不僅批判新亞里斯多德批評的方法，並爲語藝批評提出一個新的批評方法「類型批評」。Black指出類型批評的三個基本預設爲：(1)一位言者可能涉入的語藝情境種類是有限的；(2)一位言者處於某一種語藝情境時，可能及可以運用的語藝

策略是有限的，其論述方式也會受到限制；(3)跨越時間脈絡，這些一再重複出現的情境類型將可提供語藝批評者對於類似語藝情境下之語藝回應策略的瞭解。

另一位重要語藝學者Lloyd Bitzer在1968年提出語藝情境（the rhetorical situation）概念，為類型批評的理論發展奠定了基礎。Bitzer指出，語藝情境規範語藝論述，此規範包括對言說目的、主題、修辭等，Bitzer定義的「語藝情境」係指在緊急狀況下（此狀況由人、事、物等複雜關係所組成），若某些論述可以影響人的決定，則也可能解決該危機。因此，語藝情境包括三個要素，即緊急狀況（exigence）、閱聽眾（audience）及制約（constrains）。Bitzer認為，語藝論述是因情境召喚而存在，論述對象就是閱聽眾，因此情境會促使言說者產生「適當的回應」，這些適當的回應也正是該情境對言說者論述內容與方式的制約。

深入來說，類型批評做為繼新亞里斯多德批評之後形成的一種語藝批評方法，其關心的就是在類似的語藝情境下重複出現的語藝類型的特性，由此探索言者在類似語藝情境下對情境的回應方式與類型，聽者也可以理解言者企圖使用那些語藝方法，來達到聽者認同的目標。

Hart（1997）也指出，就類型批評的觀點而言，類型批評的主要工作就在於陳述及解釋這些論述中呈現的相似性為何。換言之，類型研究的工作在於嘗試瞭解：為什麼這些文本較其他的有規則？為什麼這些規則在此一文本中運作，而不在其他文本中使用？如果這些規則被區隔出來會發生什麼情形？Foss（1996）說明類型批評經由分類（categorization）的過程來研究各種語藝情境中的相似性，因此Foss乃定義語藝批評的基本預設為：「在某些特定的語藝情境會刺激人們產生某些共同的需求或預期心理，以致影響言者的語藝實踐，進而召喚出特定的語藝特性。」

　　林靜伶（2000）指出，語藝情境對語藝的實踐形成某種制約，而此一制約可能源自文化因素——像是價值觀、習俗、信念等的影響。舉例來說，在喪禮中追思某一政治人物的語藝情境下，可預期追思者的演說內容是追溯此人生平行誼，並賦予正面的評價，比較不可能出現挖掘死者生前的負面隱私，例如貪瀆、官司等；其他如在結婚典禮情境中，發言者的論述方式會受到情境及前人經驗制約的影響，論述內容大致會和祝福、期許等有關；而廟會情境下的演說說辭則和國泰民安、風調雨順有關。再舉例來說，公眾人物面對外界外遇、緋聞、貪瀆、抹黑的指控，例如尼克森的「水門案」、宋楚瑜的「興票案」、伍澤元的「四汴頭弊案」、黃義交與周玉蔻的緋聞案等，其反應的方式雖因人而異，例如有人否認，有人道歉，有人斬雞頭發毒誓，有人下跪自清，但多半是在合乎常情常理（通常較具說服力）之下反映情境，事實上其能反映的種類也有侷限性。

　　最後，除了特定情境制約言者的語藝實踐方式，類型批評也關心跨越不斷重複的情境去尋找語藝模型中的共通性（commonalities in rhetorical patterns）。換言之，語藝批評者若跨越不同時期，研究公眾人物對類似情境的回應，將可能發現公眾人物在類似情境下的論述與回應方式是否呈現某種類型。因此，批評者可以透過一再發生的類似情境，來探求言者語藝行為的共通性及情境對言者語藝行為的制約性。

■自我辯解策略

　　1973年，B. L. Ware和W. A. Linkugel在They Spoke in Defense of Themselves: On the Generic Criticism of Apologia一文中，在類型批評精神下，首度提出辯解做為語藝類型的共同要素，包括否認（denial）、延伸（bolstering）、區隔（differential）、超越

（transcendence）等四個要素，並奠定了辯解類型的應用基礎。

　　類型批評的重要概念是「語藝情境會規範言者的語藝實踐」，因此辯解既然成為語藝類型，那麼構成這個類型的「共通情境」就成為界定辯解類型範圍的要件。依據Ware和Linkugel（1973）的說法，辯解是一種「當一個人的人格，和他身為人的價值受到攻擊時所做的回應」。S. D. Butler（1972）認為，當言者企圖修復他的道德人格時，辯解就會出現。Kruse（1955）歸結出「辯解論述是由邏輯論據（logos）與喚起閱聽大眾情緒的情感論據（pathos）所組成，而邏輯與情感論據的目的則是為了支持言者的人格論據（ethos）」。因此，辯解論述的發生，植基於個人的形象、尊嚴、道德或面子等受到攻擊或威脅或損害，而進行自我修復的過程。

　　Ware和Linkugel的分類，乃依據心理學者Robert Abelson的研究，指當一個人在面臨信仰的困境時，通常會採取否認、延伸、區隔與超越四種策略，以達到認知上的和諧。兩人以此檢視各式各樣的演說，認為上述要素同時也是說明辯解語藝要素（apologetic rhetoric factors）的最有力來源。

　　首先，就「**否認策略**」而言，其意義係指言者對外就有關其有嫌疑的事實、事物、關係、意圖及不當行為的目的之否定；其次，就「**延伸策略**」而言，通常被視為「否認策略」的相反，其應用於強化事實、情感、事物或關係存在的任何語藝策略；第三，就「**區隔策略**」而言，是指言者將某些被質疑的事實、情感、事物或關係，從閱聽眾目前關注的某些較大的環境中分離出來，強調應以不同於常態的價值標準來評估特定的情境、人與事件。藉由將舊有的環境分成兩個或更多新的「事實建構」的同時，會伴隨著閱聽眾觀點的改變。換言之，造成認知分裂（cognitively divisive）與「伴隨移轉的」（concomitantly transformative）策略都算是區隔。最後，「**超越策略**」是「區隔策略」的相反，其企圖使閱聽大眾的思考從

有嫌疑的不當行為中跳脫出來,將事件的詮釋放到一個更大的環境中。

Ware和Linkugel(1973)又將上述四個辯解策略重新組合出脫罪(absolution)、辯白(vindication)、說明(explanation)與合理化(justification)四個語藝模式(rhetorical postures)。首先,就「**脫罪**」而言,包括了「區隔策略」與「否認策略」的結合,言者用來尋求不起訴;其次,就「**辯白**」而言,則仰賴了「超越策略」與「否認策略」的使用,讓被告能輕易地跳脫出明確的控訴之外;第三,就「**說明**」而言,是「延伸策略」與「區隔策略」的結合,此模式預設了言者假定只要閱聽眾瞭解他從事該行為的動機、情境與信仰的話,就不會對之譴責,因此其企圖是使閱聽眾認同言者的違法行為是良善、正義或道德的。最後,就「**合理化**」而言,則是透過「延伸」與「超越」兩種要素的組合運用,提醒閱聽眾關注事件背後尚有未被察覺的更偉大動機或需求,以促使閱聽眾認同言者的行為。

■類型批評的應用

林靜伶(2000)指出,「辯解類型」是諸多類型批評實踐下所建立起的一種語藝類型,從1960年代到1990年代西方約有六十多篇應用類型批評的文章在主要的傳播期刊上發表,目前國外的研究中,辯解類型的研究對象主要在政治領域、體育界與企業界形象的修護三方面。從政治領域來看,辯解策略以政治人物為形象修護論述的研究主體,並已累積相當的研究成果。例如尼克森的恰克演說、水門案演說、出兵越南演說;愛德華·甘迺迪的恰帕魁迪克演說;雷根總統的伊朗軍售案系列演說等皆是。

再者,西方辯解論述在體育界中也經常使用,其始於Kruse(1981)的研究,她在Apologia in Team Sport一文中,將研究的觸

角從政治的領域延伸到團隊運動的辯解回應上，並發現運動人物的辯解和在政治社會世界中遭受到人格操守質疑者所採用的辯解策略並無差異。她指出，延伸、展現悔意（expressions of regret）或自責（remorse）是運動員經常使用的策略，例如Benoit和Hanczor（1994）研究1994年美國溜冰選手Tonya Harding為了進軍奧運，被控策劃攻擊另一名女選手Nancy Kerrigan的事件，結果發現Harding大量運用了延伸、否定、指控控訴者的策略，不過因為Harding在媒體塑造的形象與閱聽眾過去的認知差距過大，且媒體披露的證據不利於她，使其效果打折扣。

最後，就辯解策略在企業的運用來說，Benoit和Brinson（1994）針對美國AT&T（美國最大電信營運公司）的斷訊事件研究，發現認錯／道歉、提供改正錯誤的計畫以及延伸策略的使用，成功挽回了AT&T的形象。

在台灣應用類型批評的文章，例如陳香玫（1999）以類型批評探討衝突情境下發表公開信所呈現的論述模式及其意義；蔡鴻濱（2000）分析《聯合報》在二次退報運動衝突中論述的語藝類型；至於自我辯解策略的研究，例如高菁黛（2001）以宋楚瑜在興票案的辯解策略為例，分析政治人物的辯解類型；王孝勇（2004）以呂秀蓮為例，分析呂秀蓮自我辯解策略；朱慧君（2003）以男性政治人物性醜聞為例，分析情境、形象修復策略與策略效果之關聯性；歐振文（2003）以國軍危機傳播個案為例，探討形象修護策略與危機情境等。

由前述可知，類型批評已廣為中外語藝學界所用，應用的層面廣泛，舉凡政治、軍事、選舉、企業界及體育界等。惟較可惜的是，類型批評因缺乏長期累積性與跨越時間的研究來建立語藝類型，因此像自我辯解策略這類類型較少。

(三)社會運動語藝批評

　　當體制內的改革無望，或不盡人意，或人們冀望以集體性的努力來改造現有秩序，並創造社會發展的新契機時，則社會運動便扮演了關鍵性的角色。社會運動的進行經常在於挑戰與改變既有的制度、思想、風俗習慣等，要改變一般大眾既有的印象與觀點者，便負擔了龐大說服大眾的負擔，也因此社會運動語藝批評特別關注於說服力的追求。

　　事實上，隨著全球公民自我意識的高漲，社會運動是已開發國家的常態，許多新興的第三世界國家或是共黨統治的國家，隨著國家逐步的改革開放，社會運動也已逐漸成為統治者必須面對的重要議題。由於社會運動批評在語藝中日益受到重視，因此以下將從社會運動的定義與理論以及社會運動語藝批評的應用來介紹之。

■社會運動的定義與理論

　　首先，就**社會運動的定義**而言，傳統上西方學者經常將社會運動定義為一種持續行動的集合體，以促進或阻止社會或其中部分團體的改變。基此，王甫昌（2003）指出，社會運動的特質有：(1)社會運動是一群人組織起來的現象，它可說是集體行動的一種；(2)其目的在於促進或抗拒社會變遷；(3)社會運動通常是指由被排除在社會例行權力結構之外的全體所發起的集體行動，也就是由下而上的行動；(4)社會運動表現的形式，是運動者採用體制外的集體抗爭活動。Marwell和Oliver（1993）且綜合各家說法指出：(1)社會運動與公共目標具有關聯，在促成社會變遷，雖具有情緒宣洩上的功能，但主要仍為「工具性」以及「目的性」的集體行動；(2)社會運動的定義經常暗示具有規模、範圍以及重要性的意義。

　　雖然社會運動定義眾多紛雜，但是仔細觀察西方60年代以後各

式各樣的社會運動發展，以及台灣80年代以後各類型的社會運動，可知王甫昌的社會運動定義雖非唯一判準，但已經囊括社會運動的核心概念。

其次，就**社會運動的理論**而言，王甫昌（2003）指出傳統社會運動理論，即古典社會運動理論，包括了結構緊張論（structural strain theories）（如大眾社會論 [Kornhauser, 1956]、地位不一論 [Broom, 1959]）、集體行為論（Turner & Killian, 1957）、相對剝奪論（Curr, 1970）、J形革命曲線理論（Davis, 1962）等，均指出社會中存在著某種形式的緊張關係，導致個人受到影響而形成社會運動。到了70年代左右，興起資源動員論（resource mobilization），認為外來資源或是外力的挹注，是促使弱勢團體能夠發起社會運動的重要因素，其解釋提供了一個新的視野，提醒我們注意社會運動的「成本」。不過其缺點是：(1)太過忽略心理因素在社會運動中的角色；(2)忽略一般民眾的重要性；以及(3)高估了精英者的善意，以及外力對社會運動的負面影響。

80年代後提出的社會運動理論主要為美國學者McAdam（1982）的「政治過程論」（political process model），以及歐洲學者提出的「新社會運動」（new social movement）。前者強調社會運動在性質上屬於一種政治現象，而不是一種心理現象（例如相對剝奪論）；至於後者則是源自於歐洲社會理論與政治哲學，主要是回應了古典馬克思理論對集體行動解釋的不足（王甫昌，2003）。

王甫昌（2003）將新社會運動衝突的發生場域歸為三類：(1)抗拒國家以及市場的力量入侵到一般人的日常生活中，將一般人的日常生活殖民化或將之化同質化的壓力；(2)在都市的社會情境中，要求維持社區的自主力量，以及保護地方文化認同，以重新組織都市生活；(3)抗拒後工業、資訊社會中新類型的社會控制，對於個人認同表達在文化符碼上的壓抑。簡言之，新社會運動代表了歐美晚近

社會運動理論研究的文化性轉向，促使我們對於何謂運動以及政治有了新的思考，也對於新社會運動以象徵性的行動做為抗爭方式，以及文化做為集體行動的場域，有一更新的認識。

■社會運動語藝批評的應用

對於社會運動語藝批評的應用上， Stewart、Smith和Denton Jr.提出的社會運動的說服功能做為分析架構，其在*Persuasion and Social Movements*（2001）一書中強調語藝具改變目標閱聽眾認知的說服功能，期望透過整理一般性的原則以及依個案而定的特殊分析技巧，共提出了六種觀察社會運動語藝說服功能的架構，此六個構面為：

·轉化對真實的認知（transforming perceptions of reality）

Gamson（1992）主張，社會運動是一種「對社會真實定義和建構必要的努力」。每個運動必定是使足夠數量的人，對原本受政治、媒體、宗教、教育等機構所矇蔽的真實有所覺醒。Linkugel等人（1985）認為，問題都不會被認為是真的問題，直到閱聽大眾感知到問題才會形成問題；即使有問題的情境存在，閱聽大眾也知道，但除非有某些事情威脅或違反他們的興趣或價值，才可能被重視。因此，社會運動的說服者必須去轉換人們是如何去看待他們過去、現在和未來的處境，去告訴他們這是一個無法容忍的情況，需要大家立即的關注和行動。

·改變抗議者的自我認知（altering self-perceptions of protesters）

增強抗議者的自我概念是社會運動中基本的語藝功能。抗爭者必須要有強健、健康的自我，才能和社會體制和文化價值對抗，也才能相信自己有能力改變世界。其方法有下列兩種：

首先是自我導向（self-directed）社會運動的自我功能。這種功能是指社會運動的創造、帶領和動員，主要是由那些弱勢團體、受

壓迫者自己起來行動的，通常是為了個人自身的自由、平等、正義和權利，像是女性、非裔美國人等運動。自我導向的社會運動語藝將成員視為無罪的受害者，強調受壓迫的群體是因為他們的性別、種族等個人特質。

其次，為他者導向（other-directed）社會運動的自我功能。與自我導向運動不同的是，他者導向的社會運動不是受壓迫者的自身行動，而是爭取「他者」（others）權益。這些運動像是維護動物權、反奴隸制度、反墮胎運動等。此類運動的語藝不是要建立或修補成員的自我，而是申明一個正向的自尊，可藉由歌誦和認可運動的道德觀、信仰或同情心來增強；相較於自我導向的社會運動，他者導向的社會運動採取攻擊而非防禦，係採取一種道德的、公正的改革者角色，將自己看作是那些受壓迫者的救星，終止他者被壓迫。

・**正當化社會運動**（legitimizing the social movement）

Rimlinger和Gusfield指出，社會運動要成功，其方法就是讓社會運動在制度上、政府上與公眾及潛在成員的眼中具有正當性。社會運動團體的正當性取得可由以下三個面向來討論（Stewart et al., 2001）。

1. **賦予與維持正當性**（conferring and maintaining legitimacy）：正當性包含兩個主要元素，第一個元素指經由個人、或團體、或他人、或其他團體，賦予行動在特定領域執行影響力的權力，或者是發布規範方向的權力；第二個元素指當其一旦被賦予正當性後，必須能繼續保有正當性。當社會運動團體接受人們或社會賦予這類的正當性時，他同時賦予他們五種權力，包括：(1)獎懲（reward）的權力；(2)控制（control）的權力；(3)認同（identification）的權力；(4)過濾控制（terministic）的權力；(5)道德說服（moral suasion）的權力。

2.透過共同合作取得正當性（legitimacy through coactive strategies）：Stewart等（2001）指出，社會運動假如要從正當性的邊陲移到核心，則必須認同最根本的社會規範以及價值並引述Asante和Wilson觀點呼應，社會運動經常必須與傳統的正義及平等、公正與尊嚴的價值觀連結在一起。換言之，從事社會運動獲得正當性的明智做法是認同道德符號，神聖的標誌、英雄、教父以及社會受敬重的文件，而不是攻擊他們。因此，社會運動必須重組傳統的元素，成為適用於他們的意識型態的新故事，此舉也可以避免社會運動被恥笑為一種追趕流行的運動，或者僅是社會中的邪惡力量。

3.透過衝突策略取得正當性（legitimacy through confrontational strategies）：藉由質疑制度正當性以打破語藝困境（例如陷入膠著的社會運動），因此讓社會運動具有超越秩序的衝突語藝是必須的。假如要讓社會運動激起衝突的語藝，則必須讓很多人看到社會秩序的不合法，或者最少要讓現有秩序的正當性少於或低於社會運動衝突時的正當性。衝突的語藝是社會運動獲得正當性的基礎，因為他可削弱前述五種既有制度權力中的獎懲、控制、認同、道德說服等。衝突的語藝藉由證明制度是不正當、不合法等，打破語藝在合法與非法之間的困境。當社會運動提供新的正當性與合法性時，就可以挑戰既有的規範關係模式。

· 指出行動方向（prescribing courses of action）

社會運動的進行必須說明何者（what）必須去完成？誰（who）需要去做？以及如何（how）完成任務？就what而言，係指社會運動者應該對成員解釋何者需要完成，以及社會運動所呈現的需求問題與可茲解決之道；就who而言，是指必須對成員說明運動的領導者，

以及參與社會運動成員的條件；至於how係指社會運動者必須決定工作如何完成，以及調整那些策略、手法和溝通管道，使之最合適於社會運動且最有效。

・**動員行動**（mobilizing for action）

　　社會運動說服者除必須說服大規模的人加入，並將之組織成有效率的團體，以及透過結盟等方式將他們團結在一起之外，也必須將運動的訊息傳遞給目標聽眾，以實踐他們改革的目的。社會運動通常要花很多時間來教育閱聽大眾認識該事件，以及說服他們加入來促成或反對改變，一般說來，郵件、報紙、小手冊、書籍、影音帶、網際網路、人際傳播以及演講等都是經常使用的方式。

　　Stewart等（2001）指出，動員行動通常必須完成三項工作，包括：(1)組織與融合不滿；(2)對反對者施壓；(3)獲取同情者與認同者的支持。

・**維繫社會運動**（sustaining the social movement）

　　社會運動目的的達成，通常都是經年努力的成果，因此面對環境的變遷，社會運動的策略必須經常改弦易轍而非墨守成規；換言之，其語藝策略也必須隨著環境的改變而改變。策略改變時必須注意的有：(1)判斷挫敗與運動延遲的原因；(2)維持運動的生存能力；(3)維持運動的能見度（visibility）。

　　前述六點，乃是語藝批評者分析社會運動的說服功能時的參考架構。Stewart等（2001）指出，利用這些類目進行社會運動說服功能的批評時須注意：(1)雖然每個功能類目都很重要，但並非社會運動發展的唯一的、固定的途徑，這些功能重點除了表現說服的力量外，更重要的是顯示社會運動在那裡受到限制；(2)雖然這六項功能都是必要的，但運動的基本程序、欲求改變的程度、語藝情境、運動階段或運動組織等，都會影響在不同時間點要強調那種功能，因

此，不必要有連續性的順序排列，且每項功能都要持續重視；(3)批評者可能僅研究社會運動、運動組織或運動活動的一部分之說服力量。

　　社會運動語藝批評已有許多研究成果，為社會運動的實踐提出語藝角度的思考。例如王靖婷（2004）〈媒體改造運動的語藝策略分析——以「無盟」的「公共化」論述為例〉、邱紹雯（2004）〈捍衛一條公共服務的鐵路：台鐵反民營化運動的語藝分析〉、黃瓊儀（2006）〈社會運動中的部落格語藝：以「聲援楊儒門運動」為例〉、邱雍閔（2002）〈台灣社會運動音樂的語藝觀察——以「交工樂隊」之音樂內涵為例〉、趙雅麗（2001）〈民進黨社會運動的語藝批評〉、蔡鴻濱（2006）〈網路社會運動之語藝分析：以苦勞網中「香港反WTO」事件為例〉等等。

　　在國外的文獻上，國外有關社會運動的語藝研究早在1923年就已萌芽。Crandell在1947年時，率先發表了一篇探討社會心理學者發展出之社會運動型態的論文，並提出了語藝批評的觀點，這或可算是第一篇呼籲研究社會運動之說服層面的學術性論著；之後，Griffin在1951年發表了一個研究社會運動之初步的語藝型態，以及批評社會運動的一個可行的方法；1950至1960年代，有關社會運動之語藝研究雖然進步緩慢，但是1970年代，隨著美國大學校園內風起雲湧的社會運動風潮，社會運動的相關研究始快速蓬勃發展（趙雅麗，2001），見諸各類社會學或傳播類的期刊與書籍之中。

 ## 第四節　語藝說服效果的保證

　　在認識語藝是什麼、語藝的發展脈絡以及豐富多元的語藝理論與批評方法之後，讀者或者要再進一步探問，以說服為核心關懷的語藝研究，其說服效果如何保證？以下分從語藝說服效果的判準，

以及語藝批評者的素質等兩個角度論之，以爲讀者實踐時之參考。

一、語藝說服效果的判準

　　林靜伶（2000，頁143-145）以其過去多年進行語藝批評的經驗、反思、閱讀，以及與他者的對話爲依據指出，語藝批評品質的保證在於舉證與論證的合理性，以及批評者都必須「提供理由」、「解釋理由」，即批評者必須舉出文本中的例證，並闡述這樣的文本證據透露那些值得關注的現象或問題，而闡釋就是一種論證的過程。

　　就論證的合理性而言，林靜伶（2000）引用Rybacki和Rybacki（1991）的觀點指出，好的批評來自「詳細分析，使用某一批評觀點做爲分析的指引與形成判斷的基礎」（頁143），如利用幻想主題批評分析某一社群，則符號輻合理論便提供分析架構、詮釋的觀點以及批評的基礎；另一種論證合理性，她則引述Black（1965）的觀點指出，主張的論證必須「獲得理性的人的同意」，而這種理性的人的同意，應該比較接近常人的理性（頁144），或是作者所謂的「普遍的人心人性」。

　　林靜伶指出，論證的合理性可以來自推論邏輯（reasoning logic）。推論邏輯可能是歸納邏輯、演繹邏輯、形式邏輯如三段論法，或Stephen Toulmin設計的實際論辯的推論架構，尤其是Toulmin設計的非形式邏輯的推論方法，讓批評者可以檢視、反思自己的批評結果或宣稱的合理性（頁144-145）。

　　簡言之，林靜伶認爲語藝批評品質的關鍵判準在於檢視其舉證與論證的合理性。而舉證與論證的合理性依據來自批評者所採取的批評觀點／批評理論、常人的理性判斷，以及推論邏輯的合理性（頁145）。作者認爲其觀點中批評者所採取的批評觀點／批評理論、推論邏輯的合理性反映文本內在邏輯的一致性；常人的理性判

斷，則是一種貼近外在世界的人心人性。滿足「內在邏輯一致性」與「貼近外在世界人心人性」的語藝批評論文，可宣稱具備某種程度的「信度」與「效度」滿足。

Rybacki和Rybacki（1991, p. 35）就指出，完成一篇語藝批評的論文，必須具備三個部分，即描述語藝行動（describing the rhetorical act）、描繪語藝情境的特徵（characterizing the rhetorical situation）以及表達語藝判斷（rendering a rhetorical judgment）。僅完成前述兩者，並不能夠稱為一篇語藝批評的論文，僅能稱之為資料蒐集或證據的蒐集。因此，必須透過對語藝行動的評估，來論證意見的有效性，並透過遭受駁斥等過程修補論文中的盲點，才有可能是一篇據說服效果的語藝批評文章。

Brockreide（1974）也指出，對於一個僅是套用方法來分析的語藝行動、單純描述語藝行動，以及透過語藝批評規則建立起批評範例並不算是批評，那不過是一種歸納（categorizing）。舉例來說，研究者透過分析語藝行動，發現言者利用隱喻（metaphor）來激起聽者情緒，這種發現僅是歸納，無法解釋為什麼言者使用特定的隱喻，聽者會有什麼樣的情緒被撩撥起來，或者該行動是否適當（appropriate）等等。Campbell（1972）更指出，好的批評文章，必須考量聽者的期待，增進聽者的理解與欣賞你對語藝行動品質、價值以及結果的判斷。

進一步來說，研究者則認為語藝批評者著手評估一份語藝批評論文時應該關心：(1)其追求的是令人渴望的結果（desirable ends）嗎？(2)其達到令人渴望的結果（desired result）嗎？(3)其呈現具真理性的理由嗎（truthful account）以及(4)其在美學上令人感到滿意嗎？（Andrews, 1983; Campbell, 1982; Smith, 1976）。

對於前述四個問題的關懷，研究者認為透過Rybacki和Rybacki（1991）提出的四種方法來評估語藝行動，有助於提升語藝批評的

品質，即：

1. 倫理的判準（judging ethics）：檢視言者的人格特質，以及其研究目的是否具有（學術）價值？對社會是否能夠提供正面的助益，羅馬時代最重要的語藝教師昆蒂連恩就指出，完美的言者（ideal orator）是指具有優美人格的人，且信奉公眾道德並爲國家服務；換句話說，一位成功的語藝批評者，必須是一位善於言說的好人的行爲（a good man, speaking well）（Herrick, 2001, pp. 106-107）。

2. 結果的判準（judging results）：一個好的語藝批評，其效果可以透過言者的目的是否達成來判斷。言者論述的結果，造成目標達成、聽者意志的改變，或者說服人們行動，都是語藝行動效果的證據。

3. 眞理的判準（judging truth）：一個好的語藝批評，其效果可以透過言者的所言所行是否讓聽者視之爲眞來判斷。Bryant（1973）指出，語藝行動變成一種替人調整觀念或讓觀念調整人的方法，言者以某種方式企圖呈現他們的觀念，而聽者也察覺了且認同，便有可能爲眞（理）；換言之，言者的語藝論述與行動，讓聽者判斷爲眞，則具有說服性。

4. 美學的判準（judging aesthetics）：一個好的語藝批評，其以美學判斷其效果時，係關切於其美學表現的形式（form）或原則（principle）是否可以促使語藝行動達成其目標，亦即關心如何以特殊的藝術表現形式體現語藝行動，以保持批評者論述的最佳品質。Rybacki和Rybacki（1991）指出，美學標準的判斷，其取決於言者選擇的象徵符號的品質、使用的修飾組合或特定的文法，以及溝通類型的句法（p. 35）。

Foss也提出三個判斷語藝批評文章的標準則爲（2004, pp. 21-

22）：

1.舉證（justification）：亦即批評者必須能夠證明你所說的或是你所提供的理由，足以支持你在批評文章中所做的宣稱（claims）。

2.合理的推論（reasonable inference）：亦即批評者必須秀出用來支持你的宣稱的證據；換言之，舉幾分證據說幾分話，就如同Toulmin論辯架構般，宣稱的背後，必然有資料（datum）、論據（grounds）與保證（warrants）的支持。

3.連貫性（coherence）：批評者對其發現必須編排整理有秩序，使之具有內在的一致性且不互相衝突。

二、語藝批評者的素質

除了前述建議之外，作者認為語藝批評者本身的素質，也影響到語藝批評的效果與品質。如果批評者的書寫言詞拙劣、詞不達意，或是對批評的情境不熟悉，或是缺乏縝密的思考，則無論如何是無法寫就一篇高品質且有說服力的語藝批評文章。而在研究態度上，若對人缺乏熱情，對人類的動機、欲望等缺乏好奇與觀察，則文筆縱使犀利，則仍不可謂是一位稱職的語藝批評者。

就如同Hart（1997, pp. 30-34）所指，理想的批評者應該具備以下的人格特質，這些人格特質是好的語藝批評品質的保證，包括批評者是：

1.懷疑論者（skeptical）：宜發掘潛藏的價值而非受限於表面的意義。

2.具辨識力（discerning）：批評者可以不是天生的洞察者，但必須知道何時、何地，以及如何注意該注意的訊息。

3.想像力豐富（imaginative）：批評者必須知道：(1)不是所有文本都值得研究；(2)批評者要懂得檢視過往的文本；(3)不見得要做大人物，小市民也頗值得研究；(4)而且更重要的是，模仿（imitation）、翻譯（translate）他者的語藝批評作品不是一種恭維，從自己的觀點出發更勝數疇。

Hart指出，雖然語藝批評者也有個人的好惡與偏見，但是因語藝批評具有頗為龐大的力量（例如說服他者改變態度、好惡等等），因此從事語藝批評者，要確保批評品質，也應該謹記：(1)讓所有公開的訊息合理；(2)所有批評都是自傳，因此，主觀雖是批評時之必然，但批評者必須自覺自己的偏見，並在論文中呈現；(3)評估前先描述，亦即在價值判斷之前應先完整描述，即質性研究中的厚描（thick description）概念，批評者更應常自問該訊息的意義為何？(4)好的批評者不應是怯懦的，批評者必須有能力自我捍衛（p. 30）。

Foss（2004, p. 22）則說：「評估批評文章的標準，在於語藝批評的本質（essence）為藝術而非科學。」語藝批評中對文本的處理比較像藝術家的處理經驗，而非科學家。Foss並指出，語藝批評者在批評過程中應該帶進創意來書寫，以協助讀者想像與體驗你在分析中所傳達的個人興趣及熱情，說服讀者看到你對語藝理論的貢獻，以及強迫邀請讀者從新的方式去經驗這個世界上一些既定的認識觀點。簡言之，前述的要求，是一位成功的語藝批評者應有的人格特質，也是所有從事語藝批評者必須不斷自我檢視與要求的標準。

第五節　結論

　　語藝是歷史悠久的領域，兩千五百年歷史長河下累積的智慧與史料，自不是本章選擇性文本的呈現足以說清道盡的，但期待讀者

透過對本章的閱讀，包括：(1)語藝是什麼？(2)語藝的發展脈絡；(3)語藝理論與批評方法；(4)語藝說服效果的保證等四小節，能夠體認語藝的精神與價值，並認識語藝尋找說服的批評方法。事實上，語藝講求說服並非文前所述是一種欺騙或而諂媚，而是表達自我、尋求認同的工具，更是捍衛自我權益的方法。語藝不求絕對真理而視真理為相對的、建構的結果，更隱喻了語藝蘊含自由民主與尊重個體自性發展的精神。讀者若能掌握這些原則閱讀語藝，更能心神領體語藝深邃的精神與內涵。

問題與討論

1. 在第一節一開始提到語藝經常被誤解為是「空談」或「欺騙」的同義詞，甚至有「那不過是個語藝」或是「那只是個空洞的語藝」之類的話語來形容狡猾的律師、甜言蜜語的政客、說得引人入勝的傳教士，或是話說得快速、天花亂墜的銷售員。你認同這樣的觀點嗎？請你提供一個案例，說明你認同或是不認同的理由？

2. 在第一節中提到語藝視知識、真理或真實是相對的、建構的，甚至只是一種社群共識的結果，請問你認同嗎？請你提供一個案例，說明你認同或不認同的理由？

3. 在第四節中提到言者達成說服他者的保障，例如倫理、結果、真理與美學四個判準以及語藝批評者的素養等等，請以第四節中提到的判準方法，分析一則廣告，或一次電視辯論會，或一場道歉記者會，或一封存證信函等等，評估其達成的說服程度有多強？

參考書目

一、中文部分

王孝勇（2004）。〈呂秀蓮自我辯護策略的類型批評〉。《新聞學研究》，79，49-90。

王靖婷（2004）。〈媒體改造運動的語藝策略分析——以「無盟」的「公共化」論述為例〉。《傳播與管理研究》，4(1)，1-34。

王甫昌（2003）。〈社會運動〉。王振寰、瞿海源主編，《社會學與台灣社會》，台北：巨流，502-536。

朱元鴻（1993）。〈正當的（只不過是）語藝：從前蘇格拉底到後尼采〉。《傳播文化》，創刊號，81-102。

朱慧君（2003）。《情境、形象修護策略與策略效果之關聯性研究——以男性政治人物性醜聞為例》。台北：世新大學傳播研究所碩士論文。

林靜伶（1993）。〈民主自由與語藝生存空間〉。《傳播文化》，創刊號，67-80。

林靜伶譯（1996）。《當代語藝觀點》。台北：五南。

林靜伶（2000）。《語藝批評——理論與實踐》。台北：五南。

林靜伶（2004）。〈語藝學：西方發展與在台灣之現況〉。翁秀琪主編，《台灣傳播學的想像》，上冊，165-197。台北：巨流。

林靜伶、陳煥芸（1997）。〈多層次傳銷論述建構之幻想主題與語藝視野〉。《傳播文化》，5，197-224。台北：輔大大傳所。

邱紹雯（2004）。〈捍衛一條公共服務的鐵路：台鐵反民營化運動的語藝分析〉。中華傳播學會年會論文。台北。

邱雍閔（2002）。〈台灣社會運動音樂的語藝觀察——以「交工樂隊」之音樂內涵為例〉。「傳播與社群發展研討會」論文。

游梓翔（1998）。〈公眾傳播〉。張秀蓉編，《口語傳播概論》，290-347。台北：正中書局。

游梓翔（2008）。《演講學原理：公共傳播的理論與實際》第二版。台北：五南。

高菁黛（2001）。《政治人物的辯解類型——以宋楚瑜在興票案的辯解

策略為例》。台北：輔大大傳所碩士論文。

陳香玫（1999）。〈衝突情境下公開信之類型分析〉。《1999傳播論文選集》，151-186。台北：中華傳播學會。

陳國明、陳雪華（2005）。《傳播學概論》。台北：巨流。

黃仲珊、曾垂孝（2003）。《口頭傳播：演講的理論與方法》。台北：遠流。

黃瓊儀（2006）。〈社會運動中的部落格語藝：以「聲援楊儒門運動」為例〉。中華傳播學會年會論文。台北。

趙雅麗（2001）。〈民進黨社會運動的語藝批評〉。《新聞學研究》，68，151-192。

賴治怡（1993）。〈女性主義語藝批評的實踐：閱讀「新台灣文庫」〉。台北：輔大大傳所碩士論文。

劉玉惠（1994）。〈聖界與凡界：慈濟論述之幻想主題分析〉。台北：輔大大傳所碩士論文。

歐振文（2003）。《形象修護策略與危機情境——國軍危機傳播個案研究》。台北：世新大學傳播研究所碩士論文。

蔡鴻濱（1999）。〈薪傳：雲門舞集論述建構之語藝視野〉。中華傳播學會年會論文。新竹：關西。

蔡鴻濱（2000）。《衝突與回應：聯合報在三次退報運動衝突中論述的語藝類型》。台北：輔大大傳所碩士論文。

蔡鴻濱（2003）。〈擇你所愛、愛你所擇：情愛 BBS 站文本論述之語藝視野〉。第一屆數位國際傳播學術研討會。嘉義：中正大學。

蔡鴻濱（2006）。〈網路社會運動之語藝分析：以苦勞網中「香港反WTO」事件為例〉。《傳播與管理研究》，6（1），1-48。南華大學傳播管理研究所。

蔡鴻濱（2008）。《網言網語的對話與遊戲：口語、書寫的再省察》。台北：世新大學傳播研究所博士論文。

二、英文部分

Andrews, J. R. (1983). *The practice of rhetorical criticism*. New York: Macmillan.

Benoit, W. L., & Brinson, S. L. (1994). AT&T: Apologies are not enough. *Communication Quarterly*, *42*, 75-88.

Benoit, W. L., & Hanczor, R.S. (1994). The Tonya Harding controversy: An analysis of image restoration strategies. *Communication Quarterly*, *42*, 416-433.

Benoit, W. L., Paul G.., & Panici, D. A. (1991). President reagan's defensive discourse on the Iran-Contra affair. *Communication Studies*, *42*, 272-94.

Black, E. (1978/1965). *Rhetorical criticism: A study in method.* Macmillan Co., rpt. By Madison: U of Wisconsin.

Bormann, Ernest G. (1972). Fantasy and rhetorical vision: The rhetorical criticism of social reality. *Quarterly Journal of Speech*, *58*, 396-407.

Bormann, Ernest G. (1977). Fetching good out of evil: A rhetorical use of calamity. *Quarterly Journal of Speech*, *63*, 130-139.

Bormann, Ernest G. (1985). *The force of fantasy: Restoring the American dream*. Carbondale: Southern Illinois U.P.

Brockreide, W. (1974). Rhetorical criticism as argument. *Quarter Journal of Speech*, *60*, 165-174.

Butler, S. D. (1972). The Apologia, 1971 Genre. *Southern Speech Communication Journal*, *36*, 281-289.

Campbell, K. K. (1972). *Critiques of contemporary rhetoric*. Belmont, CA: Wadsworth.

Campbell, K. K. (1982). *The rhetoric act*. Belmont, CA: Wadsworth.

Covino, W.A., & Jolliffe, D.A. (1995). *Rhetoric: Concepts, definition, boundaries*. Boston: Allyn & Bacon.

Foss, Sonja K. (1996). *Rhetorical criticism: Exploration and practice* (2nd ed.). Prospect Heights, ILL: Waveland Press.

Foss, Sonja K. (2004). *Rhetorical criticism: Exploration and practice* (3rd ed.). Prospect Heights, ILL: Waveland Press.

Foss, S. K., Foss, K. A., & Trapp, R. (1991). *Contemporary perspectives on rhetoric* (2nd ed.). Prospect Heights, ILL: Waveland Press.

Foss, S. K, Foss, K. A., & Trapp, R. (2002). *Contemporary perspectives on rhetoric* (3rd ed.). Prospect Heights, ILL: Waveland Press.

Foss, Karen A., & Littlejohn, S. W. (1986). The Day after: Rhetorical vision in an ironic frame. *Critical Studies in Mass Communication*, *3*, 317-336.

Gamson, A. (1992). The social psychology of collective action. In Morris, A.D., & Muller, C. M. (Eds.), *Frontier in social movement theory*. New

Haven, CT: Yale.

Griffin, E. (2006). *A first look at communication theory* (6th ed.). NY: McGraw-Hill Companies, Inc.

Hart, R. P. (1997). *Modern rhetorical criticism* (2nd ed.). Glenview, IL: Scott, Foresman and Company.

Hart, R. P. (2005). *Modern rhetorical criticism* (3rd ed.). Glenview, IL: Scott, Foresman and Company.

Herrick, J. A. (2001). *The history and theory of rhetoric: An introduction* (2nd ed.). Boston: Allyn & Bacon.

Harper, J. (1979). *Human communication theory: The history of a paradigm*. Rochelle Park, NJ: Hayden.

Kruse, N. W. (1981). Apologia in team sport. *Quarterly Journal of Speech*, *67*, 270-283.

Linkugel, W. A., Allen, R. R., & Johannesen, R. L. (1985). *Contemporary American speeches* (5th ed.). Dubuque, IA: Kendall/Hunt.

Marwell, G., & Oliver, P. (1993). *The critical mass in collective action: A micro-social theory*. Cambridge: Cambridge University Press.

McKerrow, R. (1989). Critical rhetoric: Theory and praxis. *Communication Monographs*, *56*, 91-111.

Murphy, J. J, & Katula, R.A. (1995). *A synoptic history of classical rhetoric*. (2nd ed.). Davis, CA: Hermagoras Press.

Rybacki, K., & Rybacki, D. (1991). *Communication criticism: Approaches and genres*. Belmont: Wadsworth Publishing Company.

Smith, C. R. (1976). *Orientations to speech criticism*. Chicago: Science Research Associates.

Stewart, C. J., Allen, S. C., & Denton Jr, R. E. (2001). *Persuasion and social movements* (4th ed). Prospect Heights, ILL: Waveland Press.

Ware, B. L., & Linkugel, W. A. (1973). They spoke in defense of themselves: On the generic criticism of apologia. *Quarterly Journal of Speech*, 59, 282-283.

Wichelns, H. (1925). The literary criticism of oratory. In A. M. Drummond (Ed.), *Studies in rhetoric and public speaking in honor of James Albert Winans*. New York: The Century Co. Reprinted in T. W. Benson (Rd.) (1993), *Landmark essays on rhetorical criticism* (pp. 1-32). Davis, CA: Hermagoras Press.

第三章 人際溝通

學習目標

1.瞭解「人際溝通」這個領域的起源及其與吾人日常生活之間的關聯。

2.認識人際溝通的基礎概念與人際關係的重要理論。

3.改善自身人際間的溝通，以求建立並維繫良善的人際關係。

　　有位學生曾經這麼寫道：

　　「也許大家會覺得，會說話有什麼好，不就是要耍嘴皮子嗎？我想也許不是。因為不斷的說話，無形中就知道說什麼話可以吸引別人的目光；因為要思考說什麼樣的話，才能夠吸引別人的目光進而讓別人認同，而培養了思維能力；因為說話的臨場多變性，而漸漸培養了敏捷的應變能力，隨時變換來掌控場面；也因為要說話，所以理解溝通的重要性，而懂得與別人建立與維持良好的互動關係；也因為要與別人維持良好的關係，而知道誠信、責任、效率和積極的重要，而改變自己的人生態度。」（顏可欣，2009）

　　是的，促使人們能夠和諧的生活，讓我們存在的社會能夠正常的運作，依賴的無疑是人與人之間有效的溝通，又稱為「人際溝通」（interpersonal communication）。透過人際溝通，吾人得以瞭解彼此的心意，世界上無數獨立的個體得以串聯結合，進而形成各式各樣的人際關係，諸如：友誼、親情、愛情、職場上的關係等。試想一個人若在人際溝通的實踐上不得要領，生活中欠缺了這些重要的人際關係，人生的旅程中注定會失去幾個精采的章節，生命的意義亦不得彰顯。人際溝通就如同一門藝術一般深奧、巧妙與美。人際溝通的過程讓人類得以學習交流、建構意義，並且交換情感。妥善地展現這門藝術，我們的生活曲線可以更流暢，因為衝突減少了，誤會消弭了；相對地，得到的也許是多一分理解和多一個合作的機會。

　　本章以人際關係的角度（relational approach）為立基，主旨在對人際溝通這門學問做概略性的介紹。本章包含了五

個小節：第一節淺談人際溝通，除了對人際溝通下定義之外，也將簡述人際溝通學的起源、研究發展、主要的作用和準則。第二節針對人際溝通的幾個基礎概念做說明，例如閒談、自我揭露、自我實現期望。第三節主要討論的是人際溝通與關係發展的幾個重要理論。第四節提供了改進人際溝通與發展人際關係的建議。第五節為本章做總結。期望透過對人際溝通更深層的瞭解，讀者能夠更有效地預測人與人之間的溝通行為，並且能和諧的發展和維持重要的人際關係。

 第一節　認識人際溝通

一、人際溝通的定義

何謂「**人際溝通**」？由於溝通（communication，亦稱為傳播）該學門最早由西方的學者們提出，故國內的傳播學者多半採納國外學者所下的定義。眾多西方學者對於人際溝通的定義略顯分歧，深度和廣度也不一，在此整理幾個與人際關係取向接近的定義如下。

首先，絕大多數的傳播學者同意的是由Bochner（1989）對人際溝通所提出來的定義。Bochner很簡明地說道：「人際溝通即人與人之間的溝通。」然而其他的學者們又將此定義做更進一步地闡釋與規範：

　　1.人際溝通為至少兩個人的溝通行為。
　　2.人際溝通互動的雙方應該互為訊息傳遞者和被傳遞者。

3.人際溝通的兩造所採取的行動所隱含與呈現的意義是雙方互相影響之後的觀點。

　　換言之，在人際間上演的情節中，互動的傳播者扮演的不僅僅是告知者也是被告知者，是給予建議的人也是收受建議的人，是製碼者也是解碼者（Stamp, 1999, p. 336）。

　　有一部分的學者認為人際溝通其實可以透過關係發展的歷程進一步做詮釋。Knapp和他的同事們（2002）即指出，在1980年代「『關係』（relationship）一詞是一個與『人際溝通』（interpersonal communication）發生之特定過程（process）相似的同義詞；對其他人來說，一段關係即是一個研究人際溝通的脈絡（通常指一段私人關係）」（p.7）。同時，在這個關係發展的過程中，人們經由人際溝通互相影響彼此的行為，並且驅使對方採取某些行動（Cappella, 1987）。

　　同樣的，Fisher和Adams（1994）說到人際溝通協助人們開展人際關係，因為透過人際溝通吾人能夠更瞭解關係對象發送訊息的模式，進而讓個體間更緊密的結合在一起。Fisher和Adams認為「人際溝通是一個至少兩人以上彼此和諧互動，進而創造社會關係的過程」（p.18）。亦即，人際溝通的過程造就了人際間的關係。因此，從Fisher和Adams的主張來看，我們幾乎可以將人際溝通與人際關係之間劃上等號。

　　以人際關係角度為主要研究取向的傳播學者寄望人際溝通在吾人生活中所扮演的角色是極其宏大的，這批學者期望有效的人際溝通能幫助人們發展健全的人格、為人類開創美好的人際關係並建立更優質而完整的社會。Bochner（2002）這麼主張：

　　人際溝通中充滿了道德、意識型態與倫理的考量，許多研究人際溝通的學者們心中共同的道德目標在於擴大並深化人類的社

群感，同時建立更完美、更令人滿意的關係，以及學習如何與
和我們不一樣的人進行對話。研究人際溝通的其中一個最重要
的啓發是對於從事良好行為的渴望——也就是，去做對的事
情。（p. 75）

　　綜上所言，人際關係學派的傳播學者認爲人際溝通亦即人際關
係，這兩者難以將之分開討論。他們也強調，溝通的兩造（兩個人
或兩個人以上）在人際關係發展過程中，會因爲雙方的交流而影響
到彼此在關係情境中的種種行爲和做法。目前，我們對人際溝通已
經做了初步的瞭解，接下來馬上要介紹的是人際溝通的起源和研究
發展。

二、人際溝通的歷史沿革和研究發展

　　根據Knapp、Daly、Albada和Miller（2002）對現存傳播文獻
的整理，西元1920和1930年代之間，西方傳播學者們著眼的研究方
向主要放在訊息（information）與傳播之間的關聯。隨後，在1960
年間，美國因爲受到國內社會人權運動的興起及反越戰運動的影
響，人際溝通這門學科逐嶄露頭角，成爲當時傳播界漸受重視的研
究領域。1959年社會學家E. Goffman（1959）出版的《日常生活中
的自我呈現》（*The Presentation of Self in Everyday Life*，又譯《日
常生活中的自我表演》）最早說明了自我表達（self-presentation）
和自我形象（self-image）的概念。1967年心理學家Watzlawick、
Beavin和Jackson合著《人類溝通語用學》（*Pragmatics of Human
Communication: A Study of Interactional Pattern, Pathologies, and
Paradoxes*），在此書中藉由許多心理學上的案例，闡述人際溝通
行爲如何有效改善親密關係。這兩部著作皆對人際溝通日後的研究

發展影響相當深遠。此時，傳播的研究焦點從原先熱門的「大眾傳播」逐步轉向「人際溝通」，學者們呼籲正視人際關係和人際溝通對大眾生活的品質所可能帶來的改造和提升。這個時期傳播研究的範疇亦涵蓋了態度的改變（attitude change）、說服（persuasion）和影響力（influence）等面向（Graham & Shue, 2001）。

直到1970年代末期，人際溝通才真正發展成為一門較成熟、完整的學術專科，並與大眾傳播並列為主要的傳播研究領域。從1980年代開始，許多重要的理論觀點開始萌芽，譬如意義統合理論（coordinated management of meaning theory, Cronen, Pearce, & Harris, 1982）、降低不確定感理論（uncertainty reduction theory, Berger & Bradac, 1982）、建構主義（constructivism, Delia, O'Keefe, & O'Keefe）、矛盾對立理論（dialectical theory, Baxter, 1988）和違反預期理論（expectancy violations theory, Burgoon, 1983）等。

一路發展到1990年代，許多和人際溝通相關的新議題受到傳播學者們的關注，例如健康傳播（health communication）、文化（culture）、媒體中介傳播（mediated communication）以及職場溝通（communication in the workplace）等。在此同時，新的傳播理論概念也應運而生，諸如非語言溝通行為（nonverbal behavior）、隱私（privacy）、認知（cognition）和人際溝通的黑暗面（the dark side of interpersonal communication）（Knapp, Daly, Albada, & Miller, 2002）。時至今日，人際溝通這個學術領域一直在傳播學（communication studies）當中占有一席之地，美國許多大學都開設有人際溝通這門課程或主修，而具有近一百年歷史的美國國家傳播學會（National Communication Association）裡，人際傳播研究組（interpersonal communication division）和其他研究組別相較，多年來也一直是參加人數數一數二的大型研究聯盟。

三、人際溝通的作用

　　明白了人際溝通的基本定義及這門學科發展的歷史，接下來我們要一起思考的問題是：「人際溝通究竟為我們帶來什麼好處？」「我們又為什麼要學習它？」綜合了學者們的看法，茲將人際溝通的幾項作用討論如下：

(一)人際溝通滿足人類的基本需求

　　心理學家William Schutz（1966）在他提出的人際需求理論（interpersonal needs theory）中強調，人與人之間的相處，絕大多數的時間都在尋求滿足三種人類生存的基本需求，包含了「情感的需求」（affection）、「被接納的需求」（inclusion）和「掌控的需求」（control）。所謂情感的需求指的是吾人皆有想要被愛與愛人的需求，不論是親情、友情或愛情，被愛與愛人的經驗和感受可說是一般人一生竭力追求的，愛所帶給人的親密感和滿足感，足以豐富人類生存的價值和意義。同樣的，人亦有被接納的需求，相信多數人都不喜歡落單、孤獨的感覺；相反的，我們皆期望能夠被包含在不同的小團體當中，與他人互動交流，並在必要時接受他人的協助。而掌控的需求說明了我們想要影響他人、領導他人甚至操控他人的欲望，當身邊的人向自我尋求意見的時候，我們會興起希望對方照著我們意思做的念頭。

　　Schutz所提出的三種人類基本需求皆需要依靠人際溝通來滿足。透過溝通我們能夠明白的表達、接受我們和身邊重要他人之間的情感。人際溝通也讓我們在社會上自由的與他人往來，進而找到適合的團體生活。此外，人際間的勸服當然也少不了溝通的幫忙，

善於說理、分析乃是成為具影響力的意見領袖必備之特質。

(二)人際溝通協助認識自我

請參考下列的例子：

「小劉一直對自己的身材感到不滿意，於是在面對好友的時候，小劉不免會透露體型對她自己所造成的困擾。然而在小劉友人的眼中，小劉的身材其實無可挑剔，所以友人總在小劉每每抱怨的同時給予她信心，並鼓勵小劉將專注力放在更重要的事情上，譬如身體健康，而不是把自己的身材拿來和電視上的明星做比較。漸漸地，小劉不再經常提起身材這個話題，因為朋友的話讓她以更正面的態度來面對自己，不再埋怨的小劉此後和友人之間的感情也更加緊密融洽。」

俗話說：「朋友像一面鏡子。」從友人的身上我們不僅看見了他人，同時也看見了自己。如上例所述，人和人之間的溝通像一種循環，吾人所發送出去的訊息足以影響他人，也促使他人瞭解他們自己；而他人對我們送出的回饋，相反的也對我們產生必然的影響力，更讓我們進一步檢視自己對自我的認識。我方重新調整後的自我認知則會再次影響我們與他人的溝通互動，因此形成一連串的循環過程。故，人人應該在傳遞訊息的時候格外謹慎，否則將有可能造成非良性的人際互動循環，並直接或間接地造成他人錯誤的自我認知，甚至轉為一種傷害（Kinch, 1963）。

(三)人際溝通促進人際關係的形成與維繫

本章一開始，從人際溝通的定義當中我們便瞭解到人際關係與人際溝通之間的緊密關聯。在職場上，我們透過溝通來拓展

人脈；在私人層面上，我們透過溝通來廣結善緣。然而溝通的作用，絕對不僅僅在於幫助我們開啓一段新的關係，更重要的是，溝通讓一段關係能夠持續平穩的維繫和發展。感情維繫的方法有很多，Stafford、Dainton和Haas（2000）在他們的研究中歸納出七種維護關係的溝通方式：(1)確認（assurances，向對方承諾這段關係）；(2)坦承（openness，自我揭露）；(3)衝突協調（conflict management，嘗試瞭解衝突並以正面的方式解決衝突）；(4)共同完成工作（shared tasks）；(5)正面互動（positivity，透過正面愉快的方式來溝通）；(6)建議（advice）；(7)結交共同的朋友（networks）。

就衝突協調來說，無論是怎樣的情誼，在關係的發展過程總是免不了會有摩擦和爭執。面臨意見不合的時候，若能運用溝通瞭解問題的癥結點，進而化解彼此的誤會，便能維持永續的關係。相反的，不良的人際溝通，容易加深誤會，最終甚至導致關係破裂。因此，衝突的產生，對於人際關係來說不見得一定是件壞事，衝突有時候反而能夠幫助雙方理解彼此的觀點（Galanes & Adams, 2009）。

(四)人際溝通增進文化間的交流

由於新科技的誕生和網際網路的發明，「天涯若比鄰」已經不再是人類的夢想。當今，幾乎人人都有出國旅遊或是遠赴他鄉求學、工作的經驗。在不同的國度裡，與不同文化的人交流，人際溝通遂成為首要的助力。雖說每個文化的溝通模式不見得完全相同，但若秉持一顆開放、尊重他人的心，差異再大的文化也能透過耐心的溝通尋找到相似的價值觀和信念，畢竟，我們都是生存在地球村裡的一分子。

　　而電信的發達和網際網路的普及化更是縮短了人際間的距離。住在台灣的網路使用者可以很輕易地透過網路上的聊天室（chat rooms）、即時通訊（instant messaging）或是部落格（blogs）與遠在世界各地的網友們互通訊息。研究也證明，在網路上溝通者較願意從事自我揭露的行爲（Valkenburg & Peter, 2009），換言之，網路爲人際溝通開闢了另一條途徑，而這條途徑使得我方的文化能夠傳播得更遠更廣，而我們也得以更便利而迅速地瞭解地球上另一個角落的文化。

　　人際溝通的作用並不僅限於上述四個層面，事實上，人們有80％到90％左右清醒的時間被用來進行人際溝通的各式活動（Klemmer & Snyder, 1972），也就是說，人際溝通牽涉到我們日常生活中絕大多數的行爲和活動，因此，精進我們在人際溝通方面的能力確實有其必要性。

四、人際溝通的原則

　　爲了在生活中善用人際溝通以發揮上述幾項作用，吾人必須先理解人際溝通的基本原則（Seiler & Beall, 2008; Wood, 2007）：

(一)人際溝通隨時隨地都在發生

　　多數人誤以爲溝通的形式只有一種，亦即口語表達的方式，其實我們的非語言表達，例如肢體動作、表情、眼神，也無時無刻不在向他人傳達出訊息。當我們說話的時候，溝通在發生；當我們保持沉默的時候，溝通也在發生，因爲不管是經意或不經意的沉默，對我們互動的對象來說，皆傳達出某種訊息，尤其在不同的文化底下，沉默往往會有不同的詮釋。一般說來，在西方的社會中，沉默

比較不算是溝通行為中的常態，且多被視為一種負面的信號，西方人相較於亞洲人亦較不容易接受互動過程中出現太多沉默的狀態，因此西方人在面對面對談中出現的靜默片刻，經常會隨即以話語填補。反之，亞洲人對於雙方互動中的沉默較能處之泰然。

另外，一般的互動皆可被視為有目的性的溝通（intentional communication），也就是發訊者有意識地將訊息傳遞給受訊者。然而，有時候就算我們傳達的訊息並非針對某些對象，但是旁人有意無意地接收到此訊息並對該訊息做了詮釋，這樣的情形則可被視為無目的性的溝通（unintentional communication）。譬如，在辦公室的茶水間裡A在對B抱怨他們的主管，這時，C剛好經過他們身邊不小心聽到了他們的對話，就算C沒有加入他們的對話，但是A和B交談的內容和他們的非語言表達還是對C產生了某種程度上的影響，而C對A和B的主管亦可能因此會有不同的看法。人類非語言的表達、有目的性或無目的性的溝通在在顯示溝通隨時隨地都在發生，所以我們應該特別注意自己各種形式的溝通行為，以免造成不必要的困擾或誤會。

(二)人際溝通是無法收回的（irreversible）

相信大家一定曾經聽過類似這樣的對話：

小劉：「你怎麼這麼笨啊！不會用腦子思考嗎？」

小高：（沉默不語，面露不悅色。）「妳這個人說話怎麼這麼傷人呢？」

小劉：（驚訝狀，突然發現自己說話不該這麼直接。）「好啦！對不起啦！我不應該罵你笨的，我收回好嗎？當我沒說過這句話啦！」

103

即便大家在說錯話的時候，都會嘗試著道歉或企圖將之前剛剛說出口的話收回，但是事實上，當我們脫口而出一句話的同時，我們也失去了收回這句話的能力，除非在場沒有半個受眾，否則我們散發出去的訊息必定在當下立即產生了效應，而此效應並不會因為說話者的一句「我收回」而可以在瞬間立即被抹滅。然而這也並不代表我們說了不該說的話之後，並不用做任何補救的功夫，相反的，我們還是應該適時適度地表達歉意，或做必要的解釋。不過我們更應該銘記在心的是，說出去的話就像潑出去的水一樣，難以收回。所以切勿讓我們的一言一行對他人造成傷害而無法挽救。

(三)人際溝通的雙方依據情境來做詮釋與建構意義

人際溝通是一種意義創建的過程（meaning creating process）。一個沒有意義共享的溝通過程不能算是有效的人際溝通。而溝通雙方建構意義的一個主要依據乃是「情境」（context），亦即溝通發生當時的情況，包含了溝通的背景、周遭的環境、文化等。情境扮演了人際溝通當中的一項重要指標；一則訊息，我們能夠清楚地判定它所代表的涵義，因為情境給了我們詮釋該訊息該有的相關指示；也因為情境，我們明白在怎樣的場合該回覆怎樣的話。

打個比方，在西方使用英語的國家中，當互動的一方說："How are you？"事實上，此人並不期待互動的另一方回答長篇大論來說明自己的心理狀態；相反地，"How are you？"在英語使用的國度中，意義等同於中文裡的「你好」，並不算是一個真正的問句，所以對話者只要簡單地回應"I am fine."即可。正如同中文情境中許多較年長的人愛用的「吃飽沒」，其意義也不在詢問對方究竟吃飯了沒有，而是藉此問句做為打招呼之意。吾人若仔細的觀察週遭在溝通上所發生的誤會或不愉快，會發現多半都是因為溝通的

某一方或雙方沒有將情境納入仔細考量所造成的疏忽。

(四)人際溝通是可以依靠後天學習的能力

　　一般人或許會認為說話、溝通是種與生俱來的能力，跟每個人的天賦有關，正如同每個小嬰兒在呱呱墜地之後，便自然地具有表達的能力，例如哭泣以喚起父母親的注意。因此，我們經常會聽到身邊較不善言詞的朋友或家人說道：「唉啊！我這個人就是天生不會說話。」這句話在某種程度上暗指的意涵是「因為說話是天生的，所以我不會說話不能算是我的問題」。然而，大家應該要改變的一個觀念是，說話和溝通的能力雖然的確跟我們的語言基因有關，但是值得高興的是，溝通是一種可以透過後天學習來精進的能力。就像溝通的主要工具——語言——就是透過我們不斷地運用與練習來加強我們的表達和語言精準度，人並非生來就能說各種語言，而溝通的方式更是需要後天不斷地改進和練習以達到我們所設定的目標和效果。下回遇到謙稱自己天生不會說話的人時，我們可以適時的鼓勵對方透過各種學習的管道，來增進自己人際溝通方面的能力。

第二節　人際溝通的基本概念

　　為了更深入瞭解人際溝通的內涵，接下來我們將探討幾個人際溝通的基本概念，其中包含了閒談、自我揭露、自我實現期望、同理心、倫理道德。

一、閒談

　　一般的閒談（small talk）、聊天，通常談論的都是較爲不深入、無關個人隱私的話題，譬如打招呼、問候、聊天氣和討論時事方面的話題。許多人際關係的開啓均是透過這樣無傷大雅的閒談，同時也藉著這樣輕鬆的對話方式得以延續。在聊天的過程中，人們經由一些不過分私密、不具批判性的話題得以瞭解彼此，這種閒聊的方式爲人際溝通雙方提供了一個安全的抒發和接收的交流管道。

　　因此，爲了營造一個愉快的閒聊氣氛，溝通雙方在初次見面時通常會格外留意自己所說的頭幾句話，又稱爲「開場白」（opening lines）。好的開場白令人對溝通的對象和話題的內容產生興趣；反之，不好的開場白可能讓人覺得矯揉造作、無趣甚至具攻擊性（offensive）。故吾人對初次認識的對象開啓話題時應該要小心自己所談論的話題是否會達到反效果。比方說，閒談的功能主要在於建立一個舒服的、具支持性的交談氣氛，在閒聊過程中批評對方或強烈反對對方所提出的觀點，皆非明智之舉（Seiler and Beall, 2008）。

　　在人際溝通當中妥善地運用閒談，可以幫助我們在社交的場合受到歡迎，進而達到拓展人脈的目的。Seiler和Beall（2008, p. 363）提出了幾項做好閒談功夫的建議，在此分別敘述如下：

1. 在閒談的過程中找機會提到對方的姓名：當我們不經意地提及對方的名字，可以令對方感覺受到重視，並且暗示著我方有興趣繼續發展這段關係。例如在用餐的場合，我們可以這麼說：「**小劉**，不好意思，能不能麻煩妳把鹽遞給我？謝謝！」如此一來，對方會立刻發現我們已經記下她的名字

了。

2. 運用善意的眼神交流：閒談的過程中，雙眼注視說話的對方，讓對方得到充分的注意力，但切記要透露出溫暖的目光，而非緊盯著對方不放。另外，面對不同文化的人要小心自己的目光交流是否有抵觸對方的文化，譬如有些亞洲或中東的文化忌諱交談時有過多眼神的接觸。

3. 記得也讓對方談談他們自己：沒有人喜歡聽對方喋喋不休，適度地發問讓對方也聊聊他們自己。當對方在發言的時候，記得要專心聆聽。

4. 讓整個聊天過程是輕鬆的、正面的：盡可能談一些有趣的、好玩的，同時雙方都可以聊得上來的話題，讓整個談天的氛圍輕鬆且令人印象深刻。

5. 聊聊最近發生的時事：經常關心時事的人在與他人閒談的時候通常不必擔心找不到話題，但是最好不要談論過於敏感性的話題，例如政治，以免引起爭執。

6. 透過閒談來瞭解對方並縮短彼此的距離：雖然說閒聊的時候不該談太過私人的問題，但是除此之外，適切的瞭解對方的背景將有助於開啓更多共同的話題。比方說，詢問對方就讀的學校也許會發現彼此有共同的友人。

7. 該結束交談的時候，請不要繼續說個不停：俗話說「見好就收」，這句話亦適用爲閒談的基本原則。不懂得適可而止的人，很可能會在最後的關頭造成他人的反感而失去延續該關係的機會。因此，該說再見的時候，請道再見！

二、自我揭露

通常互動的兩人，經過一段時間的閒談，對彼此有了初步的

瞭解之後，如果發現兩人有進一步發展關係的機會，則雙方在對話的過程中將加入更多「**自我揭露**」（self-disclosure）的行為。事實上，自我揭露泛指一切自發性的跟自我相關的訊息分享，其內容可深可淺，可以是非常私密的個人經驗（例如我曾經有酗酒的問題），也可以是我們在普通社交場合中經常與他人交換的訊息（例如我家有三個兄弟姊妹）。

　　當兩人的關係漸漸的由淺入深，這時候經常會伴隨著大量的自我揭露。不管是親密關係亦或是深刻的友誼，自我揭露幫助我們更加瞭解對方，並且透過聆聽和回應的過程，也能達到協助對方自我改進的功能。值得注意的是，自我揭露是個不斷發生（ongoing process）、雙向互換的溝通過程，關係的雙方若有其中一方只願意聽而不願意揭露自我，則此人際關係則容易因為失衡而最後走向終止一途（Seiler & Beall, 2008）。

　　人們自我揭露的原因和動機有很多，除了上述的自我表達和關係建立以外，很多時候，自我揭露能夠幫助說話者達到一種宣洩情緒、釋放壓力的作用（Pennebaker, 1990）。然而，自我揭露的程度和時機亦需要靠說話者適切的控制，吐露過多的煩惱或問題很可能會對關係的另一方造成負擔。Joseph Luft和Harry Ingham提出了「喬哈利窗」（Johari Window Model，又譯周哈里窗）來幫助吾人瞭解自我揭露的過程，其中包含了四個區域，主要說明人們在人際互動及關係發展進程中，關係雙方彼此吐露、分享訊息的程度（如**圖3-1**）：

1.**開放區**（open area）：這個區域包含了自我和他人可以公開交換分享的訊息，例如姓名、職業、學校，或是一般人可以透過觀察而得知的資訊，像是身高、性別、體型等。開放區對初識者而言，範圍不大，然而隨著兩人的關係進展，該

	自己知道 （known to self）	自己不知道 （not known to self）
別人知道 （known to others）	I 開放區 （Open Area）	II 盲目區 （blind area）
別人不知道 （not known to others）	III 避免、隱藏區 （avoided or hidden area）	IV 未知區 （unknown area）

圖3-1　喬哈利窗

資料來源：Luft, J. (1970).

區的範圍則會跟著擴大。

2. 盲目區（blind area）：意指他人觀察到或意識到，但吾人自身渾然不知的資訊，譬如某些人在緊張的時候容易出現一些情緒調節的動作，諸如捲弄頭髮、踱步、玩筆等，這些特徵在旁人眼裡看得很清楚，但是對當事人來說可能是他們從未意識到的。

3. 避免、隱藏區（avoided or hidden area）：此區域主要指的是我們不願意對他人透露的關於個人隱私的訊息。比方說，一些較為不光彩的事情（例如我小學五年級時曾經作弊），或是親密關係中較私密性的行為，都是一般人比較不願意隨意透露給他人得知的資訊。

4. 未知區（unknown area）：這個區域包含的是自我與他人都不清楚的資訊，例如在我們內心深處一直想壓抑或逃避的事情，而這訊息可能要透過特殊的方式——心理治療或催眠才能得知。這個區域也包含了我們隱約記得，但無法完全確認的事情（例如我五歲的時候好像曾經和一個鄰居的小妹妹很要好）。另外，我們對於尚未遭遇過的事情的處理態度（例如面對親人驟逝）或自我未開發的潛能（例如音樂方面的天

109

分），也可以含括在這個範圍內。

喬哈利窗解釋了人們在關係當中因為交情的深淺，與對方交換個人訊息時的差異。值得注意的是，每個人的四塊區域大小不盡相同，有些人的開放區域特別小，有些人的避免、隱藏區特別大，吾人在溝通時應避免將自己自我揭露的原則套用在他人身上。

三、自我實現期望

相信大家都有過這樣的經驗：你預料自己在上台演說的時候很可能會緊張，結果你上台之後果然因為緊張而表現不佳；又或是，你的好朋友向你推薦某部電影，果然你看完電影之後也有和友人相同的看法，這樣的現象究竟該怎麼解釋呢？仔細回想，當我們的身邊包圍著對我們的所作所為持正面評價的朋友或同事，我們的行為表現似乎也越顯傑出；反之，如果身邊充斥著對自己不以為然、洩氣的言論，則我們似乎也就如他們所言的容易失敗。其實，這些都是「**自我實現期望**」（self-fulfilling prophecy）（Rosenthal & Jacobson, 1968）的例子。換個方式說，他人和吾人加諸於自我的期望通常會引導我們產生預期的行為，而這樣的期望即被稱之為自我實現期望。

自我實現期望最著名的例子莫過於Rosenthal和Jacobson（1968）在他們的書，*Pygmalion in the Classroom*所提到的一個實驗。某個班級的老師被告知班上有20%的學生在智能上呈現特殊的潛能，但是事實上這20%的學生名字是由實驗者隨機抽出的，根本與他們的智能表現無關。過了八個月後，實驗者測試這20%的學生的智力，發現他們的智商跟其他小朋友比起來有顯著的進步。該實驗的結果證明，這20%的受試學生和其他小朋友在智力上會有差

異，並非因為他們原本就有特殊的才能，而是過去八個月中，老師對這20%的小朋友有不同的禮遇，例如，特別耐心地回答他們的問題、給予他們較多的協助，以及經常性的給他們稱讚。故這20%的小朋友能在八個月內有突出的表現，證明了自我實現期望對人類行為有著具體的影響。

他人以及自己對自我傳達的期望，對於我們的自尊心和自我意識（self-concept）具有強烈的形塑作用。經常向某人表達負面的期望，容易引導對方走向負面的結果，進而傷害此人的自我意識，而自我意識較負面的人越是不容易達到自己設下的目標，遂成為一種惡性循環。正如同Adler和Proctor II（2007, p. 58）所言，自我實現期望大致可分為四個階段：

1.對自我或他人持某種期望（Holding an expectation for yourself or for others）。

2.自我的行為受到該期望的影響而逐漸吻合（Behaving in accordance with that expectation）。

3.該期望實現了（The expectation coming to pass）。

4.期望的實現使我們越加相信自己的能力有如期望所言（Reinforcing the original expectation）。

因此，在人際互動的過程中，為了避免造成他人過低的自尊和負面的自我意識，我們應該學習如何向他人表達較高或合理的期望；當然，較高的期望亦不代表不切實際、遙不可及。向他人表示較高而非不切實際的期望也許能促使他人勇於接受挑戰，而達到意想不到的收穫。有時候父母對子女過於嚴厲的管教，經常性地使用貶抑的言詞與子女溝通，都很有可能會導致子女的自信心受創、自我意識低落，最終造成他們在各方面無法表現他們應有的水準。朋友之間也應該彼此互相激勵，但是鼓勵性的言詞也要注意是否合

宜，切勿造成「灌迷湯」的反效果。

四、同理心

　　早在兩千五百年前，孔子就這麼說過：「己所不欲，勿施於人。」西方也有一句很相似的金科玉律（golden rule）："Do unto others as you would have them do unto you." 所以不管是亞洲或西方的社會文化，皆提倡一個推己及人的觀念，強調人人都應該設身處地的為他人著想，不對他人做任何不願意發生在自己身上的事。

　　事實上，「**同理心**」（empathy）講的就是這樣一個概念。同理心乃是去嘗試感受他人所感受的一種能力，有同理心的人會去揣摩他人在某種情況下的感受；有同理心的人會站在他人的角度來思考事情；有同理心的人能夠試著用別人的觀點去看這個世界。從溝通的層面來說，同理心讓一個人不會只專注在自己的立場或觀感，同理心也讓我們更能夠體會他人的感受並瞭解他人的想法所來何處，因此具備同理心使我們更願意接納他人的想法，傾聽他人的見解，也更不容易說出傷害別人的言語。

　　許多溝通與人際關係的情境都必須運用上同理心。小時候，作者的母親曾經叮嚀過作者應該處處為別人著想，要善待團體中新加入的成員，不管是新同學、新同事，因為每個人都有第一次的時候。如果我們能多運用同理心，我們會更主動去詢問這位新成員需不需要協助，當他有問題的時候我們會更願意去聆聽，在群體中，我們會盡可能的為他製造融入大家的機會，因為換作是我們自己，我們也不希望成為那個被同伴忽略的人。

　　同理心經常會被混淆成「同情心」（sympathy）。同情心指的是互動的一方為對方的處境感覺到抱歉。同理心與同情心的差異在於，富有同情心的人雖然也會去感覺他人的遭遇，但是他並非從當

事者的立場，而是從自己的角度去體會整件事。舉例來說，朋友之間難免會遇到某一方因為結束一段感情而受苦的情形，身為好友，我們總希望能盡己之力去安慰我們的朋友。運用同情心的人和朋友間可能會出現這樣的對話：

> 小高：「小劉，妳這樣很可憐耶！妳不要再傷心了！」
>
> 小劉：「我知道……（嗚）」
>
> 小高：「小劉，我跟妳說，兩年前我和我男友分手的時候，一開始我也很痛苦，可是後來我想開了啊，與其不快樂的相處，還不如分手各自找尋自己的快樂呢！所以妳要像我學學，妳看我現在還不是好好的呢？這個週末，我們一起去踏青，我相信妳很快就會好起來了！」

不同的是，具備同理心的人和朋友之間則可能會出現這樣的對話：

> 小高：「小劉，分手的事一定讓妳很難受吧？」
>
> 小劉：「嗯……（嗚）」
>
> 小高：「小劉，傷心難過是一定會的，如果妳需要人陪伴或聽妳說話，我都會在妳身邊。」

第一段對話和第二段對話的差異在於，有同理心的人在這樣的情況中比較不會在當下給對方太多自認為可行的建議，除非對方主動詢問，因為許多心情低落的人和朋友在一起其實要的並不是朋友的教戰守則，而是友人的陪伴和傾聽。所以，若能從對方的立場去想，其實不難理解，在失去一段感情的初期我們要的只是一種精神上的支持和慰藉。然而，只運用到同情心的人多半會只站在自己的立場去解讀一件事，因而會說出一些以自己為出發點的想法，例如

「我以前碰到這樣的事情的時候，我……」。

　　有些人可能認為同理心是不太可能做到的，話雖如此，但是傳播學者們認為，吾人即便不能完完全全的以他人的立場去思考事情，然而透過相當的努力，我們可以更容易去揣摩別人的感受。Adler和Proctor II（2007）這麼說道：

> 同理心是一種再造另一個人的觀點，從他人觀點來體驗世界的能力。也許我們不太可能完整地經歷他人的觀點，但是透過一定的努力，我們能夠更瞭解其他人如何來看待這個世界。（p. 109）

　　運用同理心可以幫助我們在與他人互動的時候，充分掌握對方的認知及其表達的涵義，進而達到最好的溝通效果。

五、倫理道德

　　「**倫理道德**」（ethics）雖然被放在這一小節的最後面討論，但是它在人際溝通當中的重要性是絕對不容忽視的。倫理道德的英文ethics根源於另一個古希臘字ethos，意指一個人的品性、操守、態度和可信度（McKerrow, et al., 2003）。亞里斯多德曾經說過，一個富有倫理道德、具備良好品格的說話者，必須擁有良好的知識（good sense）、良好的意圖（good will）以及良好的價值觀和道德標準（good morals）（引自McKerrow, et al., 2003）。

　　自小到大，我們不斷在每個生活層面當中學習和應用整個社會所教給我們的各項倫理道德的準則。因為倫理道德，吾人曉得如何辨別是非對錯，它可說是我們做任何事情和決定的標竿。同樣的，在人際溝通的各式情境中，我們也需要倫理道德來幫助我們做許多

決定，因爲吾人溝通的時候不停的在影響他人，如果沒有倫理道德做爲語言思考的基準，錯誤的溝通抉擇很可能會引發嚴重的後果。諸如以訛傳訛、謠言滿天，人們肆無忌憚地談論別人的是非，人與人之間可能再也不能彼此信任，誰也沒有祕密可言。

失去了倫理道德的制約，謊言和欺瞞也許處處可見，抄襲、剽竊也可能變成家常便飯。換言之，欠缺倫理道德標準的社會是脫序的。因此，我們每個人的心裡都應該有一把道德的尺，以做爲衡量吾人溝通和評斷他人言語的標準。

上述幾項人際溝通的基本概念，看似簡單，但是他們對於吾人平時與他人之間的互動和溝通，著實扮演著舉足輕重的角色。如果我們將人際溝通視爲一座龐大運行的機器，那麼這些基本的概念則是此座機器裡負擔起許多重要功能的那幾顆關鍵螺絲釘。能夠確實而有效地實踐以上所論及的溝通要點和準則，亦非易事。

第三節　人際溝通與關係發展的重要理論

這個小節將要介紹幾個人際溝通和人際關係學者所提出來的重要理論，這些人際理論有助於解釋我們和關係對象在關係發展中的溝通行爲。

一、消除不確定感理論

從人際關係的起始發展談起，首先該介紹的是「**消除不確定感理論**」（uncertainty reduction theory）。該理論由兩位溝通的學者 Charles Berger 和 Richard Calabrese（1975）所提出，主要在說明當

人們遇見吸引自己的對象時，我們會有想要知道對方更多資訊的欲望，因而促使我們對這名對象開始產生觀察的舉動，並且會從外觀上開始推斷對方是個怎樣的人。這種想要降低我們對此名對象的不確定感（uncertainties）需求，讓我們會有想要跟他（們）進一步溝通的欲望。此理論的重點在於，當陌生的兩人初次認識，他們會尋求方式來降低對彼此的不確定感，我們越是受到對方的吸引，那種想要知道對方更多的欲望會越強烈。

根據消除不確定感理論，為了發展人際關係，我們會透過不同的溝通方式來解答我們內心對對方產生的疑問，Berger和Calabrese認為陌生人相識的初期，彼此的互動大概可以被分為三個階段：

1. 入口期（entry phase）：在這個階段，我們會透過明顯容易的方式來得知對方的資訊，比方說經由肉眼觀察得知對方的身高、體重、長相、打扮、大概的年齡等。除此之外，我們也可能會從他人的口中來獲得對方的資訊，例如向認識對方的人打聽，或是直接和對方的朋友交談來瞭解這個人。因為文化的差異，不同文化中的人在認識新朋友初期互動的方式也會跟著不同，但是大多數的人在這個階段都會遵守前面所提到的「閒談」的規則，而不會去主動問起個人隱私的問題。

2. 個人期（personal phase）：進展到個人期的時候，初結識的兩人漸漸會開始分享一些較深入的想法、態度、價值觀和一些較為隱私的資訊。這個階段是初步瞭解彼此的重要階段，所以兩人會盡可能透過自由的交談來認識對方。

3. 出口期（exist phase）：出口期是雙方決定要不要繼續發展關係的階段。根據前面兩個階段的互動情形，初識的兩人在這個時期決定是否該終止或延續彼此的關係。通常，如果彼此

　　的溝通情況良好，則互動的雙方較有可能繼續發展友誼。

　　雖然說消除不確定感理論剛開始主要適用於解釋人際間的初始互動，但是自此也漸漸被許多學者們運用在瞭解人際關係發展的歷程。Berger（1986）說道，消除不確定感理論可以從人際初始的互動情境延伸運用至一般的人際互動情境，因為該理論主張「不確定感」（uncertainty）和訊息（information）之間存在著一個線性的關係，Berger並且認為不確定感協助人際間「預測和解釋」彼此的互動行為（a function of both the ability to predict and the ability to explain actions of others and of self, Berger, 1987, p. 41）。學者甚至發現，具有降低不確定感欲望的個人，越是能夠積極深入地瞭解他們的互動對象。並且人們如果察覺他們的互動對象對自己瞭解匪淺，他們會自然越受到對方的吸引（Clatterbuck, 1979）。

　　在大部分的情況下，為了降低不確定感，人們會使用互動的溝通策略，例如「提問」就是最常見的一個策略（Berger & Kellermann, 1983）。Berger（1979）整理了三種吾人獲得資訊以降低不確定感的方式：

1. 被動的策略（passive strategy）：主要以觀察的方式來瞭解對象的生活方式。
2. 主動的策略（active strategy）：透過第三者來瞭解關於興趣對象的資訊。
3. 互動的策略（interactive strategy）：直接經由面對面互動的方式來瞭解對象。

　　除了這些方式以外，Berger指出有時候人們反而比較能夠在一些非正式的社交場合或互動的情境中，得知較多關於他們的興趣對象的訊息。

口語傳播

後來，某些與減低不確定感相關的研究對原始的降低不確定感理論提出質疑。學者們改變了他們原先對於不確定感在一段關係中所扮演的角色的基本態度。Berger（1993）自己也承認：「將這種不確定感視爲一種必須被解決或消除的負面狀態，很可能是種錯誤的觀念」（p. 492）。其實，不是所有的人對於「不確定感」都持有相同的態度，而資訊的取得也並不是人們面對不確定感的唯一應對方式。比方說，Bradac（2001）在討論不確定感管理的時候提到，並不是所有的人都視不確定感爲不舒服的壓力，因爲每個人對於不確定感的經驗和感覺是不一樣的。有些人可能會把不確定感當成是某種工具或是資源，所以處理的方式也不見得永遠都是要對其「立即剷除的」，有時候不確定感是可以被接受或消化的。

有些學者甚至主張不確定感能夠爲關係發展帶來刺激（excitement）（Berscheid, 1983; Livingston, 1980）。正如Berlyne（1960）所言，在某些情況下，不確定感能夠爲關係雙方帶來新奇的感受，因此反而可被視爲一種愉快的經驗。另外，Baxter和Montgomery（1996）也認爲過度的可預測性並無法滿足人們在一個關係當中對於新鮮感的需求，相反地，什麼事都清清楚楚、可以預料，反而會讓一段關係顯得乏善可陳。其他的研究也證實不確定感提升的互動行爲（uncertainty increasing behaviors）在人際關係中可以是正面的，因爲這種不確定感能夠提高彼此之間的吸引力（Afifi & Burgoon, 1998）。

綜合上述的研究結果，我們可以得知其實人際關係當中不確定感和關係的滿意度在某些狀況下是可以共存的。

二、社會滲透理論

當認識不久的兩人通過了初始的不確定期，雙方決定要進階

發展這段關係之後，他們彼此之間交談的話題也會跟著轉變。社會心理學家Irwin Altman和Dalmas Taylor（1973）所共同建構的**社會滲透理論**（social penetration theory）說明了人們如何在社交生活中和他人建立關係，並且在關係發展的過程中，交換的話題從表面的閒談進入到深層又私密的自我揭露。如**圖3-2**，社會滲透（social penetration）指的是隨著關係趨向於更親密更友好，人們會漸進式地向關係他人揭露自我隱私的一種過程。換言之，根據社會滲透理論，當兩人在發展一段關係時，我們會隨著時間的延續和關係親密度的提升，而與對方談論更深入、更廣泛的話題，並做更私密的自我揭露。

進一步來說，Altman和Taylor說明了兩種訊息揭露的方式。第一種自我揭露的方式牽涉到資訊的「廣度」（breadth），也就是討論話題的範圍。比方說，認識不久的朋友彼此之間討論的話題範圍

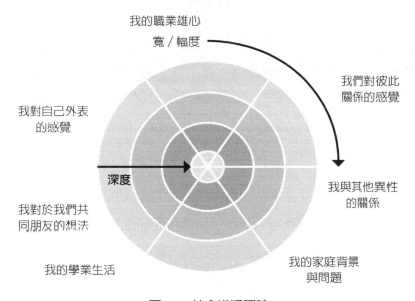

圖3-2　社會滲透理論

資料來源：Altman & Taylor (1973).

大概不會太廣，可能會聊及時事、興趣、平常的休閒活動等，但是交往時間比較久、感情比較好的關係人則很有可能會無話不談。第二種自我揭露的方式牽涉到資訊的「深度」，也就是聊及的話題從非私人的話題推展到比較私人的話題。

　　一段關係可以是很一般的，也可以是很親密的，端看關係人對於訊息揭露、分享的深廣。在一個比較一般的關係中，互動雙方的話題廣度可以是很寬的，但是並不深入。而一段比較親密的關係則必定在至少某一類型的話題上（例如感情生活）會是深入討論的。最為親密的關係，比方說一般人和他們的另一半，則彼此交換的話題多半是既深且廣的（Adler & Proctor II, 2007）。

　　社會滲透理論亦把人比喻為一顆洋蔥，而人們關係發展的過程就好似在剝洋蔥皮的過程一般。當兩人剛剛認識的時候，我們交換的話題會從最外層的洋蔥皮剝起，第一層通常是最不具隱私性的話題，例如，「你好! 我的名字叫小劉，我家住台北，我目前是大學三年級的學生。」而後，隨著關係的進展，我們會逐漸往內剝人際關係這顆洋蔥，這時人們會討論的話題可能會變得越深越廣，譬如，「你這學期的功課如何？你和男友之間的關係還穩定嗎？你每個月工讀賺多少錢呢？」最終，當洋蔥被剝至中心，也代表這段關係已經深入了核心，兩人之間交換的訊息可能涵蓋一切，例如，「你是我最好的朋友，不管發生什麼事我都會在你身邊，有什麼事我們都能談。」

　　總而言之，社會滲透理論包含了幾個重要的假設（李茂政，2007，頁207-208）：

1. **關係從疏離進展到親密**：人際關係隨著時間的流逝，從非親密性的階段往越來越親密的階段發展，但是一般的人際關係多半是中庸的，也就是介於非親密和十分親密之間。

2.關係的發展基本上是有系統性且可以預測：人際關係的發展一般來講是具系統性且可預測的。

3.關係的發展包括反滲透與終止：關係的發展能夠越趨親密，相反的也能退回到之前不甚親密的狀態，尤其是遇到衝突而無法化解時，人際關係亦會有系統性地朝反方向滲透，回到之前的階段。

4.自我揭露是關係發展的核心：自我揭露的溝通行為乃為人際關係發展的中心，自我揭露可以是計畫性的，也可以是非計畫性的。

　　儘管社會滲透理論對溝通與人際關係的發展確有貢獻，這個理論卻有值得批判之處。該理論忽略了幾個關係發展的重要因素，例如，自我揭露不應該被視為如此單純的線性關係，關係發展的過程中很難去系統性地評量其自我揭露的程度和牽涉的範圍，有些關係即便是到了要結束之前，關係人彼此之間的談話仍具有一定的深度和廣度，而不如該理論所說會將自我揭露減低至最少、最淺；反之，有些關係亦可能在關係開展初期雙方即立刻談論到相當隱私、深入的話題。另外，關係另一方的溝通態度和習慣亦能造成不同的關係發展結果，關係雙方的性別差異即很可能會促成不同的自我揭露互動行為。後來Altman也對此理論做出修正，他指出關係發展中，自我揭露應當是種程度上的拉鋸戰，亦是種隱私揭露和保留互相參半的複雜過程（李茂政，2007）。

三、社會交換理論

　　一般人只要一想到建築在「利益」之上的人際關係，通常不會給予太高的評價，殊不知人們其實有意識的維持著某些關係，因為

我們能夠從中得到好處，即便這些好處不見得是以金錢來衡量的。由John W. Thibaut和Harold H. Kelley（1986）所提出的「**社會交換理論**」（social exchange theory）探討的即是這樣的人際現象。社會交換理論立基的觀點在於，人們會特意去衡量和比較某一段關係當中的「得」（rewards）和「失」（costs），並且會傾向去建立「得大於失」的關係，然後迴避「失大於得」的關係。所謂的「得」，在這裡指的是任何促成個人利益的事情；相反的，「失」則是任何對個人利益點沒有幫助或造成損害的事情。舉例來說，一段關係中「得」的部分可能會是對方為我們付出的時間、金錢、協助、快樂、地位、好的工作等；而「失」的部分則可能是不良的感覺，我們為對方付出的時間、精力、感情、過多的金錢等。社會交換理論可以透過下面這個方程式來理解：

$$所得（rewards）－所失（costs）＝結果（outcome）$$

人們不自覺的透過這個方程式的正、負面結果來衡量到底自己和另一個人的關係是否是「值得的」。

更明確地說，Thibaut和Kelley認為，因為我們會經常性的去權衡關係中的所得所失，因此對於在某種比例上所失超過所得的人際關係，人們會傾向於走向終止之途，例如男女關係中如果有一方花太少時間和另一方相處，則此關係極可能會提前結束，因為一方會覺得另一方的關心和付出不夠。反之，對於在某種比例上所得大於所失，人們則會更願意用心的去維繫它。乍聽之下，如此選擇一段關係的方式似乎過於市儈，但是仔細想想在許多關係中，我們之所以會願意接受對方某些缺點，大多數的時候是因為對方也會在一些重要的時刻滿足我們的需求。譬如朋友之間，有一方願意去聽另一方吐戀愛的苦水，因為聽的那方需要另一方在工作上大量的建議和幫助。然而這並不表示，吾人在關係中只著重在利益的追求而放

棄親密度（intimacy）的提升。不過，不管親密度多高，如果一段關係的所失大大超越所得，該關係仍然難逃終結的命運（Adler & Proctor II, 2007）。

　　一段令雙方快樂滿足的關係，通常需要讓兩人感覺到付出和回報達到一個平衡點，並且在兩人的相處上能夠感到對等。至於，多少程度的得大於失才會令關係人覺得滿意，其實是因人而異且必須視情況而定。比方說，有些受虐婦女不願結束婚姻，可能是因為失去家庭的痛苦遠比她們肉體上所要承受的折磨更多，所以有些人還是寧願選擇待在那樣不健康的家庭。故，每段關係的好與壞、得與失，都只有當事人才能給予評斷。

　　除此之外，在日常生活中我們也不難發現一些社會交換理論的反例，有些關係明明是失去大於回報，但是雙方仍然繼續停留在該關係中。例如有些父母和子女之間的關係，即使子女不斷地給父母帶來麻煩，大部分的父母對子女的愛仍然不會停止。

四、矛盾對立理論

　　早期的人際溝通理論（例如社會滲透理論）基本上視關係發展為一種線性（linear）的趨勢，也就是說，兩人從關係開始到關係越趨成熟，隨著時間的流逝關係會有系統性的從A階段進展到B階段、C階段，再至其他階段（如圖3-3）。即便是關係出了問題，其退化的過程亦是同樣呈系統性朝單一方向折返。

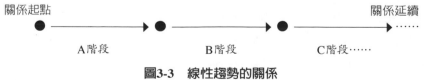

關係起點　　　　　　　　　　　　　　　　　　　　　　　　關係延續

　　　　　　A階段　　　　　　　B階段　　　　　　C階段……

圖3-3　線性趨勢的關係

資料來源：作者繪製。

然而，Montgomery和Baxter（1998）提出與前述幾項人際關係發展理論不同的看法，他們主張：

> 傳統上對於關係發展的概念原來只是單純地假設人際關係會是單一方向、線性，通常是量化與累積的改變，並且朝向一種理想化的結果發展。他們（Montgomery and Baxter）反對此種「發展」（development）的概念，反而以「對話的複雜性」（dialogic complexity）的概念來描繪關係的改變。對話的複雜性提供了我們一種多元方向的、多義的且不斷變動的觀點來看待關係的改變（p. 8）。

Montgomery和Baxter並不同意關係發展上較為傳統派的觀念——關係的發展是線性、量化累積、單一朝向一個完美的終點進行的；相反的，他們主張，我們應該以一個辯證的觀點來看待人際關係的變化，因為人際關係的發展應當是多元方向、多重意義並且不斷變化的。換言之，Montgomery和Baxter認為傳統派的觀念是把人際關係視為一個過於簡單、完美的過程，然而事實上，人際之間的發展往往是不停的變動、修正，雙方不斷地調適和共創關係意義的一個複雜過程。

　　矛盾對立理論（dialectical theory）說明了人際關係朝「多變、多元方向發展」的特性。關係中難免都有衝突、緊張的時刻，而這些衝突和矛盾感會讓我們對既有的關係產生不同的見解，並帶領我們往不同的方向去發展。這裡的衝突矛盾感（contradictions or dialectics）指的是在關係中每個人都會產生的對立感（opposing desires），這份衝突對立感如果得到適切的處理，那麼關係自然會發展的更順利；但是，假設處理不當的話，該人際關係很可能會退回到之前的發展階段，甚至導致關係終止。一般最常見的衝突矛盾感可分為下列三類（Baxter, 1988, 1990）（如**表3-1**）：

表3-1　衝突矛盾感的分類

緊張（tensions）	推力（push）	pull（拉力）
連結與獨立 （connection-autonomy）	依賴（dependent）	獨立（independent）
	共處（together）	單獨（alone）
開放與封閉 （openness-closedness）	共享（reveal）	隱密（conceal）
	公開（public）	私密（private）
新奇與可預測 （novelty-predictability）	猶豫（ambivalence）	確定（certainty）
	相異（different）	相同（same）

資料來源：Seiler & Beall (2008).

1. **連結與獨立**（connection-autonomy）：此種矛盾對立感說明的是人們在關係當中會自然產生想要與關係另一方，比方說家人、朋友、戀愛中的男女，經常相處在一起的結合感（connection）；但是在此同時，雙方也非常需要能有自己獨立自主的空間（autonomy），因此這種既想要和關係對方在一起，又想要有獨處的空間的矛盾感遂在我們心裡和關係當中形成一種拉鋸（push and pull）。當然，每段關係的發展都需要雙方對彼此投注時間和精力，但是這卻不代表關係人必須要為了兩人的世界或團體的發展而捨棄自我。一段健康的人際關係應該是關係人能夠懂得去調配和平衡自我的空間，以及為對方付出的時間和精神。一味地犧牲自我或是過分強調自我的空間對於關係發展來說都不是好事。舉例來說，男女朋友交往無論在那個階段必然都會想要花時間在對方身上，但是大家應該也遇到過自己明明想要花時間獨處、做自己的事，但是對於對方好意的邀約卻感到不忍心回絕的兩難狀況，此即連結與獨立的矛盾對立感。

2. **開放與封閉**（openness-closedness）：第二種常見的矛盾對立感指的是在關係當中人們會有想要與對方分享一切的念頭

125

（openness），然而雙方同時亦會有想要保有自己隱私的需求（closedness）。雖然說爲提升關係的親密度，人們不管對家人、朋友或交往的對象都會有想要表達自己所有想法的欲望，但是我們也明白，當關係的另一方太清楚我們的一切時，並不一定會對該關係有絕對正面的影響。比方說，父母多半希望與自己的子女之間沒有祕密，但是爲了要維持良好親子間的互動關係，無論是父母或子女都明白，有些事子女會想要保有自己的隱私權，因此子女在面對究竟要對父母透露多少自己的私生活時，遂產生開放與封閉的矛盾對立感。身爲子女者都需要學習應該與父母分享多少的私人生活，才能增加彼此的親密度，又能保有自己想要有的隱私，這無疑是種學問。

3. **新奇與可預測（novelty-predictability）**：一段關係要賴以生存必定要有一定的可預期性（predictability），因爲對方的熟悉和可預期性讓我們感覺到這段關係是平穩的、可以依靠的。然而，過分可預期的關係久而久之亦可能會變質成爲一種一成不變、乏善可陳的不良關係。譬如朋友之間雖然需要穩定、可預期的互動，但如果彼此之間都是同樣的一套互動模式，永遠都是見面吃飯聊聊天，那麼這樣的友誼也可能會有走下坡的危機。因此人們在關係中會同時期待穩定和新奇元素（novelty）出現的欲望。所謂的新奇元素，在情人之間可能會是偶爾的浪漫燭光晚餐，朋友間可能會是突然而來的驚喜派對，如果關係當中能夠適度加入這些新奇的嘗試，對於平順發展的關係來說會是很好的調劑。然而，過多的驚喜對於關係發展來說則不見得是有益的，因爲一般人多半不願意所處的關係是難以預料且隨時改變的。

　　人際關係中不僅只存在上述的三種矛盾對立感，Bridge和Baxter（2000）在他們的研究即發現了職場友誼中的五種矛盾對立，分別是工具性與情感的緊張、公平與偏袒的緊張、開放與封閉的緊張、獨立與連結的緊張、批評與接納的緊張。而著名的友誼研究學者Bill Rawlins也在他1992年的研究中提出了一般友誼溝通過程常出現的六種矛盾對立，分別是私人與公眾的兩難、理想與現實的兩難、獨立與依賴的兩難、情感與工具性的兩難、表達與封閉的兩難、批評與接納的兩難。這些矛盾衝突有些看起來很相似，但是在不同的關係情境中卻可能有不盡相同的解讀。

　　任何關係都不可能存在於一個真空的環境中，因此，我們不難想像矛盾對立感不僅可能來自於內部的情感本身，亦可能來自於外在的環境。來自內部和外部不同的壓力皆能影響處理此矛盾對立感的方式。Leslie Baxter和Barbara Montgomery（1996）指出對關係發展最沒有幫助的處理方法是「否認」（denial）。否認矛盾對立的存在，欺騙自己和對方一切都很好，並沒有辦法讓矛盾對立憑空消失，反而更有可能使關係惡化。

　　Baxter在他1990年的研究中歸納了一般人最常運用在調解關係矛盾對立的策略（Seiler & Beall, 2008）：

1.選擇其中一方（selection）：該策略指的是矛盾對立感的兩方其中有一方的欲望被選擇予以滿足，例如一對夫妻原先很矛盾，不知是否該花所有時間在一起，或是各自擁有獨立的空間（連結與獨立的矛盾對立），之後他們選擇這兩種需求的其中一種套用在他們的關係中，比方說從此以後花大部分的時間和對方相處。

2.分類處理（segmentation）：在有些關係中雙方會約定好對於特定的事情以矛盾對立的一方處理，其他的事情則以矛盾對

127

立的另一方來處理，這樣的策略被稱之為分類處理法。舉例來說，一對情侶可能會約定好在處理開放與封閉的矛盾對立時，絕口不談彼此過去的情史，但是其他的交友關係則一律向對方公開。

3.重新定義（reframing）：這個策略指的是關係人將原本促使該關係產生緊張的矛盾對立重新定義，而使該矛盾對立所造成的負面衝擊降低，甚至於在重新定義後反而使關係人彼此的感覺更好。譬如，遠距離戀情往往會使得當事人遭遇到連結與獨立自主的矛盾感，但是有些在遠距離戀情裡的人會以一種新的方式去看待他們分開兩地這件事，比方說他們可能會告訴彼此分開可以讓我們小別勝新婚，增加對彼此的想念和新鮮感。如此一來，原本的矛盾感經過重新定義後反成為這段遠距離戀情的助力。

4.中庸之道（moderation）：另一種調解人際間矛盾對立的方式是採取中庸之道。所謂中庸之道，指的是在關係的矛盾對立中做中等程度的讓步，使得彼此的關係不至於太僵化。例如父母親都希望能夠知道子女的生活是不是順心如意，所以有時候難免會關切過度，讓為人子女者覺得父母未免過問太多他們私人的生活（開放與封閉的矛盾對立）。所以，有些子女會回答父母部分不是過於私人的問題，而迴避那些太過深入的問題，如此一來，也不至於讓父母覺得對子女的生活一無所知而產生不安。

5.再確認（reaffirmation）：此策略指的是人們體認到矛盾對立感會永遠存在於所有的人際關係中，所以唯一處理的方式就是去接受這個事實和面對這些矛盾所帶來的種種挑戰，而非一味地逃避。

　　適切地處理和化解這種衝突矛盾的感受需要仰賴關係雙方良好的人際溝通，不當地處理此種矛盾對立感可能導致更多的衝突，而使雙方關係僵化。但是值得注意的是，矛盾衝突感在人際關係中是很自然的一部分，吾人應該要學習如何去接受這樣的對立感，並且運用有效的溝通方式來化解此種矛盾對人際關係所可能造成的威脅。

五、Knapp和Vangelisti的關係分合階段論

　　談論人際關係的理論必定不能忽略Knapp和Vangelisti對人際關係發展和結束所提出的階段理論（**表3-2**）。首先我們來談談「**人際關係的結合進程**」（Knapp and Vangelisti's stages of coming together）。傳播學者Mark Knapp和Anita Vangelisti（2005）認為人際關係的成長和進展需要透過幾個溝通階段，而這裡他們所指的人際關係雖然大多以戀愛關係為例，但是該結合進程並非專指異性或同性的情侶關係，其實也可被應用至一般友情上。Knapp和Vangelisti不斷強調，真實生活的人際關係發展結合遠比這個理論來得複雜許多，比方說，真實的人際關係不可能完全像理論說的一樣，清清楚楚地從一個階段進展到另一個階段，很多時候，關係人在不同的階段中亦很可能會出現前幾個階段的互動溝通行為，因此，每個階段區分的用意只是用來強調這個過程中，某個時期關係人彼此之間比較明顯的互動行為特徵。

　　Knapp和Vangelisti同時也聲明，不是所有的關係都以同樣的速度和方式來進階到每個階段，許多時候，人際關係並不會按照這些階段的順序來進行，相反的，很多人際關係甚至會跳過某些階段，或前前後後進出這些不同的階段。此外，Knapp和Vangelisti也提到我們不應該以為所有人際結合理論中的階段都是正面的，而人際結

表3-2 Knapp和Vangelisti的關係分合階段理論

過程	階段	對話舉例
關係結合	開始	「嗨！你好嗎？」 「很好，你呢？」
	實驗	「喔！所以你喜歡滑雪……我也是耶！」 「你也是？太好了，那你都去那裡？」
	強化	「我……我想我愛你。」 「我也愛你。」
	結合	「我覺得我是你的一部分。」 「是啊！我們就像一個個體。」 「你發生了什麼事就等於是發生在我身上。」
	承諾	「我想永遠和你在一起。」 「我們結婚吧！」
關係結束	差異	「我就是不喜歡大型的社交聚會。」 「有時候我真是不瞭解你，而這也是我和你很不一樣的其中一個部分。」
	界線	「你去旅行還玩得開心嗎？」 「晚餐什麼時候會好？」
	停滯	「還有什麼好說的呢？」 「對，我知道你要說些什麼，而且你也知道我要說什麼。」
	逃避	「我很忙，不曉得什麼時候能見你。」 「如果我不在你身邊，你應該會瞭解為什麼。」
	終止	「我要離開你……不要試著找我。」 「別擔心，我不會。」

資料來源：Knapp & Vangelisti (2005).

束理論中的各階段都是負面的。因為某些關係的結合對於關係人來說不見得一定是好事，同樣的，某些關係的結束也不一定都是壞事，就像是一段不適合彼此的婚姻的終結，事實上，對於男女雙方來說何嘗不是一個新的開始。

　　不過，一般來說Knapp和Vangelisti發現人際間的結合通常是以下列的階段發展（pp. 37-42）：

　　1.開始（initiating）：這個階段指的是當人們初次見面、認識，不管是否經由他人介紹，一開始可能是透過一些簡單的言語或眼神交換，如果彼此有話題能夠聊得來，則這個階段

才算是展開，假設不幸兩個人實在對彼此的話題不感興趣，則這個階段就會提前結束，這段關係亦無法進展。當然，一段關係有沒有發展的可能多數也仰賴雙方是否感覺對方具有某種程度上的吸引力、有沒有親和力，兩個人是否有任何共通點可以做為彼此關係發展的基礎。這時候，雙方主要在觀察究竟對方是否也對自己感興趣，還有更重要的，如果是戀愛關係的話，則必定要先瞭解對方是否已有另外一半。

「開始」階段主要欲處理的問題是：「我究竟要不要繼續和這個人往來？」其實，這個階段有時會令人感到困擾，因為每個人表達興趣的方式不盡相同，所以在此階段的雙方，大多必須要特別細心去感覺和觀察對方的行為，到底是否帶有正面的暗示。尤其是網路使用普遍以後，許多人更仰賴網路上的互動，雖然說網路的聯繫既即時又方便，但是因為缺乏非語言的線索，有時候難免會有誤解的情況產生。

2. 實驗（experimenting）：在「實驗」的階段裡，雙方試圖在瞭解「到底對方是誰？」因此在進一步閒談的過程中會彼此探詢對方的基本資料，比方說職業、家庭背景、有沒有共同認識的人等。在此同時，關係人也期望能夠透過語言上的互動來找出彼此共通的興趣，然後經由這類資訊的交換讓對方更確定自己大概是個什麼樣的人。簡言之，這個階段關係雙方的互動頗像是個「試鏡」的過程，通過試鏡的人選，自然能夠和吾人共建關係。此時，互動的氣氛多半是愉快、沒有壓力、自在的。Knapp和Vangelisti認為，一般的人際關係通常不會超越實驗這個階段，諸如普通的友情和同事之間的交情等。

3. 強化（intensifying）：到了「強化」這個階段，關係成員間對彼此的定義和對關係的想法都比前面的階段來得更確定、

更審慎許多。簡單的說，這時候兩人晉升成好朋友的關係，他們之間會分享的事情也越趨向於個人性、私密性。不難想像，在這個階段的朋友會跟彼此透露一些不為人知的祕密，譬如「我有某種先天性遺傳性疾病」、「我父母感情不和」、「這次期中考我有好幾科不及格」等。

即便在這個階段裡，兩人的關係已經進展到非常良好的程度，雙方仍然免不了會想做一些測試和觀察來確定彼此是否能夠繼續往下一步走。尤其是在戀愛的關係裡，雙方會透過和彼此越靠越近、牽手、擁抱、親吻等步驟來測試對方對這段感情是否跟自己有同樣的共識。此外，雙方這時候在語言表達上也會與前面的階段有些差異，例如：(1)兩人可能會互相給對方取小名、親暱的綽號；(2)「我們」的用法會逐漸取代「你」、「我」；(3)雙方會開始使用一些只有彼此能瞭解意義的祕密語言，並且較不吝於表達對彼此的感情──「要是沒有你在我身邊，我該怎麼辦才好？」；(4)雙方在溝通互動上扮演一個協助者的角色，讓對方透過自己的語言詮釋更加瞭解自己。

4. 結合（integrating）：兩人進展到「結合」的階段，雙方自然會產生一種「一體」的感覺，這時身邊的人會視他們的一體為理所當然，期待看到這兩個人同時出現在社交場合，如果其中一方沒有出現，則其他人也必定會詢問為何那一方沒有一同出席。這時候這段關係對彼此來說非常的重要，雙方也有種共同的默契，許多東西都可以互相分享，借還東西也不需要透過正式的詢問。在語言和非語言表達上，這個階段因為彼此認定和對方的關係很緊密、很特別，所以許多人會透過給對方特別的信物來代表他們的感情，比方說交換戒指、手錶、項鍊。兩個人說話的用語和方式也會因為經常相處的

關係，彼此互相影響而越來越相似。

5. 承諾（bonding）：「承諾」是關係發展的最後階段，也代表了這段關係已經進展到十分成熟的階段。這時候情侶們可能會公開聲明彼此有訂婚或結婚的計畫，做出了這樣的承諾即使得兩人的關係轉變成一個公開的關係。在這樣的情況下，若任一方想要提出分手，都會顯得較為困難。雖然說這個階段兩人的關係有法律將之約束，但是雙方其實都很清楚一個良好的關係所依靠的絕對不只是一只合同，更重要的是彼此隱含的相互信賴。對於非戀愛關係來說，朋友之間若發展到承諾的階段，應該是彼此和身邊的人都很清楚這兩個人為一輩子好朋友的關係，跟戀愛關係相似的是，無論發生好事或壞事，兩人都會是彼此的依靠和支柱。

討論完了人際關係的結合進程，接下來繼續談談 Knapp 和 Vangelisti 的「**人際關係的結束進程**」（Knapp and Vangelisti's stages of coming apart）。俗話說：「月有陰晴圓缺，人有悲歡離合。」不管是西方文化或是亞洲文化，都沒有所謂永不改變的關係。有些關係就算經過某些充滿挑戰的階段，最後依然能夠超越一切而越走越長久；然而有些關係卻未必能夠熬得過困難阻礙，故分手一途遂為必然。和「人際關係的結合進程」相似，人際關係的結束大致會歷經幾個階段，而這幾個階段亦不一定會按照順序發生，很多時候兩人關係會難以預測地進進出出這幾個階段。Knapp 和 Vangelisti 的人際關係的結束進程包含了以下幾個階段（pp. 43-47）：

1. 差異（differentiating）：當「差異」這個階段浮現在關係中，兩人之間的差別看起來特別明顯，並且這些差異會導致關係無法繼續往前發展。這時候兩人的對話會特別強調彼此不一樣的地方，同時大量出現挑剔對方的語言，雙方對彼此

133

的包容忍耐程度降低。過去也許能夠彼此牽就的一些缺點逐漸被放大成爲焦點，促使兩人之間的相處充滿了緊張、不愉快的氣氛。過去總是被認爲是彼此共有的事物，突然都被劃分爲「你的」、「我的」。

雙方的對話經常從小吵變大吵，例如「爲什麼都是我在做所有的事？」「你從來不會幫忙打掃家裡！」「爲什麼用信用卡亂買東西？」這時候衝突顯得白熱化，過去兩人對彼此欣賞的優點和正面的觀感統統都被衝突和爭吵掩蓋了。

2. **界線**（circumscribing）：到了「界線」這個階段，兩人之間的交談越來越少，有些話題會被刻意迴避掉，因爲雙方知道討論某些事情最後只會以吵架收場，譬如「你可以不要再提這件事了嗎？我跟你說過多少遍了呢？」「你看不出來我並不想跟你談嗎？」這時候兩人的溝通互動變得客套，通常只談論一些比較表面的話題，而非眞正關心對方。比較起關係起初發展的進程，這個階段似乎像是退回到關係剛剛開始起步的時候，雙方的應對顯得制式而浮面——「你吃過飯了嗎？」「你今天幾點到家的？」。

不過，在這個階段，關係雙方還不願意把兩人的問題搬到檯面上讓身邊的人知道，所以往往會發生像在電影「史密斯任務」（Mr. and Mrs. Smith）裡的夫妻一樣，到朋友家做客，明明前一秒鐘兩人還相見如「冰」，但是一進到朋友家又立刻戴上社交的面具，彼此顯得很熟絡開心的模樣，但是當兩人離開社交場合之後，又會立刻回復到原先對彼此很冷淡的樣子。

3. **停滯**（stagnating）：至此階段兩人關係陷入停頓，雙方避免有互動以規避任何發生爭執的可能性。這個階段亦被認爲是關係轉爲平淡無趣的時期，但是關係中的成員並不打算採取

任何動作來予以補救。當關係一旦演變到這個程度，兩人多數不抱持挽回的希望，只有極少數情況下，其中一方會希望關係能夠回到像過往一樣。這時候的語言和非語言互動大部分都是預先設想計畫過的，因為雙方實在不願意花時間和精力在彼此身上，所以非必要時不會想要交談，就算有互動也都是冷冰冰的像陌生人一樣。

通常停滯這個階段都不會太長，不過還是得視狀況而定。有些關係人會認為長痛不如短痛，那麼這樣的停滯關係就不會太長。相反的，有些人可能過度害怕失去的痛苦，所以會做最後的掙扎和挽回，當然如果對於有小孩的婚姻關係而言，這個過程就更加複雜了，有些家長勢必要設想孩子未來適應婚變的問題，種種的因素都可能會影響這個階段在該過程中所占的時間長短。

4. 逃避（avoiding）：和之前三個階段有所不同的是，到了第四個階段，關係雙方不再共享一個共同的居住空間，心理上兩人也有分道揚鑣的心態出現。總之，這時候心靈上和身體上雙方幾乎都是分隔開來，兩個人也不再對彼此有任何興趣，基本上這段關係算是無法再繼續下去的。這個階段的溝通互動關係呈現出來的是不太友善的、簡短的、不太在乎彼此的，有些人甚至會表達不願意再看到對方，或請對方不要再跟自己聯絡——「我最近很忙，請你不要再來打擾我」「不要打電話給我，我們之間沒什麼好談的」。

5. 終止（terminating）：最後這個階段是當關係的成員採取必要的動作來終止這段關係。如果終止發生在關係的初期，則彼此間可能會造成的傷害和痛苦的指數相對較輕，整個關係終止的過程也比較不複雜。在這個時期雙方的互動是比較以自我為中心的，兩個人可能都想要為自己的行為辯駁，並且

135

為分手的結果找出對自己有利的說法——「我現在才發現我們根本不適合彼此」、「我不應該再浪費時間這樣下去，我得為我自己做點事」。

當兩人宣布終止關係之後，一般人大概會以三種方式做結束：(1)發表一段分手感言，回顧過往相處的這段期間，理性表達該關係終止的原因；(2)以行為語言暗示彼此不會再有聯絡或僅有極少的聯絡；(3)討論未來彼此欲保持怎樣的關係，或是不保持任何關係（Knapp, et al., 1973）。

人際關係的分合乃是一複雜而多變的過程，有時連身處其中的關係成員都難以預料該關係究竟會如何發展。不過，Knapp和Vangelisti在他們的關係分合階段理論中一再強調，不是所有的關係都會有系統性、按順序的歷經上述的分合階段，例如有些關係的結合，如果是一拍即合的話，可能會直接從「開始」跳到「強化」；同樣的，某些關係的結束若真是意識到走不下去了，也很可能會從「界線」直接跳到「終止」。當然，我們的生活周遭也時有所聞更出人意表的例子，比方說，一對情侶可能從歡歡喜喜籌備婚禮到結婚典禮前一晚突然取消婚禮情況，如此的轉變可說是橫跨上述的分合各階段，在很短的時間內從結合到分手。

Knapp和Vangelisti（2005）還提到，一段關係很可能在分合各階段中前後來回游移，端看關係成員對於該關係的得與失（社會交換理論）的衡量。也就是說，如果關係某一方認為自己在這段感情中付出大於回報，那麼該關係成員便自然傾向漸漸減少自己對感情的投注，因而促使該關係返回之前的階段。總之，人際關係非定律，就算是人人稱羨的關係，都有可能在一夕之間變天。然而不變的是，一段平穩的、和諧的人際關係絕對欠缺不了關係雙方有效的人際溝通。

第四節　促進和諧的人際關係

　　人際溝通依傳播學者的定義乃是兩人或兩人以上的溝通行為，本章將人際溝通學發展的沿革、作用和準則做簡略的說明，同時也為人際溝通中的重要思考概念和有關於人際溝通和關係發展的基礎理論逐一做闡釋。在閱讀完本章之後，讀者應能在心中勾勒出一幅人際溝通學的圖畫，並且明瞭學習人際溝通的重要性及其在人際關係當中的應用。

　　對作者來說，人因為關係而存在，而人際溝通學協助吾人建立和保有生活當中最珍惜、最寶貴的人與人之間的感情。而這些感情的累積，皆是透過溝通當中每一分每一刻的意義交換與心領神會。本章的最後將歸結整理一些利用人際溝通促進人際關係和諧的建議：

(一)說話前請三思

　　多數人認為溝通僅是一門「說」的藝術，但是我們若認真的想想，其實溝通更是一門「思考」的藝術。過去作者經常在課堂上提醒學生牢記的一個準則是 "Think, before you speak！"，如果每個人都能在開口說話之前多思考三秒鐘，也許有些不必要的紛爭就能避免。在溝通過程中，我們要思考的不僅僅是「怎麼說」（how），當然還包括了「說什麼」（what），"how and what" 必須相輔相成才能共構一個有意義和有效的人際溝通。有幾個重點是我們在思考的時候必須要考慮的，例如，情境是溝通者所不能忽略的，在特定的情境中不展現不合乎該情境的行為，畢竟真正達到目的的溝通代表的是有效果的（effective），並且是適切的（appropriate）溝通

行為。另一方面，溝通者還應該思考怎樣的溝通行為和內容可以協助創造一個更友善和諧的溝通環境（a supportive communication environment），因為在這樣良好的溝通環境中，人們會更願意去表達自己的想法，而真正的意義交換學習才更可能發生。比方說，在教室裡，老師們必須要擔負的責任之一是創造一個和善的學習環境，因為只有在學生們感覺到被支持、被鼓勵，和安全的情況之下，他們才會願意去貢獻自己的想法，如此，也才能真正達到學習中互相交流意見的目的。

(二)自我省察

在《論語》裡頭有記載，曾子曰：「吾日三省吾身。」但是更正確地說，為了更有效的溝通，吾日應「數」省吾身，時時檢視自己的一言一行，有冒犯到他人的地方，應該勇於改正。事實上，許多糟糕的溝通者通常犯的是「不自覺」的錯誤，這樣的人欠缺**自我監督**（self-monitoring）的能力，他們看不見也感覺不到自己的行為為他人帶來的困擾，他們不去正視聽者的表情和反應，反而是自顧自地沉醉在自己的言論之中。當然，自我批判並不是件容易的事，人往往會有盲點，所以在這樣的情況下，我們可以借助同儕的協助，誠心地請朋友給我們溝通應對上的建言。

(三)開闊的胸襟，接納他人的想法

所謂具備「**修辭敏感度**」（rhetorically sensitivity）的人就是Roderick Hart和Don Burks（1972）強調的能夠綜合考量他人和自我利益的人，這樣的人在溝通的時候能夠把當時溝通對象的心理狀態、信念和價值觀統統考慮進來，他們能夠尊重他人的觀點，但是並不意味著一定要改變他們自己的想法；相反地，他們能夠以一種

不冒犯到他人的方式將自己的意念傳達給對方。人際間的一言不和往往起源於無法包容彼此的想法，如果我們都能做到修辭敏感度，代表的是我們能瞭解人類思考的複雜度，我們並且能接受個人觀點的差異源於不同的背景和每個人在社會上所立足的位置，我們能夠很有彈性地、收放自如地與他人溝通而不傷及彼此的顏面。能夠這樣想，那麼即使他人和我們持不同的意見，吾人還是能心平氣和的與對方交流互動，而不會產生紛爭。

(四)傾聽

　　和西方世界比較起來，亞洲文化的確是重視「聽」更甚於「說」，但是這並不表示亞洲文化底下的人都是聽的專家。光是看「聽」這個中國字就不難理解，人們溝通的時候需要的不僅是要口到，更要「耳到」、「眼到」和「心到」。單向的溝通不能稱得上是溝通，真正的溝通必然是有來有往，對於訊息有收有送的過程。因此無效的傾聽同時也意味著無效的溝通，但是在團體合作的場合中國人常犯的毛病是光聽不說，無法適度表達自己的意見，也不算是達到溝通的真諦。為了在不同情境下促成良好的人際互動，適度的拿捏聽與說的平衡點是必須的。

(五)適切表達感受

　　人際關係中最忌諱但也最容易發生的是「親近生侮慢」。不要把別人對我們的好視為理所當然，不管這個人和我們的關係有多麼親密。對於我們熟悉的家人和朋友，找們更不應該省略一些應該表達的心意，「請」、「謝謝」、「對不起」雖然是短短的話語，卻能夠在人際間扮演重要的潤滑劑。人是情感的動物，感情需要培養也需要交流，偶爾和關係的另一方敞開心談談自己內心的感受，不

管是透過書寫或面對面的互動，都可以讓彼此的距離拉近，也讓彼此更瞭解對方。

　　擁有**人際溝通知能**（interpersonal communication competence）的人並非與生俱來，這樣的人靠得是不斷地練習和不斷地改進。因為，我們生存的世界瞬息萬變，人與人之間的溝通也需要不斷地視時代、情況來做調整。Adler和Proctor II（2007）這麼說過：

> 知能（competence）並非一種人們有或沒有的特質，相反的，它是一種我們可以達到的「狀態」（state）。那麼，其實際的目的就不是達到完美，而是當你用我們所學到的各種溝通方法去提升自己達到這樣狀態的比率。（p. 33）

　　想要當一個「完美」的人際溝通專家其實是天方夜譚，因為良好的溝通知能不是一件可以輕易取得的物品；更正確地說，溝通知能是一種狀態，吾人應該隨時隨地提醒自己盡可能地達到這樣的狀態，時時刻刻檢討自己怎麼樣才能夠讓這個狀態更好，這樣的溝通目標才算是真正合乎實際。

第五節　結論

　　本章主旨乃是對人際溝通的內涵做基本的介紹。第一節分別闡述傳播學者對人際溝通所下的不同定義，同時說明人際溝通研究的起源、發展、原則，以及該學門在吾人生活當中所起的作用。第二節的重點主要在解釋人際溝通當中的幾項基礎概念，諸如閒談、自我揭露、自我實現期望、同理心和倫理道德，作者解說這些概念的目的在幫助讀者理解人際溝通的過程當中幾項關鍵的影響因素。第三節則是討論了人際溝通與人際關係的五個核心理論，包含消除不

確定感理論、社會滲透理論、社會交換理論、矛盾對立理論及Knapp和Vangelisti的關係分合階段理論，該小節的用意在透過對人際關係理論的說明，來協助讀者在自身的人際關係中做有效的行為理解與預測。本章最後提出了對於人際溝通與關係發展的建言，並且強調良好的溝通知能應當被視為一種因所處狀況所面對的人、事、物而能隨時應變的狀態，而非一種一旦取得終身可用的不變技巧。

問題與討論

1. 本章第三節所提出的五個理論，你認為那一個理論最能夠反映你目前的人際關係？那一個理論最無法解釋你目前的人際關係？為什麼？請在課堂上與小組成員討論之。然後請就討論的結果，與你的小組成員對每個理論提出合理的批判，並舉出實例說明。

2. 請在你的生活周遭中選出一段良好的人際關係，例如姊姊與姊夫的婚姻、媽媽與她的姊妹淘之間的友情，或是哥哥與他的上司、下屬之間的職場關係。請你擬訂一系列關於人際關係維護的問題，然後依據這些問題向你所選定的關係雙方做面對面的互動訪談，該訪談的目的在學習維護關係的祕訣。最後，請將你訪談中所得到的結論歸結整理後，帶到課堂上與同學們分享。

3. 請寫下你自認在人際溝通上應該改進的缺失及改進的方法，在課堂小組討論中與你的組員交換意見，並給予彼此建議。照著你所得到的建議和方法，嘗試於一週內實踐在你各種人際互動活動中，同時記錄該週的實踐心得。你的人際溝通獲得改善了嗎？為什麼？

參考書目

一、中文部分

李茂政（2007）。《人際溝通新論：原理與技巧》。台北：風雲論壇。

二、英文部分

Adler, R. B., & Proctor II, R. F. (2007). *Looking out, looking in* (12th ed.). MA: Thomson Wadsworth.

Afifi, W. A., & Burgoon, J. K. (1998). "We never talk about that": A comparison of cross-sex friendships and dating relationships on uncertainty and topic avoidance. *Personal Relationships*, *5 (3)*, 255-272.

Altman, I., & Taylor, D. (1973). *Social penetration: The development of interpersonal relationships*. New York: Holt, Rinehart & Winston.

Baxter, L. A. (1988). A dialectic perspective on communication strategies in relationship development. In S. W. Duck (Ed.), *A handbook of personal relationships* (pp. 257-273). New York: Wiley.

Baxter, L. A. (1990). Dialectical contradictions in relationship development. *Journal of Social and Personal Relationships*, *7*, 69-88.

Baxter, L. A., & Montgomery, B. M. (1996). *Relating: Dialogues and dialectics*. New York: Guilford Press.

Berger, C. R. (1979). Beyond initial interaction: Uncertainty, understanding and the development of interpersonal relationships. In H. Giles & R. N. St. Clair (Eds.), *Language and social psychology* (pp. 122-144). Oxford: Basil Blackwell.

Berger, C. R. (1986). Uncertain outcome values in predicted relationships. *Human Communication Research*, *13*, 34-38.

Berger, C. R. (1987). Communicating under uncertainty. In M. E. Roloff & G. R. Miller (Eds.), *Interpersonal processes: New directions in*

communication research (pp. 39-62). Newbury Park, CA: Sage.

Berger, C. R. (1993). Uncertainty and social interaction. In S. Deetz (Ed.), *Communication yearbook 16* (pp. 491-502). Newbury Park, CA: Sage.

Berger, C. R., & Bradac, J. J. (1982). *Language and social knowledge: Uncertainty in interpersonal relations*. London: Edward Arnold.

Berger, C. R., & Calabrese, R. J. (1975). Some explorations in initial interactions and beyond: Toward a developmental theory of interpersonal Communication. *Human Communication Research*, *1*, 98-112.

Berger, C. R., & Kellermann, K. A. (1983). To ask or not to ask: Is that a question? In R. N. Bostrom (Ed.), *Communication yearbook 7* (pp. 342-368). Newbury Park, CA: Sage.

Berlyne, D. (1960). *Conflict, arousal and curiosity*. New York: McGraw-Hill.

Berscheid, E. (1983). Emotion. In H. H. Kelly et al. (Eds.), *Close relationships: Development and change* (pp. 110-168). New York: W. H. Freeman.

Bochner, A. P. (1989). Interpersonal communication. In E. Barnouw, G. Gerbner, W. Schramm, T. L. Worth, & L. Gross (Eds.), *Interpersonal encyclopedia of communications* (pp. 336-340). New York: Oxford University Press.

Bochner, A. P. (2002). Perspectives on inquiry III: The moral of stories. In M. L. Knapp, & J. A. Daly (Eds.), *Handbook of interpersonal communication* (3rd ed.) (pp. 73-101). Thousand Oaks, CA: Sage.

Bradac, J. J. (2001). Theory comparison: Uncertainty reduction, problematic integration, uncertainty management and other curious constructs. *Journal of Communication*, *51(3)*, 456-476.

Bridge, K., & Baxter, L. A. (2000). Blended relationships: Friends as work associates. *Western Journal of Communication*, *56*, 200-225.

Burgoon, J. K. (1983). Nonverbal violations of expectations. In J. M. Wiemann & R. P. Harrison (Eds.), *Nonverbal interaction* (pp. 77-111). Beverly Hills, CA: Sage.

Cappella, J. N. (1987). Interpersonal communication: Definitions and fundamental Questions. In C. R. Berger & S. H. Chaffee (Eds.), *Handbook of communication science* (pp. 184-238). Newbury Park, CA:

Sage.

Clatterbuck, G. W. (1979). Attributional confidence and uncertainty in initial Interaction. *Human Communication Research*, *5*, 147-157.

Cronen, V., Pearce, W. B., & Harris, L. (1982). The coordinated management of meaning. In F. E. X. Dance (Ed.), *Human communication theory: Comparative essays* (pp. 61-89). New York: Harper & Row.

Delia, J. G., O' Keefe, B. J., & O' Keefe, D. J. (1982). The Constructivist approach to communication. In F. E. X. Dance (Ed.), *Human communication theory: comparative essays* (pp. 147-191). New York: Harper & Row.

Fisher, B. A., & Adams, K. L. (1994). An introduction to interpersonal communication as relationship. In B. A. Fisher & K. L. Adams (Eds.), *Interpersonal communication: Pragmactics of human relationships* (pp. 3-21). New York: McGraw-Hill.

Galanes, G. J., & Adams, K. L. (2009). *Effective group discussion: Theory and practice*. (13th ed.). New York: McGraw-Hill.

Goffman, E. (1959). *The presentation of self in everyday life*. Garden City, NY: Anchor.

Graham, E. E., & Shue, C. (2001). Reflections on the past, directions for the future: A template for the study and instruction of interpersonal communication. *Communication Research Reports*, *18*, 337-348.

Hart, R. P., & Burks, D. M. (1972). Rhetorical sensitivity and social interaction. *Speech Monographs 39*, 75-91.

Kinch, J. (1963). A formalized theory of the self-concept. *American Journal of Sociology*, *68*, 481-486.

Klemmer, E. T., & Snyder, F. W. (1972). Measurement of time spent communicating. *Journal of Communication*, *20*, 142.

Knapp, M. L., Daly, J. A., Albada, K. F., & Miller, G. R. (2002). Background and current trends in the study of interpersonal communication. In M. L. Knapp & J. A. Daly (Eds.), *Handbook of interpersonal communication* (3rd ed.) (pp. 3-20). Thousand Oaks, CA: Sage.

Knapp, M. L., Hart, R. P., Friedrich, G. W., & Shulman, G. M. (1973). The rhetoric of goodbye: Verbal and nonverbal correlates of human leavetaking. *Speech Monographs 40*, 182-198.

Knapp, M. L., & Vangelisti, A. L. (2005). *Interpersonal communication and human relationship* (5th ed.). Boston: Allyn and Bacon.

Livingston, K. R. (1980). Love as a process of reducing uncertainty — Cognitive theory. In K. S. Pope et al. (Eds.), *On love and loving* (pp. 133-151). San Francisco: Jossey-Bass.

Luft, J. (1970). *Group processes: An introduction to group dynamics.* Palo Alto, CA: National Press.

McKerrow, R. E., Gronbeck, B. E., Ehninger, D., & Monroe, A. H. (2003). *Principles and types of public speaking* (15th ed.). Boston: Allyn and Bacon.

Montgomery, B. R., & Baxter, L. A. (1998). *Dialectical approaches to studying personal relationships*. Mahwah, New Jersey: Lawrence Erlbaum Associates.

Pennebaker, J. W. (1990). *Opening up: The healing power of expressing emotions*. New York: Guilford.

Rawlins, W. (1992). *Friendship matters: Communication, dialectics and the life course*. New York: Aldine de Gruyter.

Rosenthal, R., & Jacobson, L. (1968). *Pygmalion in the classroom: Teacher expectation and pupil's intellectual development*. New York: Holt, Rinehart & Winston.

Schutz, W. (1966). *The interpersonal underworld*. Palo Alto, CA: Science and Behavior Books.

Seiler, W. J., & Beall, M. L. (2008). *Communication: Making connections* (7th ed.). Boston: Allyn and Bacon.

Stamp, G. H. (1999). A qualitatively constructed interpersonal communication model: A grounded theory analysis. *Human Communication Research*, *25*, 531-547.

Stafford, L., Dainton, M., & Haas, S. (2000). Measuring routine and strategic relational maintenance: Scale revision, sex versus gender roles, and the prediction of relational characteristics. *Communication Monographs*, *67*, 306-323.

Thibaut, J. W., & Kelley, H. H. (1986). *The social psychology of groups* (2nd

ed.). New Brunswick, NJ: Transaction Books.

Valkenburg, P., & Peter, J. (2009, February). Social consequences of the Internet for adolescents: A decade of research. *Current Directions in Psychological Science*, *18(1)*, 1-5. Retrieved March 22, 2009, doi:10.1111/j.1467-8721.2009.01595.x.

Watzlawick, P., Beavin, J., & Jackson, D. (1967). *Pragmatics of human communication: A study of interactional pattern, pathologies, and paradoxes*. New York: W. W. Norton.

Wood, J. T. (2007). *Interpersonal communication: Everyday encounters* (5th ed.). MA: Thomson Wadsworth.

第四章 小團體溝通

學習目標

1.瞭解小團體溝通的定義與內涵。

2.認識小團體溝通研究的重要概念與相關理論。

3.學習小團體互動與團隊建立的技巧。

　　全球化不僅改變了我們的生活與工作場域，也提高了人們對於資訊分享與決策參與的需求，此趨勢打破了傳統由上而下的官僚體制，使得當今社會與組織中，逐漸興起以團體（或是團隊、網絡）為主的運作結構，讓二十一世紀從單一轉為多元，也讓新世紀的競爭型態從單打獨鬥變成以團隊取勝。

　　而當實務界越來越注重團體溝通與團隊領導能力之際，傳播學界的相關研究也早已從致力於鑽研有效的團體溝通及互動技巧之外，進而在團體的決策與問題的解決，以及團體的凝聚力與文化的塑造等議題上繼續深耕。

　　這種研究範疇的擴展與研究議題的更新，其實反映出了「團體」（group）對於人類個體與群體生活的重要性。因為個體目標的達成，往往有賴於與其他個體間的合作協調，當我們在生活與工作場域中，經由溝通互動去分配資源以解決問題並達成目標之時，就是在進行團體溝通（group communication）；而此種傳播行為的本質與內涵，並非只是工具性的完成任務與達成目標，同時也是在定義人們之間彼此的關係，以及塑造團體成員間共享的規範與文化。

　　因此，本章將從探討小團體的定義開始，一方面從理論的角度來介紹小團體溝通的重要概念與論點；另一方面則從實務的角度來說明有效的團體溝通與團隊建立所的方法、技巧與原則。

第一節　小團體溝通的定義與內涵

一、小團體的定義與種類

　　所謂的**團體**，一般而言是指兩個以上的個體互相影響、互相依賴，以達成目標的組合。雖然學者對於團體人數的說法不一，傳播學者Harris和Sherblom（2002）認為「小團體」是指當一群由三到二十人所組成的群體，成員除認定彼此屬於同一團體外，且經由溝通互動以形成特定的規範與角色，並會互相依賴、影響以達共同的目標。因此，所謂的「**小團體溝通**」（small group communication，也有學者以小團體傳播稱之），是指團體成員經由使用符號表徵的行為，以建立共享意義的全方位傳播過程。

　　一個全方位的傳播過程（transactional communication process）除代表溝通已從傳統所認為單向、線性的行動而進入雙向、互動的模式外，更意味著溝通的定義不再是早先所謂的由傳播者（sender）與受播者（recciver），在一段時間內進行單向或雙向的傳遞訊息。在小團體溝通的情境中，小組成員可能同時扮演著傳播者與受播者的角色，多方向的（multidirectional）與多層次的（multilevel）傳送與接收訊息。這些參與互動的成員不僅彼此間同時在處理語言和非語言的訊息，更同時在進行個體內（intrapersonal）、人際間（interpersonal）與小團體（small group），甚至是組織（organizational）層級的溝通。

　　而符號表徵的行為（symbolic behavior）則更凸顯了人類傳播的特質，因為人類是唯一會透過使用符號表徵系統來進行溝通的動

物。而這些符號表徵包括了語言文字、非語言以及所有的符碼系統。這也即是為什麼許多團體會擁有自己的典禮儀式、使用某些特定的語言與文字、懸掛自己的旗幟或吉祥物，以及要求成員做相同的打扮或是使用某種顏色等，這些符號表徵的使用都傳達出了這個團體所共享的意義、價值觀、文化與意識型態。

人際關係的需求、情感的交流與社會網絡的建立也常常是人們加入群體與組織的原因。因此，學者大多認為個體之所以加入團體的因素主要有尋求安全保障、形塑階級地位、提升自尊、滿足社會需求、擁有權力以及達成目標等（Andrews & Herschel, 1996; Harris & Sherblom, 2002; Robbins & Coulter, 1996）。

人類團體的類型若是從關係與目的的角度來看，可分為初級團體（primary group）與次級團體（secondary group）兩種。初級團體主要聚焦在成員間的社會或是人際關係上，成員的連結主要是為了強化人際關係、滿足個體需求，以及完成情感上的歸屬，或是被愛的感受，因此如家人或親朋好友等都屬於此一團體；而次級團體則主要聚焦在任務的完成與目標的實踐上，因此成員的組成多為工作上的因素，成員間的關係也多為正式的工作關係。

另一方面，也有學者從團體的目標與結構，將團體分為正式團體（formal group）與非正式團體（informal group）。非正式團體多因為鄰近性或是相似性而自然形成，像是友誼團體與同好團體（interest groups）等；正式團體在於達成組織任務或集體目標，又可分為指揮團體（command groups）與任務團體（task groups）兩種（Daft & Noe, 2001）。指揮團體是指在正式的組織之下所設的單位團體，亦即管理學所言在組織圖中所顯現的管轄關係，因此其成員多屬同一單位且有直屬關係；而所謂的任務團體則可能囊括了不同單位的成員，且其任務雖不是例行性的工作，但往往會持續一段時間，因此許多跨部門委員會即屬此類團體。

二、小團體溝通的功能、特徵與研究

　　有效的團體溝通具有分享資訊與知識、進行決策、解決問題、達成目標、建立關係與建立身分與共識等功能。意指成員在團體中不僅可以解決個人或是群體的問題以達成目標外，有效的團體溝通亦會是一個動態的過程，在此過程中人們可以分享感情與訊息，建立各種人際關係並形成認同與共識。

　　下列幾項特徵常常是影響小團體溝通的重要因素：

1. 凝聚力：指團體成員的團隊精神與形成團體共識的程度。一般而言，一個凝聚力越高的團體，通常越能達成團體的目標。
2. 團體規模：團體成員的人數往往會影響溝通的成效與團體績效。團體規模一旦增加，成員間的關係難免會產生疏離，溝通協調的時間相對增加，衝突的機率也有可能提高。
3. 權力結構：權力主要為　種影響他人的能力，在一個團體中，成員間權力的使用與大小往往是有差異的，而此種影響力的運作主要分為兩種類型——其一為壓制（power over），另一則為賦權（power to）。
4. 團體互動：一般而言，小團體互動的模式根據團體規模、權力結構以及成員間的互動關係，可分為網式傳播、圈式傳播、鏈式傳播、Y型傳播與輪型傳播（Berelson & Steiner, 1964）（見**圖4-1**）等不同的網絡模式。小團體互動的模式不只形成團體結構，更會影響團體問題解決的方式。在網式與圈式傳播網絡中，成員的地位相當、權力相同，其成員互動的頻率也較多；而鍊式傳播網絡則呈現單向的溝通互動；至於Y型和輪型傳播網絡則以分叉點的成員地位最高。

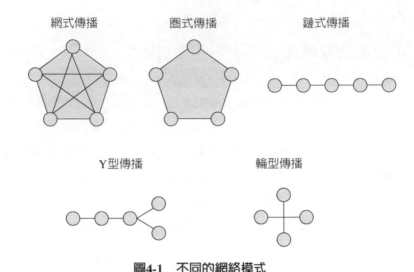

圖4-1　不同的網絡模式

資料來源：Berelson & Steiner (1964).

小團體溝通的研究與發展主要來自三個領域：

1. **Follett在1924年所提出的整合性思考**（integrative thinking）理論：主要是探討團體成員如何經由溝通討論來解決所面臨的問題與衝突之學說，其步驟主要有三，首先是向專家蒐集解決問題所需的資訊，其次是根據日常的經驗來檢視該資訊的可行性，最後則是整合出一套解決的方案以符合不同團體成員的需求，至於其實際執行的技巧將在後面加以說明。

2. 口語傳播領域（speech communication）中對於團體討論研究的轉移（group-discussion movement）：傳統的口語傳播研究逐漸從一對多的公眾傳播情境轉而也開始注意到小團體溝通的情境。

3. 社會心理學中團體動力學（group dynamic）的研究範疇：主要概念是聚焦在輸入（input）→過程（process）→輸出（output）的模式上，亦即在探討影響團體互動的因素（輸

入）、在其中所發生的經過（過程）以及所產生的結果（輸出）。

而就小團體溝通研究與發展的歷史而言，則可以分爲三個主要時期：

1. **醞釀期**（1940至1950年代）：此一時期主要是以Kurt Lewin（1947）的研究爲主，其研究主要致力於瞭解團體互動過程是如何影響團體成員的態度與行爲的；此外，亦有學者從事團體互動的分析與決策過程中的互動模式等研究。
2. **奠基期**（1950年代中期至1960年代）：此一時期爲小團體溝通研究的主要發展階段，傳播學者陸續發表了相關的研究與理論。
3. **成長期**（1970年代）：此一時期爲小團體溝通研究的高峰期，從1970到1978年不到十年的時間，國外主流的傳播研究期刊就有一百一十四篇的相關研究發表，也因爲實證研究的成果陸續公開，小團體互動的研究也逐漸從社會心理學的領域轉而在傳播學界繼續開花結果，成爲傳播學研究的次領域之一。

從上述的討論我們可以得知，小團體的功能除了提供不同的個體滿足其分享資訊／知識／資源、進行決策以解決問題、達成目標、建立關係，同時建立身分與共識等社會需求外，在企業組織中更是必須經由許多小團體和團隊的運作以達成組織的管理與目標。而再擴大一層來看，在社會的脈絡中，我們之前所學過的兩級傳播、創新傳布、政治傳播以及大眾傳播的許多其他理論，也都與小團體的傳播情境相關。

 ## 第二節　小團體研究的重要概念與理論

一、團體規範與團體角色

團體規範（group norms）是指在團體中個別成員的行為準則，
這些行為準則不僅顯示出這個團體對其成員所說所行的期待與約
束，也意味著當個體成員希望被群體接納時所必須遵守的行為準繩
與尺度。正由於團體規範是經過全體成員同意並接受的共識，因此
團體規範明白的揭示了這些成員在特定的情境中應該穿什麼、說什
麼、做什麼，或者什麼是對的、什麼是應該表現的行為。

事實上，早在1930年代著名的霍桑研究（Hawthorne Studies）
中就已證實，團體規範對於個體的行為有相當重要的影響力，成員
會因為希望被接納而願意「順從」全體所認定的規範標準，或是
因此而改變自身的態度與行為時，這即是所謂的從眾性。當然，從
這個角度來看，團體規範似乎框架了成員的價值觀，也約束了個人
的行為，有時過多的規範與束縛可能使個人與群體喪失了創造與變
革的能力，但從正面的角度來看，明顯的團體規範一方面可以降低
成員，特別是新進團員的不確定感，讓其行為有所依歸而不至於
無所適從外，亦有助於團體成員間的協調與配搭。因此，對小團體
的成員而言，知道團體規範，就好像擁有了一本團體內的「旅遊護
照」，可以任意進出以及與其他成員互動。

而由於多數的小團體其實都是隸屬於不同性質的組織中，如
學校、企業、非營利組織、政府機關等，因此若從管理學的角度來
看，一個運作良好的小團體主要包括了四種規範：(1)表現規範：主

154

要是對於成員如何完成工作、如何達成團體目標以及該有多少工作績效的規範；(2)外表規範：指該如何穿著與裝扮的規範；(3)社交規範：框架了成員該如何互動與建立關係；此外(4)資源分配的規範：則是指陳團體中的工作與資源應如何分配。

　　規範（norms）與規則（rules）未必完全相同，規則常常會行諸於文字甚至具有法律的效力，如校規或是交通規則等；但是規範未必會明文寫出，有時是沒有經過正式的討論而大家都知道的事，或是一開始並沒有出現卻在團體歷經一些重大事件後方才衍生出來的。但當團體成員經由正式或非正式的溝通互動而形成一些具有約束力與區隔性（區分我群與他群）的信念時，並認為團體有權要求其中的個人遵守時就形成了規範（Wahrman, 1972），而這些所謂的團體規範有時會進一步地轉化成一種團體共有的習慣、傳統或是文化。

　　在團體中的成員雖須遵守相同的團體規範，卻有著不同的角色。成員在**團體中的角色**指出了其在團體結構中的地位、應該盡之責任、應享有之權利以及合適的行為等（Hare, 1994）。

　　有關團體中成員角色的討論，主要可以分為三個部分——即角色認同（role identity）、角色期望（role expectation）與角色衝突（role conflict）。角色認同主要是指成員對於自我角色的認知與定位，這又可以細分為自己的認定、別人的認定與實際扮演的角色等三種概念。而正因為個體與他人對於某一個角色的認定與期望可能有所不同，因而可能造成角色的衝突。例如在大學的「班代」一職，其功能與角色可能與國中或是高中時期的「班長」不同，多數時候大學的「班代」未必能發揮領導統御的功能，而是扮演著學校與同學間聯繫的橋樑，因此，如果彼此對這個角色有不同的認知而產生不同的期望時，自然會產生衝突。

　　當然，有時角色衝突可能是源自於個體必須同時扮演多重角色

155

而產生的，由於現代人往往同時隸屬於多個正式和非正式的團體，因而在多重角色的扮演中常常會互相抵觸。例如，多數的職業婦女必須身兼多重角色而疲於奔命，或是當企業組織中勞資爭議時最為難的通常是基層管理人員等，即是最典型的角色間的衝突。

一般而言，學者將團體中的角色分為兩大類：團體任務角色（group task roles）與團體維持角色（group maintenance roles）（Ketrow, 1991）。任務角色主要是與完成任務以達到目標有關，而維持角色則是從社交與情感等方面去維持團體氣氛並建立良好的工作關係。這兩種角色都有助於團體的表現與績效，但前者除了能幫助群體完成既定目標外，並能在團體變革的過程中幫助群體調整與適應這些改變。也因此Harris和Sherblom（2002）認為任務角色的傳播行為包括了發想（提出構想、目標、計畫與行動等）、說明（進一步說明其構想等）、協調（整合並促成團隊合作）、統整（統整工作與意見及之前的工作）、記錄（記錄並保存團體的資料）、評估（評論意見與評斷資訊）、接送訊息、給予意見、釐清（釐清議題與陳述）、檢測共識與提出程序等。

而團體維持角色所具有的傳播行為則是鼓勵、支持、維持和諧、守門（保持溝通管道的暢通與維持成員的發言權與順序）、流程觀察（評論成員彼此互動與協調的情形）、設定標準（幫助團體目標、計畫或是規範的建立）與減壓（減除了緊張、壓力與衝突，並協助新成員的適應）等。

當然，相對於這兩種角色之外，有時團體中也會存在著以自我為中心的角色（self-centered roles），這樣的角色多數無視於團體的利益與成就，而在小團體互動與討論的過程中，一味的以自己的需求為中心，所以在其傳播行為的表現上有人會傾向過於武斷的爭取主導權，有的則是會不斷的批評而具有攻擊性，也有的人是過於冷漠而顯得疏離，或是一味的吹捧自己以獲得他人的注意等。

二、小團體的發展階段以及決策過程

　　每一個團體都是一個開放系統，因而在其輸入項目（inputs）與輸出項目（outputs）的互動中，一個團體從形成到解散的過中裏常會歷經許多階段，根據Tuckman的團體發展理論，一個團體的成長與發展主要可分為下面五個階段（Tuckman, 1965; Tuckman & Jensen, 1977）（見**表4-1**）：

1. **形成期**（forming）：團體在一開始形成時，對於目標、結構、彼此的角色以及彼此指揮的從屬關係等都不明確，因而團體是處於一個混沌不明的狀態中，一直要到團體成員確認自己為團體的一分子（membership）時，此一階段才告結束。
2. **激盪期**（storming）：這是一個團體磨合的時期，此時的特色即成員間彼此的衝突，這些衝突主要是成員對於團體的目標、領導以及規定等會不斷的衝撞與測試，這個階段一直要到領導統御（leadership）形成方會結束。
3. **規範期**（norming）：一旦團體成員確定彼此的角色與從屬關

表4-1　團體成長與發展主要階段

階段	認知與行為
形成期	此一時期充滿了許多不確定性；團員除彼此認識外，對所語與所行較為謹慎
激盪期	團員間對於目標、任務以及人際關係易產生衝突
規範期	團員間彼此產生一種「我們」感受，並建構出團體共享的價值觀與團隊精神
表現期	團員的角色與彼此的從屬關係確立；專注於目標與任務的達成
休息期	團員淡出或是團體暫時解散

資料來源：Tuckman & Jensen (1977).

157

係時，這時團體的結構（structure）就會形成，於是成員間會開始解決彼此的衝突，此時凝聚力與團隊精神就會增強，也會形成團體規範來約束成員。

4. 表現期（performing）：此一階段團體結構開始發揮作用，成員各司其職、發揮專長以完成團體目標，並專注於團隊績效以求表現。

5. 休息期（adjourning）：當團體的任務或是目標達成時，團體會處於一種過渡期，有可能解散或是等待下一次的任務，此時成員有可能會暫時淡出，或是退出團體。

而小團體研究最主要的焦點議題，就是**決策與問題解決**。決策（decision making）與問題解決（problem solving）是非常類似的過程，因為當我們解決問題時通常需要做決策，而所有管理活動的核心其實也是做決策，乃至於我們的日常生活，其實說穿了也就是不停的在做決策，小至「今天的午餐去那裡吃」、「要看那一部片子」這種日常例行性瑣事，大到「選那個人當總統」或是「企業該如何營運」這種攸關國家與組織發展的大事，每一件都跟個人或是團體的決策有關。

無論是日常例行性或是攸關未來發展的重大決策過程，都包含了六個相互連結的階段：

1. 確認問題：確認想要達成的目標以及欲達成目標時可能會碰到的問題。

2. 找出限制：找出可以解決問題的方案以及可能會產生的限制。

3. 尋思替代方案：思考並分析其他可能的解決方案以及可能產生的限制。

4. 做決策：權衡得失並做出選擇。

5.**執行決策**：訂定行動方案以實際執行此一決策。

6.**評估決策**：對決策過程與結果進行評估，以完成回饋的機制，並成為下次決策時的參考。

上述的每一個階段，都與其他的五個階段相互扣連，因而形成了一種協商式的互動關係（a negotiated interaction），例如問題的確認，不僅牽涉到如何找出解決方案，也關聯到決策的執行，而這是因為決策的本質「乃是在一個特定的情境中或是在某一渴望達成的目標下去解決問題」，因此在如何做決策與做什麼決策的背後，其實存在著一些期望、假設、價值觀與意識型態等深層意涵。

許多傳播學者則提出決策功能論（the functional theory of decision making）（Gouran, Hirokawa, Julian & Leatham, 1993）來說明，要做出好的團體決策時，往往必須有一些重要的功能性要件；換言之，若是從功能論的論點來說明決策過程時，一個好的決策必須要先具備問題瞭解、目標設定、多種可行方案的確認以及方案的評估等四個功能性要件方可達成。

在決策過程中，團體的討論與互動亦常會產生一些偏差的現象而影響決策的品質，這種團體決策的副產品主要有團體思考（groupthink）和團體偏移（groupshift）。Janis（1982）所提出的「團體思考」主要是指當一群人做集體決策時，在時間的壓力與團體凝聚力的影響下，所產生的一種思考模式，而這種思考模式有時會驅使團體做出不明智的決策。

其原因乃是在團體決策過程中，有時會產生一些團體思考的症候（symptoms），使得個體成員在顧及團結氣氛或是在團體的壓力下，喪失客觀思辨及判斷的能力，或是不願意提出個人獨特的見解而破壞和諧，而造成團體決策產生盲點，致使決策品質無法提升。這些症候有以下幾種情形：(1)團體所做之假設或決定若不盡正確或

合理時，團體成員會予以合理化；(2)若有人對團體的共識表示懷疑時，其他成員會施以壓力；(3)若有人抱懷疑態度或持不同看法時，爲避免壓力會保持沉默或甚至貶低己意；(4)成員的沉默常被團體或領導者視爲同意；(5)成員常會認爲團體決策是基於眾人的利益，因而常會忽略而不去討論決策所衍生的道德或倫理議題。

有時，團體思考會使得一個團體過度的誇大或是不實的看待自己，而不願意虛心接受批評，或是一味的以團結與凝聚力來要求成員的一致性，如此通常會限制了團體的成長與發展。

至於「團體偏移」則是指團體在共同決策時常與成員的個體決策有相當的差異，亦即團體在共同決策時有可能會比個體決策時更趨於冒險或保守，這是因爲個別成員常常會在團體互動的氣氛之下，而做出有別於自己性格的決策。比如一個原本個性保守的成員，可能會在團體決策過程中以及其他成員的鼓勵下，而做出非常冒險的決定，而這是在許多團體決策時會發生的情況。

第三節　小團體的溝通與互動技巧

小團體中的傳播融合了語言與非語言的溝通，尤其是在團體互動的情境中，非語言傳播更是顯得重要，因此本節將先從小團體中語言傳播（verbal communication）和非語言傳播（nonverbal communication）的功能、意涵與類型談起，然後再討論語言傳播和非語言傳播是如何的搭配與互補，以增進小團體溝通的效果。

一、小團體中的語言與非語言傳播

由於小團體的形成常常是爲了完成某一或某些特定的目標，因

160

此語言符號的使用有助於成員釐清彼此對於目標的認知與意涵，而經由語言文字的交換與使用，成員亦能按部就班的去完成既定的工作。由於團體中語言與文字的溝通是時刻在進行的，因此，語文的溝通不僅能讓團體確認與執行目標，最終亦能讓團體檢視其成果。

　　就像人們常描述自己所處的團體好像是個「和樂融融的大家庭」、「堅強的團隊」、「複雜的小社會」或是「非常緊張的戰場」等，團體成員常會發展出一些故事與幻想來描繪並塑造團體的形象，有時這樣的講法不僅可以傳遞團體的核心價值與文化，更能夠凝聚共識與團結眾人。

　　語言傳播的功能主要是植基在語言與文字的意義上，人類世界主要是由語言文字和意義構成，猶如織布機般，我們將語言文字交織在一起組成意義，因此，當談到語言與意義時，我們其實觸及了明示義（denotation）和隱含義（connotation）兩個層次。明示義是指這個語言社群所給予文字直接與外顯的意涵；隱含義則牽涉到我們對於這個字義的經驗、感受以及評價。而在團體溝通互動中，真正的意涵常常不在於明示義而在於更深層的隱含意義，但唯有當我們成為該團體正式的一分子，瞭解其團體規範，並認同其團體價值和文化時，我們才能更精準的在該團體中運用合宜的語言文字以溝通互動，並減少誤解衝突，以便在達成團體目標的同時也能滿足個人的需求。

　　另一方面，在人際溝通互動的過程中，我們常常混合了語言和非語言的訊息以傳遞意義，意義不僅存在於訊息中，亦存在於互動者和互動的過程中；換言之，意義除了受到文字與情境的影響外，更受到非語言訊息的影響。

　　一般而言，凡是運用語言文字之外的傳播都屬於非語言傳播。人類在整個傳播的過程中，會同時運用語言和非語言系統的連結以進行溝通，而非語言的行為有表達情感、傳遞人際的態度、展現個

口語傳播

性、伴隨語言以處理對話的順序以及回饋等功用。

近年來，學者多採用下列分類方式來說明非語言傳播的類型、功用和重要性：

1. 體態語言（kinesics/body language）：意指所有形式的身體動作，包括面部表情、頭的動作、四肢的姿態、軀幹的動作與全身的姿勢等。這些眼部、面部以及身體四肢的表情與姿態，對於人際與團體互動的成敗有著極大的影響。在團體中人們常藉由彼此的肢體語言來認識、判斷與對待彼此，而體態語言也會決定我們是否具有親和力、吸引力、受人喜愛以及受人信賴等特質。

2. 外表的傳播（physical appearance）：除了體態外，一個人的外表有時也決定了一個人的吸引力與影響力，在我們說什麼與做什麼之前，我們的外表、穿著與裝飾已經傳達出了一些訊息。

3. 副語言（paralanguage）：副語言主要指聲音的表現與表情，因此說話時的頻率、強度、速度、發音的清晰度、節奏的控制與共鳴等聲音的特色都屬於副語言。此外，像是笑、哭或是嘆氣時某種特定的聲音，以及像是「啊呀」、「嗯」這些間隔或停頓的聲音，甚至是無聲（silence）也算是副語言的範疇。副語言就像是一種輔助語言般，會直接或間接的影響彼此的印象與人際關係。而悅耳的聲音、明快的語調、清晰的發音等通常會使得人們願意傾聽，所以更具有說服力。

4. 空間的傳播（proxemics）：主要是指我們如何使用環境與物件的符碼來影響人際溝通。環境與陳設的符碼包括了自然環境（天候、溫度、溼度）、環境中的其他人（在場或不在場），以及建築物與硬體陳設等，甚至於個人的人際領域

（personal space）也屬於在內。例如，小團體聚會場所的空間設計、擺設、燈光，甚至是桌椅的安排等都會影響團體討論與互動的結果，因此，在小團體中的空間傳播不僅影響我們對於團體氣氛的感受，更會傳遞出成員間的權力關係、人際關係，以及小團體的行爲準則與規範。

5. **時間的傳播**（chronemics）：即指我們是如何看待、結構與使用時間的，因爲時間也是環境的一部分，它雖然不是實物，但人們對於時間的觀念會影響其日常作息與團體溝通。

6. **碰觸的傳播**（haptics）：人際之間的碰觸與接觸常常也是重要的傳播訊息，團體中的接觸行爲除了負面的肢體衝突外，也有許多正面的碰觸行爲，除了可以完成團體任務並達成目標外（如啦啦隊、足球隊或是組織中的任務小組等），亦有助於團體成員的互動與情感的凝聚。

二、團體決策與問題解決的方法

團體在解決問題與做決策時，爲了避免我們之前討論過的團體思考與團體偏移的現象，以達成有效的團體互動，團體決策與問題解決的模式多數不會如早先研究所指出的是一種線性的模式（Bales & Strodtbeck, 1951），這種線性模式主要認爲小團體的決策是依據定向、評估和控制三個階段依序而進行；亦即成員首先蒐集與交換資訊，其次交換與評估意見，以及最後達成普遍接受的解決方法等三個步驟。

根據晚近的研究顯示，團體的討論與決策未必會像線性模式般理性的、依次的進行，相反的，團體成員在達成共識的過程中常會遵循一種反覆討論的「螺旋形模式」（spiraling model），在此「提出—檢驗」的循環模式中，某個參與者通常會先提出一個新的想

163

口語傳播

法，然後接受其他成員的檢驗，在此過程中，成員間會進行對話、說明、接受或是拒絕，接著會有另一個成員提出另一個想法，然後重複進行檢驗的過程。

正因為團體決策的過程乃是一個不斷進行語言和非語言溝通互動的過程，因此即使團體決策過程很少是完全理性的，但多數學者認為團體如果採取一定的決策方法與程序時，通常對於決策品質與問題解決有所助益。

Walter Lippman曾說過一句很有智慧的話：「當我們的想法都一樣時，我們就想得太少了。」多數團體是經由集體討論以做出決策，但目前較為常用的決策方法主要分為下列兩種方式：

1.腦力激盪（brainstorming）：為了避免成員對於可能的解決方案過早定論而喪失了決策品質與創造力，許多學者提出腦力激盪的方式以增進自由思考，並鼓勵更多的想法產生。腦力激盪是指提出和列舉各種想法或是可能性而不做任何判斷與批評。因此，團體在進行腦力激盪時有幾個原則，首先是鼓勵輕鬆態度，成員可以天馬行空的提出任何想法都不會被視為離譜；其次成員可以利用別人的想法並再加以想像和發揮；此外，彼此間應暫緩批評與排斥，容許有各種可能性的存在。

2.科學分析步驟：另一方面團體亦可以經由理性的提問（questioning）與科學化的分析兩個部分來解決問題，其中最有名的即是杜威（1910）所提出的反思性順序（reflective-thinking sequence）的概念，可幫助團體透過不斷的提問來確認問題、蒐集資訊並提出解決方法。此概念主要是指團體在解決問題時，可循序提出理性思考的問題，例如「我們如何界定問題？」「問題的原因和範圍為何？」「評估各種解決

方案的標準為何？」「有那些可供選擇的解決方案？」「它們的優點和缺點各為何？」「該選擇那種解決方案？」「如何實施解決方案？」等。而Harris和Sherblom（2002）則認為在做團體決策時，有六種重要問題是必須先提問的，即是我們常說的五個"W"和一個"H"──who、what、why、when、where和how，即「對誰造成問題？」「問題是什麼？」「為何產生問題？」「何時會形成問題？」「何處會形成問題？」「對誰造成問題？」「問題的影響如何？」一旦團體開始提問與回答這些基本問題時，團體就會實際進入資訊蒐集、定義問題、分析問題、進行協商、選定對策等科學化的分析步驟。

三、領導與小團體溝通

我們在日常生活與工作中常會提到領導，但我們對於什麼是領導常有不同的看法，有人認為它是一種人格特質，有人則認為領導是一種能力，但領導真正的意涵是與權力（power）或者是影響力（influence）有著極大關聯的。

領導基本上是一個運用權力以影響他人的過程，有人定義權力「是A所擁有之某種能力，可對B的行為產生影響，而此種能力不存在時，B可能有不同的行為。」（Robbins, 2001）這是從行為與能力的面向來討論領導與權力，點出了權力運作的幾個重要意涵：首先，權力可能為一種潛存的狀態，即A可以使用也可以不使用；其次，A與B必須有相互依賴關係；最後是指出個體B仍擁有某種程度的自主性，亦即B可以選擇服從與否。

從權力的運作來看領導，特別是小團體與組織中的領導統御，則可以瞭解一般組織或是團體成員之所以聽從與跟從領導者的原因

主要有三方面：一是因害怕被懲罰，也即是因恐懼領導者因為職位而運用強制權（coercive power）來懲罰而聽從；第二種則是功利的交換關係，因為領導者可以行使獎賞權（reward power）以酬庸或激勵跟隨者；最後則為真正的影響力與權力，即領導者具有專家權（expert power）、說服權（persuasive power）與參考權（referent power），亦即領導者能夠具有專門的知識、擁有良好的溝通與說服能力，並能受人信任與敬重。

所以，若是將領導視為一個影響的過程，則參與領導過程的參與者主要包括領導者和被領導的追隨者，在企業組織的各種小團體中，領導者可能是管理者，也可能不是管理者，但一般而言領導者多具有高成就感、價值觀、知識與智慧等特質，同時要能做到提出願景、具有領導者的思維、擁有適切的領導風格，以及能夠運用各種領導溝通的技能（Kirkpatrick & Luke, 1991）。若是從溝通的角度來看，被領導者的個人屬性與行為特質也深深影響了此一互動過程。

當然，領導最重要的就是透過權力的運作（power exercise），並運用方法去影響他人。權力的來源可能包括了職位權（position power）、個人權力（personal power）、專家權力（expert power）等。職位權是指在組織結構中伴隨著職位所具有的權力，這種權力主要是因著其在團體組織中的頭銜而來；個人權力則指個人所具有的特質，如體格高大、聲音有力、精明幹練等特質都可以用來影響別人；專家權力指特殊資訊的處理能力，亦即專業知識的處理能力。至於運用的方法則包括了強制、獎賞、說服或是知識等。

在團體與組織中，領導與統御無疑是重要的一環，但一個好的領導者究竟是天生或是可以後天培養的呢？是否有一種完美的領導風格能夠放諸四海皆準，適合所有的團體與組織呢？有沒有那一種領導行為與風格是不需要透過溝通與互動來達成的呢？上面這些問

題，其實是我們在學習領導時所必須思考的問題。

　　要回答這些個問題，我們要回到領導理論的演進來看。在1940
到1950年代，許多學者信服「領導者特質論」，認為多數的領導者
天生就具有著一些人格特質與特徵，例如自信、正直、智慧、高成
就感、果決、勇敢、支配性、領袖魅力等，但是如果這個論點要
成立，必須要找出所有領導人所具有的共同特質為何，然而之後的
許多研究則顯示，很難在所有的領導人身上找到完全一致的相關特
質。

　　於是，許多學者轉而去分析有效領導者的行為特性，這即是
「領導行為模式論」的開始。換言之，領導風格與行為取代了人格
特質成為研究焦點，其中主要以美國俄亥俄州立大學（Ohio State
University）的研究團隊所提出的「兩構面理論」（two-dimension
theory）和密西根大學（University of Michigan）研究團隊所提出的
兩大領導向度最為重要。

　　俄亥俄州立大學的研究團隊所提出的「兩構面理論」主要是將
領導行為濃縮為兩大面向：一是主動結構（initiating structure），
指的是體制，亦即領導人對達成目標以及界定自己與部屬的地位和
角色時所做之行為，通常一個高主動結構的領導人會指定團體成員
從事特定的工作與程序、維持一定的績效水準、強調限期完成等；
二是體恤（consideration），則是指出領導人對於其部屬所給予尊
重、信任及相互瞭解的程度。

　　密西根大學研究團隊也提出了相似的兩大領導行為向度，
分別是員工導向（employee-oriented）和生產導向（production-
oriented）。員工導向主要是以員工為中心，領導者注重人際關係，
較瞭解部屬需要，也能接受個體差異；而生產導向則是以工作為中
心，領導者強調的是目標的達成，或是著重在工作技術或作業層面
的相關事宜。

根據上述的研究，Blake和Mouton在1964年提出了「管理座標」（managerial grid）的理論（見**圖4-2**）。這個座標圖以關心員工（concern for people）和關心生產（concern for production）爲兩大向度，而座標的兩個軸各有九級的程度，因此可得出八十一種領導方式。其中，以（1，1）的自由放任型、（9，9）的團隊管理型、（9，1）的權威型和（1，9）的鄉村俱樂部型以及中間的（5，5）中庸管理型最爲鮮明。雖然Blake和Mouton認爲在（9，9）的團隊管理風格績效較佳，而在（9，1）的權威型和（1，9）的鄉村俱樂部型的管理績效較差，但並沒有明確的研究結果支持他們的看法。

這個座標圖只是提供了一個參考架構，讓我們知道原來領導有這麼多的方式，但是後續的許多研究卻發現，領導的型態與團體績效間並沒有一致性的關係；換句話說，並沒有一個理想的領導風格

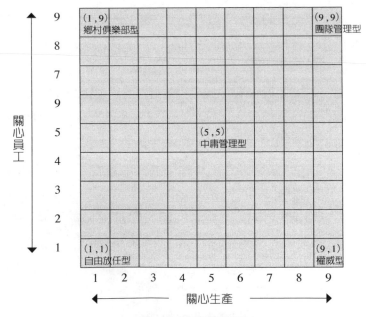

圖4-2　管理座標理論

資料來源：Blake & Mouton (1964).

168

可以放諸四海皆準，適用於每一個團體。

因此，當我們一旦視領導爲一個影響他人的過程時，就必須要考慮到領導者、被領導者、工作情形與環境等等的情境因素，這也促成「權變理論」的興起，亦即視領導爲一複雜的過程，而不再只看領導者的人格特質與行爲，或是單從「工作—人」的二分法來考量，因爲眞正的領導能力來自於某些讓人欽佩的性格，以及某些權力工具和原則的使用；而有效的領導更是必須同時關照到領導與被領導者、工作任務、團體與組織的結構，以及內外在環境等情境因素。

權變理論的重點在於強調領導須根據情境，而情境本身亦是溝通的要素。一個小團體的領導者，主要的任務就是召開會議以做成決策、激勵與指導團體成員完成目標，以及解決衝突以排除阻礙等三件事（Harris & Sherblom, 2002），而要執行這三項任務勢必需要運用我們之前所討論的語言和非語言傳播，因此領導溝通（leadership communication）逐漸成爲領導研究的重要課題。

四、小團體的衝突管理

從傳統的觀點來看，衝突被認爲是具破壞性且應該避免的。而傳統的傳播研究也認爲，衝突的發生主要在於團體內部的溝通不良，因此應改善溝通以增進團體績效。尤其是中國人最喜歡講「家和萬事興」、「和氣生財」、「以和爲貴」等話來勸人避免衝突。

但從人類關係的觀點來看，衝突是所有團體中都會發生且不可避免的現象，有時未必是全然負面的，甚至有可能對於促進團體績效會有正面功能（O'Connor, Gruenfeld & McGrath, 1993）。

若更進一步從互動的觀點來看，則衝突不僅不可避免，對於促進團體績效更是不可或缺，因爲一個平靜和諧的團體有可能會趨於

169

靜止，並缺乏反省力與創新力，因此良性的衝突有助於團體的發展與成長（Witteman, 1991）；至於團體成員則要避免的是惡性、毫無建設性的衝突。

雖然定義分歧，但這些定義仍有幾個共同點。首先，衝突必須被當事人知覺到（perceived），如果當事人毫無感知，那衝突當然不存在；其次，衝突包括了對立與阻撓等概念，因為衝突的產生一定有對立的兩方，由於不相容的目標、利益或是旨趣而彼此競爭（Hocker & Wilmot, 1991）；最後，衝突一定是一個兩造互動的過程。

因此，我們可以將衝突視為是一個過程，而在此過程中A藉由某些阻撓性行為，致力於抵制B之企圖，結果使B在達成目標或增進其利益方面遭受挫折（Robbins, 2001）。而在衝突過程中，則包括了四個重要階段（**圖4-3**）：

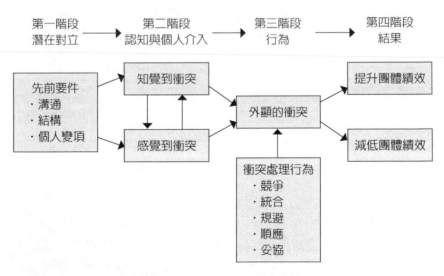

圖4-3　衝突過程的四個階段

資料來源：Robbins (1992).

(一)第一階段：潛在對立期

　　這一個階段中由於可能產生衝突的要件成立，因而有可能產生衝突。這些要件主要分為溝通、結構與個人變項等三類。雖然溝通不是所有問題的起因，但溝通不良的確會產生誤解以及使問題惡化，因此前面探討的語言與非語言傳播以及溝通的管道都非常重要；而結構則指團體的大小、權限的清楚度、成員目標的一致性、領導方式，以及團體間相互依賴的程度等；至於個人變項則指個體的人格特質、價值觀、認知等變項。

(二)第二階段：認知與個人介入期

　　在此階段中個體逐漸感知到衝突的存在，因而有可能產生一些內在的情緒，如焦慮、挫折感與敵意等。

(三)第三階段：行為期

　　在此階段可能有一方產生某些阻撓性行為，致使另一方在達成目標或增進其利益方面遭受挫折，因而做出一些行為反應。此時，衝突不再只是內在的感受與知覺，而成為外顯的行為，使得周遭的成員亦能感受到兩造的對立。但此時也正是衝突管理開始之時，一旦衝突表面化，當事人即會發展處理衝突的方法。而根據研究顯示，一般人處理衝突的方式可以用合作性（cooperativeness）與肯定性（assertiveness）兩個向度來解釋。合作性是指試圖滿足對方需求之程度，而肯定性則指希望滿足自己需求之程度，這樣則會產生五種主要衝突處理的風格（**圖4-4**）：

　　1.競爭（competition）：肯定的與不合作的，即犧牲對方滿足

自己的目標與利率。

2.統合（collaboration）：肯定的與合作的，即指彼此合作達成雙方目標，以找出雙贏的方法。

3.規避（avoidance）：不肯定的與不合作的，也就是規避而不解決衝突。

4.順應（accommodation）：不肯定的與合作的，也就是犧牲自己的利益以成全對方的目的。

5.妥協（compromise）：中等肯定與中等合作的，即指兩人都讓步但未必對彼此都有利。

(四)第四階段：結果

當一個團體能透過溝通與協調來有效的管理衝突時，其結果對團體的影響可能是良性的並能促進團體績效；反之，衝突的結果也可能是惡性的並促使團體崩裂。

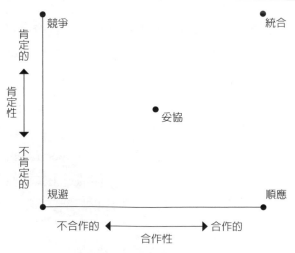

圖4-4　五種衝突處理的風格

資料來源：Thomas（1976）.

　　正由於小團體是一個開放性的互動系統，因此即使我們瞭解了衝突產生的原因與處理衝突的不同方式，卻不能保證每次都能夠有效的管理衝突。我們必須瞭解衝突的管理常發生在一個複雜的情境中，而每個個體處理衝突的方式也未必就是那麼具體清楚的以這五種方式呈現；更重要的是，溝通能力顯然在此也有極大的影響，否則儘管企圖採取雙贏的取向，卻也有可能因為不良的溝通，而造成雙輸的結果。

　　因此，我們可以看出人們在處理衝突時基本上有兩種傾向（McShane & Von Glinow, 2003），一種是採取win-win的「雙贏取向」，也就是透過溝通協商以找到一個兩利（mutual benefit）的解決方案；另一種則是傾向於「輸贏取向」（win-loss），亦即衝突狀態就是在爭取一個你輸我贏的局面。當然，若是一味的規避與遮掩衝突，則有可能造成「雙輸局面」（lose-lose）。

第四節　團隊的建立與合作

一、團隊的定義與類型

　　所謂的**團隊**，其意涵即指集合起來的一群人能夠密切的彼此依賴、相互扶持、共享資訊以達成目標。雖然，所有的團隊都是團體，但不是所有的團體都可能成為團隊，因為，一個團隊比一個團體必須有著更高的凝聚力與執行力，而成員對於團隊的承諾與認同勢必也會超越一般的小團體。

　　一個小團體要進化成為團隊的要件是必須激勵成員對於團體目標有更多的參與和更深的承諾，如此，傳統對於小團體的研究和討

論，勢必不足以建立一個高效能的團隊（Peters, 1992）。因為團隊和團體最大的差異在於團隊的領導固然重要，但真正影響團隊表現的是所有團隊成員的參與，亦即團隊合作（teamwork）。

事實上，團隊合作早已成為當代企業組織的重要趨勢與課題，許多成功企業的共同趨勢，也是大量的依賴組織中的團隊以達成品質控管、創造力提升和提高員工參與等目標（Deetz, Tracy, & Simpson, 2000）。

團隊既是由一群集合起來，能夠密切合作以達成目標的人，那麼在現代組織中的團隊種類，就可能包含甚廣，但在本節中，將就品管圈（quality control circle, QCC）、自我管理團隊（self-managed team）與虛擬團隊（virtual team）等現代工作團隊的類型做一說明。

(一)品管圈

自1980年代起即盛行至今，雖然人們對它有著不同的定義，但其主要的精神是在於由相同工作領域的員工自發性的組成團隊，並願意定期聚會以解決工作中的主要問題（Baron, 1983）。因此，參與的人數主要以十到十二人的小團體為主，開會時間則有的是在上班時間內、有的則是在下班時間，會議內容也多與改進品質、提高效率以及降低成本等有關。事實上，品管圈的起源主要來自於1980年代早期，美國企業界對於成功的日本管理模式的群起仿效，但儘管當時多數企業都在推行品管圈，卻未必所有的企業都有同樣成功的結局。

(二)自我管理團隊

又稱自治團隊，亦即團隊除執行任務與解決問題外，並具有獨

立自主的權力；也就是說，傳統上由領導者負責的項目，如計畫、管理、掌控與評估等工作，在自我管理團隊中則是由團員自行計畫與安排工作、指派成員與評估績效，這種賦權（empowering）的結果，使得團隊成員必須共同承擔起自我管理的責任，因此可以有效的團隊合作與提高績效。然而，自我管理團隊的實施，必須要在企業組織的文化、結構與管理型態上有別於既往，否則僵化的制度與制式的思維很難落實自我管理的團隊運作。

(三)虛擬團隊

電腦與網際網路的盛行造就了虛擬團隊的形式，團隊成員儘管不在同一個地方，仍然可以經由網路與其他傳播科技來進行跨越時間與空間的溝通與運作，以解決問題與達成目標，這樣的團隊形式在跨國企業與高科技業十分普遍。然而，若從溝通互動的角度來看，雖然虛擬團隊與傳統必須要靠面對面方能合作的團隊不同，但一個成功的虛擬團隊成員間仍需要建立在良好的人際溝通與人際關係上，尤其是當成員間不只是無法直接面對面溝通，更可能必須透過第二語言以進行跨文化的溝通時，我們之前所討論過的語言和非語言傳播就顯得更為重要。

二、團隊的建立

正由於現代組織對於團隊以及團隊合作的重視，**團隊的建立**（team building）成為所有領導者的管理重心，幾乎在所有討論組織變革與更新的論述中，都會提及團隊建立的重要性（Boyett & Boyett, 2000）。

至於一個團隊的建立，必須注意到幾個面向：

175

(一)慎選團隊成員

　　在實際生活與工作場域中，我們未必一定有選擇團隊成員的權力，因此，若從團體互動的角度來說，沒有完美的團隊，只有能夠成功共事的團隊成員，所以團隊中的人際網絡與關係的建立，則影響到團隊成員間是否能夠彼此信賴、彼此支持以及開放的溝通，而這樣的互動模式與氣氛自然會影響到衝突的解決與領導溝通。

(二)設定團隊目標

　　團隊成員要能彼此合作無間，必須要能清楚的瞭解團體目標，一個目標與願景不明確的團體是很難成為有效率的團隊。其次，成員必須明確的知道自己與他人的角色與職責，如此則不僅能恪盡其責，更能彼此搭配與補位。

(三)確立團隊互動程序

　　一個有效能的團隊必須有一套明確的互動程序與決策過程，這些程序除與團體規範有關外，也會幫助團隊成員對於如何開會、如何做決定，以及如何溝通互動等團隊例行事項有清楚的瞭解，當然，如果領導者能讓所有隊員都能參與這些程序並做出貢獻的話，團隊的精神與績效必然更高。

(四)有效的領導與激勵

　　雖然每一個團隊的目標、任務、型態與組成分子皆不同，而無法有一個最理想的領導模式可以適用於任何團隊，但目前多數的學者與實務工作者都同意開放式的溝通、分享式的權力運作，以及多元化的管理形式是較為理想的。一個團隊領導者的首要任務，是必

須激勵成員對於團隊的參與度和對於完成目標的承諾感，因此領導者的溝通能力與技巧十分重要。

 第五節　結論

　　在本章中我們主要從理論與實務的角度來討論四個重點：(1)小團體溝通的定義與內涵；(2)小團體研究的重要概念與理論；(3)小團體的溝通與互動技巧；(4)以及團隊建立與合作。這四個重點建構出一個完整的知識架構，幫助我們瞭解什麼是小團體溝通，為什麼要學小團體溝通，以及如何使用小團體溝通的知識與技巧。

　　做為人類社會的一員，我們幾乎不可能不隸屬於任何一個小團體，然而這些小團體卻也不總是會有效率、有趣或是令人滿意，這其中的關鍵就在於小團體成員的溝通與互動。因此，小團體溝通絕非是靜態的，而是一個動態的溝通網絡，同時在這個溝通網絡中所流通的內容、產生的模式、建立的關係，以及所有互動的過程，都會影響小團體的效能與表現。

　　雖然形成小團體的因素有許多，但多數團體的形成與目標都是為解決某些問題而存在，特別是在現代的企業組織中，小團體的特徵往往因著企業的文化與環境、組成成員的特質，以及要解決的問題面向等而有所不同。也因此，合宜的小團體溝通策略與技巧，不僅會導引出符合期望的結果與團體績效，更能激勵身在其中的每一個成員。

　　因此，如果我們能對小團體溝通的理論與實務有更多的瞭解，則不僅能在生活中實踐與檢視所學，更能夠確實的幫助我們達成個人與集體的目標。

口語傳播

問題與討論

1.什麼是小團體溝通？一般而言，人類團體又可以分為那幾類？根據這些分類，你／妳目前總共屬於幾個團體？

2.一個團體的成長與發展主要可分為那幾個階段？舉一個你／妳目前參與的團體為例，逐步說明在這些階段中團體成員的溝通與互動。

3.請討論衝突對於團體可能帶來的正面與負面的影響為何？並請舉一個你／妳最近所面臨的團體衝突實例，根據課文相關內容，分析衝突發生的原因、歷程，以及可能的解決之道。

參考書目

Andrews, P. H., & Herschel, R. T. (1996). *Organizational communication: Empowerment in a technological society*. Boston, MI: Houghton Mifflin Company.

Bales, R. F., & Strodtbeck, F. L. (1951). Phases in group problem-solving. *Journal of Abnormal and Social Psychology*, *46*, 485-495.

Baron, R. A. (1983). *Behavior in organizations: Understanding and managing the human side of work*. Boston, MI: Allyn & Bacon.

Berelson, B., & Steiner, G. A. (1964). *Human behavior*. New York: Harcourt, Brace & World.

Blake, R., & Mouton, J. (1964). *The managerial grid: The key to leadership excellence*. Houston, TX: Gulf Publishing Co.

Boyett, J., & Boyett, J. (2000). *The guru guide*. New York: John Wiley.

Daft, R. L., & Noe, R. A. (2001). *Organizational behavior*. Orlando, FL: Harcourt College Publishers.

Deetz, S. A., Tracy, S. J., & Simpson, J. I. (2000). *Leading organizations through transition*. Thousand Oaks, CA: Sage.

Gouran, D. S., Hirokawa, R. Y., Julian, K. M., & Leatham, G. B. (1993). The evolution and current status of the functional perspective on communication in decision-making and problem-solving groups. In S. A. Deetz (Ed.), *Communication yearbook 16* (pp. 573-600). Newbury Park, CA: Sage.

Hare, A. P. (1994). Types of roles in small groups. *Small Group Research*, *25(3)*, 433-448.

Harris, T. E., & Sherblom, J. S. (2002). *Small group and team communication* (2nd ed.). Boston, MI: Allyn & Bacon.

Hocker, J. L., & Wilmot, W. W. (1991). *Interpersonal conflict* (3rd ed.). Dubuque, IA: William, C. Brown.

Janis, I.L. (1982). *Groupthink* (2nd ed.). Boston, MA: Houghton-Mifflin.

Ketrow, S. M. (1991). Communication role specializations and perceptions of

leadership. *Small Group Research, 22(4)*, 492-514.

Kirkpatrick, S., & Luke, E.A. (1991). Leadership: Do traits matter? *Academy of management executive*, 47-60.

McShane, S. L., & Von Glinow, M. A. (2003). *Organizational behavior*. Boston, MA: Irwin/McGraw-Hill.

Newton, D. A., & Burgoon, J. K. (1990). The use and consequences of verbal influence strategies during interpersonal disagreements. *Human Communication Research, 16(4)*, 477-518.

O' Connor, K. M., Gruenfeld, D. H., & McGrath, J. E. (1993). The experience and effect of conflicts in continuing work groups. *Small Group Research, 24(3)*, 362-382.

Peters, T. (1992). *Liberation management*. New York: Alfred A, Knopf.

Robbins, S. P. (2001). *Organizational behavior*. Upper Saddle River, NJ: Prentice-Hall.

Robbins, S. P., & Coulter, M. (1996). *Management* (5th ed.). Englewood Cliffs, NJ: Prentice Hall, Inc.

Senge, P. M., Kleiner, A., Roberts, C., Ross, R. B., & Smith, B. J. (1994). *The fifth discipline fieldbook: Strategies and tools for building a learning organization*. New York: Doubleday.

Thomas, K. W. (1976). Conflict and conflict management. In M. Dunnette (Ed.), *Handbook of industrial and organizational psychology*. Chicago, IL: Rand McNally.

Tuckman, B. W. (1965). Developmental sequence in small groups. *Psychological Bulletin, 63*, 384-399.

Tuckman, B. W., & Jensen, M. C. (1977). Stages of small group development revisited. *Group and Organizational Studies, 2*, 419- 427.

Wahrman, R. (1972). Status, deviance and sanctions: A critical review. *Comparative Group Studies, 3*, 203-224.

Witteman, H. (1991). Group members satisfaction. *Small Group Research, 22(1)*, 24-58.

第五章 組織傳播

學習目標

1. 從「組織素養」的角度瞭解這個領域與我們生活的關聯及其重要性。

2. 認識組織傳播學門的起源、重要理論以及典範的移轉。

3. 體認在真實組織生活中會面臨的重要課題與可能的解決之道。

　　近年來，有越來越多的企業與團體認知到組織對內與對外溝通的重要性，因而設立了各種員工教育訓練課程；另一方面，包括了傳播與管理在內的諸多學門，亦紛紛開設了相關的教學科目，這除了說明組織傳播是一個跨領域的研究範疇外，也說明了其在今日社會中的重要性。

　　事實上，從出生到死亡，我們的一生即是在不同性質（正式與非正式、營利與非營利）和大小（國家、社會或是社團）的組織中度過，而溝通與互動又是我們每一天組織生活的重心所在。因此，徹底的瞭解組織中的訊息產製、互動模式、意義建構、論述與符號以及文化的形塑等傳播行為，除有助於我們對自己每一天所過的組織生活與所處的組織真實有更清楚的瞭解外，也可以幫助我們脫離既有組織結構的限制，而寄望於新世紀中能有更多元、開放的組織生活。

　　雖然許多人在學習組織傳播學時，容易聚焦在企業組織的管理與溝通上，但是在現代的公民社會中，其他類型的組織如學校、媒體、政府以及許多非營利組織等，其實亦扮演了相當重要的角色，因此本章的重點除了將深入闡釋組織傳播這個學門外，亦將具體說明在所有的社會組織中（包括了家庭、學校、政治機構與媒體等），我們所必須關注的一些重要議題。

　　本章的主要目標是從理論與實務的整合中，幫助讀者：(1)建立對於當代組織與職場生活的瞭解和批判性思考的能力；以及(2)從個人與組織的角度，來探究在全球化環境中的組織結構、文化以及溝通模式的變革等議題，以期能夠深入思考「我們應如何去瞭解／研究一個組織？」和「我們可以

如何運用這些理論與概念？」等基本問題。

　　本章將先從何謂組織傳播以及組織傳播學什麼等問題的討論開始，進而說明此一傳播學門的發展、流變，以及重要的理論與概念，接著再分別從微觀與鉅觀的角度探討傳播與組織，最後則將從組織不同的溝通情境中，更深入的分析組織中的傳播與權力運作、傳播與關係建立、傳播與決策過程，以及傳播與團隊合作等實務議題。

 # 第一節　組織傳播的定義與內涵

　　數百年前，詩人約翰・鄧恩（John Donne）曾經寫過一句名言：「沒有人是一座孤島。」（No one is an island.）這句話點出了我們的一生是由一個又一個的人際網絡所接續而來的，而人類社會亦是由一個又一個的人際網絡所構築而成的，因此，如果從個體的微觀角度或是從社會的鉅觀角度來看，無論是在家庭中的家族關係、求學時的在校關係、出社會時的職場關係，乃至於一個國家中各個社會組織間的互動關係等等，其影響絕不會只造成單一個體人生的喜樂和哀愁，而會成為一個組織，甚至於一個社會成功與失敗的關鍵。

　　這樣看來，如果我們想要成為新世紀的優質組織人，並具備了在各種組織都能有效溝通與互動的能力，以至於能建立關係、完成任務、達成目標、共享意義或是創造文化的話，或許我們應該將組織傳播學的內涵視為是現代社會公民所須具有的一種素養。因為身為一位現代人，不可避免的會與各種組織有所關聯，而我們與這

些組織的關係和聯繫則主要是經由語言論述以及溝通互動得以形成的。

這種從傳播觀點所提出的「組織素養」，不同於傳統管理學和組織學以提高組織效益為基本前提的實證觀點，因為「組織素養」的概念，乃是從一個終生成長的角度（a life-span perspective）來看個體的組織生活；換言之，當我們視傳播為一種人類組織的過程（the process of human organizing）（Johnson, 1987）時，那麼其所產製的意義是每一個組織成員在完成任務時都必須倚賴與理解的，因此，若是組織成員能對組織的本質與真實有更多的認識與瞭解時，那麼一方面他／她會更知道如何理解與批判組織中的種種現象（例如為什麼有人會說做事沒有做人難，或是換了位置就換了腦袋等）；另一方面則更能夠因應自身在組織中的各種角色（無論是管理者、被管理者、雇主、員工、客戶、會員或是志工）以達成組織的共同目標。

一、組織傳播學的起源與發展

組織傳播學之起源，可追溯至人類文明發展的前期，亦即早在人類社會形成政治與經濟組織之時，就有了相關的概念。而隨著人類文明的演進，自工業革命以降，私人企業興起，人類的經濟活動亦由區域性、國際性進而發展至全球化的階段，組織傳播學門的重要性與影響力也與日俱增。

在實用目的的需求下，「**組織傳播**」學門在二十世紀初時起，即植基於傳統語藝傳播、早期管理與組織理論與後來的人際關係學說等三個主要學說之上（Redding & Tompkins, 1988），並藉由工業心理學、社會心理學、組織行為、行政管理學、人類學與政治學等學門的相關理論，得以萌芽與成長（Daniels, et al., 1997; Allen,

Tompkins & Busemeyer, 1996）。因此，其發展過程亦如傳播學門中的各個次領域般（如人際傳播、小團體傳播與大眾傳播等），呈現出一種跨學門（interdisciplinary）的發展態勢。

組織傳播雖植基於歷史悠久的語藝傳統之上，但卻同時深受起於二十世紀初之組織行為與組織管理理論發展之影響；而組織行為與組織管理是應用的行為科學，許多相關學科都對其研究論點與理論建構有貢獻與影響。因此，除了語藝的傳統外，其他與組織傳播相關的學科、其重要概念與理論，以及研究分析的對象與層次等均對這個學門的發展產生重要的影響，這部分可以參照圖5-1（引自秦琍琍，2000）。

在整個學門發展和理論建構的過程中，組織傳播學理論的初期發展，主要在於將Aubrey Fisher（1978）所提之人類傳播的四大論點（即機械、心理、闡釋—符號與系統—互動）和傳統組織學理論的四大主流學派（即古典科學管理、人際關係、人力資源與系統理論）加以結合（Krone, Jablin & Putnam, 1987），這部分我們將在下一節中詳細的說明。因此，要定義組織傳播學最簡單的方式，就是把它看作是一門「將人類傳播學研究與理論應用在各種組織情境和組織行為的學科」。

這樣跨學科的結合，有助於學者和實務工作者能從多重的觀點去探討組織不同層次——包括內部與外部，以及組織與環境間——的現象與問題。換言之，整合傳播理論與組織理論的原因，乃在於可以淬取兩者間相似與相關的概念，並加以扣連（Euske & Roberts, 1987），用以說明組織是如何透過各種傳播過程來運作的；尤其是在組織與管理理論進入到權變取向（contingency approaches），而將組織看作是動態建構過程的今日，「傳播」的角色已不再侷限於僅僅是傳達訊息的「溝通工具」而已，它成為一種「社會的黏著劑」（social glue），將組織成員、次級團體與部門以及不同的組織

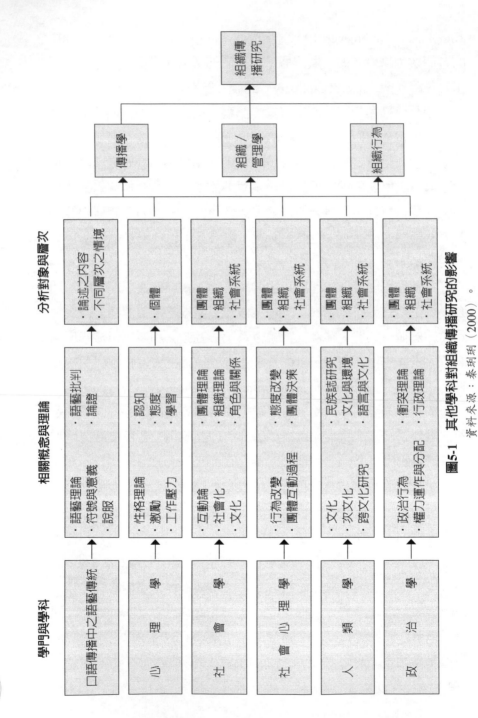

圖5-1 其他學科對組織傳播研究的影響

資料來源：秦琍琍（2000）。

連結起來。

　　因此多數的組織傳播學者則認為人類傳播的本質以及語言符號的使用，其實才是建立與形塑組織的中心點，像是學者如Tompkins（1987）等，甚至提出若是沒有符號論（symbolism）、語藝（rhetoric）與說服，我們就不會有組織。

二、組織傳播的定義

　　受到語藝傳統、管理學與組織行為學影響的組織傳播，直至1950年後由於相關科系的設立與研究的陸續發表，才逐漸被學術與實務界所接受。對於組織傳播的定義，也由早期組織中訊息的接收與傳達，或是商業溝通的技巧等，轉變成為視傳播為組織系統內成員的互動與協調，以達成組織目標的基本過程（Daniels, et al., 1997; Tompkins, 1984）。換言之，傳播行為在組織中不再只是線性的、靜態的或只是技巧而已，在由互動的個體所組成的組織系統中，傳播活動其實就是建構組織的主要活動（e.g. Farace, Monge, & Russell, 1977; Hawes, 1974; Weick, 1969），這也就是近期許多學者主張傳播即組織，或是組織即傳播（Cheney, et al., 2004）之因。

　　雖然長期以來不同學者曾為組織傳播下過許多不同的定義，但統合起來可以找出下列幾個共同點：(1)組織傳播產生在一複雜開放的系統中，此一系統與其所處之環境會互相影響；(2)組織傳播涉及訊息傳遞的流程、方向、目的與使用之媒介；(3)組織傳播牽涉到人的態度、感情、關係與溝通技巧（秦琍琍，2000）。

　　正由於組織傳播主要是在關切人類組織生活中，包括了訊息內容與溝通結構等的互動行為，因而初學者如能先對「組織」與「傳播」先有一認識，將會比較容易瞭解組織中各層次的傳播（如人際、小團體、公眾溝通等）、傳播與文化、傳播與組織結構、傳播

187

與新傳播科技，以及領導、決策、衝突與組織社會化等課題：

1. 組織：Miller（2003）認為所謂的組織，乃是由身處於環境中之兩人以上的社會集合體，透過不同的協調活動與結構的運作，以達成某種／些共同目標。此一說明指出了組織乃是較我們前一章所講的小團體更為龐雜的一個社會集合體，為了運作以達成目標，組織中的成員必須協調與分工，因而也就形成了彼此互動的模式、關係與結構。由於組織又是置身於所處的社會文化大環境中，因此環境中的種種要素皆會影響組織的運作與互動。

2. 傳播：同樣的，Miller（2003）也指出所謂的傳播是兩個人以上的社會集合體，經由語言和非語言的符號使用，以達成傳播者意圖的一個全方位的互動過程（transactional process）。換言之，傳播這個複雜與動態的過程，除了必須具有符號表徵（symbolic）的特質外，更是一個超越了傳統定義「傳送者」和「受播者」，或是單向甚至雙向互動的過程，因為在組織的場域中，任何一個發生在當下的傳播事件都受到過去種種的影響，也會影響到未來的傳播事件，且在一個傳播事件中常常牽涉到的不會只有「傳送者」和「受播者」兩個人，有時會牽連到一個團體，甚至許多的團體，尤其是在組織中的傳播過程常常清楚的展現出人心人性與社會性的本質，因此傳播者的意圖（intention）亦是必須要強調的。

瞭解上述的概念後，我們可以知道為什麼組織傳播不再只是被界定為在組織中不同層次（如人際、小團體、公眾溝通）或是不同面向的溝通（如對內傳播與對外傳播）而已，它其實包括了組織中以及不同組織間的訊息產製、互動模式、意義建構、論述與符號，以及文化的形塑等傳播行為，也因此有人建議不妨將其視為是指組

織中個人與個人、團體與團體，以及組織與環境間的交流與合作過程。所謂的交流包括了訊息、思想、觀念，甚至是意識型態的交換與對話，而唯有透過上述的過程，個人與個人或是組織與組織間，才有可能建立共識、產生合作以達成目標。

第二節　組織傳播研究的多元取徑與理論

　　在本節中我們將從理論與實務知識的角度，將組織傳播研究的不同取徑和理論發展做一全面的介紹。主要的架構將分為傳統對於組織和傳播的研究取徑、系統取徑以及新的組織傳播研究取徑等三大部分。而在早期的組織與傳播理論中，我們將介紹科學與古典管理、人際關係與人力資源等三個主要的取徑；至於在新組織傳播研究的走向中，則會介紹文化以及批判等重要取徑。

　　取徑（approach）一詞主要是指學者在從事理論建構與實際研究時，所採取的基本信念、研究觀點、研究假設以及研究方法等。由於不同的學者對於組織和傳播的意涵往往有著不同的認知，因此會從不同的研究觀點以及使用不同的研究方法來檢視組織現象和解決實務問題。

一、傳統對於組織和傳播的研究取徑

　　早期對於組織和傳播的研究，主要是延續西方自十九世紀末工業革命的傳統而來，當時人類的生產技術正由手工邁入了機械化的時代，因而多數學者都視人類的「組織」如「機械」（machine）一般，如何使「機械」可以有效能與效率的運作，則是管理者最重要的工作。以下就分別介紹科學與古典管理、人際關係與人力資源

等三個主要論點：

(一)科學與古典管理取徑

被稱為「科學管理之父」的泰勒（Frederick W. Taylor）在其1911年出版的《科學管理原理》（*The Principles of Scientific Management*）書中，提出從微觀的角度來思考如何能更有效的改善組織功能，因而認為管理者的主要工作就是制定規範與原則，並且應依照最科學的方式來分派、指定與監督員工工作。而他提出的四個管理原則，至今仍被許多經理人所遵循：

1. 只要根據科學的方法，每件工作都有一個最好的完成方式。
2. 要適才適用，因此員工的選取、訓練與發展應科學化。
3. 應視員工的表現計酬，每一項工作皆有其固定的報酬，但表現好的員工則應有額外的獎勵。
4. 應有明確的分工，因此管理者的工作是制定與計畫工作，而員工的工作則是遵循與完成管理者的規劃。

同一時期的費堯（Henri Fayol）則是根據其實務經驗而提出了一般性的管理原則以強調效率與行政管理（1949），因此有人將他歸於行政管理學派。而他所提出的十四點管理原則（principles of management）至今仍被許多管理者奉為圭臬，主要包括：

1. 分工原則（division of labor）：每一個人有其特定的工作。
2. 職權原則（authority）：職權乃是根據其職務而來，並賦予管理者下達命令的權力，但亦連帶有職責的歸屬。
3. 紀律原則（discipline）：好的紀律源自於好的領導、公平的政策與適當的獎懲。
4. 指揮統一（unity of command）原則：每一個員工只接受一位

上級的命令。

5.方向統一（unity of direction）原則：為達相同目標的所有活動，應只由一位主管領導與規劃。

6.個人利益小於團體利益（subordination of individual interest to the common good）原則：應視組織的利益高於任何團體和個人的利益。

7.報酬（remuneration of personnel）原則：員工的工資應在符合組織與其個人期望下公平合理的給付。

8.集中化（centralization）原則：決策的集中（centralized）於管理者或是分散（decentralized）於部屬應視狀況而定。

9.指揮鏈（scalar chain）原則：職權的關係好像是一條由上而下的鏈條，一層管理一層，而溝通時也必須沿著此鏈進行，除非在獲得上級同意的情形下，才會允許跨鏈間的溝通，以免延誤工作，這即是有名的費堯橋樑（Fayol's bridge）的概念，意指在某些情況下直接的平行傳播是應被允許的。

10.秩序（order）原則：員工應該適才適所。

11.公平（equity）原則：員工應被和善與公平的對待。

12.穩定的人事（tenure stability）原則：在工作穩定的前提之下，員工應給予學習的時間，以能更佳的執行其工作。

13.主動（initiative）原則：員工主動思考與執行的能力是組織珍貴的資源。

14.團隊精神（esprit de corps）原則：管理者應提倡團隊精神以促進團結與和諧。

另一位德國的社會學家韋伯（Max Weber），在其1947年的著作《社會經濟組織理論》（*The Theory of Social and Economic Organization*）中，則使用科層體制或官僚體制（bureaucracy）來說

明一種理想的組織型態。韋伯認為在科層體制中的所有行為都是依據機械性規則而在一理性系統（a rational system）中所運作的，而其所謂的系統則是一個封閉性的系統（closed system），因此在這種科層制度下的員工都是經由正式公平的遴選，在組織中亦有嚴格的分工、明確的職權階層以及正式的法規與規範，同時具有不徇私的非人情化（impersonality）管理方式。

在上述的古典理論中，傳播被視為是一種管理上的工具（tool），它主要的功能不在於社會性的溝通或是創新傳播，因為最好的工作方式已經被科學化所決定了，因此組織中的傳播內容主要是正式的且與工作有關的內容，而溝通訊息的流向自然是單向的，是一種由上而下的垂直式溝通。可想而知，這樣的傳播風格必然會以書面溝通為主，因而塑造出一種不帶情感、正式而疏離的氛圍。

(二)人際關係取徑

人際關係運動（human relations movement）的產生一方面受到其他學域發展的影響；另一方面則是起於對科學管理學派機械式組織思維的反動而來。學者們從1920年代末期到1930年代，在伊利諾州西方電子公司的霍桑廠所進行的一系列研究，即後來所謂的霍桑研究，推動了人際關係取徑的思潮；另一方面，許多的學者和實務工作者亦對於古典學派所強調的理性和去人性化的管理主張提出質疑。

霍桑研究主要是由哈佛大學的教授梅友（Elton Mayo）所領導的研究團隊所進行的，起初的研究宗旨與泰勒的科學管理理論一致，是要探討如何改善生產環境以提高員工生產力與組織效率，然而在使用了不同的研究方法所進行的數個研究結果，卻發現組織猶

如一個社會體系般，員工參與組織工作有不同的動機和因素，並非只爲了經濟的因素，同時個人的態度影響其工作行爲，而個人的態度又與監督者的態度以及團體內的士氣有密切的關係。

霍桑研究的發現指出，決定生產力高低的主要因素並非是工作環境，而是員工間的關係，以及員工與主管間的關係，因此這項研究不僅使人際關係，開始受到重視，也使人的行爲與動機開始受到廣泛的討論，這也是在管理學中將此學派歸於行爲學派之因。

另一位兼具了理論與實務經驗的重要學者巴納德（Chester Barnard），則在其1938年之《高階主管的功能》（*The Function of the Executive*）一書中，也強調了社會與心理因素對組織效能的影響。他認爲組織乃是一個開放的社會系統，這個系統的運作必須依賴成員的互動與互助，而管理者最重要的功能就在於激勵部屬。

巴納德的書主要提出了三個重點來彌補之前學說的缺陷：

1. 個體行爲（individual behavior）的重要性：巴納德認爲古典理論的學者忽略了個體行爲的差異性，以及這些差異性可能對組織效能所產生的影響。
2. 服從（compliance）：巴納德認爲所謂的服從是一種願意合作的意願（as willingness to cooperate），而獲得員工服從的前提是他們願意先放棄其個人的喜好而接受命令，因此透過溝通式的權威，以使用不同的方式去激勵員工是必須的。
3. 傳播（communication）：傳播是組織運作不可或缺的要素，因此管理者的首要功能就是要建立並維持組織中的傳播系統。事實上，巴納德認爲組織結構就是一個傳播系統。

此學派的核心概念乃是聚焦在工作場合中的社會性互動，因而就組織中的傳播內容而言，除了正式的、書面的以及與工作有關的內容外，也強調非正式的、面對面的人際傳播內容，也因此傳播訊

息的流動方向是多向性的，除了垂直的上行傳播和下行傳播外，亦包括了水平的平行傳播。

(三)人力資源取徑

自人際關係運動之後，人的行爲及其動機成爲關注的焦點。然而人力資源理論的發展（human resource development）則是起於對人際關係運動的省思，因爲若是依照人際關係理論，當員工的滿意度越高時，則其生產力應該會越高才對，但是在實務上一個對工作滿意的員工，卻未必有著極高的生產力。

另一方面，有部分研究顯示，人際關係的理論在組織中常常只是被表面化的運用；換言之，一些經理人雖然支持對員工使用參與性的開放溝通，但他們並非真正認爲員工具有獨立作業或是高品質決策的能力，僅僅只是以假性的人際關係（pseudo human relations）與假性的參與（pseudo participation）爲策略，來滿足員工的需要以提高生產力。

包括馬斯洛需求層級（Maslow's need hierarchy, 1954）在內的許多理論都指出，人類工作的動機除了經濟性與社會性以外，亦跟個人的存在價值以及自我實現有關。也因此，信仰人力資源理論的管理者一樣會鼓勵員工參與決策並支持開放性的溝通方式，但他們與人際關係學派的差異在於，他們認爲組織中的每一個人都具有值得重視的感知能力，任何員工的思想與創新的觀念都對組織有貢獻，因此員工是組織最大的資源。以下將就幾個重要的理論內涵來說明人力資源學派。

首先，要介紹馬斯洛（A. H. Maslow）的需求層級理論，馬斯洛認爲人類行爲乃是受到五個不同層級需求的驅使，而唯有當低層級的需求滿足時，人們才會尋求高層級需要的滿足。這五個需求層

級分別為：

1. 生理的需求（physiological needs）：人體呼吸、飽足以及其他的基本生理需求。
2. 安全的需求（safety needs）：人都有免於危險與威脅、安全無虞的需求。
3. 社會性的需求（social needs）：希望被愛與關懷，以及被接納的需求。
4. 自尊的需求（esteem needs）：人都希望擁有自重自愛的內在自尊，以及被他人認可與尊重的外在自尊。
5. 自我實現的需求（self-actualization needs）：人希望能夠盡其所能的發揮與展現自己的一種需求。

　　其次，要說明麥克桂格（McGregor, 1960）的X理論與Y理論（theory X & theory Y）。麥克桂格區分出兩種人類本性的基本假設，而這些假設顯然主導了管理者對於員工行為的認知和溝通的方式。

　　所謂的X理論主要是基於古典的理性經濟人的假設，認為人是不喜歡工作、不喜歡有責任且需要被督促的；而Y理論則認為人是獨立的、是喜歡工作、有責任且希望不斷成長的，也因此員工的組織行為會呈現出兩種截然不同的表現（見**表5-1**）。

　　最後，則是萊科特（Likert, 1961）的四管理型態（或是系統）理論（four types of four systems）。他的系統一之概念主要與X理論相似，系統四的概念則是近似Y理論的內涵，而系統二和系統二則是介於兩者之間。

1. 系統一（system 1）：是剝削性權威型（exploitative-authoritative），這是一種中央極權的管理模式，因此管理者

表5-1　麥克桂格的X理論與Y理論

X理論	Y理論
1.員工天生就不喜歡工作，如果可能的話，他們會盡量逃避工作。	1.員工視工作如休息或遊戲一般的自然。
2.為達到組織所追求的目標，必須對員工施以強迫、控制或處罰的威脅。	2.員工一旦對目標有了承諾就會自我要求和控制。
3.員工會逃避責任，他們會盡可能尋求正式的指揮。	3.平均而言，人們能夠學習著去接受責任，甚至尋求主動承擔責任。
4.大多數員工都會將安全視為工作中最重要的因素，而且很少展現野心。	4.員工普遍有能力做出優良決策，而不一定僅是仰仗管理者去做決策。

資料來源：McGregor (1960).

與員工間的溝通極少，且多是一種由上而下的垂直式的溝通。

2.系統二（system 2）：是慈善性權威型（benevolent-authoritative），雖然也是權威式的管理，但管理者不會以威脅或剝削的方式對待員工，同時與員工則有較多的互動，也願意付出較多的獎勵來激勵員工。

3.系統三（system 3）：則是諮商式參與型（consultative），在此型態的組織中雖然決策權與控制權仍在上層的管理者手中，但員工的意見在決策過程中會被諮詢，管理者對員工也有更多的關懷與激勵，因此上行與下行傳播的次數皆十分頻繁。

4.系統四（system 4）：為共享式參與型（participative），此種組織強調開放性的傳播（open communication），因而上對下、下對上的垂直傳播，以及水平傳播皆頻繁，傳播的內容也都是正確未扭曲的；且員工得以參與決策的過程，因而目標的設定是確實可行的，同時員工可以經由回饋以進行自我控制（self-control）。

由於人力資源取徑強調提升組織效率與滿足員工需要的雙重目標，因而此取向的組織傳播較人際關係取向更為開放，傳播內容則除了社會性以及與工作有關的內容外，亦包括了新觀念的傳布，而傳播訊息的流動方向是經由多重管道且多方向性的，除了垂直的上行傳播和下行傳播外，亦包括了水平的平行傳播，同時以參與及團隊為基礎的傳播風格亦為其特色。

二、系統取逕

系統理論源起於生物學者Bertalanffy於1950年代所發表的《系統理論概論》（*General Systems Theory*, 1968）一書；Katz和 Kahn則繼續將系統的概念運用在組織上，而寫成《組織社會心理學》（*The Social Psychology of Organizations*, 1966），而組織傳播學者Farace、Monge和Russell（1977）則是根據系統理論的原則，發展了一個「結構—功能性」（structural-functional mode）的組織傳播模式。

系統理論的重點主要是從結構—功能論出發，認為組織是一個繼續不斷與其環境互動的開放體系，因而組織就有如活的有機體（the living organism）一般，透過與外在環境的交換互動以及自身內部的轉換過程，組織也有出生、成長、衰竭甚至死亡的生命週期。

因此，要瞭解系統理論，最好從系統的特徵、運作的過程以及重要的概念三個面向來說明：

(一)系統的特徵

1.系統的組成要素（systems components）：系統是由具有

197

高低階層秩序的許多要素所組成的，這些要素從大到小分別為超系統（supersystems）、系統（systems）與次系統（subsystems）。

2.相互依賴性（interdependence）：各個系統要素間必須互相依賴方可運作。

3.可穿透性（permeability）：每個系統皆具有可穿透的界限（permeable boundaries），以供訊息或物質的流進與流出。

(二)系統的運作過程

一個開放系統透過可穿透的界限，從環境中輸入（input）各項資源，然後系統會對這些資源進行轉換（transformation），最後再將這些物質釋放到系統外，這就是產出（outputs），這些產出大部分會回饋給環境，以交換更多的資源投入系統。因此整個系統的運作過程包括了交換的過程（exchange process）與回饋（feedback）的過程。

(三)系統的重要概念

系統的重要概念則包括了：

1.整體性（wholeness）：此概念指出各個系統間的要素必須互相依賴方可運作，因此一個整體互動良好的系統，其效能往往大於其中個體相加的總和（the whole is greater than the sum of its parts）。

2.殊途同歸性（equifinality）：是指在一個複雜的系統中可以有很多方式與途徑去達成相同的目標，並非只有單一的方式可行。

3.負面亂度（negative entropy）：亦稱爲反熵作用，亂度是指
封閉系統崩潰的趨向，因此一個開放性的系統必具有克服亂
度的特性，以防止系統衰退。

4.必要多樣性（requisite variety）：由於系統的開放性，因此其
內部的運作情形必須和其所處的環境同樣的複雜多元，方能
因應外在環境。

系統理論提陳了一個複雜的組織在不可預知的動態環境中，必
須不斷的運作以建構秩序，因而對管理學而言，系統理論導出了一
種權變的論點（contingency approach），意指在複雜與變動的環境
中，並沒有一種放諸四海皆準的運作方式，管理者必須在同時考量
內部情形與外部環境後，方能找出適合自己組織運作的方式。

從傳播的面向來看，系統理論的取徑則除了正式與非正式的
溝通，以及包括了上行、下行與平行等組織內部的傳播外，也不
斷的與組織外部進行溝通互動，尤其是跨越系統界限的跨界傳播
（boundary spanning）最爲重要。另外，組織間成員、團體以及組
織與其他組織的互動也可以用傳播網絡（communication network）
的概念來分析，這部分我們將會在後面的章節加以說明。

三、新的組織傳播研究取逕

如同其他社會科學一般，組織傳播學的發展亦呈現出典範的轉
移。早期的學者多從一個科學、理性、客觀且注重因果關係的思考
模式來瞭解組織，強調如何提高生產力、效率和員工的滿意度等，
因而視組織如機械或是系統一般，所有的運作只是輸入與輸出的過
程，也因此傳播的重要性也僅僅只是此一線性流程中的一個部分而
已。

199

但自1980年開始，文化的取徑（cultural approach）逐漸興起，轉而從「人」的面向去瞭解組織成員間是如何經由傳播與互動而建構組織眞實、分享意義，以及彼此合作的。於是，傳播的重要性與角色也就從經營者的管理工具，轉而被視爲是組織運作的核心過程。

　　同時，另有一群主張批判論點的學者，將組織看成是階層宰制的工具（instruments of oppression），因此將研究的重點放在組織中被宰制的階層上（如勞工、女性或弱勢團體等）（Daniels, et al., 1997）。而這類研究強調探討組織中的深層結構（deep structure），以及傳播在組織權力結構與運作過程中所扮演的角色。學者認爲在此過程中傳播其實是被管理階層有系統的扭曲，以塑造對其有利的意識型態（Deetz, 1982; Mumby, 1988）。以下將分別說明文化取徑與批判取徑：

(一)文化取徑

　　「文化」一詞在我們的生活中常常被提起，有時候它指的是人類生活中的所有事情，有時候又可以單單意指某一特定區域、社會或群體生活中如藝術、建築、飲食、制度和行爲等等的獨特情形。而管理與傳播學界在使用了人類學「文化」的概念來檢視組織時，主要有兩種不同的見解：一種看法認爲文化是組織所「擁有」的物件（culture as something an organization has），因此一個組織特別是企業組織需要有一個強勢的文化（a strong culture）以勝出；另一種看法則是認爲組織就是文化（culture as something an organization is），就像IBM與HP是不同的企業組織一般，IBM與HP的文化也必定不同，而組織傳播就是這個文化的展演（organizational communication is a performance of this culture）（Pacanowsky &

O'Donnell-Trujillo, 1984）。

除了學術界興起的相關理論外，文化取徑的發展在實務界亦有三本書推波助瀾：

1. William Ouchi 的《Z理論》（*Theory Z*）：Ouchi（1981）的書指出企業的成功主要跟它們是否有能力可以根據其所在國的文化與卓越標準（standards for excellence）而不斷的調整有關。書中並提出「Z理論型態」的組織是最為理想的，因為此一型態的組織兼容並蓄了美國企業中注重個人主義與日本企業裡強調群體利益的所有優點。

2. Deal 和 Kennedy 的《企業文化》（*Corporate Cultures*）：Deal 和 Kennedy（1982）根據相關的研究指出構成「強勢文化」（strong culture）的五個重要因素分別是：企業的外在環境、組織的價值觀、組織的英雄人物、典禮與儀式以及文化的網絡。

3. Peters 和 Waterman 的《追求卓越》（*In Search of Excellence*）：Peters 和 Waterman（1982）則根據當時被人們認為「卓越」的六十二家企業進行分析，歸納出這些企業存有八個重要的文化面向：行動至上、接近顧客、鼓勵自主與創業精神、透過人來提高生產力、建立積極的價值觀、做內行的事、組織精簡，以及寬嚴並濟的管理方式。

從上述的說明中，可以知道組織文化的概念其實在產業界早已形成，然而當年這些被視為具有優質文化以及卓越表現的企業組織，卻有許多在今日早已被淘汰或是不再具有領先的地位，這說明了兩點事實：(1)組織文化的建立與運用必須是動態且靈活的，絕對沒有一個理想的文化模式是能適用於任何組織的（there is no one best culture to fit all organizations），這就像是我們在前面的章節所

談的權變概念一樣，組織文化乃會因爲組織所處的產業、環境、領導風格、組成成員與經營策略等而有所差異的，因此管理者若勉強套用一個並不適合自己組織的文化模式，有時反而會造成企業成員的適應不良；(2)任何文化除了具有延續的特性外，它更具有改變的特性，因此管理者必須時時根據組織內外部的環境進行變革的管理。

學者Pacanowsky和O'Donnell-Trujillo在其1982年的〈傳播與企業文化〉一文中即強調，若將企業組織當成是一個「過程」來看的話，則無論組織成員在其中做什麼都必須經由傳播與互動，而企業文化也正是如此建構出來的。同時，文化的傳承亦必須是在不同的情境中經由語言和非語言傳播所組織起來並傳遞給新進成員的。如此一來，傳播成爲一種組織的過程（the process of organizing）（Johnson, 1987），其所產製出的意義與價值觀則是組織成員在完成任務時所必須倚賴的。

那麼什麼是組織文化呢？儘管看法分歧，多數學者對「組織文化」的概念存有下列共識：(1)組織文化是經由社會建構（socially constructed）而形成的；(2)組織文化提供組織成員瞭解事件與符號的參考基模，並提供其行爲之指導；(3)組織文化並不是憑空存在（out there）且可以直接觀察的，其所形成之內涵是組織成員所共享和共同詮釋的；(4)組織文化是多重向度的結合體（秦琍琍，2000）。

Schein（1985, 1992）則將組織文化的構成元素分爲三個層次（見圖5-2）：

1. 第一層是人造品和創造物：這是指在組織中最顯而易見的事與物，比如說建築物、辦公室的擺設、使用的技術、人員的穿著、彼此的稱呼以及傳播行爲等。

第一層　看得見的人造物

人造品和創造物
如建築物、辦公室的擺設、使用的技術、人員的穿著、彼此的稱呼以及傳播行為等

第二層　擁護的價值觀

價值觀
可以在物理環境中得知；可以從社會的共識中得知

第三層　基本認知的設定

基本假設
被組織成員視為理所當然而內化到日常的組織生活當中，如人性的本質、人與人之間的關係、人與自然的關係等

圖 5-2　Schein的組織文化構成元素

資料來源：Schein (1985, 1992).

2. 第二層是價值觀：通常是指在組織中的成員所廣泛具有且可以意識得到的價值觀與信念。這種價值觀是一種被擁護的價值觀（espoused values）（Argyris & Schon, 1978），意思是其雖然指出了在組織中應該如何（ought to happen），但不代表了組織中的人所行真正是如此，例如一位管理者可能會說他很重視與員工的溝通，也很重視員工的意見，但其所行未必如此。

3. 第三層是基本假設（basic assumptions）：事實上這才是文化的內涵與精髓所在，但卻常被組織成員視為理所當然（taken for granted），而內化到日常的組織生活當中。因此基本假設常常是看不見也說不出，但確是實際引導著組織運作的，

例如組織成員對人性的善惡、人與人之間的關係以及人與自然的關係等信念，深深影響了組織的管理、溝通與制度的訂定。

Trice和Beyer（1993）亦認為組織文化並非是單一的概念或變數像是組織氛圍、組織結構、價值觀、語言或是比喻等。他們認為文化主要包括了兩個部分：由共享的價值觀信念以及規範等所構成的文化本質（culture substances），和可以從組織成員所言所行中觀察得到的文化形式（cultural forms）。

對文化闡釋學派而言，想要研究組織就應如研究文化一般（Pacanowsky & O'Donnell-Trujillo, 1984），必須深入去探究成員外在行為背後的價值、信念、意識型態、世界觀與假設等。換言之，任何組織之所以為「這個」組織（"the" organization），是一種主觀而非客觀的現象，因為唯有經由在此組織情境中的人們透過傳播與社會互動，才能建構出屬於這一群人的組織真實（organizational reality）。

因此，研究組織文化的重點是要從成員的角度（native's view）去觀察組織中每天的工作、正式與非正式的組織結構、典禮儀式、語言與非語言符號、故事、比喻等所有相關面向的文化意義。這種組織民族誌（organizational ethnography）的質化研究方法，主要將組織視為是研究的場域，而研究者從實際的參與和觀察中，全面理解組織中的成員是如何經由傳播與互動來建構他們的組織真實與該組織文化的。傳播在此也就超越了工具性的使用，而被視為是文化形成與轉變的核心過程；換言之，這派的學者是回歸到人類共有經驗與意義建構的本質中去討論傳播的意涵。

(二)批判取徑

　　自1980年代之後，批判理論在美洲大陸逐漸興起，主要是受到馬克思（Karl Marx, 1818-1883）學說的影響，認爲在資本主義的社會中，勞資關係有先天性的不平衡（imbalance），因此需要批判（critique）來顯露人類社會的基本眞實，此舉並將導致革命的發生，而其理論對之後的法蘭克福學派（Frankfurt school of critical theory）多位學者亦有極深遠的影響。

　　組織傳播研究的批判取徑，源起於對組織與傳播的認知有所轉變，主要的差異在於從獨白式的取向（monological approaches）轉移成對話式的取向（dialogical approaches），就好像是舞台劇中的獨白與對話一般。所謂獨白式取向的重點，是指企圖在組織中尋求整體一致的故事與共識，即無論在其研究中採取了多少組織成員的觀點，研究者都習慣將其整合成一個單一貫穿的論述，這也就是爲何有學者認爲在任何組織中都必存在著一個整體的強勢文化的原因。而採對白式取向的學者則認爲，組織中存在著多元的認知與多種的眞實，組織就如同一個爭霸的場域般，當中不同的聲音和不同的觀點會不斷的相互角力，以爭取掌控權力，因此論述的本身就可以解釋成是權力的來源。

　　批判學說主要對於權力以及權力的運作有不同於以往的看法。傳統取徑的學者認爲組織中的權力主要是來自職位（position）與個人特質。管理者或是因其職位權力（position power）而能對員工進行獎賞權（reward power）與懲罰的強制權（coercive power），或是因爲其個人所具有的特質與魅力，而形成對員工有所影響的一種個人權力（personal power）；而文化取徑的學者則認爲組織中的權力，是經由符號表徵與傳播互動所建立與運作的。至於批判論點則

認為人類組織中的權力與衝突主要來自資本家對生產模式（生產過程背後的經濟條件）與生產方式（實際的工作過程）的控制、管理者對性別議題的控制，以及管理者對組織論述的控制等三個面向。

批判理論的學者認為，資本主義的生產模式是建立在對勞工剩餘勞力（surplus labor）的剝削上，因為資本家將利潤的達成視為是來自工廠與設備的投資，因此利潤多寡取決於市場條件而非勞力，所以員工無法決定其勞力所生產出的產品價值，同時工業化的結果亦帶來對人性的扁抑（dehumanization）與異化（alienation），然而這種潛藏的不平衡卻未必被勞方與資方所意識到。

近年來女性主義的論點亦漸受到重視，此派學者多從女性主義（feminism）的角度來探討父權制度（patriarchy）對於組織中的性別關係、知識結構以及男性主控等現象的影響，而在對於性別刻板印象、性騷擾、性別歧視等存在已久的組織問題上，女性主義的學者也確實為新世紀的組織傳播研究開出了另一條路。

對組織論述（organizational discourse）控制的討論，則是因為學者認為組織真實主要是由在其中成員的溝通互動所建構出來，也就是由組織中的論述所建構的，而組織中的權力關係則是透過組織論述所產生和再製的（Deetz & Mumby, 1990），因此在組織中「誰能說？」「什麼能說？」「怎麼說？」，以及「誰說了算？」等情形，其實都透露出論述就是一種掌控與宰制。

持批判論點的組織傳播學者主要視組織是階層宰制的工具，而傳播則是組織中權力的產生與運作最重要的場域。因此在傅科（Michel Foucault）、葛蘭姆西（Antonio Gramsci）、哈伯瑪斯與法蘭克福學派的新馬克思主義之影響下，許多學者從權力的正當性、權力的深層結構、霸權與扭曲的傳播、權力與衝突，以及意識型態的掌控等面向探討組織文化與真實。

批判理論的終極目標在於幫助被壓迫的團體，從被宰制的意識

型態、假設、權力關係以及認同的形塑等扭曲的眞實與現象中解放出來，而唯有當被壓迫的團體能夠進行批判性的反思並逐漸浮顯自主的意識時，解放才有可能達成。

第三節　組織傳播的實務與溝通情境

本節主要有兩個重點：(1)從個人與組織的角度來介紹組織傳播在實務上的相關議題；(2)從人際、小團體以及組織和跨組織等不同的溝通情境，來說明傳播在組織的場域中，是如何的影響組織成員的生活與組織運作效能的。

個人的角度主要是指從微觀的角度，來理解個人在組織中的經驗與感受。此處我們將討論組織同化、組織認同、情緒勞動、組織結構、傳播結構和組織文化等三個與我們組織生活極爲相關的理論。

一、組織傳播實務的相關議題

(一)組織同化過程

組織同化過程可被視爲是新成員理解、學習與融入組織文化的過程，而以企業組織爲對象，Jablin（1987）則提出「同化」（assimilation）的概念，主要是指個體參與、融入以及離開組織的行爲和認知過程。他認爲同化過程是一個雙重進行的過程，一方面這是組織進行社會化的過程，亦即組織會運用各種正式及非正式的方法來影響個體；另一方面這同時也是個人化的過程，因爲當個體融入組織後會逐漸出現個人化的行爲，也可能會企圖影響或改變組

織。

　　針對工作場域中新進人員的內在經驗與傳播行為，這個適應和學習的過程主要包括三個階段：

1. 先期性的社會化（anticipatory socialization）：是指個體進入組織之前的社會化過程，包括之前對特定組織及特定職業所產生的印象、期望和所獲得的訊息等。我們對職業的選擇與從小開始的社會化過程有關，用傳播的概念來看，我們會從父母、教育機構、朋友同儕、打工經驗以及媒體等處得到與職業選擇相關的訊息，但至於我們會如何選擇，則跟我們的性向以及消息來源的可信度等有關。而對特定企業的選擇，除了跟上述消息來源有關外，亦會受到企業廣告、面試經驗等因素等傳播內容與行為的影響。

2. 遭遇期（organizational encounter）：是指新進員工剛進入組織的一段時期，此時員工進入一個新的環境中，主要的傳播內容集中在如何扮演其角色、企業文化以及在此企業中工作所必須知道的事項上，而這些訊息的來源除了上司與同事外，亦包括了組織所傳達的資訊。此時新人的傳播過程一方面是經由理解的過程（sense-making process）去克服可能會產生的驚訝，以及與原本期望不符合的地方；另方面則會在調整與適應後開始其角色發展的過程（role-developing process）。

3. 蛻變期（metamorphosis）：當組織成員度過了新人時期，就進入一個被組織正式接納且逐漸內化組織文化的階段。他／她開始會以一種內部成員（insider）的身分進行傳播與互動，也會開始展開個人化的過程與建立人際關係。

(二)組織認同

　　透過同化的過程，成員能將個體的價值觀、生涯發展與組織的價值觀和成長目標做一連結，而產生組織認同（organizational identification）。組織認同主要指組織成員對於該組織核心性、區辨性與持久性等特徵的集體看法，亦即對「我們是誰」、「這是一個什麼樣的組織」以及「我們與其他組織的主要差異爲何」等命題的共同認定。

　　組織認同與工作投入（job involvement）、組織承諾（organizational commitment）以及員工對組織的忠誠度（loyalty）有密切的關係，研究顯示當組織成員越認同組織時，其工作滿意度與投入的程度通常會越高，而其對與組織的忠誠度與承諾亦會越高，這樣的員工通常自然會有較佳的工作表現，也越能樂在工作中。

(三)情緒勞動

　　Hochschild（1983）指出在某些工作上，組織會要求員工呈現某些情緒以符合其工作角色，因此當員工必須爲了工作上的要求而壓抑或改變自己的眞實感受時，情緒也變成了一種勞動，亦即情緒勞動，例如安寧病房的護理人員、空服員或是第一線的客服人員等。

　　事實上，人類組織本身就存在著許多情緒表達的規則（feeling rules）要求其成員要有適當的情緒表達，如果我們把組織看成是一個展演的場域，那麼就會如同Goffman（1959）的戲劇理論一般，人們在「前台」的舉手投足往往是經過刻意安排的結果，爲了達成目標，每一位參與溝通者都需要壓抑住他最直接、感觸最深的想法，而對情境表達出一種他認爲其他人起碼能夠暫時接受的觀點。

這種情形特別發生在商業化的社會中，原本是個體的情緒表達與展演，因為受到了來自組織與顧客需求的影響，而使得多數的組織成員必須放棄「我覺得如何」，而去學習「我該如何感受」以及在什麼樣的場合該／不該表現出什麼感受。

從這樣的角度思考，任何的組織或是任何的社會關係都有著情緒勞動與情緒運作的痕跡，但不容否認個人的情緒管理確實攸關著個體任務的達成與整體組織的運作，這也是為什麼在現今職場中情緒商數（EQ）會成為個體能否成功的一個重要指標。

上述的幾個概念雖是從微觀的角度出發，但其實也都涉及到組織的鉅觀層面，因為在一個開放的系統中，所有的要素都會是互相依賴與相互影響的。以下將從組織的角度來討論一些與實務相關的概念。

(四)組織結構

組織結構（organizational structure）是人所設計出來的系統和架構，它提供了組織分工與統合的基礎。組織結構在縱向方面能顯示出階層體系，在橫向方面則說明了各種不同功能的單位與部門是如何連結的。因此，一個組織的結構說明了三件事：

1. 組織的複雜程度（complexity）：亦即組織中工作任務分工的程度。主要有三種形式：(1)平行的分工，指如何劃分部門；(2)組織層級的深度，指組織有多少層級；(3)跨越空間的區隔，指的是跨區或跨國的程度。
2. 正式化的程度（formalization）：指使用規定與標準處理流程來規範工作行為的程度。
3. 決策權集中的程度（centralization）：指在決策過程中，中央集權與地方分權的情形。

　　雖然，組織結構顯示了組織職權的劃分、報告的關係與控制的幅度，以及組織中是如何分工與協調的，但若要更詳細的瞭解組織中的權力運作、人際網絡與資訊／源的交換，則必須從組織中的傳播結構著手。

(五)傳播結構

　　組織中的傳播結構（organizational communication structure）乃是組織傳播學中的重點之一，主要有兩種最基本的方法來檢視組織中的傳播結構，分別是管道的觀點（the channels perspective）和網絡的觀點（network perspective）。

　　從管道的觀點來看傳播結構，是將組織中的溝通結構視為一系統性的通道，而流通於其中的自然是組織中的各種訊息（Goldhaber, 1993），主要分為正式和非正式的組織傳播：

1.正式傳播（formal communication）：指的是組織中正式的訊息交換，因此傳播途徑主要是遵循組織的結構與層級來進行。主要有三種訊息流通的方向：(1)下行傳播（downward communication）是指管理者從上往下的傳播，傳播的內容多為與員工的工作內容、組織的制度與政策，以及意識型態的宰制有關的書面傳播，而傳播功能則主要為布達、激勵與建立共識；(2)上行傳播（upward communication）則是由下往上的一種下情上達的傳播，傳播內容多與如何執行工作、解決問題、意見的表達以及對管理者的回饋有關，傳播的方式同時包括了書面與口頭的表達；(3)平行傳播（horizontal communication）乃是組織部門間的橫向傳播，傳播內容主要是為了跨部門間的整合與協調，傳播的方式自然包括了書面與口頭的表達，主要的傳播功能除了增進協調合作外，尚有

211

激勵士氣和解決衝突。

2. 非正式傳播（informal communication）：是指訊息傳播的路徑並非是沿著正式的組織結構而行，反而常常會像是葡萄蔓藤式的傳布（grapevine communication）出去，事實上組織中的訊息有很大部分是循著非正式傳播管道出去的，這種所謂的小道消息具有口耳相傳的人際與時效等特性。

管道的觀點雖然能夠明確的呈現組織訊息的內容、流向與功用，但其缺點則是在實際的工作場域中，所謂的「正式」傳播與「非正式」傳播有時是很難區分的，也並非所有的訊息都可以明確的指出是向上或是向下傳遞，因此有學者提出網絡的觀點。

從網絡的角度來看組織中的傳播結構，則是聚焦在組織成員的互動模式，也就是傳播網絡上（communication network），其中尤其重要的是成員的角色、網絡連結的特性、網絡結構的特性以及內容等部分（Tichy, 1981）。

1. 網絡角色：主要分為：(1)橋樑者（bridge link），指在團體中並與其他團體互動的人；(2)聯絡者（liaison），指不在團體中但與其他團體互動的人；(3)不與任何人連結的獨立個體（isolate）。

2. 連結特性：網絡連結的特性通常可從成員是否是雙方且互惠性的溝通、對於彼此的承諾與涉入的程度以及網路成員相互連結方式是否具多樣性等來看。

3. 結構特性：結構特性主要指網絡的大小規模、其中訊息傳遞的密度以及穩定度等。

4. 內容：主要指成員在網絡中所交換的物件內容，可能包括了訊息、情感、影響力、具體物件與服務等。

網絡的角度除了能解決正式與非正式溝通界定的困難外，通常也能更深入的描述組織成員溝通互動的情形，也因此溝通網絡可以更確切的說明社會建構（social construction）的概念，意指社會組織中的真實與文化主要是組織成員經由溝通互動所建構出的。但對於研究者而言，網絡分析（network analysis）的研究資料除了取得與分析不易之外，網絡結構與時改變的特性常常更令研究者頭痛。

(六)組織文化

在前面的章節中已說明組織文化除了是成員對其內部環境的一種認知外，更傳遞了重要的信念、基本假設和意識型態，所以能實際影響著組織運作的價值觀、活動內容與策略目標等。因此，目前企業組織的管理者多是從兩個不同的取徑去進行文化的管理：(1)著重於成員內部的心理知覺因素；(2)著重於外部的行為與溝通過程。

對於前者的主張而言，文化管理與變遷的成功因素主要在於員工內心的認知與信念結構，因此要改變文化最好先改變員工是如何「認知」與「思考」的；然而對於後者而言，組織則被視為一個符號系統（a system of symbols），成員們是在此系統中經由個體間的互動行為與傳播模式來建構出組織真實與價值觀，因此文化的管理與變革亦須從外在的行為與互動開始。

而Deetz、Tracy和Simpson（2000）提出一個整合的觀點來看文化的運用與管理。他們認為組織文化乃是同時由內部與外部的因素所構成，因此認知與行為是互相影響的（見**圖5-3**）。當然，就實務上的運用而言，對於組織成員的外在行為與傳播模式的要求和掌控，顯然比改變成員內在根深柢固的認知容易得多，因此，有學者認為組織文化的塑造與管理，其實也就是對組織成員的意識型態進行塑造與管理（Daniels, et al., 1997）。

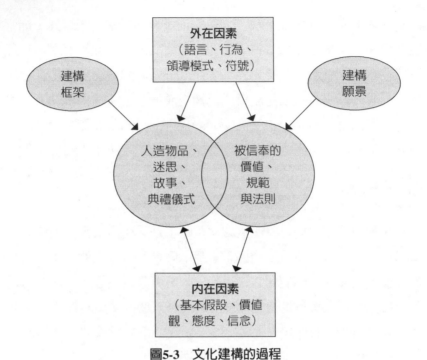

圖5-3 文化建構的過程

資料來源：作者改編自Deetz、Tracy、Simpson（2000）。

二、組織中的傳播情境

接下來，我們將從組織中的傳播情境（contexts），如人際溝通、小團體溝通、跨組織溝通與公共傳播等，來說明傳播在人際關係、團隊合作，以及組織內、外部的策略管理上所扮演的角色。

(一)組織中的人際溝通

人際溝通與人際關係不僅是組織最基本的傳播層次，更是今日職場工作者最重視的議題之一，而在組織中人際溝通的進行，則有

與客戶的溝通、上司與下屬的溝通、同儕間的溝通等幾種模式。

1.與客戶的溝通：顧客導向已成為現代企業組織的重要趨勢，組織普遍希望其成員具備顧客服務的理念，以透過溝通提供客戶所需要的品質。而對於許多非營利的組織如學校、公共電視與公益機構等，顧客導向的概念也能幫助其提升服務品質與溝通氣氛。

2.上司與下屬的溝通：上司與下屬對於組織和工作常有不同的認知，多數的上司平均需耗費三分之一到三分之二的工作時間與下屬進行溝通（Dansereau & Markham, 1987）。一般而言，當上司願意傾聽與溝通、能給予員工即時的回饋且願意開放訊息給員工時，下屬的溝通與工作滿意度皆較高，而多數的研究也顯示管理者使用開放、支持、激勵以及賦權式的溝通時，較易取得員工的順服。組織中上司與下屬的溝通與領導有很大的關係，關於領導與權力的運作已在前一章中有詳細的說明。

3.同儕間的溝通：同儕間的溝通主要指與工作團體內其他成員的溝通或是跨部門的人際溝通等情境，有時也指跟組織外部同業間的溝通關係。

組織中的人際溝通除了參與互動的雙方都需要良好的溝通能力外，更應該瞭解在所有關係傳播（relational communication）中都存在著關係兩難（relational dialectics）的情形（Baxter & DeGooyer, 2000; Baxter & Montgomery, 1996）。關係兩難意味著所有的人際關係都隱含著因為兩種論點的對峙而產生的矛盾與張力（tension），包括：

1.自主與緊密的兩難（autonomy vs. connection）：指「需要個

人空間」與「想要與人作伴」的矛盾。

2.新奇與循例的兩難（novelty vs. predictability）：指人際間的相處一方面需要建立慣例性的熟悉感，另方面卻又需要一些改變與新鮮感。

3.開放與封閉的兩難（openness vs. closedness）：我們也常會在與人溝通時有著到底應該自我揭露多少的疑惑，因為我們一方面很希望與人分享某些事情，但又怕有些個人的隱私會變成組織中流傳的小道消息。

4.公平與不公平的兩難（equality vs. inequality）：在組織中公平與否是一個重要的議題，多數時候我們都希望得到一視同仁的公平對待，但人際關係的建立常常必須超越一視同仁的公平特性，否則無法有更進一步的交情。

(二)組織中的小團體溝通

小團體溝通在上一章已有十分詳盡的說明，如果將小團體視為是組織體系中的次系統（subsystems），那麼我們在前一章所討論小團體的定義、特質、重要理論與概念等完全可以應用在組織的場域中。而在組織中，各個團體內與彼此間溝通互動的好壞，往往直接影響到組織的運作與效能，因此團體的行動必須視為是一種共同行動（joint action）（Daniels, et al., 1997），因為團體與組織是互相影響與相互依賴的。

事實上，組織中或是跨組織間的團隊（team）、團體（group），甚至是網絡（network），它們的形成與運作都與團體規範、決策過程、組織文化、衝突管理以及共識的產生有關。團體中的互動主要是根據團體成員的角色與團體規範而進行的過程，而在多數的企業組織中，團隊的形成是為了進行決策與解決問題，例

如我們常聽到的專案團隊、任務分組或是某種委員會都具有上述的功用。

Schein（1969）指出許多團體決策有以下六種方式：

1. 不予回應（lack of response）：這種情形指當一個意見被提出時，在團體未經任何討論就被擱置；換言之，團體成員是用沉默來進行否決。

2. 權威議決（authority rule）：在此決策過程中，儘管成員可以討論與建議，但是最後必定由權位最高者議決。

3. 少數聯盟（minority coalition）：Schein認為此種方式主要是團體中少數的成員經由串聯而強力發聲，因而形成一種團體共識的假象，致使團體中多數的成員不敢反對。

4. 多數議決（majority rule）：這就是我們所熟悉的投票表決，以贊成人數的多寡議決。

5. 形成共識（consensus）：當團體對一決議形成共識時，雖然不是所有的成員都同意，但都在其可以接受的範圍內，這也就是我們常說的「雖不滿意但可以接受」。

6. 一致同意（unanimity）：這是一種極為少見的理想情形，指所有成員全然贊同某一提案。

雖然學者對於有效團體決策的成因未能有完全一致的說法，但由於團體決策的過程與品質不僅受到了團體內部成員互動模式與成員間關係的影響，更受到了組織文化以及組織所處的社會文化之影響，因此通常一個團體能有效決策的前提，必然與團體成員的傳播行為、人際關係以及是否能有足夠且正確的資訊有關。

小團體中的衝突管理亦是日常組織生活中的一個重要議題，這部分在上一章中也有詳細的說明。從管理的角度來看，在組織中團體內或團體間的衝突多傾向透過協商（negotiation，又稱談判）

的方式來解決，亦即利用重新定義彼此的相依而解決彼此分歧的目標（Lewicki, et al., 1999）。學者認為協商基本上可分四種戰術（tactics）：

1. 分配式協商（distributive negotiation）：是一種零和的概念，在資源固定的情況下，雙方各自企圖讓對方瞭解並同意己方的需要，或是說服對方其目標是不可能達成或是不公平的，以同意己方的方案。
2. 整合式協商（integrative negotiation）：通常是一種擴大資源數量而使雙方各取所需的雙贏方案，但這顯然需要雙方願意協調與合作。
3. 態度重建式協商（attitudinal structuring negotiation）：由調解者（mediator）居中介入，而以仲裁、裁判或是旁觀者的方式進行調解。
4. 組織內協商（intra-organizational negotiation）：通常由雙方各派代表，先尋求內部的共識，再與對方代表協調。

(三)跨組織傳播

組織內外部的溝通，基本上都涉及組織環境、結構、文化與權力運作等面向。在有關於組織環境的研究中，主要分為資源依賴理論（resource-dependency perspective）與資訊流通（information-processing perspective）兩大論點（Aldrich & Mindlin, 1978），前者認為外部環境中存在著組織賴以為生或是達成目標的種種資源，資源的豐富與否，以及組織能否取得資源，影響了企業組織的存活與成長；而資訊的論點則強調透過組織與環境間的溝通與訊息交換，實為影響其結構與管理過程之主要原因。

無論從那個論點出發，都指出企業組織和外部環境的互動與溝

通的重要性，唯有透過對外部環境的監測，組織才能掌握環境的變動、資源的流通以及訊息的流向與流量，此正是企業進行決策和訂定策略所必須依賴的要項。

　　而在與所處環境中其他組織的溝通互動上，則是跨組織傳播的範疇。在跨組織的溝通策略上，主要有兩種策略以應付環境的侷限：

1. 造橋策略（bridging strategy）：透過與其他組織的聯繫以建立各種合作的關係，而在組織之間則可進行有形物質與訊息的交換。Eisenberg等學者（1985）則認為有三種不同層次的跨組織聯繫，為(1)組織性的溝通連結，如兩家公司的合作計畫；(2)代表性的溝通連結，由不同組織中的部門或代表人物合作；以及(3)個人性的溝通連結，是指非正式個人層面的人際溝通。

2. 跨界策略（boundary-spanning strategy）：由與環境具有較高程度之互動關係的組織成員與外界進行互動，這些人被稱為組織越界人（boundary spanner）（Adams, 1976），通常是負責與外部環境進行溝通聯絡的人，如公關、發言人、行銷廣告人員或是人事部門的員工等。他／她們在進行對外的傳播時，主要扮演了資訊的蒐集、守門人、組織代表以及組織與外界緩衝體等角色。

(四)組織的公共傳播

　　公共傳播（public communication）指的是一個特定的消息源（source）對於一群既定公眾的傳播，也就是一種一對多的溝通（one communicating with many）（Wiseman & Barker, 1967）。而Daniels等學者（1997）則以策略性傳播（strategic communication）

219

來指組織的公共傳播，以凸顯此類傳播的特性，他們認爲策略性傳播的概念一方面強調說服以及取得順從（gaining compliance），另一方面亦跳脫傳統公共傳播的線性模式（linear model），而是一個全方位的互動過程（transactional process）。

　　一個組織通常須面對七種不同的公眾：金融界（如貸款銀行）、媒體、政府主管機關、特殊利益團體（如消保會、綠色和平組織）、社區民眾、一般大眾以及內部的員工，因此主要可分爲對內溝通和對外溝通兩大面向。

■對內溝通

　　對內溝通是指管理者針對內部員工的傳播，包括了人際、小團體或是整個組織的溝通範疇，對於管理掌控、組織效率以及生產力有極大影響。溝通的方法與媒介主要有：(1)面對面的溝通，如會議、典禮儀式等；(2)書面溝通，如組織中的刊物、員工手冊、所貼的標語文宣等；以及(3)透過電子媒介，如電話、廣播、電腦網路等。

　　這類傳播主要包括了五種內容：

1. 對員工的教育與訓練：包括新進員工訓練與在職訓練等各項課程，除了提供專業知識外，主要爲進行組織社會化與再社會化的內容。
2. 安全與損失的防治：主要在推廣工作安全，以防止員工受傷並浪費組織資源。
3. 報酬與福利：企業組織的員工最關心的資訊就是與切身權益有關的報酬與福利等訊息，因此許多管理者也都重視這類訊息的公開與傳布。
4. 組織的發展與變革：組織變革常是一個緩慢且龐雜的過程，而改變通常也會引起抗拒，因此內部的溝通極爲重要。

5.士氣與滿意度：對內傳播對於提升員工士氣與滿意度有極大的功用，除了上述各項內容皆可能對士氣與滿意度有助益外，只要是有關提高員工自我的概念、人際間關係，以及對組織正面態度的訊息都能達到此一目的。

■對外溝通

組織的對外溝通主要有三種形式：行銷、公共關係和議題管理。行銷的概念主要是以顧客導向的概念出發，將公眾視爲是顧客，而以廣告行銷的手法促銷組織的產品或服務。

另一方面，企業組織多會透過公共關係的運作來建立良好的企業形象。長久以來公共關係被視爲是組織有效溝通的管理行爲（Grunig, 1992），而形象是指個人或群體對某一標的物的整套信念，因此企業組織透過公共關係的操作，運用某些特定的價值觀對公眾塑造正面企業形象的過程就是形象建立，此亦Goldhaber（1993）所指形象建立乃組織透過涵化的過程，以塑造出一個爲公眾所接受與認同的企業識別（organizational identity）。

由於公關活動的本質是一種企業個體與外在環境的「跨界」（boundary spanning）活動（Adams, 1976），除了訊息的傳達外，同時也交換意見、信念與價值觀等。因此如果要全面且確切的說出企業體的精神，公關活動勢必不僅止於外在的跨界活動，或是一種表面的包裝，乃在於能否點出企業本身究竟「是什麼」，亦即企業識別。因此，企業形象的建立除了有公共關係的運作以及傳播策略的配合外，企業組織本身就必須要有正面的企業精神與文化才有可能成功。

公共事務與議題管理（public affairs and issue management）和之前所說的公共關係雖有所重疊，但主要是指組織對會影響其未來發展的政治或社會議題進行控管的過程。例如是在一些政策法規制

定之前，某些企業組織就會使用策略性傳播以形成有益於企業的民意，並影響政策的訂定。因此，議題管理牽涉到預見、政策發展和企業倡導三部分（Arrington & Sawaya, 1984）。

學者Ewing（1979）則舉出了五種組織在進行議題管理時常用的方法：

1. 趨勢分析：以統計學的方法針對某一變項進行預測。
2. 趨勢影響分析：在趨勢分析後，再辨識出會對組織造成影響的各項事件來。
3. 媒體觀察：這是一個較為簡易的方法，主要是經由檢視媒體的各項內容而找出會影響組織的議題。
4. 民意監測：通常與媒體觀察一起使用，主要是針對已觀測到的潛在議題進行分析，因此會使用像是民調等社會研究方法。
5. 腳本撰寫：這個方法主要是根據「如果X通過會如何」的假設性問題，而撰寫出未來可能發生的情節，以供組織做沙盤推演、產生對策。

由於在組織對外傳播的過程中，扮演組織跨界人（boundary spanner）角色的通常是公關部門的人員，而其工作一方面可以具體執行起訊息的交換；另一方面則可以將組織與環境間做一象徵意涵的連結（symbolic connections）（Cheney & Vibbert, 1987）。因此J. Grunig（1984）認為由於公關專業的互動、複雜和創造等特性，使得其本質已不再只是組織的跨界行為（boundary spanning）而已，更是疆界創制和控制（boundary controlling）的過程。

 第四節　結論

　　本章分別從學術與實務的面向來介紹組織傳播，前兩節主要由學術的角度出發，第一節側重從此學門的發展歷程中說明什麼是組織傳播學；第二節則是介紹各種不同的研究取徑與相關理論，以為讀者勾勒出一個清楚認識組織傳播學的地圖；第三節則是從實務的面向，分別由人際、小團體、組織以及跨組織的溝通情境中，說明在日常組織運作中會面對的相關議題，讓讀者對組織生活能有更深刻的感受。其中由於領導、衝突以及小團體的運作過程在前一章都已說明，不在此重複。

　　至於理論與實務的扣連，可以回到本章一開始所提「組織素養」的概念。因為身為一位現代人，必然會與各種組織有所關聯，如果我們想要成為新世紀的優質組織人，能夠真正的樂在組織中的話，我們確實應該瞭解與重視組織傳播學的內涵，並且要能夠在組織生活透過溝通與互動實踐，以建立關係、完成任務、達成目標、共享意義或是創造文化。

　　有人曾說：「在組織中唯一不變的就是會改變。」組織中的人會變、制度會變、技術會變、結構會變、文化會變，甚至外在環境也不斷在改變，因此對於組織的管理者而言，如何在改變（change）與延續（continuity）中尋得平衡是一個難題；而對組織的成員而言，如何在組織的掌控（control）與個體的自主（autonomy）中得到平衡，則是我們每天都要面對的課題。

　　Eisenberg和Goodall（2004）在其新版的書中則建議以「有心」（mindfulness）來實踐組織傳播，也就是說，在任何的溝通互動中我們必須對人、對事與對物要更有意識（consciousness）。這種

口語傳播

「有心的傳播」（mindful communication），不僅要有傳播知識和技能，更要具備溝通的倫理和自我的節制，當我們越有心時，我們為人處事才會越有道德感，也才有可能建立正直良善的組織。

問題與討論

1. 什麼是組織？什麼是傳播？請以你／妳的學校生活為例，具體說明組織與傳播間的關係為何？
2. 請找一個你／妳感興趣的組織（如學校、企業或是非營利組織等）當個案，並從本章所學的研究取徑中（如傳統、系統、文化與批判等），選擇一個來分析並說明該個案。
3. 什麼是組織中的傳播結構？從管道的觀點和從網絡的觀點來討論傳播結構又有什麼不同？
4. 請分享你／妳個人在組織中的人際溝通情形？你／妳同意「做事沒有做人難」這句話嗎？

參考書目

一、中文部分

秦琍琍（2000）。〈組織傳播的源起與發展現況〉。《新聞學研究》，
63，137-160。

二、英文部分

Adams, J. S. (1976). The structure and dynamics of behavior on organizational boundary roles. In M. D. Dummette (Ed.), *Handbook of industrial and organizational psychology*. Chicago, IL: Rand McNally.

Aldrich, H. E., & Mindlin, S. (1978). Uncertainty and dependence: Two perspectives on environment. *In Organization and environment: Theory, issue, and reality* (pp. 149-169). Newbury Park, CA: Sage.

Allen, B. J., Tompkins, P. K., & Busemeyer, S. (1996). Organizational communication. In M. B. Salwen & D. W. Stacks (Eds.), *Integrating theory and research in communication*. Mahwah, NJ: LEA.

Argyris, C., & Schon, D. A. (1978). *Organizational learning*. Reading, MA: Addison-Wesley.

Arrington, C. Jr., & Sawaya, R. N. (1984). Managing public affairs: Issues management in an uncertain environment. *California Management Review*, *26*, 148-160.

Barnard, C. (1938). *The function of the executive*. Cambridge, MA: Harvard University.

Baxter, L. A., & DeGooyer, D. H., Jr. (2000). Perceived aesthetic characteristics of interpersonal conversations. *Southern Communication Journal*, *67*, 1-18.

Baxter, L. A., & Montgomery, B. (1996). *Relating: Dialogues and dialectics*. New York: Guilford.

Cheney, G., Christensen, L. T., Zorn, T. E., & Ganesh, S. (2004). *Organizational communication in an age of globalization: Issues, reflections, practices*. Prospect Heights, ILL: Waveland Press.

Cheney, G.., & Vibbert, S. L. (1987). Corporate discourse: Public relations and issue management. In F. M. Jablin, et al. (Eds.), *Handbook of organizational communication: An interdisciplinary perspectives*. Newbury Park, CA: Sage.

Daniels, T. D., Spiker, B. K., & Papa, (1997). *Perspectives on organizational communication* (4th ed.). Madison, WI: Brown & Benchmark.

Dansereau, F., & Markham, S. (1987). Superior-subordinate communication: Multiple levels analysis. In F. M. Jablin, L. L. Putnam, K. H. Roberts, & L. W. Porter (Eds.), *Handbook of Organizational Communication: An interdisciplinary perspectives*. Newbury Park, CA: Sage.

Deal, T., & Kennedy, A. (1982). *Corporate cultures: The rites and rituals of corporate life*. Reading, MA: Addison-Wesley.

Deetz, S. A. (1982). Critical interpretive research in organizational communication. *Western Journal of Speech Communication*, *46*, 131-149.

Deetz, S., & Mumby, D. K. (1990). Power, discourse and the workplace: Reclaiming the critical tradition. In J. Anderson (ed.), *Communication yearbook 13* (pp. 18-47). Newbury Park, CA: Sage.

Deetz, S. A., Tracy, S. J., & Simpson, J. L. (2000). *Leading organizations through transition: Communication and cultural change*. Thousand Oaks, CA: Sage.

Eisenberg, E. M., Farace, R. V., Monge, P. R., Bettinghaus, E. P., Kurchner-Hawkins, R., Miller, K, I., & Rothman, L. (1985). Communication linkages in interorganizational systems: Review and synthesis. In B. Dervin & M. Voigt (Eds.), *Progress in Communication Sciences*, *Vol. 6* (pp.231-258). Norwood, NJ: Ablex.

Eisenberg, E. M., & Goodall Jr., H. L. (2004). *Organizational communication: Balancing creativity and constraint* (4th ed.). Boston, MA: Bedford/St. Martin's.

Euske, N. A., & Roberst, K. H. (1987). Evolving perspectives in organization theory: Communication implications. In F. M. Jablin, L. L. Putnam, K. H. Roberts, & L. W. Porter (Eds.), *Handbook of organizational communication: An interdisciplinary perspectives*. Newbury Park, CA: Sage.

Ewing, R. P. (1979). The uses of futurist techniques in issues management. *Public Relations Quarterly, winter issue*, 15-18.

Farace, R. V., Monge, P. R., & Russell, J. M. (1977). *Communicating and organizing*. Reading, MA: Addison-Wesley.

Fayol, H. (1949). *General and industrial management (Constance Storrs, Trans.)*. London: Sir Isaac Putnam.

Fisher, B. A. (1978). *Perspectives on human communication*. New York: Macmillan.

Goldhaber, G. M. (1993). *Organizational communication* (6th ed.). Dubuque, IA: Brown & Benchmark Publishers.

Grunig, J. E. (1984). Organizations, environments and models of public relations. *Public Relations Review & Education, 1*, 6-29.

Grunig, J. E. (1992). *Excellence in public relations and communication management*. Hillsdale, NJ: Lawrence Erlbaum.

Hawes, L.C. (1974). Social collectivities as communication: Perspectives on organizational behavior. *Quarterly Journal of Speech, 60*, 497-502.

Hochschild, A. (1983). *The managed heart*. Berkeley, University of California Press.

Jablin, F. (1987). Organizational entry, assimilation, and exit. In F. Jablin, L. Putnam, K. Roberts, & G. Miller (Eds.), *Handbook of organizational communication* (pp. 615-654). Newbury, CA: Sage.

Johnson, G. (1987). Commentary on Chapter I. In A. Pettigrew (Ed.), *The management of strategic change*. Oxford: Basil Blackwell.

Katz, D., & Kahn, R. (1966). *The social psychology of organizations*. New York: John Wiley & Sons.

Krone, K. J., Jablin, F. M., & Putnam, L. L. (1987). Communication theory and organizational communication: Multiple perspectives. In F. M. Jablin, L. L. Putnam, K. H. Roberts, & L. W. Porter (Eds.), *Handbook of organizational communication: An interdisciplinary perspectives*.

Newbury Park, CA: Sage.

Lewicki, F. J., Saunders, D. M., & Minton, J. W. (1999). *Negotiation* (3rd ed.). Boston, MA: Irwin/McGraw-Hill.

Likert, R. (1961). *New patterns of management*. New York: McGram-Hill.

Maslow, A. H. (1954). *Motivation and personality*. New York: Harper & Row.

McGregor, D. (1960). *The human side enterprise*. New York: McGram-Hill.

Miller, K. (2003). *Organizational communication: Approaches and process* (3rd ed.). Belmont, CA: Wadsworth/Thomson Learning.

Mumby, D. K. (1988). *Communication and power in organizations: Discourse, ideology, and domination*. Norwood, NJ: Ablex.

Ouchi, W. G. (1981). *Theory Z*. Reading, MA: Addison-Wesley.

Pacanowsky, M.E., & O'Donnell-Trujillo, N. (1982). Communication and organizational cultures. *Western Journal of Speech Communication*, *46*, 115-130.

Pacanowsky, M. E., & O'Donnell-Trujillo, N. (1984). Organizational communication as cultural performance. *Communication Monographs*, *50*, 126-147.

Peters, T. J., & Waterman, R. H. (1982). *In search of excellence*. New York: Warner.

Redding, W. C., & Tompkins, P. K. (1988). Organizational communication — Past and present tense. In G. Goldhaber & G. Barnett (Eds.), *Handbook of organizational communication* (pp. 5-33). Norwood, NJ: Ablex.

Schein, E. (1969). *Process consultation: Its role in organization development*. Reading, MA: Addison-Wesley.

Schein, E. H. (1985). *Organizational culture and leadership*. San Francisco, CA: Jossey-Bass.

Schein, E. H. (1992). *Organizational culture and leadership* (2nd ed.). San Francisco, CA: Jossey-Bass.

Taylor, F. (1947). *Scientific management*. New York: Harper & Brothers.

Tichy, N. M. (1981). Networks in organizations. In P. C. Nystrom & W. H. Starbuck (Eds.), *Handbook of Organizational Design*, *Vol. 2*, London: Oxford University Press.

Tompkins, P. K. (1984). Functions of communication in organizations.

In C. Arnold & J. W. Bowers (Eds.), *Handbook of rhetorical and communication theory* (pp. 659-719). Boston, MA: Allyn & Bacon.

Tompkins, P. K. (1987). Translating organizational theory: Symbolism over substance. In F. M. Jablin, L. L. Putnam, K. H. Roberts, & L. W. Porter (Eds.), *Handbook of organizational communication: An interdisciplinary perspectives*. Newbury Park, CA: Sage.

Trice, H. M., & Beyer, J. M. (1993). *The cultures of work organizations*. Englewood Cliffs, New Jersey: Prentice-Hall.

Weick, K. (1969). *The social psychology of organizing* (2nd ed., 1979). Reading, MA: Addison-Wesley.

Wiseman, G., & Barker, L. (1967). *Speech-interpersonal communication*. Chicago, IL: Chandler.

第六章　公共傳播

學習目標

1. 透過對公共傳播內涵與特性的理解，瞭解公共傳播的核心意義。

2. 經由對公共傳播古典理論與近代至當代理論的認識，理解公共傳播的思想脈絡。

3. 藉由瞭解演說的類型、準備以及技巧等，培養讀者進行公共演說的能力。

Yes, we can.

Yes, we can.

2008年全美喊得火熱的一句話，協助美國創造了第一位黑人總統歐巴馬（Barack Obama），這句話也讓全世界體驗到成功的公共演說家的無窮魅力與影響力，歐巴馬已成為公共傳播者成功的代表之一。

在本章中，將分四節並逐一說明，以協助讀者認識公共傳播。第一節為公共傳播的內涵與特性，協助讀者清楚認識公共傳播的概念與精神；第二節為公共傳播理論，分別說明古典時期之公共傳播理論與近代至當代之公共傳播理論，透過瞭解公共傳播的發展，瞭解公共理論的思維脈絡；第三節為公共傳播的應用，乃專事探討演說的應用方法；第四節則就全章做結論。由於演說是公共傳播的核心，因此特別從演說的類型、演說的準備以及演說的技巧來詳細說明之，以供讀者從事演說時之參考。

第一節　公共傳播的內涵與特性

公共傳播就是一種公開說話，是由口語傳播學者創造的學術名詞。以下作者乃分述公共傳播的內涵與特性，以便更清楚的認識其精神。

232

一、公共傳播的内涵

　　主要有狹義與廣義兩種意義。狹義的公共傳播就是一般所指的演說（public speaking），係指一位或多位傳播者向多位受播者進行訊息傳達的過程。一般說來，狹義的公共傳播，傳播者經常僅有一位，少數情況為多位，例如街頭社會運動宣傳車上多名演說者輪番上陣便是。至於受播者則一定是多位，如果只有一位，就變成是一對一的人際溝通，而且所謂的多位受播者可能僅有數人，但也可能是數十人或數百人，尤其是大型的群眾集會活動，例如國慶升旗典禮，還會出現成千上萬人的受播者。其實，一對多的演說情況，經常在我們日常生活中出現，例如企業簡報、活動比稿、來賓致詞、長官訓話、講習講學、教育訓練、講經說法、學生口頭報告、各種群眾集會等等比比皆是，這類場合也經常透過語言、非語言或影音輔助道具來輔助演說者。

　　狹義的公共演說，其時空環境通常是在特定的環境中，向面臨共同問題的社會群體進行面對面的交流，而這些面臨共同問題的社會群體就是公眾、就是受播者。這些公眾既可能是高度組織化的群體，也可能是分散的個體由於某種問題而臨時聚合在一起的群體，因此，公眾是一個動態的開放系統。

　　廣義的公共傳播，游梓翔（1998, p. 290）指出，公共傳播是演說相關教學與研究領域的泛稱，因此美國肯特州立大學的Rubin、Rubin和Piele（1966）乃將辯論學、言論自由、教學傳播、法律傳播、政治傳播、說服研究以及語藝研究等等口語傳播的分科皆置於公眾傳播標題之下。本章則以狹義的公共傳播為討論對象。

　　不過，隨著傳播科技的日新月異，使得公共傳播的定義越來越擴張，公共傳播不再侷限於實體空間傳受雙方的互動，透過廣播與

233

電視媒介的力量，廣播主持人或是電視名嘴等，也可在同一時間向成千上萬的聽眾或觀眾進行演說，一改過去公眾演說的影響範疇，再現更深更遠更廣的影響力。

　　至於公共傳播在傳播學的位置而言，公共傳播是口語傳播中頗具歷史的領域，長期在口語傳播的教學與研究中占有重要的地位，Lucas（1990）就指出演說課依舊是「美國多數口語傳播系的基石」。

二、公共傳播的特性

　　公共傳播主要由演說者（speaker）、聽眾（audience）與演說（speech）三者所構成，其和口語傳播其他次級領域如自我傳播、人際傳播、小團體傳播、組織傳播與跨文化傳播的傳播構成元素相去不遠，但在實際運作上卻相距甚多，以下透過與前述數種口傳次級領域傳播方式的對比，來勾勒公共傳播的特性。

　　首先，就**傳播者角色**而言，在人際、小團體或組織或跨文化進行互動傳播者，其演說的負擔明顯小於公共傳播中的傳播者，前類傳播者可以較隨性的溝通，聽眾也經常不以為忤，可是在公共傳播中，演說者通常被期待談話能行雲流水、明暢清晰，甚至振聾發瞶。

　　再者，就**訊息特色**而言，在人際、小團體或是組織或跨文化溝通中，傳播者傳遞的訊息內容有時可以很隨性，甚至以他人的八卦緋聞為話題來殺時間，但是在公共傳播的情境中，聽眾期待聽到有趣、有用、有內涵的訊息，因此傳播者開口前必須充分準備。

　　最後，就**聽眾角色**而言，人際、小團體、組織或跨文化溝通中，經常是以自身熟悉的人物充當聽眾，且聽眾經常充當支持者的角色，因此傳播者負擔不大；但是在公共傳播中，傳播者的對象經

常是臨時組合的一群人，且一輩子很可能僅與傳播者見這一次面，因此聽眾的素質與動機較難以推測與瞭解，事後也不易補救。以演說爲例，礙於人數與時間等限制，演說者和聽眾之間的互動較少，不若人際或小團體或組織成員之間互動的頻繁，因此，可說聽眾扮演聆聽的角色，而非共構意義的角色。

必須補充的是，由於成功的公共演說者通常具有較深的情緒感染力與意見的宣傳力，因此比起人際或是小團體或組織或跨文化的溝通，背負著更高的道德壓力。舉例來說，在社會運動的場合中進行演說，群眾的情緒便很容易被台上的演說者撩撥起來，甚至因此引發不可收拾的流血衝突，造成人命與財產的損失，因此從事公共演說者，對自我宜有較高的道德要求，例如：(1)避免偏見與傳遞錯誤的觀念；(2)以誠實爲上策；(3)要以正確可靠證據，做爲批判事務的判準；(4)使用有效的推論，避免推理上的錯誤與胡謅硬掰；以及(5)避免煽動群眾等等。

第二節 公共傳播理論

西方公共演說源遠流長，早從兩千五百年前的古希臘羅馬時代，演說就已在希臘各城邦之間盛行著，學者James W. Hikins歸納出七個影響希臘語藝發展的因素，也可一窺希臘城邦公共傳播興起的原因（林靜伶譯，1993, pp. 49-62）：

1. **口語傳統的傳承**：希臘城邦當時的重要事務例如法律與政治等，仍須以口語完成，著名的荷馬史詩《伊利亞德》（*Iliad*）、《奧德賽》（*Odyssey*）的出現，便可知口語在公共溝通中仍扮演重要的角色。

2.代議政府的興起：隨著希臘城邦人數日益增加，促使代議政治的興起，早在西元前508年建立的雅典民主型態，也使得人民對於議會成員的有效表達技巧的期待日益增高，相對也刺激人們對於傳播過程做更有系統的理論性探討與哲學思考。

3.民法與刑法的實行：傳統希臘公民犯罪必須在法庭前沒有律師的情況下為自己辯護，因此培養個人演說的技巧乃備受重視。

4.希臘語言的複雜：促成表達思想與複雜意見的可能性，讓演說更富有內容。

5.解釋意識的興起：顯示當時希臘的知識成就，也讓演說更有發揮的空間。

6.希臘戲劇藝術的影響：其蓬勃發展，連帶使得公民在公開場合說話的機會增加，尤其是一些儀式性的活動與吟詠，對於開場白、敘述、讚美需求的增加，促使正式公共演說情境的廣泛發展，連帶促使希臘公民體認到正式演說的必要性與重要性。

7.正規教育的興起：由於希臘社會各個層面都有公共演說的需求，連帶促使公共演說教育的興起，同時也促使整個社會制度對於公共演說的關心與推廣。當時甚至因此產生一批智辯士——一群以教授演說維生的人，足以顯示公共演說的蓬勃。

　　希臘對於公共演說的重視，對於後世產生一連串的影響，兩千五百年來更累積了豐富的著作與論述。此由本書第二章〈語藝與說服〉中對語藝發展脈絡過程的討論，便可知曉。礙於篇幅，本節僅針對其中較為大家熟知的公共傳播理論進行整理。以下分成古典時期之公共傳播理論與近代至當代之公共傳播理論來說明。

一、古典時期之公共傳播理論

本節討論古典時期的公共傳播理論，主要為古希臘羅馬時代時期，探討的代表人物有柏拉圖、亞里斯多德、西塞羅、昆蒂連恩。

(一)柏拉圖

柏拉圖對於演說論影響後世甚深，其觀點都見諸於其對話型態的巨著《對話錄》，其中Phaedrus篇是柏拉圖《對話錄》中討論語藝的重要篇章之一，此篇主要在摘要柏拉圖對於愛、不道德、靈魂與詩的觀點，強調真正的說服性演說藝術的目標在於透過對人類靈魂、不同類型人類與語言魔力的研究帶來社會秩序，他並指出演說應具備五項條件（Herrick, 2001, pp. 63-65；黃仲珊、曾垂孝，2003）：(1)瞭解事情真相；(2)確定定義，且演說家應有邏輯的理念與思想；(3)瞭解聽眾心理，熟練運用說服技巧；(4)瞭解語言的功能和格調的運用；(5)追求真理、崇尚道德。

(二)亞里斯多德

亞里斯多德相對於其師柏拉圖對於語藝採取的負面態度，其重要論著《修辭學》無疑的對於語藝與公共演說提供了正面與寶貴的觀點，在《修辭學》一書中，他將演說分為三類（Herrick, 2001, pp. 79-81；林靜伶，2000，頁35），整理如**表6-1**所示。

從公共演說的角度來分析**表6-1**，則演說者進行**法律性**（forensic oratory）演說時，聽眾將是決定事情對與錯的人，他們談論的是過去已發生的事件，以指控與辯護的方式進行，目的在判斷該事件正義與否，例如關於2004年台灣發生的三一九槍擊案，承辦官員向聽

表6-1 亞里斯多德的演說類型

演說類型	聽者類型	時間	目的	方法
法律性	決定者	過去	正義與否	指控與辯護
政治性	決定者	未來	利弊得失	說服與討論
儀式性	觀察者	現在	可敬或可恥	稱讚或譴責

資料來源：Herrick (2001), pp. 79-81；林靜伶（2000），頁35。

眾談論解釋此一事件，便是法律性的演說。

再者，**政治性**（deliberative oratory）的演說類型，聽眾也是決定事情對錯的人，談論的是未來的事務，例如政見、政策等等，以說服與討論的方式進行，目的在針砭未來事務的利弊得失。例如2008年總統候選人馬英九的電視政見發表會，通常就是談論未來的政見、政策等等。

儀式性（epideictic oratory）的演說，聽眾扮演觀察者或旁觀者的角色，談論的是現在的事務，以稱讚或譴責的方式進行，目的在評價該事務是可敬的或是可恥的，例如定在5月的第四個星期一的美國陣亡將士紀念日，演說者的演說，成為聽眾緬懷戰死將士的場合，其他如國慶演說、元旦演說、就職演說等等皆是儀式性的演說。亞里斯多德提出的三種演說類型，已為演說的類型做了粗步的劃分。

亞里斯多德在《修辭學》一書中，也討論構成演說的要素：包括創作（invention）、排列（arrangement）、風格（style）與表達（delivery），其在該書第一冊中討論甚為詳盡，不過對於風格與表達，亞里斯多德認為不值得做系統性的討論。

就演說的創作而言，就是亞里斯多德所謂的藝術的手段（artistic proofs），包括演說者可信度（ethos）、喚起聽眾的情緒（pathos），以及邏輯議論（logos）等三種（Herrick, 2001, pp. 81-84; Griffin, 2006, pp. 319-320；朱元鴻，1993，頁88），這三種方法

的實踐,提高演說者的演說效果:

1. **憑藉演說者的可信度**:係指個人的可信度對聽眾心理上先入為主的影響,包括人格特質或道德態度、演說中顯露演說者的智慧、美德與善意等,使人相信他是公正且值得信賴的。例如廣告中尋找專家代言,經常可以提高銷售量。

2. **喚起聽眾的情緒,即感性訴求**:係指以打動人心、刺激情感的方式為主要論述方式,演說者須先掌握聽眾的特徵,例如年齡的老少、出身的貴賤、富有或貧窮、權勢的有無等等,進而由此趁機喚起聽眾的憤怒或平靜、同情或無情、友善或敵意、羞愧或無愧、恐懼或信任、忌妒或羨慕等等情緒,以取得聽眾認同的機會。例如社會運動中訴諸迫害、悲情,經常帶動現場民眾的情緒。

3. **藉由邏輯的議論,即理性訴求**:藉由邏輯推論、辯證的方式闡述事情之間的關聯性。包括討論命題的可能性或不可能性、過去與未來的事實、運用真實或虛構的例子、使用原則準則、推論演繹,以及駁斥對方的命題、例證與演繹等來取得聽眾的認同與說服。例如在法庭上的攻防戰中,經常藉由邏輯推論來說服法官,以捍衛自身權益。

(三)西塞羅與昆蒂連恩

古羅馬時期對演說貢獻最大的應推西塞羅、昆蒂連恩兩人。西塞羅的著作*De Oratore*清晰說明了他對演說的看法,他認為演說者不是昧於事實或是輕蔑文字的人,而是「一位具有真正智慧與雄辯力的人」（Herrick, 2001, p. 94）；換言之,西塞羅認為偉大的演說者（speaker）同時是偉大的思想家（thinker）,舌頭與腦袋密不可分。他也強調,演說者的素質來自於良好的教育,且必須懂得法

律、政治、國內外經濟、軍隊、國際貿易等等，而且必須懂詩與各種藝術、哲學，並能建立獨特的語言與表達風格來組織呈現文字，以及以最有力量效果的方式論辯。他並強調演說的主要目的有三，即：教導（to teach）、取悅（to delight）與說服（to persuade）聽眾（Herrick, 2001, pp. 102-103）。西塞羅對後世演說者最大的影響在於其系統性整理前人對演說的觀點，如亞里斯多德，並提出語藝的五大要素，即：創作（invention）、排列（arrangement）、風格（style）、記憶（memory）、表達（delivery），同時也為演說準備與進行時的重要參據。

至於昆蒂連恩則是羅馬最有名且最成功的語藝教師，羅馬人的語藝教育方法，在他身上達到最複雜與最純熟的階段。他認為真正的演說家，必然是一位善於言說的好人，且必須具備高尚的道德與廣博的知識。昆蒂連恩在其重要著作*Institutio Oratoria*中便致力於刻劃一個優秀公眾演說者的指導方針，他認為演說家扮演了優秀公民的角色，且為了社會的利益，宜善加運用演說的力量。

昆蒂連恩認為優秀的演說家必須是具有文化教養、謹慎的羅馬公民，也是正直的人，且必須透過練習來磨練自然天賦的美德，而壞人則沒有辦法透過訓練變成有道德的人。昆蒂連恩強調這樣的訓練要從小開始，要注意小孩子早期的訓練，從小就培養小孩子良好的人格以及正確的演說方式。此外，他對法庭演說方式的探討亦頗負盛名，此即：(1)開頭（exordium）；(2)要旨（narratio）；(3)證據或主張（confirmatio）；(4)反駁（confutatio）或辯駁；(5)結論（peroratio）或結果等等，可做為辯論時的參考（Herrick, 2001, pp. 106-109）。

古典時期的哲人，不論是柏拉圖、亞里斯多德、西塞羅或昆蒂連恩等人提出的演說觀點，對於後世的影響都頗為深遠，部分觀點迄今依舊非常實用。

二、近代至當代之公共傳播理論

　　本小節討論近代到當代的公共傳播理論，主要以十八世紀的演說術運動、認識論運動、優美文學運動以及新亞里斯多德批評的演說概念來探討之，本文中主要討論人物有Sheridan、Austin、Campbell、Blair、Wichelns。

(一)演說術運動（the elocutionary movement）

　　演說術運動介乎十八到十九世紀，關心個人表達能力的訓練與成長，以及能否在公眾場合中有效地表達，其且視有效演說為修飾個人公眾禮儀，以及男性、女性自我表達的方法。演說術運動的興起，也是對教士、律師以及其他公眾人物拙劣表達風格的回應，其相信透過對人們聲音與體態的觀察，有助於對人類表達有更科學性的理解，也讓人類的表達更臻完美。主要代表人物有Thomas Sheridan（1719-1788 A.D.）與Gilbert Austin（1756-1837 A.D.）等。

　　就演說術運動發生的時空環境言，其肇因於：(1)十八世紀的英國社會與其他當時的歐洲國家而言相對開放，像是咖啡屋、思考小屋、辯論等相當吸引人；(2)此時女性也可以參與這些集會；(3)此時的階級區分雖然依舊，但是社會運動仍然可能發生，尤其是演說術運動又與個人的實踐相關；(4)演說能力標誌著個人的特定社會階級；(5)再加上像是律師、政客與宗教等需要公眾演說的人越來越多，因此對演說的需求不斷加強。前述種種原因，催化演說術運動的興起，當時的作家如Richard Steele、Joseph Addison、Jonathan Swift就提出適當與有效管理語言的方法，而其中最重要的就是Thomas Sheridan和Gilbert Austin。

　　Sheridan是愛爾蘭的演員與教育家，致力於提供適當且有效的演說方針，此源自他發現當時英國社會不重視演說與語藝的表達。由於對語藝的堅定信念，他乃在著作*British Education*（1756）中指出，笨拙的傳教員的威脅到宗教的健康，基於此點Sheridan相信強而有力的公共演說的效果。

　　Sheridan相信表達的重要性，認爲好的表達是在緊急情境中說服聽衆的基礎，且在說服他人之前，對方首先必須先被你的自信給說服，且無法抗拒演說者發自內心的誠摯、前後一致的表情、手勢與演說聲調。Sheridan最有名的作品*A Course of Lectures on Elocution*（1762），設定出幾個演說的實踐原則，首先，他強調表達凌駕其他古典語藝元素如創作與組織，演說者的聲音訓練（尤其是正確的發音）對有效的公衆表現相當重要。Sheridan並不僅僅把表達簡化爲聲調（voice）問題，事實上他認爲臉部與身體姿態也扮演重要角色。

　　再就Austin言，其關於演說姿態的研究，見諸*Chironomia*一書，其將演說表達的方法做了系統性的描述，並以圖例來明，可以說是演說術成熟發展下，高度重視表達風格的演說家，例如他就對演說者提供目光接觸與音量的建議：「不要瞪眼直視，應該目光往下投視；不要一開始就用最大的音量，而是從最低的音量開始，如此才能得到最大的注意力。」（Foss, Foss, & Trapp, 1991, pp. 10-11）

　　簡言之，演說術運動強調表達方式，尤其是聲音與體態的機械式訓練、管理與表達，例如其應用在教學技巧，便僅關心記憶性演說的戲劇性呈現，因而較少關注在演說的創作（Foss, Foss, & Trapp, 1991）。

(二)認識論運動（**the epistemology movement**）

　　認識論乃在研究人類知識的起源、本質、方法與限制。研究認識論的學者，對於演說也產生貢獻，其對演說的理論影響後世深遠，其中George Campbell（1719-1796 A.D.）、Richard Whately（1758-1859 A.D.）扮演著關鍵的角色，也是十八世紀期最重要的語藝理論家，前者出版的*The Philosophy of Rhetoric*（1776）一書，完全針對演說論辯學而作，並綜合了十八世紀以前所有的演說理論，由於Whately比較關注論辯、舉證等問題，因此以下乃針對Campbell的演說觀點進行討論。

　　Campbell從科學的角度重新思考說服效果，尤其從官能心理學（faculty psychology）的角度切入分析。就語藝與心理學關聯來看，Campbell將演說術（eloquence）視爲「一種智慧的藝術，論述是其工具。」Campbell的「演說術理論」（theory of eloquence）是奠基在以下的信念：心智的流動（mind is moved）端靠具有眞實性（truthful）與善良的（good）可接受觀念。他認爲演說術科學建立在心理科學之上，且所有演說都可歸爲四種目的，即在於啓發理解（enlighten understanding）、邀請想像（please imagination）、感動人心（move the passions）以及影響意志（influence the will）。簡言之，演說術與心理官能之間的關係是Campbell思想的核心（Herrick, 2001, pp. 183-186）。

　　Campbell另一重要貢獻是「說服理論」（theory of persuasion）。Howell（1971）指出，作者想說服他者時，首先要激起聽衆的欲望或同情，其次是滿足他們的判斷。最後，Campbell關心演說術教育，注意學生如何學習演說與論辯——包括說出優美、有力與同情語言的能力，他相信他們必須知道如何清楚且有吸引力的呈現

訊息，以及如何去捍衛邏輯上正確的推論與有力的證據（Herrick, 2001, pp. 184-185）。

(三)優美文學運動（the belletristic movement）

十八世紀時英國對文學的興趣與書寫不斷擴大，導致小說非常的流行，並發展出以法文爲基礎的英國優美文學運動，其主要在強調演說者的風格（style），代表人物有Lord Kames（1696-1782 A.D.）和Hugh Blair（1718-1800 A.D.），因前者較關切品味（taste）與裝飾問題，以下乃以Blair的觀點爲主。

優美文學運動致力於純文學（美麗的文字或語言）提升，力求語言文字的使用能力達到完美的境界，因此是關切優美詞藻與品味，意即「著重於訊息接受，而非產製」。換言之，乃教育民眾訊息接收（reception）或者欣賞書寫與口語論述。優美文學運動從1760與1770年代開始成長，關切的是風格問題而非創作。

Lectures on Rhetoric and Belles Lettres（1862）是Blair的演講學專著，風行當時歐美社會，其對演說學的貢獻有：(1)在評論演說上，宜注意演說是否清晰扼要、推理有無層次、內容是否充實並適合聽眾的需求與演說場合，同時也對演說的格調加以分析，並輔以實例一一解說；(2)以純文學的角度評價演說修辭。

風格、品味、美麗（beauty）與裝飾（decorum）是Blair理論的核心，他並希望他的學生能像西塞羅所言的「完美的演說家」一般，成爲一位集口才、智慧、高雅、魅力與機智於一身的人，因此他致力於協助學生發展品味、口才、批判思維與風格的特質。Blair認爲，語言訓練應該是爲過更好的生活做準備，所謂更好的生活就是既能在公共場域中高雅且有效的表達，也能在私人領域上，致力於加強個人美學的經驗（Herrick, 2001, pp. 180-182）。

(四)新亞里斯多德批評（neo-Aristotelian criticism）

　　新亞里斯多德批評是源自亞里斯多德在《修辭學》一書中對於語藝、演說等概念的討論，由學者Herbert Wichelns於1925年發表的文章The Literary Criticism of Oratory重新架構出一套演說分析架構，後再由學者Edwin Black（1965）將Wichelns所架構的方法命名為新亞里斯多德批評。作為語藝學中第一個批評方法的新亞里斯多德批評，因源自於對亞里斯多德語藝觀點的理論，因此連帶對於演說也頗多著墨。例如，他預設：(1)演說情境是影響演說者語藝策略的重要因素；(2)語藝批評應該評估演說的效果；(3)語藝批評應評估演說的效果；(4)語藝批評的累積有助於語藝理論的建立。換言之，亞里斯多德的預設也說明演說應該具備的架構。

　　Wichelns在其文章中指出，新亞里斯多德批評關注一個演說者的項目有：演說者的人格特質、演說者作為公共人物的特質、演說者對象的特質、演說內容——包括演說主題、訴求動機與論證方式等、演說內容的組織方式與文字風格、演說者的表達方式，以及演說的立即效果。由**表6-2**可以對照出Wichelns與亞里斯多德在演說觀點上的差異（林靜伶，2000，頁20-22）。

　　再者，就Wichelns（1925）文章中關注的語藝五大要素來與演

表6-2　Wichelns的批評項目與亞里斯多德觀點對照表

Wichelns批評項目	亞里斯多德觀點
演說者的人格特質	演說者的可信度（藝術論證之一）
演說者作為公共人物的特質	演說者的可信度（藝術論證之一）
演說者對象的特質	演說對象的心理、出身、年齡等特質
演說內容：主題、動機、論證等	創作（語藝五大要素之一）、藝術論證
演說內容的組織方式與文字風格	組織、文字風格（語藝五大要素）
演說者的演述方式	演述（語藝五大要素之一）

資料來源：林靜伶（2000），頁21。

245

說者的關係做對照，可知其中創作（invention）係指演說題材的決定，與相關資料／議題的蒐集及篩選過程；組織（arrangement）係指演說內容的組織順序與結構；文字風格（style）乃指語言文字的選擇；記憶（memory）是指對演說內容的記憶；表達（delivery）則是實際在發表演說時對聲音、表情、手勢與肢體語言等等的掌握（林靜伶，2000，頁20）。前述觀點，也為演說方式建立一套系統性且具創新規則的理論。

Wichelns文章所規劃的演說是粗糙的架構，後繼學者據此進一步的衍伸，其中1948年Thonssen和Baird便在其著作*Speech Criticism*為新亞里斯多德批評做最完整的介紹與探討。

新亞里斯多德批評方法被Wichelns以後的學者視為唯一的語藝批評方法長達三十年之久，此一批評方法的影響就是引起人物研究（figure study）的熱潮，亦即關心重要人物或所謂大人物演說的說服力取得方法，此一架構著實有助於演說者系統性瞭解成功演說與說服的方法（林靜伶，2000，頁21）。新亞里斯多德批評提出的外在分析、內在分析以及效果評估的方法上，也作為分析提升演說說服力的方法（Foss, 1996），簡述如下：

■外在分析

外在分析係指與文本相關的外在因素。新亞里斯多德批評透過外在分析來認識演說者說服力的取得，其包括下列三項因素的探討：(1)演說者的背景：個人的人格特質、專業背景等；(2)演說情境：影響演說行為的情境因素，例如在遊行抗議場合中發表演說與在總統府對外賓發表演說的情境便有所差別；(3)演說對象：現場或非現場，例如電視演說或是戶外政見發表會，其與聽眾互動情況便有不同。

■內在分析

內在分析係指對文本的分析。新亞里斯多德批評的內在分析可分為藝術的（artistic）與非藝術（inartistic）的手段。就非藝術的手段言，係指演說者利用事實與契約文獻等「證據」來說服；就藝術的手段言，演說者利用以下三種方式說服：(1)憑藉演說者的可信度（ethos）；(2)喚起聽眾的情緒，即感性訴求（pathos）；(3)藉由邏輯的議論，即理性訴求（logos）。

總之，新亞里斯多德批評方法的應用是高度的演說者導向，且非常重視「偉大的演說」或有名的公眾人物的說服策略。從西方1930年代起長達三十年的時間，口語傳播學者花費極大的研究心力投注在這類大人物演說的說服力探索上，尤其美國歷經60年代的動盪時期，大人物迭起，更讓此類演說研究大為興盛。雖然這類研究因忽略聽眾的聲音而飽受抨擊，但是就演說者的角度而言，其的確提供了諸多實用的建議、方法與範例，堪為演說者學習仿效。

第三節　公共傳播的應用

公共傳播的應用非常廣泛，從畢業生上台發表感謝詞，到廣播電台告知高速公路路況，再到總統的週年就職演說等等皆是。由於演說是我們生活中容易遇到的情況，因此本節中乃特別專事探討演說的應用方式，以下分從演說的類型、演說的準備以及演說的技巧來說明之。

一、演說的類型

演說是目的性與說服性極高的傳播活動，為了達成演說目

的，演說者首先就須認清當次演說的類型。基本上，演說的類型可分成一般場合演說類型、特殊場合演說類型。前者又可分爲三種：告知性演說（speaking to inform）、說服性演說（speaking to persuade），以及娛樂性演說（speaking to entertain）；後者包括了介紹性演說（speech or introduction）、頒獎演說與致詞（speech of presentation）、受獎演說與致詞（speech of acceptance），以及紀念性演說（commemorative speech）等四種。

(一)一般場合演說類型

首先，就**告知性演說**而言，其演說的目的在於增進聽眾對於某些主題的認識與瞭解，讓聽眾對於原先不瞭解的事物產生理解，例如認識H1N1、SARS的預防、吸菸與健康，或認識你所不知道的中國或紐約等等，此時演說者的角色近似於教師。事實上，經常從事告知性演說的就是教師、教育訓練者或政令宣導者等等。告知性演說還可分四種類型（陳國明、陳雪華，2005）：

1. **對事物**（object）**的說明**：事物係指任何可以看到、摸到的東西，例如槍枝、電腦、線上遊戲廣告、N95口罩、耳溫槍等等。
2. **對過程**（process）**的說明**：過程係指行動的有系統排序，通常用來解釋事物的生成過程、功能如何運作等等，例如日本茶道的基本過程、魔術師變魔術的過程、線上遊戲廣告的製作過程或是H1N1病毒的傳散過程等等。
3. **對事件**（event）**的說明**：事件係指發生或即將發生之事，可能具有因果關係，例如可用順序來說明地震與文化消失的關係，例如馬雅文化消失與隕石、台灣九二一大地震、美國九一一恐怖攻擊、2008北京奧運、古巴飛彈危機等等。演講

者依照時間順序、空間順序、主題順序，或是其他的順序來加以說明。

4.對概念（concept）的說明：概念相較於前者更爲抽象，其包括信仰、理論、原則等等，主要是爲了傳達新知識，例如老莊思想、儒家思想、資本主義、後現代理論、消費主義等等。老師授課或學生上台報告，便屬於此種。

由於告知性的演說，目的在於讓聽衆理解與認識，因此演說者宜深入淺出、清楚表達，不宜賣弄學識、耍弄學術術語，反而讓聽衆越聽越模糊，失去演說的宗旨。再者，由於聽衆大多素質不一，因此在考慮最大公約數的情況下，演說內容不宜過度抽象化與專門化，宜以讓大多數的聽衆都聽得懂爲佳。

其次，就**說服性演說**而言，最爲學者所重視，因說服性演說的目的在於改變聽衆的信念、態度或行爲，扮演著等同於新聞學中所謂的「煽動者」或「鼓吹者」（advocate）角色，其影響的方式包括建立新信念、態度或行爲；增強既有信念、態度或行爲；以及改變既有態度、信念或行爲等三種。此種演說目標目的強烈，異於前述教師的告知性目的，而亟求聽衆被說服。說服性演說通常發生在政治、商業行銷、心靈成長、激勵勵志等類型的演說上。類型演說尚可分成：有關事實、有關價值以及有關政策性的演說（陳國明、陳雪華，2005；游梓翔，1998）。

1.有關事實的問題（questions of fact）：其意在宣稱立場，演說者成爲某些理念的鼓動者或鼓吹者，試圖改變聽衆對某些事物的看法。有些事實有明確的答案，例如誰是中共國家總理？誰又是美國總統等等，但是有些事實卻是不清不楚，須透過有說服力的演說改變聽衆的認知與想法，例如恐龍與星星的存在是個事實，但是恐龍距離我們的時間有多久？星星

距離我們生存的地球又有多遠等等問題，卻仍是個謎，此時透過科學家的專業證據，就容易改變聽眾原先的認知。

2. **有關價值之問題**（questions of value）：通常以有關事實的問題為基底來做出價值判斷如邪惡、善良、道德、不道德、美麗、醜陋等。舉例來說，新聞置入性行銷、廣告人利用色情手法宣傳商品、安樂死、代理孕母、墮胎、國籍的選擇等等通常都是兩難問題，因這類問題通常就是價值判斷的問題。對於價值的判斷與選擇，若影響自身或他人的利益，演說過程就承載說服聽眾的負擔。

3. **有關政策之問題**（questions of policy）：此為處理規範和行為準則的問題，也是日常生活中經常發生之行動的決策。這類決策如要讓小孩就讀私立或公立學校？如何評鑑一位老師的教學？國慶年假如何規劃假期？等等。此類型演說的目的在於獲取聽眾被動性的同意或採取立即行動。此種類型必須在演說時討論問題的需求性，並提出演說者的計畫，包括使用何種方法解決，以及此一政策的可執行性，例如企劃課規劃員工一年一度到海外旅遊的行程，就必須說明為何今年要到這個國家而非另外一個國家？且在費用、時間、住宿、景點等等的安排上是否盡如人意等等。

最後，就**娛樂性演說**而言，演說者的目的在於取悅聽眾，讓聽眾高興愉快，演說者扮演著娛樂者（entertainer）的角色。這類型演說者經常是電視或廣播藝人或脫口秀主持人，不過許多場合也有娛樂性演說的需求，例如在婚禮上致詞，在非正式的宴會場合例如慶生會、飯後演說等等。這類演說的目的在讓氣氛融洽快樂，或讓活動更有趣等等。此類演說，通常考驗著演說者說故事、講笑話、耍幽默或臨場反應的能力，事實上這類場合中，聽眾常期待聽到有趣

且新鮮的話題。

(二)特殊場合演說類型

特殊場合演說類型可分為四種。

首先，是**介紹性演說**，在於介紹主題或是某些人物出場，此類演說的目的在於激起聽眾對於演說主題或人物的興趣，引起聽眾對於演說者的熱情與期待，或是塑造會場熱絡的氣氛以期增加演說者的公信力。通常這一類的演說都不會太長，越短越有力越佳，太長的介紹反而喧賓奪主，從介紹人變成演說者，也會讓聽眾混淆，尤其介紹人演說能力佳，反而讓真正演說者失色。此外，演說者要確認介紹的內容正確無誤，並因應聽眾的特性、演說環境等調整介紹的內容，避免太過冗長或資訊不足，或者討論演說者的隱私、花邊新聞等等。簡言之，就是要創造一個令聽眾引領而望的氣氛與聲勢，就如同等待頒獎人念出得獎人姓名一般。

其次，是**頒獎演說與致詞**，此類型演說應用於公開頒獎或禮物的場合。通常時間非常的短，可以短到只有一句話，例如第一名的是……；最長時間約為四到五分鐘，用來介紹某個獎項或是得獎人，這類演說在於肯定受獎人。

反過來，第三點就是**受獎演說與致詞**，這類演說在於感謝所得之獎項，例如奧斯卡、金球獎、金馬獎等影劇大獎，許多得獎人發表簡短演說感謝所得之獎，或是團隊、家人等等。

最後，是**紀念性演說**，目的在於讚美或慶祝，例如向個人、團體、組織或是思想致敬，這類型的演說不僅僅在於告知聽眾，也在於激勵他們，惟此類演說經常流於形式或空洞，例如為某歌手或戰爭英雄逝世週年的紀念演說等等。

二、演說的準備

　　縱使是職業的演說者，毫無準備就上台，也難以完成一場精采的演說。因此，在上台之前，演說者必須充分的準備，舉凡分析聽眾、尋找適當的演說題目、計畫演說大綱、蒐集資料、組織講演內容、製作簡報檔案以及簡報設計，以及尋找自己的演說風格、判斷演說的時空環境等等，都須花費一番功夫設計，方能成功。以下乃從：聽者何人？——聽眾分析、演說之時空分析、演說之準備等三個角度來說明演說的準備。

(一)聽者何人？——聽眾分析

　　首先，演說者在演說之前，如果對聽眾的社會背景、教育程度、性別、年齡、社經地位、職業類別、態度等有所瞭解，則可以減少用字遣詞出錯、引喻失義等困擾，並避免演說者與聽眾之間產生不快與誤會。因此，演說者接受演說的邀請之後，就應該針對聽眾進行人口學特性的分析，以掌握會場的實況。例如每到畢業季節就會出現的謝師宴上，所有教授一一上台恭賀畢業生順利畢業、鵬程萬里，卻有位教授大談當前全球經濟衰退、國內經濟連帶不景氣、畢業生畢業即失業，讓歡樂的氣氛突然凝重起來，實在大煞風景。

　　進行聽眾分析有四種功能：(1)減少演說者對演說的焦慮與恐懼；(2)幫助演說者針對演說內容與用詞做適當的選擇；(3)協助演說者有效的布局，以達成說服聽眾的目的；(4)演說後對聽眾的回饋予以分析，做為未來演說的參考。以下針對聽眾年齡、性別、教育程度、社會背景、抱持態度等五個角度概說聽眾的屬性（黃仲珊、曾

垂孝，1993）。

■聽眾年齡

　　不同年齡層、不同世代的語言習慣、理解能力都不同，因此演說者對不同年齡層的聽眾，不論是在內容或表達方式上，都須有不同的應對措施。例如以講老莊、孔孟思想聞名的台灣大學哲學系教授傅佩榮，其演說對象就以社會大眾為主，作者有一次聽其演說，他就提及有一次他應某一所國小邀請前往演講莊子，結果一到現場他就發現國小學生普遍過動根本無法安靜，何況聆聽莊子思想。到最後只能說些粗淺的觀念，並且還要注意安撫學生的情緒，演講效果已非預期，整場演說下來，他更發現高中以下學生階段頗難體會莊子的微言大意，大學生以上程度或許還行。

■聽眾性別

　　隨著女權運動在全球開展，許多女性都已經具有性別意識，也懂得捍衛自身的權益，因此不管是在清一色為女性、或男性、或同性戀、或兩性共處的場合，演說者講題或是小故事都應多所考量與設計，以契合不同性別聽眾的興趣與背景。例如作者有次向一群學校教師演說「媒體中的性別再現」，由於主題是衝著男性霸權而來，現場可看見男性教師肢體的反抗，氣氛詭異，因此演說一開始就先化解男性教師情緒上的反彈，讓批判性較強的演說也能在和樂的氣氛中順利完成。

■聽眾教育程度

　　一般說來，教育程度越高越容易處理抽象、艱澀的問題，分析與剖析能力也相對較高，對於缺乏內容與深度的演說則較缺乏耐心；相對的，教育程度較低者，較易接受簡單、措辭通俗、實例較多且不抽象的演說。例如作者有次針對台灣一群國小種子教師演說，聽

眾的程度高且齊，因此演說的速度、抽象程度自然拉高許多。

■聽眾社會背景

聽眾的背景資料相當多元，舉凡宗教信仰、職業、經濟能力、工作閱歷、參與的團體等等，都會影響聽眾對演說內容的興趣與解讀能力。例如作者有次赴一公立醫院向醫師護士演說媒體公共關係的營造時，便發現醫師解讀能力極強，也能快速的發展與媒體互動的教戰守則。再如，有次向新竹科學園區晚班的作業員演說，雖然屬於員工進修性質的演說且逢上午時間，但卻是他們的下班時間，於此之際，選擇詼諧有趣的表達方式、輕鬆易吸收的內容，甚至帶大家做小活動，就能避免聽眾呼呼大睡。

■聽眾抱持態度

在一般的演說場合之中，聽眾的態度經常是隱而不顯，但卻深深影響說服性演說的效果。例如作者出生的鄉下政府要蓋焚化爐，並請全村的居民參加說明會時，由於村民反對的立場堅定，因此縱使演說者舌燦蓮花，說得口沫橫飛，也無法稍稍改變村民反對的想法。作者也曾經向一群臨時被主管動員來的聽眾演說（目的在充人數），由於是「不樂之聽」，作者從聽眾的肢體語言便發現聽眾對被動員的不滿，此時縱使影音、笑話等十八般武藝輪番上陣，效果仍有限，因此演說者事先探詢聽眾的聽講原因實有其必要。

進行聽眾分析，除了前述在演說之前向主辦單位探詢聽講者的社經背景之外，演說進行中演說者也可對聽眾進行觀察分析；換言之，演說者一面演說，一面也要注意聽眾的反應，例如聽眾是否身體前傾聽、微笑、點頭、大聲喝采、大笑，或是打哈欠、打瞌睡、不耐、左顧右盼、相互交談、猛看手錶、低頭、閉目養神，甚至中途離席等等，當演說者發現聽眾有不良的回饋時，應該立即應變而

改變表達或措辭方式。

　　演說結束後，演說者可透過聽眾的提問與反應，來評估聽眾對演說內容的理解與支持程度，例如開放問答時問某個問題一直被討論或質疑，就表示演說者的論點與觀點被挑戰；或是聽眾問了許多演說內容之外的問題，也表示演說者演說未切入重點或分析不夠深入。

(二)演說之時空分析

　　瞭解聽眾之後，演說者演說的地點與時間也會影響演說者的表現，莫可不注意。以下分別從演說的場合、演說的場地以及演說的時間逐一說明（黃仲珊、曾垂孝，1993）。

　　首先，就**演說的場合**而言，演說者應事先探詢，例如在佛教道場，以人生哲學爲題向信眾演說，就應該避免對該教說三道四，或是比較佛教與其他教派的優劣；再者，前往反對黨陣營演說，宜避免抨擊反對黨的政策，徒然引起雙方不悅。因此，在做場合分析時，演說者宜注意下列問題：(1)演說場合的性質爲何？是學術的、宗教的、慶典的、政治的、玩樂的或是其他？(2)聽眾聽演說的目的爲何？他們期待的是告知性演說？或稱讚性演說？或說服性演說？(3)那一類題目最適合這類場合？(4)那些內容、結構與例子最適合此一場合？是否要提及某些人物或事件？等等。

　　其次，就**演說的場地**而言，不同的場地與設備會影響演說的品質，其中宜注意的有：(1)演說場地是在室內或是室外？室內外的干擾與聲音有差別嗎？(2)演說場地是否讓人感到舒適？有空調嗎？明亮度足夠嗎？有其他團體共用嗎？等等；(3)周圍環境存在的干擾爲何？有無改善干擾的方法？例如左近恰好開始舉行廟會活動、鑼鼓震天等等應如何處理？(4)與會人數有多少？是否需要麥克風或擴音

設備支援？人數過多，建議借用麥克風；(5)現場是否有視聽器材？例如電視機、錄放影機、投影機等等？若要使用，應先確認其現場的播放效果；(6)演說者所使用的器材是否能讓每個人都聽得清楚？

最後，就**演說的時間**而言，不同時間的安排，對於演說的內容、用字遣詞、舉例以及表達方式都有很大的影響，例如早上七點的早餐會報、中午十二點的午餐會報，很多聽眾或成員可能都處在精神昏迷狀態，此時演說者就應該以幽默詼諧逗趣的方式來演說，提振大家聆聽的意願。若是巧遇連續假期前一晚的會報，聽眾因為歸心似箭，演說者就該言簡意賅、長話短說。另外，有些致詞場合，應邀致詞的來賓通常僅有五至十分鐘演說時間，此時就應避免長篇大論、又臭又長。事實上，像致詞這類演說，演說者最好恪遵林語堂博士的名言：「演說應該像女人的裙子，越短越好。」

(三)演說之準備

瞭解聆聽演說對象的背景、演說的時空環境以及主辦單位對演說題目方向的需求之後，演說者就可開始為演說擬定的題目，設計演說內容的結構與組織，為演說做好準備，說明如下：

■演說題目的擬定

一般來說，若主辦單位已經擬定演說題目，演說者只能照既定題目準備與演說。不過大多數情況下，主辦單位都只是擬定方向，再請演說者於一定時間內擬定出確定的演說題目，由於演說活動還需要宣傳，因此題目的擬定最好在演說前一段時間內確定，以免造成主辦單位的困擾。

題目的擬定宜符合演說者的專長、聽眾的背景與興趣，兩者相輔相成就能成就一場成功的演說。基本上，演說者在接獲演說任務後，就要開始擬定題目，題目的擬定通常要依照演說者的經驗、興

趣、信仰、專業、技術等等，先行列出與演說方向契合且可行的題目，然後再考量資料蒐集、自身專業等因素，利用排除法來選定最後的題目。題目若吻合演說者的專長，才能旁徵博引，更有自信不怯場，聽眾聽起來也才會興味盎然，不致哈欠連連。

　　以下的原則可為演說者篩選題目時的依據：(1)題目能與大多數聽眾產生直接關聯嗎？(2)題目能傳授聽眾有意義且新鮮的訊息嗎？(3)題目能符合聽眾的實際需要，致有花時間聆聽的價值嗎？(4)題目合時合宜，並契合聽眾的背景與心態嗎？(5)題目與演說者的專長契合嗎？若演說者是為了演說費或為演說而演說，則演說不僅容易膚淺不生動，也無法圓滿回答聽眾的提問，徒讓自己困窘；(6)題目宜配合演說現場的節目安排，以求賓主盡歡（黃仲珊、曾垂孝，1993）。

　　接下來，演說者也應考慮演說的性質，確認是告知性、說服性或娛樂性演說，並認清演說的目的，例如是激勵高中生學習，或者是說明台灣大學評鑑制度，抑或是說明台灣首度實施消費券政策的目的等，以方便演說者確定最後的演說主題。

■演說內容的結構與組織

　　一場好的演說，一定有好的演說結構，讓演說者一氣呵成，也讓聽眾易懂，甚至有種如沐春風、暢快淋漓的感覺。希臘哲學家柏拉圖（Herrick, 2001）便指出演說的架構有導言（introduction）、本體（body，即正文）與結論（conclusion），且在時間的分配上也宜適切，導言與結論不宜過長，並以本體為要。

　　羅馬時代最偉大的演說家西塞羅，指出演說的五大準則為創作、組織、記憶、風格與表達；羅馬時代最偉大的教師昆蒂連恩，在其著作*Institutes of Oratory*教導市民成為偉大演說者時，將演說的結構歸納為七部分，其中開場白與陳述為導言功能；論點、論

257

證、異議與反駁爲本體功能，最後爲結論，且認爲不管演說時間或長或短，都應具備導言、本體與結論三大部分（Herrick, 2001；黃仲珊、曾垂孝，1993）。以下先就導言、結論先敘明，後再說明本體。

・導言

在演說中，導言的功能就是開場白，是演說的重心，也爲本體鋪路。一般說來，開場白應該占整體演說的10％至13％，本體爲83％至85％，結論則約2％至7％，因此開場白與結論不宜過長。再者，導言的目的在於吸引聽眾的注意力，以引起聽眾良好的反應，因此演說者在開場白破題時，就應該要有劇力萬鈞之勢，讓聽眾在還未進入情況之下就深深受到演說內容或演說者的吸引。建立好的演說開始，有以下幾個重點：

1. 建立聽眾好感：因此要(1)態度友善、語言親切，不宜教訓、說教；(2)禮數周到：感謝主辦與相關單位；(3)就地取材讚揚聽眾，拉近彼此距離；(4)幽默：講個有趣的故事或笑話，以贏得好感並熱絡氣氛。

2. 引起聽眾的興趣：要引起聽眾興趣的目的，是讓聽眾願意想聽你的演說，其方法如：(1)問聽眾象徵性的問題：例如H1N1大流行會有哪些後果？目的是要引起聽眾注意，不一定要聽眾回答；(2)選擇小故事當引言：人是說故事的動物，也是愛聽故事的動物，說有趣的故事能吸引聽眾的注意，但忌說冷笑話，可能適得其反；(3)使用與聽眾切身相關的事件引起興趣：例如赴學校演說，恰巧看到學生資源回收做得很徹底，可藉此發揮誇讚學校教育成功；(4)引用令人驚奇的事實或統計數字當話引，例如台灣女性平均薪資比男性少一萬多元，來說明職場對女性的不友善；(5)利用輕鬆幽默的話；(6)

引用名人或名言：不要陳腔濫調，要引用真的名人與名言，否則太老套，例如講孝順，若還在使用二十四孝的故事，不免老掉牙、太無聊，還降低演說者的價值；(7)引用大眾熟悉的故事，例如講到危機管理，以中國大陸毒奶事件為例，就較能引起大眾的好奇。

3.建立演說者的可信度：演說時，演說者若有介紹人簡單扼要的向聽眾介紹其背景、學歷與專長，或是過去的傑出成就，可提升演說者的可信度；若演說者僅能自我介紹，則應以謙遜的口吻自我介紹，較能增加演說者的可信度。不過，自我介紹的經驗與專長，宜與演說主題相關。

4.導言的禁忌：除了前述三項應注意條件外，演說者宜避免下列情況：(1)過分謙遜、自我貶抑：不要開始就自我表白「小弟口才不好，敬請見諒」，聽眾花時間金錢，希望被尊重、有所得，不是來原諒你的口拙，雖然謙遜是美德，但演說時過分謙虛，反而適得其反；(2)標新立異、譁眾取寵：莫講風馬牛不相及的事，徒讓聽眾困擾；(3)過與不及：導言所占的時間約10%左右，如果導言過長，會讓聽眾有被吊胃口，或內容貧乏之感，過短的導言，又缺乏張力；(4)不恰當的幽默：幽默是很高段的藝術，除了口條要清晰，也要適切的掌握演說氣氛與聽眾情緒，如果未有把握，不如中規中矩，以免貽笑大方（黃仲珊、曾垂孝，1993）。

・結論

有始有終、首尾相連、一氣呵成是演說的條件，未做結論的演說，或是氣勢薄弱的演說，會給聽眾演說未完的感覺，也會讓聽眾弄不懂演說要傳達的意旨為何。因此，不管演說者之前演說內容多麼精采，許多聽眾最後比較能記住的還是演說者精妙的結論，因此不可不慎。至於演說的結論如何做，以下幾點可供參考：(1)創新並

製造強而有力的效果；(2)長度至多不可超過全部演說時間的10%，不可冗長拖泥帶水，閒扯亂談，或過度客套，讓聽眾心裡嘀咕怎麼沒完沒了；(3)呼應導言，以求前後連貫、首尾呼應；(4)避免無意義的謙虛或哈腰道歉或逃之夭夭，易給聽眾演說者經驗不足、缺乏自信的負面印象；(5)利用最後、總之、總結以上的意見等話語，提醒聽眾演說即將結束；(6)再度強調演說的核心觀念，或是做一有趣或充滿感情的結尾，或激發聽眾行動、勾勒遠景，可以讓聽眾意猶未盡、回味無窮。簡言之，好的結論具有畫龍點睛之妙，演說者不宜輕忽。

・**本體**

本體是用來說明整個演說主題的核心部分，可從本體的架構與組織方法兩個角度來說明。

首先，就**本體的架構方法**而言，演說者應該掌握三個準則：(1)確定主題與演說訴求的重點，避免空洞膚淺，一場較短的演說，可以訴求三至五個重點，較長時間的演說也以不超過五至七項為宜；(2)按部就班安排演說順序：事有輕重緩急、人有遠近親疏，演說時應理出先後次序，並且環環相扣，不僅方便演說，也讓聽眾容易理解；(3)蒐集適當且充分的佐證資料：口說無憑，因此廣博蒐集資料與研究來佐證自己的觀點與理由，可令聽眾更為瞭解與信服（McCroskey, 1993），舉例來說，演說者說明台灣少子化現象越來越嚴重，可引用主計處的統計資料與分析，便更具說服力；(4)布局通順流暢：整體而言，演說者整場演說下來應該給聽眾一種行雲流水、痛快、合理的感受。

其次，就**本體的組織方法**而言，有條理與組織的訊息便於記憶，例如一堆混亂的資訊：汽車、週末、跳舞、夕陽等等不便記憶，可以如果整理成「週末開車度假，晚餐時跳舞看夕陽」，組織出因果關係，便容易產生記憶，也較具說服性效果。黃仲珊、曾垂

孝（1993）建議組織演說本體不外乎以下五種方法：

1. **時間演進順序**：這是本體最常用的組織方法，亦即依照時間
發生序列來演說，例如要瞭解台灣被統治的歷史，則可從最
早的荷蘭統治說起，一路往下敘說鄭成功、清朝、日本、國
民黨的統治；例如要瞭解如何海外遊學，則將準備的次序依
照時間順序一一講出，便清楚明白許多。

2. **空間的關係**：除了以時間先後來組織訊息，以空間來組織訊
息也是經常使用的方法，例如購買中古車的祕訣、公園的空
間營造策略等等，則本體中，前者有引擎、板金、內裝、輪
胎、後車廂等；後者有樹木花圃、休閒區域、運動空間等，
都有助於演說者組織訊息。

3. **要點分類**：即以各單元的分類來組織本體，較適合用於有關
類型、方式、特點與要件的演說，例如以三權分立探討美國
政府的政治制度，探討學校的行政組織以校長室、教務處、
總務處與訓導處等，便容易說明。

4. **因果關係**：其本體就是在探討事件的前因後果，例如在探討
肥胖的演說中，演說者就會分析造成肥胖的種種原因，即是
因果關係的使用。

5. **問題與解決方案**：有時演說的目的在於協助聽眾解決問題，
延續前述肥胖例子，就是如何有效且健康的減肥，此時演說
者就要說明肥胖會帶來那些身心疾病、對人際關係與職場的
影響，接著演說者就要說明如何減肥，以解決目前的困境。
因此，減肥演說的組織方法上，可以利用時間序列、因果關
係、問題與解決方案來組織本體。

　　總而言之，演說的本體的組織要以合理合情、行雲流水來組
織，力求層次分明、結構嚴謹，以讓聽眾易懂、易記且信服。

三、演說的技巧

對許多人來說，準備演說是一回事，上台發表演說又是另外一回事，例如作者第一次演說，事前雖然花了很多時間準備厚厚一疊資料，也事前演練多次，奈何上台一緊張就忘了一半，說錯了台下哄堂大笑，又忘掉一堆，最後在不知所云的狀況下結束，事後想起來真的很糗且畢生難忘。事實上，縱使充分認識演說的類型、充分準備演說的內容，也不能保證演說可以完美成功，這非意味著前述的判斷與準備不重要，而是因為好的演說還有許多技巧、練習與經驗的搭配，來克服演說過程中可能面臨的障礙。游梓翔（2008）便發現，好的演說必須遵守多項發表守則：說話特質、透明發表、活力自信、充分演練與保有自我。此外，修辭原則、視聽輔助器具，以及克服演說恐懼症都是演說時可運用的技巧與觀念，可讓演說更增色或更成功。以下分說之。

(一)演說發表守則

游梓翔（2008）整理演講學相關的文獻，發現五項演說發表基本守則，其分別為說話特質、透明發表、活力自信、充分演練與保有自我：

■說話特質

口語傳播的先驅Winans在二十世紀初創期造了說話特質（conversational quality）一詞，強調演說比較像是與聽眾談話，而不是對聽眾訓話，也不是閒談寒暄。Winans相信演說的發表是在溝通而非表演，因為演說是雙向而非表演一般只是單向演出，或是一場虛假的演戲，演說是一場自然的雙向溝通。因此，Winans相信

好的演說是演說者希望與聽眾分享某一思想觀念，不需要固定的腳本，且需要在發表的那一刻重新創造思想，也唯有以思想為基礎，演說才能保有生動的溝通感（游梓翔，2008）。

■透明發表

透明發表（transparent delivery）乃由學者Dance和Zakdance所提出，他們相信使發表最有效的關鍵在於透明。換言之，好的發表方式要能使聽眾接受、認知與瞭解演說中的資訊，但不會對演說者本身的聲調、動作、形象等有特殊的印象，否則就是本末倒置（游梓翔，2008）。台灣教育體系中早期教育學生的演說方式，便是刻意講求誇張的聲音與動作，以求得評審的青睞，就是喧賓奪主的做法，反而忘記演說的主要內容。作者在國中時期參加的一次演說比賽中，也刻意被訓練雙手背在後面，兩眼直視評審，講到偉大人物就借用右手輔助增加氣勢，到最後演說真像一場表演秀，實質內容反而顯得不重要了。

■活力自信

傳播學者Berlo、Lemert和Mertz找出一種稱之為活力（dynamism）的因素，係指演說者如果可以在發表時展現積極與熱情，就可幫助演說者在聽眾心目中建立可信任的形象（游梓翔，2008）。有活力者的特性如聲調上揚、帶有熱情的口吻、自信愉快、動作大方等等，當聽眾感到演說者的活力，眼睛也會亮了起來。再者，演說者的自信程度也會影響聽眾的情緒，當然擁有自信必須有許多條件配合，例如克服緊張、準備充分、相信聽眾是友善的、放入肢體語言、與聽眾眼神接觸等等。自信通常是演說者經過長久的歷練及挑戰慢慢累積出來的，因此新手上路不妨揣摩成功的演說者，可以縮短摸索期。

263

■充分演練

演練或是試講就是演說前的彩排，幾乎所有的演說者上台之前都會演練，以減少演說過程中發生失誤，而充分演練也可減少演說過程中不必要的遲疑與停頓，以提升演說者的可信度。事實上，演說者的演說速度較一般談話快一些且流暢時，聽眾會認爲演說者更爲專業可信（陳彥豪譯，1999）。游梓翔（2008）引Dance和Zakdance（1995）、Powers（1994）的觀點指出演練過程宜注意以下四點：(1)要大聲演練，目的是避免失眞與體會聽眾耳朵的感受；(2)要站著演練，因爲大多數演說者都是站著發表；(3)要連續演練，莫一犯錯就重來，因爲實際的演說是無法重來的；(4)要現場演練，最好到現場演練，否則也要到相似的場合練習。當然，練習過程中，有親人或朋友在場觀察並提出建議，或是自己錄音錄影下來觀看，更可做爲自我檢討與改進之用。

■保有自我

保有自我意味著能建立自我風格，就如同商品品牌市場一般，在消費者心目中，印象最深刻的通常是同類商品中的第一名，例如台灣的連鎖便利商店7-11，幾乎就等同便利商店的代名詞。同樣的，演說者要保有並且建立自我風格，就像一提及論語、老莊，可能就會聯想到台大傅佩榮教授；一提及談話性節目主持人，就會聯想到典型代表人物李濤等等。因此，演說者應該依據個人的特質與習性，選擇發展與建立個人的演說風格，毋庸一味模仿他人，反而讓自己失眞。此外，游梓翔（2008，頁334）也引述大陸學者提出的八類演說風格，做爲建立個人演說風格的參考，其整理如**表6-3**所示。

表6-3　大陸學者界定的八種演說風格

類型	身體特徵	聲語特徵	其他
戰鬥型	目光銳利 手勢深重有力	音速緊張快速 音調高昂激越	
談話型	動作自然 表情輕鬆隨和	音色自然樸實 語氣親切委婉	
激昂型	手勢幅度較大	音域寬廣、音色響亮 展現飽滿精神	
深沉型	手勢動作要少 目光表情較多	音高偏低 音速緩慢	典禮場合
幽默型	動作敏捷靈活 表情誇張	音高變化誇張	語言生動形象
嚴謹型	身語運用不多	常加重音	隆重場合 常用重複
瀟灑型	儀表亮麗顯眼 動作乾淨俐落	音高變化 音色優美悅耳	娛樂場合 主持人
柔和型	笑容親切 眼神柔和	音色圓潤甜美 語音清晰準確	年輕女性

資料來源：游梓翔（2008），頁334。

(二)問答守則

　　有演說經驗的老手，雖然身經百戰，也無法忽視開放問題時間可能帶來的衝擊與挫折，主因在於「術業有專攻，聞道有先後」。演說場合臥虎藏龍有之，不識趣者有之，甚至是專門來踢館的亦有之，因此難免有無法回答的問題。不過，開放問答時間是對聽眾的重視，是解決聽眾諸多問題的疑惑，也是與聽眾建立關係的良機。雖然演說者可藉由演說時間過頭來避免聽眾問問題，但逃避畢竟並非正道，越能和聽眾互動，越能充分展現自己深厚的知識、機智與公信力，實應慎用之。基本上，如果恪遵以下提供的問答守則，應能達到賓主盡歡的目的，此為：(1)有備而來；(2)提防難題；(3)避免過冷；(4)避免過熱；(5)答覆切題等五項原則（游梓翔，2008，頁

335-344）。

■有備而來

　　經驗豐富的演說者對於演說內容與問答時間都有所準備，雖然一般問答時間約莫十至二十分鐘，但是有的問答時間因應主辦單位需求，會占了一半的時間，面對這類情境，演說者應該要多有所準備。另外，準備方向可透過聽眾的問答習性探知，一般來說聽眾都在以下四個方向提問：(1)要求擴充：要求演說中補充剛剛演說中未觸及或解說不夠深廣的議題；(2)要求澄清：要求演說者再次解釋說明剛剛演說中提過的觀點；(3)要求證明：要求演說者提供更多的證據證明演說中某一觀點的正確性；(4)要求解惑：要求演說者針對其個人或社會問題提供解答。

■提防難題

　　雖然演說者準備充分，仍不免被問倒或因問題過於棘手而難以回答，於此之際有些祕訣就應該掌握，以下分成不知道的問題與棘手的難題來說明。

　　首先，就**不知道的問題**而言，誠實乃爲上策，知之爲知之、不知爲不知，無須逞強，否則信口胡謅，當聽眾深入問之，就等著大出洋相。不過，坦言不知道，實有損形象，因此可以換句話說來緩和尷尬，全身而退，其方法如：(1)解釋原因：例如這不是我專業的領域，我可以爲您推薦某一位教授；(2)承諾回覆：假借忘記確切的內容，待確認後再告訴您，當然也要信守承諾，盡快回覆；(3)讚美聽眾：例如讚美聽眾問了一個很有深度的問題，但它是一個雞生蛋蛋生雞的問題，連愛因斯坦也難以回答，宜以四兩撥千斤的方式帶過；(4)談論已知，將答案拉回自己熟知的領域，以間接的方式回答，或改談自己的觀點。

　　其次，就以下十種**棘手的難題**而言，也有應對方法（許晉福

譯，2003）：

1. **假設性的問題**：這類問題通常一個銜接一個而且也都有陷阱，比較好的方式是肯定其問題或是說假設狀況太多變數，直接或間接拒絕回答問題。

2. **二選一的問題**：例如你認為國民黨執政會比民進黨執政好嗎？這類被強迫做選擇的問題，通常不管如何選擇都不討好，較佳的回答方式是不做選擇。此外，可以回答說這不是二選一的問題，或是選擇第三種可能回答，或是以上皆是等等，避免落入二分法的陷阱中。

3. **冗長的問題**：有時聽眾拙於表達、詞不達意或是刻意想要炫耀，都會讓問題變長，對此演說者一開始應該仔細聆聽，等明瞭問題後，對於炫耀性聽眾可以岔話反問：「所以，你主要的問題是什麼？」稍稍挫一下提問人的氣焰，還使已聽得不耐煩的聽眾一陣快感，一舉數得。對口拙者冗長的問題，可以看看手錶，以時間緊迫為由來打斷發言。

4. **不易瞭解的問題**：有時候提問者有口音或是問很專業艱澀或頗為學術性的問題，通常不易瞭解，此時演說者要清楚知道，自己聽不明白的問題，在場的聽眾也會有人聽不懂，因此此時可以說：對不起，我聽得不是很清楚，是否有人願意幫忙我？對於過度專業的問題，可以請提問人用比較白話的口吻重述之。當然這種時候，演說者不要讓對方感到難堪，畢竟錯不在對方，責任反而在演說者身上，此時演說者宜自我解嘲，例如說我果然年紀大了，或醫生說我重聽，我還不相信，謝謝你幫我證明醫生的話！或我當宅男太久，果然和社會脫節了！不僅幽默也可緩和氣氛。

5. **檯面下的問題**：係指官方不願被證實的問題，演說者回答這

類問題，也只是個人的意見，對於檯面下的問題被聽眾提出，要以符合組織要求的方式提到檯面上來。例如，有些記者會利用演說問答時間，藉機詢問尖銳問題，例如聽說您要入閣，是否真有此事？這類問題通常可以固定說詞回應，例如我還沒有接到徵詢等等。此時將這類敏感問題檯面化，反而不易被外界多做揣測或斷章取義。

6. 愚蠢的問題：就算聽到很蠢的問題，也不要把提問人打斷或露出不屑的表情或冷笑，有時候蠢問題的背後是很高竿的問題，有時候是聽眾鼓起十二萬分勇氣下的提問。此時，演說者可透過探索來澄清問題，例如請問你可不可以再解釋一下兩者之間的關係？演說者也可就問題之外的問題，進行回答。

7. 炫耀性的問題：這類問題通常是提問者自說自話的獨白，內容不外乎賣弄自己的博學或是炫耀自己瞭解很多事情的內幕或細節，而且提問者最後經常會問說：「你認為這不是事實嗎？」「難道你能不同意嗎？」等等。對於這類滔滔不絕的提問者，對於其他聽眾而言也是個折磨，此時演說者可借力使力表示：「你真博學，說了這麼多，不過我不確定我聽清楚了，可否請你再講一次？」或者說：「你講了這麼多，請問你的重點是？」這類只為了講話而講話的提問者，通常沒有重點，縱使真的有所提問，就給一個簡單回答應付，例如「我也同意」、「有道理」、「嗯！好好，還有沒有問題」、「我相信是的」等等，以取回控制權，且不用顧慮是否得罪聽眾。

8. 少部分人感興趣的問題：這類問題是言者諄諄、聽者藐藐，只有提問者自己感興趣，很容易讓聽眾失神、心不在焉，而且回答這類問題很容易離題太遠，讓演說走味。這類風險很

高的問題，演說者可用的做法有：將問題的層次提高，以吸引全體聽眾的注意；或者把問題留到最後；或者請他演講後與演說者一對一來談。

9.多重的問題：就像許多記者會的發言人或受訪者一樣，很多人並不懂提問的技巧，或是迫於時間壓力，會一次提問多個問題，像這種情況，演說者可技巧性的回答最後一個問題；或是只回答最重要的問題；或是就喜歡且容易回答的問題回覆；或是以四兩撥千金的方式處理，例如：「你剛剛的問題有很多有意思或有意義的地方，不過我覺得其中最重要的是第一個問題，其餘則不是今天演說要處理的主題」、「時間有限，我就處理你最後一個問題」。換言之，提問人一次問多重問題，等於把問題選擇權丟給演說者，而讓演說者取得主控權。不過，負責任的演說者也可以重新請提問人一次問一個問題，然後一一解答。

10.攻擊性的問題：攻擊性問題的出現，通常是對方不同意你的觀點，或是你未建立公信力，或是他對你有所誤解，或是為公司或朋友爭一口氣，或是演說者誤解了，或是遷怒於你，或是私人恩怨等等，原因不一而足。但在公眾場合，演說者應保持風度，就事論事。例如對方指出就是因為演說者妖言惑眾，大家才對台灣的經濟憂心忡忡！此時，演說者大可把對方攻擊性或情緒性的詞句拿掉後重述之，或者承認並接納提問者的情緒，或者將攻擊性問題視為提問者的人格模式或針對某些話表示同意，或者自我解嘲，或者把問題丟給聽眾回答等。

■避免過冷

最常見的過冷問題是問答時間無人提問，整個會場就只聽到演

說者或主持人不斷重複大家有沒有問題，只讓偌大的場面更冷。對此較好的解決方式為「提示」、「提問」與「自問自答」。就「提示」言，可以提示聽眾我剛剛講的那一句話大有文章，你們知道是那些意思嗎？就「提問」言，聽眾不問，你反問，如果演說者有帶小禮物或是自己的著作當贈品，就更加具有誘惑力，例如說自己的初戀經驗就送一本演說者最新出版的著作！就「自問自答」言，例如我常常在思考，為什麼……，或是我常被學生問道，……。

避免過冷也和演說者的演說態度有關，演說者在語言部分要讓聽眾知道，你是願意敞開心胸聆聽不同聲音，以及與大家一起互動討論的演說者；在非語言部分，透過點頭、發出嗯啊的聲音，或是目光迎視、身體前傾都是熱切態度的展現。另外，演說者也要讓場子熱起來，最好的方式是演說者與在場的聽眾有所互動，不然演說者在問答過程中，也要不忘掃描全場，莫老將眼睛鎖住在提問者身上，冷落他者。

■避免過熱

演說場子冷是較普遍的情況，場子過熱較少，場子過熱通常會引申出三種情況：打斷、多話與公憤。就打斷言，有些聽眾會不識趣或是急於發問而在演說進行中舉手提問，這不僅打斷演說的布局，也對其他聽眾不公平，較佳的做法是告訴他之後會有提問時間，屆時再問不遲；就多話言，很多演說場合會發現老是同一個人在發問，如果提問人未離題則無可厚非，若老是離題又長篇大論，就應適時打斷，再問是否有人要提問。就公憤言，這種情況常出現在聽眾的提問引起聽眾的公憤，或是攻擊演說者，或是得罪現場部分聽眾，這時演說者不宜以隔山觀虎鬥的方式應對，宜介入並扮演平息眾怒的角色（游梓翔，2008）。至於如何平息又端視現場狀況而定，高度考驗演說者的智慧。

■答覆切題

　　就答覆切題而言，演說者宜把握對題、適量與回應原則。就對題而言，能回答的問題，切忌答非所問；就適量原則言，由於問答時間有限，因此回答時間宜控制，若提問人意猶未盡，可以會後一對一對話，但也不宜過於簡單簡短，給人隨便的感覺；就回應而言，要以答案回答問題，而不是以問題反問或轉問，此舉雖然激發聽眾思考，但容易給人以上對下或輕慢的感覺，除非是事前經過設計，否則宜少用或特別謹慎用之。

(三)修辭原則

　　演說者的用字遣詞、聲調等等也會影響演說的成功與否，有效的使用語言修辭的方法有四：適當的、正確的、清楚的與活現的。

　　首先，就適當的來說，語言的使用宜搭配演說題目、演說對象、目的與場合等；第二，就正確的而言，文獻、圖表、數字、文辭等宜力求正確，莫可斷章取義；第三，就清楚的來說，演說時盡量使用大家都熟悉的字詞，忌太專業或太花俏的用語，並避免引喻失義，尤其太專業的學術用語，宜再以簡單的方式解釋清楚，不宜以另一套學術用語來說明，反而越說越撐；另外，演說不可以太過白話，不僅顯得鬆散無力，且缺乏公信力；最後，就活現的來說，宜使用活潑靈動的字詞來表達，較少使用艱深晦澀的字句，比喻是很好的演說工具，可以表達演說者所欲表達事件的內涵，也可創造幽默的效果。

　　除了修辭原則之外，聲語的運用，也有助於演說者的表達。Meyer便指出：「人的聲音是世界上最美的樂器，最能打動人心的就是聲音。」聲音除了傳送口語訊息，同時也傳送絃外之音，成為聽眾判斷演說者情緒與人格特質的重要線索。一般說來，聲語的運

用有以下幾點原則（游梓翔，2008）：

■基本原則

包括：(1)正確呼吸，呼氣吸氣宜不疾不徐、輕鬆從容，平日就應多加練習；(2)富於變化，透過聲音的大小、速度、高低等改變，來豐富演說的內容。

■解析聲語

包括四個面向的討論，即音量、音高、音速與音色。

首先就**音量**言，第一原則為大小適中，避免不足與吼叫，唯為搭配場地與內容，調整音量為或強或和或柔，第二原則為重音的使用，宜避免不用與亂用，第三原則為擴音設備的使用──即麥克風，宜注意避免發出雜音或品質不佳。

其次，就**音高**言，是指聲音的高低，其基本原則為高低適中、音域足夠，演說者宜找到適合自己的理想音高；另外，在語句的音調變化上，乃利用音調變化傳達意義，例如「平直調」表達冷靜與平合情緒，「上升調」表達疑惑與驚訝，「下降調」表達堅定與沉痛，而「曲折調」則表達挖苦或諷刺。

第三，就**音速**言，基本原則為緩急宜視演說者的音質、試圖營造的氣氛、聽眾的組成與演說的場合而定。鹿宏勛、周明資（1976）建議演說速度每分鐘宜在一百八十字至二百字之間，一般說來一百六十字至二百字之間為慢板，二百零一字至二百四十字為中板，二百四十一字至二百八十字為快板；另外演說者宜善用停頓（包括自然停頓、語法停頓、修辭停頓），避免顛簸（包括不當停頓、有聲停頓如嗯嗯啊啊）。

最後，就**音色**言，是指演說者的聲音質地，每個人的音色皆不同，各有特色，而音色會影響聽眾對演說者人格的判斷，聲音圓潤悅耳通常較受聽眾青睞，評價也較正面，聲音刺耳則給人負面不當

的聯想。雖然我們都無法改變我們的音色，但是保持健康、放鬆身心可以讓音色保持在最佳狀況，而去除不良的惡習如酗酒、抽菸、食用刺激性食物，都能增加音色的圓潤度。

■語音問題

正確的語音使用，可以明確的溝通訊息，也讓聽眾聽得明白，一般說來語音發生問題，通常與演說者的發音、讀音有關。

首先，就**發音問題**而言，比較容易出錯在於非母語的學習上，或是從小未正確學習發音方法，導致聲母或韻母發音錯誤，而使得發音聽起來特殊奇異，對此可以透過多聽多講的方式改進。

其次，就**讀音問題**而言，通常都是因國學底子不佳，或是「有邊讀邊，沒邊念中間；中間也不會，就靠自己編」等不求甚解的態度所致。例如作者在課堂上就多次聽到學生將造詣（一ˋ）讀成造「ㄓˇ」，龜（ㄐㄩㄣ）裂讀成「ㄍㄨㄟ裂」。此外，中文字博大精深，經常容易因字詞冷僻、偏旁近似，或因破音字而產生訛誤，例如供給（ㄐ一ˇ），讀成供「ㄍㄟˇ」，大腹便便（ㄆ一ㄢˊㄆ一ㄢˊ），讀成大腹「ㄅ一ㄢˋㄅ一ㄢˋ」，都宜特別注意。演說者可以透過字典查詢，或是請教相關學者，或是在平常時就多留心，或是不會讀時（例如「罄（ㄑ一ㄥˋ）竹難書」，罄字不會讀，可以此人「壞事做盡」來取代），以其他方式取代，都可避免貽笑大方，降低自己演說的公信力。

(四)輔助器具

人的注意力有限，無法長時間注意某一件事情，因此長達一個半或兩個小時的演說，宜有休息時間，若未規劃休息，演說者應準備一些視聽輔助器具，以重新引起聽眾的注意力。另外，演說者除了聲音之外，身體也可做爲演說時的輔助器具。以下就從身體語

273

言、視聽輔助器具兩個角度說明輔助器具的運用。

■身體語言

就身體語言而言，主要的輔助運用有服裝儀容、目光表情、姿態動作等（游梓翔，2008）。

首先，就**服裝儀容**而言，合宜的服裝儀容具有加分的效果，否則會破壞演說者的公信力，也阻礙演說的進行。服裝儀容方面可以分別從體態、裝扮來看。就體態而言，體態越出眾，聽眾傾向於認爲演說者具有較高的說服力與公信力（游梓翔，2008）。另外，外貌至上已是世界趨勢，政壇、影壇等等幾乎都是如此，長得好看、外在形象佳的人，比較容易受青睞或勝選，例如在美國，年輕的歐巴馬打敗比較年長的希拉蕊；2008年台灣的帥哥總統馬英九也大贏了對手二百多萬票，因此演說者體態較佳，有加分效果。不過，俊男美女並不是決定演說成敗的關鍵，只要演說內容具有張力、震撼力，一樣讓聽眾對你的演說印象深刻；就裝扮而言，演說者可以透過服裝打扮來提升形象，但是配件不宜過多與太亮。

再者，就**目光表情**而言，臉部的目光與表情，也是發揮影響力的重要管道，因此就目光而言，演說者宜注意：(1)莫當三板（黑板、天花板與地板）演說者；(2)眼神不要只盯著某一兩個人看，或遙視房間後門；(3)眼神莫飄忽不定；(4)莫緊盯著螢幕、筆記、桌子、視覺材料；(5)不要看稿說話；(6)莫離聽眾太遠，否則聽眾看不到你的眼神。比較佳的眼神使用應該是：(1)眼光掃射全場，看全部聽眾；(2)講完一個點就看某一區域的聽眾，停留一會兒再往下一區移動，讓每位聽眾都知道演說者留意到他們的存在與反應。

就**表情**而言，要自然的展現情緒，心理學家Ekman和Friesen指出人類表達的情緒基本上有七種，且幾乎放諸四海皆準，即喜悅、憤怒、哀傷、厭惡、憂慮、驚訝與恐懼（陳彥豪譯，1999）。情緒

宜隨著講稿內容自然出現，就像新聞主播隨著新聞稿的內容轉變臉部表情，向讀者預告下一則新聞是好是壞。演說者也宜如此，並且避免面無表情、一號表情與錯誤表情，尤其是後者表錯情，容易給人不莊重或是輕浮的感覺。

最後，就**姿態動作**而言，可以從手勢與姿勢來討論。就手勢而言，手勢具有加強語氣的功能，因此許多演說者容易手舞足蹈，以增加演說的說服效果；不過手勢的運用不宜刻意做作，而是隨著演說內容自然的形成，而妥切的手勢使用可協助演說者達成以下六種功能：(1)指示，將手勢當作指揮棒使用；(2)分割，手掌由上往下切割，做出區別；(3)形容，用手勢模擬事物大小高低等；(4)強調，握緊拳頭等，協助演說者加強某些觀點；(5)支持，雙臂張開，代表接受與支持；(6)反對，手心面對聽眾後左右搖晃，表示不可以。

就姿勢而言，不同的身體姿勢也充滿了各種意義，例如站著與坐著演說的意義就不同，站著演說可以增加吸引力與說服力，人數少時坐著為宜。就站著而言，演說者的姿勢宜端正、輕鬆，不宜彎腰駝背，保持身體平衡；於站位則宜選定台前中央，避免將身體壓在桌子上，以免顯得隨便；而演說者也應避免在同一個位置久站，但也不用全場亂走，讓聽眾轉來轉去。此外，不宜與聽眾距離過近，而演說結束後，深深一鞠躬，請不用逃之夭夭。

■視聽輔助器具

伴隨著新科技長足的發展，在演說過程搭配視聽器材的使用，逐漸成為演說時的必備工具。由於人是聲音視覺型的動物，因此演說授課時搭配良善的影音內容，例如短片、圖表等，可以增進演說的效果。作者任教多年，上課必然搭配簡報、影音或圖片用來協助說明授課內容，學生的反應果然比起陽春型的授課更能聚焦，因此演說時使用，聽眾的注意力自然容易集中。

　　一般說來，使用視聽輔助器具的優點有：(1)幫助聽眾瞭解事物的形狀，一張圖勝過千言萬語；(2)幫助聽眾瞭解複雜的關係，例如企業組織結構，一張圖表一目瞭然；(3)幫助聽眾瞭解抽象的概念，例如要瞭解全球暖化的過程，利用圖片畫面，更易表達解說；(4)幫助演說者提供證據：例如要瞭解台灣媒體記者搶新聞亂象，則播一段畫面作證，更具說服力與可信度；(5)引起聽眾心理的震撼：例如要瞭解環境污染的嚴重性，則播放河川海洋污染影片，更易喚起聽眾的認同與行動；(6)幫助聽眾組織訊息，掌握演說者的進度；(7)提高聽眾興趣，讓演說更生動活潑；(8)增進聽眾的記憶；(9)幫助演說者記憶內容，減少恐懼（黃仲珊、曾垂孝，1993）。

　　演說的輔助器具有：

1. **實物道具**：作者曾經在立法院服務，就經常看見許多助理為了增加立法委員問政的效果，特別製作海報、棍子等等道具，一方面凸顯立委的問政用心，一方面也可以增加媒體曝光的機會，顯見道具頗有吸引目光的效果。演說者不須把自己弄得像是在作秀，但是演示相關的實物，例如現場示範垃圾分類方式，可以方便聽眾理解。

2. **模型、地圖、圖表、照片、錄影帶、電影片、錄音資料、講義**等，皆具有協助聽眾進入情況、加速理解的功能，例如奧斯卡得獎影片「不願面對的真相」（An Inconvenient Truth），在影片中美國前副總統艾爾‧高爾（Al Gore）的演說裡大量運用圖表、照片、影片、記錄資料等等，讓聽眾很快就可以瞭解全球暖化現象的嚴重性。唯也不宜過度使用或依賴輔助器具，否則聽眾的注意力易分散，容易忘記此次演說的主軸或目的。

　　最後，影視輔助器材的使用，容易出狀況，例如投影機突然不

亮，電腦或是麥克風突然沒電，或是播放影片的喇叭突然沒聲音等等，這些都應該在演說前確認，以免現場措手不及，如果由主辦單位準備輔助器材，也宜叮嚀主辦單位檢查備妥。

 ## 第四節　結論

本文中作者分別對公共傳播的內涵與特性、公共傳播理論以及公共傳播的應用，逐一說明，理論與技巧兼具，目的在讓讀者認識公共傳播的理論與應用，尤其第三節中的演說的技巧，已是實際上台應用的祕訣，讀者可以加以揣摩應用，以便在實際演說場合上能派上用場。

值得一提的是，隨著傳播新科技的改變，公共傳播的定義與範疇也逐漸擴充，不再侷限於傳統定義下的公開場合演說，廣播、電視、網路影音都可視為公共傳播呈現的新平台。但是，不論可進行公共傳播的平台如何改變，人仍是傳播的最重要主體，更關係著傳播效果的成敗。

最後，公共演說是挑戰性很高又頗為迷人的活動。試想在不熟悉的空間、有限的時間下，要表達一個艱深的概念，讓一群初次見面的陌生人瞭解你的觀點，又不僅不能覺得無聊而哈欠連連，還要開懷大笑，甚至記住你的想法，就可知公共演說的挑戰性相當高，也無怪乎有些人得了演說恐懼症（communication apprehension），一想到要上台就能躲就躲，躲不過就找各種藉口，說什麼都不能上台出洋相。不過，相反的成功的演說不僅讓聽眾開懷且滿載而歸，也帶給演說者莫大的成就感。

口語傳播

問題與討論

1. 在第一節中提到傳播新科技的出現，使得公共傳播傳統的內涵與特性產生許多轉變與挑戰，請你從網路時代的溝通平台出發，例如影音新聞台、部落格等等思考網路平台的傳播特性，對公共傳播的內涵與特性產生那些影響？

2. 請你去聆聽一場演講，並利用在第三節中提到的公共演說的類型、準備與技巧等等觀念與原則，分析說明該場演說的良窳？

3. 同樣請你利用第三節中提到的公共演說觀念與原則，準備好一個演說題目，並向你的家人或親朋好友或同學演講。不論演講好壞，演講後都央請他們分享聽講心得，以做為你改進的參考。

參考書目

一、中文部分

朱元鴻（1993）。〈正當的（只不過是）語藝：從前蘇格拉底到後尼
采〉。《傳播文化》，創刊號，81-102。

林靜伶譯（1993）。〈希臘語藝意識的興起〉。《傳播文化》，創刊
號，47-65。

林靜伶（2000）。《語藝批評——理論與實踐》。台北：五南。

游梓翔（1998）。〈公眾傳播〉。張秀蓉編，《口語傳播概論》，290-
347。台北：正中書局。

游梓翔（2008）。《演講學原理：公共傳播的理論與實際》。台北：五
南。

陳國明、陳雪華（2005）。《傳播學概論》。台北：巨流。

陳彥豪譯（1999）。《非語言傳播》。台北：五南。

許晉福譯，Diana Booher著（2003）。《自信演說自在表達：讓你在任
何場合都能侃侃而談的500個演說要訣》。台北：麥格羅·希爾。

黃仲珊、曾垂孝（1993）。《口頭傳播：演講的理論與方法》。台北：
遠流。

鹿宏勛、周明資（1976）。《生活語言學》。台北：華欣文化。

二、英文部分

Foss, S. K., Foss, K. A., & Trapp, R. (1991). *Contemporary perspectives on rhetoric* (2nd ed.). Prospect Heights, Ill.: Waveland Press.

Foss, S. K., Foss, K. A., & Trapp, R. (2002). *Contemporary perspectives on rhetoric* (3rd ed.). Prospect Heights, Ill.: Waveland Press.

Foss, S. K. (1996). *Rhetorical criticism: Exploration and practice* (2nd ed.). Prospect Heights, ILL: Waveland Press.

Griffin, E. (2006). *A first look at communication theory* (6th ed.). N.Y.:

McGraw-Hill Companies, Inc.

Herrick, J. A. (2001). *The history and theory of rhetoric: An introduction* (2nd ed.). Boston: Allyn & Bacon.

Howell, W.S. (1971). *Eighteen-century British logic and rhetoric*. Princeton, NJ: Princeton University Press.

McCroskey, J. (1993). *An introduction to rhetorical communication*. Englewood Cliffs, New Jersey: Prentice-Hall.

Wichelns, H. A. (1993). The literary criticism of oratory. In Thomas Benson (Ed.) *Landmark essays on rhetorical criticism* (pp. 1-32). Davis, CA: Hermagoras Press.

第七章　跨文化溝通

學習目標

1. 理解跨文化溝通的基本內涵、歷史的發展，以及生活上的應用。

2. 認識跨文化溝通的重要理論基礎。

3. 探究跨文化溝通與語言、身分認同之間的關係。

4. 進一步培養跨文化溝通能力。

從小到大，我們不自覺地被文化形塑著，無論是食、衣、住、行、育、樂，文化充斥在我們生活中的每一個層面，規範著我們的舉止和言行。正如同Edward. T. Hall（1973）所述：「文化以一種深沉且持續的方式控制著人類行為，這樣的影響力我們多半並不自知，也因此超出個人意識控制的範圍。」（p. 25）欲瞭解某一文化，溝通和表達可說是一項重要的指標。從語言本身的差異到不同文化中人們特有的表達方式，吾人可以從中歸納出每個文化的價值觀、信仰和該文化體制下大家所共同遵守的原則。

非但如此，溝通更是文化間的橋樑。今日，地球村的說法已獲充分展現，我們生存的環境不再是過去的單一社會，多數現代人的一生中至少都有一次以上到異文化地區旅行、求學、工作或居住的經驗；也就是說，與其他文化的人們交流的機會相對地也大大的提升。有時候，就算是在自己的文化底下生活，也有很高的可能性能夠與異文化的友人相遇、交友，甚至結婚共組家庭。在這種情況下，跨文化之間的溝通、協調及人際關係的建立，對現代人來說自然是必要的能力之一。

因此，本章的主旨在介紹跨文化溝通（intercultural communication）的基本內涵，第一節探討的是文化與溝通的關係，首先對文化和跨文化溝通下定義，接著說明學習跨文化溝通的緣由以及該領域的歷史沿革，最後討論文化與語言的關聯。第二節則在介紹跨文化溝通領域中的幾項重要研究和理論，包含了Hall、Hofstede、Markus和Kitayama，還有Bennett這幾位學者們頗具深遠影響的研究。第三節的焦點是文化與身分認同（identity），試圖探究吾人身分認同

的不同組成，並詳述文化身分認同與跨文化溝通的關聯。
第四節將說明跨文化溝通知能（intercultural communication
competence）的概念，以及如何增進自我的跨文化溝通知
能。第五節最後就本章做總結。透過本章的學習，讀者們應
能對跨文化溝通這個學門具備基本的認識。

 ## 第一節　文化與溝通

一、文化的定義

　　談及文化與溝通的關聯，吾人不得不先對文化的定義有一番瞭
解。文化不僅僅代表一套社會中慣行的風俗習慣，對於人類學家來
說，文化意味著一群人的生活方式——這群人的行為模式、態度和
物質生活的總和（Hall, 1973）。文化包含了可見（tangible）和不
可見（intangible）的內涵，例如食物、服裝、思想、價值、信念和
展現這些思想的實際行為（Porter & Samovar, 1997）。傳播學者們
對文化的定義雖然都有其相似之處，但在各個定義當中亦不難看出
每位學者所著重的觀點，以下茲列舉幾位不同學者對於文化所下的
定義。

(一)文化是主觀的

　　M. J. Bennett認為文化是經由學習而來的，文化是一群互動群
體彼此所共享的信念、行為和價值觀模式。Bennett同時強調，瞭解

個人和他人主觀的文化將能提升吾人跨文化溝通的能力（Bennett, 1998）。

(二)文化即是溝通

E. T. Hall（1973）主張文化等同於溝通。Hall說道：「文化即是溝通，而溝通即是文化。」（p. 169）對於Hall來說，文化意指一群人的生活型態，而這群人的生活是由一連串的傳播溝通事件和訊息交換所組成，因此，他深信文化就是溝通。Hall指出：

> 當我們認為生活即是溝通，我們可以聯想到生活中所發生的各式各樣溝通事件。我們能夠觀察到長短不等的完整溝通訊息，有些十分短（少於一分鐘），而有些則長至多年。（p. 95）

換言之，Hall視人的生活是由不同時間長短的溝通傳播活動所構成，故欲瞭解一群人的生活方式，吾人可觀察這群人的傳播活動。

(三)每一個群體都擁有自己的文化

M. R. Singer（1998）認為，被一個內部成員彼此認同的群體所接受和期望的認知、價值觀、態度和行為模式，可被稱為文化（p. 99）。根據Singer的定義，每一個認同自己的群體都有一套自己的行為準則，故每一個群體都可被說是具備自己特有的文化。換個角度想，人們可說是以一種跨文化的互動關係存在，因為我們不時必須和不同個體所認同的群體文化做溝通和互動行為。

(四)文化是一套系統性的知識

R. E. Porter和L. A. Samovar（1997）將文化定義如下：

文化是知識、經驗、信念、價值、態度、意義、階級制度、信仰、時間的概念、角色、空間關係、世界觀，以及世世代代人類經由個人與團體共同努力奮鬥所獲得的實質物體與財產的累積。（p. 13）

易言之，就Porter和Samovar的觀點來說，文化代表一群人所共享的知識、經驗、價值觀和各種觀念想法的總和（包含對時間和空間的概念），而這套系統性的知識在這個群體中一代一代不停的傳遞下去，指引著這群人的種種行為和互動關係。

(五)文化是一套符號和認知的系統

Goodenough（1961）主張文化包含了不同的標準來協助人們做區別、決定、感知，和對不同的事物所採取的不同回應（引自Gudykunst, Ting-Toomey, & Nishida, 1996, p. 4）。也就是說，根據Goodenough的看法，文化代表的是一套幫助吾人詮釋這個世界的標準、系統。

綜合各傳播學者所言，文化可以被看成是一個群體所共享、共同遵守的一套價值觀、態度、信念，這套系統性的概念和想法指引著該群體中所有人的溝通和互動行為。雖然，有些人會質疑，是否社會中所有的人皆用該文化特有的觀點來看這個世界，畢竟沒有人可以完完全全地理解文化中每一個大小層面，但是可以確定的是，每個社會中的成員必須共享、共守某些文化規則，否則將無法在此社會中正常運作或生活。另外，根據我們對文化的定義，文化不應該只侷限於代表一個國家民族的價值思想和行為準則（國族文化）。事實上，「一個群體」亦包含了較小規模的次文化團體，例如性別團體、宗教團體、興趣團體、社會團體等，而這些群體自然

也有其成員所共享、共構的文化，指引著其成員間彼此的互動和溝通。

　　瞭解了文化的內涵後，接著必須定義「**跨文化溝通**」。根據Rogers和Hart（2002）的說法，跨文化溝通指來自不同文化的個人之間的人際溝通。有些西方學者會將intercultural communication和cross-cultural communication這兩個詞彙交替使用來代表跨文化溝通，但事實上，這兩個詞語可以由它們在學術研究上不同的焦點來予以區分：intercultural communication這類的研究主要在檢視來自不同文化的人們彼此之間的溝通行爲（例如中國人與美國人之間的溝通行爲），而cross-cultural communication的研究則專注於比較不同文化裡人們的溝通行爲（例如比較中國、法國、巴西這些文化裡頭的溝通行爲）。換句話說，intercultural communication的研究主要在分析解釋跨文化人際間的互動，而cross-cultural communication的研究則是著重在比較一些不同文化當中的溝通特質。

二、爲什麼要學習跨文化溝通？

　　文化這個主題已逐漸成爲人際溝通研究當中的一個主要領域。Hall和Hall（1990）認爲人們必須要承認我們並非只居住在「一個世界」（one world），而是「許多不同的世界」（many worlds），而這些不同世界的人們如果彼此無法相互瞭解，則可能會造成毀滅性的後果（p. 201）。顯然地，Hall所說的不同「世界」指的就是地球上不同的「文化世界」。隨著全球化的普及，一般人相信，不同國界和文化的人得以相遇的機會已經大大提升，近期的研究同時也指出在許多國家，像是美國、法國、日本等，異國婚姻的比率也節節升高，幾乎超越了上個世紀數據的兩倍之多（Leeds-Hurwitz, 2002）。換句話說，爲了瞭解這些不同的世界，進而建立良好的人

際、商業和教育關係，學習跨文化溝通是必要的。

　　美國一位著名的教育和哲學家杜威（1916）曾經說過，人們唯有透過不同思想的表達、激盪和融合才能達到真正的學習和成長。因此，在跨文化溝通的過程中，我們見識到不同的文化，發現在不同文化底下的人們有著各式各樣相似和不同的特質和專長，因此，跨文化溝通能夠協助我們增長見識，學習其他文化中的優勢，進而改善自身的生活。畢竟，知識與真理存在於世界上不同的角落，而非囊括在一個單一的文化之中。

　　就個人而言，跨文化溝通讓吾人更深入地瞭解自我（self）和自身文化（our own culture）。當我們身處自己的文化中，恐怕很難完全地覺察該文化的每個細微層面，除非我們有機會看到其他不同的世界並且得以做比較，就像是足不出戶的人，很難理解別人的家有什麼比自己家更好的、更不好的。學習跨文化溝通也讓我們更進一步的思考我們的價值觀從何而來，同時，又有什麼外在的因素，像是媒體或他國文化，不斷地在形塑著世界上的每一個人。本章第三節將會討論到更多關於文化和自我之間的關聯。

　　學習跨文化溝通的理由並不僅有上述所言，學者們提出其他學習跨文化溝通的重要性，在此分別條列整裡如下（Martin & Nakayama, 2004; Neuliep, 2006）：

(一)科技因素

　　過去的世代，人際間的互動總是受限於距離和地理環境上的阻礙，直到鐵路、電話、電視、收音機和網路發明了之後，所有過去的不可能性都變得可能。網路和其他科技對跨文化溝通所帶來的衝擊包含了：(1)網路工具的發達有效增進人們對於各種文化、知識的獲得和瞭解，例如Google、Yahoo等搜尋引擎；(2)人們透過各類的

科技能夠輕易的與異文化的人們取得聯繫，例如簡訊、傳真機、即時訊息、網路交友、視訊、線上遊戲等；(3)現代人亦透過不同的傳播科技來呈現多層次的自我，進而更瞭解自我所包含的不同面向，例如答錄機、Facebook、個人部落格等。因為科技時時刻刻帶給我們難以計數的訊息和便利，所以科技尚未普及的地區便很容易和科技發達的區域形成文化上的脫節，譬如電腦未達普及化的國家，其人民便無法迅速得知不同文化的發展現況，同時與異文化人們之間的溝通管道亦受到相當大的限制。生存在眼前這個科技的年代，我們其實不難想像現代人多出許多機會能夠和異文化人士接觸和溝通，因此在這樣的情況之下，有效的跨文化溝通能力便成為日常生活當中的重要課題。

(二)經濟因素

全球化的結果，吾人所面對的已經不再是每個國家自己的單一市場，而是一個全球性的市場（global market）。為了能夠在這個全球化的市場上生存競爭，當務之急便是學習與他國建立商務關係，以便從事商業或金融交易行為。許多大學院校近來也相當重視這樣的議題，因而紛紛在其商學院裡開設跨文化溝通的課程，以增進學生與他國商務人士進行交流的能力。跨文化溝通在經濟上所扮演的角色，在於協助我們透過溝通與他國合作，不管是技術上的合作，亦或是深入瞭解異文化的需求以開發當地的市場，少了有效的跨文化溝通和協商往往較容易導致衝突的發生，甚至涉及嚴重的法律問題。商務人士們切勿將自己的文化價值觀套用在異國人士身上，在進行異文化商業交流之前都應該先對該文化及其溝通行為做充分的瞭解，以免貽笑大方、錯失商機。

(三)和平因素

　　從古至今，戰亂幾乎可見於歷史上的各個年代。這也不禁令吾人思考，究竟世界有沒有和平的一天？而世界上的各種族、性別、文化、宗教群體間到底有沒有和平共存的可能性？不論是二次大戰期間滅絕猶太人的行動，90年代盧安達的種族屠殺，到近期的九一一恐怖分子攻擊，皆令聞者顫慄，人心惶惶，一般人很難想像二十一世紀的今天，在世界其他角落竟然還有人類相信武力能夠解決問題，仇殺能夠取得最終的勝利。就實際面來說，實踐有效的跨文化溝通也許並不能保證衝突、戰爭能夠立刻從地球上消失，但是，透過對異文化人民、社會和政治問題的瞭解和溝通，不同群體間的紛爭也許能有削弱、減緩的可能。畢竟，大部分的衝突來自於不夠理解對方的需求和立場，若世界上的決策者都能夠多一分同理心，和平的那天將指日可待。

(四)倫理道德因素

　　倫理道德乃是人們日常行為舉止的標準和規範。哲學家和人類學家們承認，要發展一套全體通行的倫理道德準則，的確是件很不容易的事，但是這也令他們體認到世界上文化的多樣性。畢竟在某一文化中最基本、最被徹底實踐的道德準則，在另一個文化裡不見得會獲得同樣的認知。例如有些國家或宗教社區仍然實行一夫多妻制，這樣的行為在現今其他的社會裡，卻幾乎被認定為是不道德、敗壞風俗的。即使如此，一般的倫理道德規範都秉持著同一個人道主義的觀點，那就是世界上每一個文化群體和每一個人都享有被平等對待和尊重的權利，以達到人類存在的精神及和平的最佳體現。如此的人道主義精神和「種族中心主義」（ethnocentrism）是互相

289

抵觸的，存有種族中心主義的人視他人的文化為次等的，而認為自己的文化為最優越的，當然這樣的心態並不為大眾所接受。

　　吾人學習跨文化溝通的出發點和人道主義的精神是一致的，我們在瞭解自己和他人文化的過程中得以消弭刻板印象（stereotypes），並且肯定文化的多元性。傳播學者Bradford J. Hall（1997）提醒我們，當我們在學習異文化的時候切記勿用一種「遊動物園的角度」（zoo approach），他主張：

> 當我們用這種角度來看待文化研究時，就好似走進了動物園，對那些我們看到的奇異動物們表達讚美、驚奇與輕笑。有些人也許會因為這樣的文化觀點而發現這些異國風情的人們奇妙、有趣及有價值之處，抑或對異國情調的人們發展成一種真正的喜愛，但是這些人卻忘記了很重要的一點是，我們也像其他所有的人一樣在這樣的文化觀點上被「牢籠」所困，而其他人也跟我們一樣在文化上享有觀看他人的「自由」。（p.14）

　　Bradford. J. Hall強調世界上的每一個個體，不論文化異同，在人道的立場上是沒有兩樣的，以遊動物園的角度來看待異文化人士很容易陷入種族中心主義、貼標籤（labeling）或不當分類（categorizing）的謬誤。事實上，跨文化溝通研究的不僅是文化，更是發展出文化的人類群體，而我們對他人所做出的判斷與評論則必須合乎倫理道德的人本精神。

三、跨文化溝通研究的歷史沿革

　　文化這個概念最早由Louis H. Morgan在1877年以及Edward B. Tyler在1881年所提出（Hall, 1998），而達爾文（Charles

Darwin）、馬克思（Karl Marx）和佛洛伊德（Sigmund Freud）這三位不同領域的智者則被視爲是跨文化溝通開展的重要影響人物（Rogers & Hart, 2002）。佛洛伊德主張的「無意識」（unconscious）概念啓發了人類學家對於文化中無意識層面的理解，亦即人們通常沒有意識到我們的語言和非語言行爲在無形中受到文化的薰陶和形塑。達爾文的進化論（evolutionary theory）和馬克思的社會進化論（models of social evolution）說明了社會不斷地轉型，從未開化到文明的階段，這兩個理論觀點亦影響了學者們對於文化經歷漫長的時間累積和演進的認知。

　　跨文化溝通這個領域源起於1940年中期到1950年中期在美國外交服務機構（Foreign Service Institute, FSI）所設立的跨文化訓練課程。在二次世界大戰後，爲了協助在歐洲、南美洲、非洲和亞洲的其他國家重建，美國政府特別訓練了一批發展專家，包括了擁有專業語言和文化智識的技術人員和外交官，然後將他們分別送到海外他國從事戰後修復工作。這樣的起源也說明了爲何早期跨文化溝通的研究，多半將焦點放在檢討分析跨文化溝通的訓練課程（intercultural communication training）上，而關於跨文化溝通理論基礎的建構，也一直到近二十年才開始受到學者們的關注（Leeds-Hurwitz, 1990）。所以，Nwanko（1979）曾經這麼說過，絕大多數跨文化溝通的學者們都專注在找出溝通的阻礙、解釋和應用上，而非將重心放在理論的建構之上。

　　Edward T. Hall算是在1950年代早期，跨文化溝通訓練課程當中一位相當重要的學者。自此，Hall一直被認定是跨文化溝通這個範疇中最爲舉足輕重的人物。在1930年時，Hall曾經在美國西部和原住民（the Navajos and Hopis）一起工作和生活，並且加入了FSI的訓練課程，他在1959年所寫的書《無聲的語言》（*The Silent Language*）對於後來跨文化溝通的領域有十分深遠的影響和貢獻

（Hall, 1994）。在這本書中，Hall強調學習「無形文化」（invisible side of cultures）的重要性，他所說的無形文化指的是時間、空間以及其他和非語言相關的概念。不同於其他人類學家多半在一段時間內單單專注在某一個文化的研究上，Hall強調學者們應該研究不同文化成員之間彼此的互動行為。Hall（1960）提到：

> 過去，人類學家關注的重點一直在於一個文化的內在模式。在關切跨文化的問題上，他們一直在探討一個文化對於另一個文化的影響，反而比較少關注兩個不同文化之間實際的溝通過程。（p. 12）

人類學從傳統的角度研究某一文化對另一文化單向的影響，到後來Hall所主張研究不同文化成員間的互動，這樣的轉變影響了跨文化溝通的研究，同時也成為跨文化溝通這個領域後來一個主流的研究方向（Leeds-Hurwitz, 1990）。

到了1960年代的晚期，有一群傳播溝通的學者跟隨了Hall的腳步，開始深入研究跨文化溝通的典範，這批學者後來並且紛紛在大學裡頭開設跨文化溝通的課程。1970年代，大學裡開設跨文化溝通這門課的情形逐漸增加，到了1980年代，幾乎在所有的大學課程裡頭都有開設這門課，同時有差不多六十個大學將這門課納入研究所的課程中（Rogers & Hart, 2002）。時至今日，跨文化溝通儼然成為溝通這個學門當中的一個重要領域，並且受到許多傳播溝通學者的重視。

四、文化與語言

雖然一個人所屬的文化和這個人所使用的語言並沒有絕對必然的關聯，但是一個文化所使用的特定語言和其人民的思考模式

卻有著緊密的關係（Salzmann, 1993）。1928年，人類及語言學家
Edward Sapir出版了一篇文章，這篇文章改寫了語言與文化研究的
歷史。這篇文章的主旨主要在說明，一個特定文化所使用的語言，
將會直接影響該文化的人們如何思考。Sapir（1929）的原文是這麼
說的：

> 一個文明社會中文化模式的網絡被標示於語言之中，並且透過
> 該語言來表達這個文明社會的內涵……語言是「社會真實」
> （social reality）的指引，人類並非單獨活在一個客觀的世界之
> 中，人類其實是活在該社會的表達工具，也就是某個特定語言
> 的好處之下。（p. 207-214）

根據Sapir的主張，人們所認知的世界其實跟他們所使用的語
言有直接的關聯，依照這個推論，Sapir也認為使用不同語言的人們
所看到的世界就會是不一樣的。後來，Sapir的學生Benjamin Whorf
追隨了Sapir的腳步，繼續這方面的研究。Whorf（1940）指出，語
言不僅是吾人表達想法的工具，它更是形塑我們觀念想法的重要分
析來源。Whorf相信，說不同語言的不同族群對於事物的觀察方式
亦被引導到不同的方向，因此，這些不同語言族群的人看事情的觀
點自然有所差異。Sapir和Whorf對語言和文化所提出的這套概念受
到許多學者們的關注，後來成為眾所周知的「Sapir-Whorf假定」
（Sapir-Whorf hypothesis）（Salzmann, 1993）。

綜合他們兩人的主張，Sapir-Whorf假定主要在闡明兩個觀點：
第一個觀點是「語言決定論」（linguistic determinism），意思是一
個人的思考方式決定於這個人所講的語言；第二個觀點是「語言相
對論」（linguistic relativism），也就是說，不同語言之間的差異亦
會反映在語言使用者看待事物的不同方式上（Salzmann, 1993）。
如果將這兩個觀點放到跨文化溝通的領域來看，不同文化的人要達

到有效的溝通似乎很難，因為使用不同語言的人思考的方式截然不同，換個角度想，使用同樣一種語言的兩個不同群體（例如美國和澳洲）就會有很相似的思考模式嗎？其實也未必。後來經過了學者們的一番討論，John B. Carroll（1963）對Sapir-Whorf假定提出了修正。Carroll指出，因為語言上某種程度的差異，語言使用者會因為習慣於不同的文字和文法，而對他們所經歷的事物有不同方式的整理和歸納，如此組織訊息後所得到的認知自然也會影響到他們的行為。

　　雖然語言不見得對其使用者的思考方式有那麼絕對直接的影響，但是語言使用者的表達方式和風格則是各個文化有所不同（Neuliep, 2006）。其實，就算在同一個語言文化裡，也能找到不同的表達風格和模式。William Gudykunst和Stella Ting-Toomey（1988）認為，幼童在學習一個語言的時候並非只是學習該語言的字彙和文法結構，他們同時也在學習這個特定文化中人與人之間對談的表達方式。人們在表達的時候固然能展現不同的風格，但是通常一個文化中會有一種較為主流的表達方式。Gudykunst和Ting-Toomey整理歸納了四類跨文化學者們所提出來的語言表達方式（verbal communication styles），分別是：

(一)直接和間接（direct-indirect）

　　直接表達的人所使用的語詞通常十分清楚鮮明、直截了當，此類的溝通者在傳達訊息時多半先顧慮到自己的面子，並以表明自己的欲望和需要為前提，這樣的說話風格常見於低情境和個人主義文化[註1]裡，代表性的國家包括美國、英國、澳洲、德國等。相反

[註1] 低情境、高情境文化以及個人主義、群體主義文化將會在第二節中有詳盡的說明。

的，間接表達的方式較常見於高情境和群體主義文化中，間接說話者的目的通常會被隱藏，或是以暗示的方式來傳達，它的特色是溝通者喜歡用比較含糊的字眼，意義的詮釋主要並非透過文字語言的運用，而是從行動或環境中去理解。說話者多站在保護雙方面子的立場，代表性的國家大多是亞洲國家，因為亞洲國家高度重視面子以及和諧的人際關係。許多歐美直接表達的文化，人們經常會使用很確切的字眼，例如好、沒問題、毋庸置疑等，當他們要拒絕或是答應別人的要求時也幾乎不會以拐彎抹角的方式，而是直接正面回答對方的問題；但是間接表達文化的人常常會使用不確定的語詞，例如也許吧、再看看、不一定，當間接表達文化的人要答應或拒絕他人的請求時，大部分會以模稜兩可的方式，比方說，也許可以吧、好像可以、大概不行、不太確定等（Neuliep, 2006）。

(二)詳盡、精確和簡明（**elaborate, exact, and succinct**）

此類的表達方式主要和某個文化表達方式的「量」（quantity/volume）有關。詳盡的表達方式著重在詞藻的華麗和修飾，常見這類說話風格的文化有阿拉伯、中東和非裔美人。中東人說話時偏愛使用隱喻和許多的形容詞，而非裔美人則是比較隨興、誇大、個人色彩濃厚。精確的表達者幾乎不會多說不該說的，也不會少說該說的，對於用字遣詞的量，這類的表達者能夠拿捏得恰到好處，比方說一般的美國人多半偏好這種表達方式，因為他們覺得時間很寶貴，大家比較沒有耐心聽別人陳述事實以外的描繪。簡明風格的說話者則會使用精簡的句子來表達他們所要說的，有時候甚至會出現沉默的現象，這類的表達者多見於亞洲文化，例如日本、中國以及美國印地安人文化。這樣精簡表達的文化比較懂得欣賞簡單明瞭和沉默的美，同時他們重視一般人聽話的能力更勝於說話的能力，過

於伶牙俐齒的人在亞洲文化或印第安人文化中反而會帶給人一種負面的印象（Neuliep, 2006）。

(三)個人化和情境化（**personal-contextual**）

個人化表達方式事實上和個人主義頗有關聯，這樣的表達者偏好擴大個人的價值，在溝通的過程中，他們經常使用第一人稱「我」，對於自我和他人之間的關係採取一種比較水平式、沒有階級分別的觀點。比方說，美國人在說話的時候，大部分的句子都會用到代稱「我」或「你」，但是即使用到「你」這個字，也並不會因為對方的社會角色而使用不同的第二人稱「你」，事實上英文裡的「你」也只有一種（you）；相反的，在泰國的語言中，光是「你」這個代稱就有高達十二種不同的形式（Neuliep, 2006）。而情境化的表達風格則是強調個人的社會角色和地位，這類的語言表達者受到社會情境的影響而必須慎選他們的用字和代稱的使用，多數東亞語言文化都傾向情境化的表達方式，人們在互動的過程中對於對方的社會地位、熟悉程度、年齡和性別都要有所顧忌，以免貽笑大方。日文中就有各種不同形式的「敬語」，專門用在不同的情境、場合和對象上；同樣的，中文也有所謂的「您」，用來表示尊敬或稱呼地位較高的人（Neuliep, 2006）。

(四)工具導向和情感導向（**instrumental-affective**）

工具導向的表達者說話的目的在求達到某種目標或結果，他們所傳達的訊息常常是為了要說服別人或是影響別人，一旦達到目的，他們的溝通也趨向終止。研究指出，美國男性比女性更常運用工具導向的表達方式，美國女性多採合作式的溝通模式（Wood, 1997）。情感導向的表達者重視的是溝通的過程，而非結果。工具

導向的表達方式認為說話者要負起溝通成敗的全部責任，但是情感
導向的表達風格則主張說話者和聽話者雙方都應該分攤這個責任。
因此，情感導向的說話者在溝通過程中會特別留意聽話者的反應，
他們也偏好使用非語言的方式來傳達意涵。美國人和日本人比起來
比較偏向工具導向，因為他們在溝通時喜歡談論自己，而日本人則
相當在意互動對方的感受，所以溝通時一定不會忘了將對方也納入
談話的內容（Condon, 1984; Neuliep, 2006）。

　　學習文化的目的之一，在於透過對某個文化更深入的認識，免
去因為無知所可能導致的刻板印象或錯誤判斷。文化之間沒有優劣
之分，只是有些文化和我們比較相近，有些文化和我們差異較大。
同樣的，瞭解不同的語言表達風格和文化的關聯，目的不在於比較
出誰優誰劣，而是希望能夠經由理解而減少跨文化溝通所可能造成
的誤解或衝突。

第二節　跨文化溝通的重要研究和理論

　　和其他學門一樣，跨文化溝通這個領域亦有其根本的概念和理
論，因此本節將介紹五位對跨文化溝通的研究和理論基礎貢獻卓著
的學者，以及他們所提出來的概念和主張。隨後，跨文化溝通裡的
幾個重要理論：面子協商理論（face-negotiation theory）、憂慮／不
確定感管理理論（anxiety/uncertainty management theory, AUM）、
跨文化適應理論（cross-cultural adaptation theory）亦會在本節的第
二部分被討論。

一、跨文化溝通研究貢獻卓越的學者

(一)Edward. T. Hall

在稍早文化的定義中已經提到，Hall是第一位認為「文化即是溝通」的學者，雖然當時其他的人類學學者並不同意這樣的觀點，但是Hall主張文化代表的是一群人的生活方式，而一個群體的生活方式則是由一連串的溝通傳播活動和訊息的交換所構成。Hall所提出來與文化相關的概念裡頭，最重要的首推「**高情境**」（high context）和「**低情境**」（low context）。深入比較了日本和美國的文化之後，Hall發現每個文化會以不同的方式來強調語言和非語言的表達。他進一步說道，文字，也就是「語言溝通」，僅占了人類溝通行為當中10%的比重，然而，人們的行為，也就是「非語言溝通」的部分，卻占了剩餘的90%。但是，人們通常都無法主動意識到這90%的非語言溝通，事實上主宰了人們的價值觀、生活的風格和特色，以及我們如何看待這個世界（Hall, 1976）。比方說，吾人對於時間的觀念就被包含在這90%的溝通行為裡，並且深深左右我們與他人之間的互動（Hall, 1983）。

因此，Hall以個人與他人的語言和非語言互動方式，將所有的文化大致分為兩類——高情境與低情境。低情境文化的人們多半習慣於用文字符號來表達，而高情境文化的人則會較著重於自覺性地觀察、解讀整個情境當中的非語言表達的元素。根據Hall（1976）的說法：

> 所謂的高情境溝通（high-context communication, HC）或訊息是指這個訊息中所要傳達的重點資訊多半存於實際的溝通脈

絡之下，或是已經內化到個人的思維之中，而較少存在於被
編碼的、直截了當的或是傳送出去的訊息裡。而低情境溝通
（low-context communication, LC）則正好相反，絕大多數的資
訊皆是透過一種明確而清楚的編碼來呈現。（p. 79）

　　情境在此可以被詮釋成在溝通的過程中，互動雙方想當然地認
為聽者對於整個溝通的主題、狀態及狀況的一種瞭解。在低情境文
化的溝通模式中，聽者通常對情境的關注不多，因此習慣於被對方
主動告知。相反地，在高情境文化的互動過程中，聽者往往都是被
「情境化的」（contexted），因此不需要被對方告知太多的訊息。
打個比方，高情境文化的人就像是生活在一起很久的雙胞胎，因為
彼此的熟悉度很高，所以不需要事事都很明確地用言語指示出來；
而低情境文化的人則有如剛碰面要開始談生意的人，或是在法庭上
共事的兩位律師，為求彼此瞭解對方的意思，故必須要很清楚地用
言語說出自己欲表達的涵義（Hall, 1976）。

　　換句話說，高情境文化的人溝通的時候，透過已存在的物質
環境、社會關係和思想脈絡來詮釋意義，因此不必過多的語言訊息
來輔助，在這種情況下的溝通端靠互動雙方，訊息可能是含蓄而隱
含的，溝通的兩造皆被期待能夠解讀出沒有被確切說明的意義。高
情境文化的溝通者一般來說對於互動雙方的社會角色、階級較為敏
感，雖然每個文化都有例外的情形，不過像中國、日本、韓國、
越南和許多阿拉伯及非洲國家等都是屬於高情境溝通文化的國家
（Hall, 1976）。

　　和高情境文化不同的是，低情境文化的人們詮釋意義的主軸主
要來自於語言符號，不論是製碼或解碼，低情境文化的人需要大量
依靠語言符號系統。雖然，低情境文化的溝通者也能意識到溝通當
下的非語言環境，但是他們多半傾向專注於直言不諱的語言文字表

達。除了某些例外情形以外，低情境溝通文化的國家包含了瑞士、德國、北歐地區、美國、法國和英國等國家（Hall, 1976）。

順帶一提，Hall（1983）在他的另一本書《人生之舞》（*The Dance of Life*）中探討了文化中的「時間觀念」，亦即時間在不同的文化情境中是如何的被使用和組織。Hall認為，「時間不僅僅和一個文化的成型發展高度相關，它同時與一個文化裡的人如何體驗這個世界有緊密的關係」（p. 5）。Hall在此書裡將文化依據時間觀大致分為兩類：「**單一時間觀**」（monochronic）和「**多元時間觀**」（polychromic）。單一時間觀文化底下的人，高度強調時間的預先安排和調度（scheduling），並且習慣於在一段時間內處理一件事（故有此名），而人際互動中準時赴約這件事是相當受重視的。然而，多元時間觀的人則完全相反，他們重視人際關係更甚於預先設定的約會，並習慣在同一時間內處理好幾樣事情，因為這樣的關係，在互動的過程中被其他事情打斷是常有的狀況。很有趣的是，高情境文化的人通常傾向於多元時間觀，而低情境文化的人則多採單一時間觀。

(二)Geert Hofstede

1967年和1973年間，Geert Hofstede在全球聞名的企業組織IBM裡從事了一項重要的研究。Hofstede對世界上七十二個不同國家的IBM員工做了關於態度的問卷調查，而這個研究的主要目的在比較不同國家員工們的價值觀。結果，此研究找出了四組文化價值觀（cultural dimensions）：「**個人主義與群體主義**」（individualism versus collectivism）、「**避免不確定感**」（uncertainty avoidance）、「**權力距離**」（power distance）以及「**男性化與女性化**」（masculinity and femininity）（Hofstede, 2001）。

300

■個人主義與群體主義

　　此組文化價值觀乃是四組當中最重要的，它後來也受到最多跨文化學者的探究。推崇「個人主義」的文化重視個人的目標、個人自我的實現，並且以個人的利益為優先考量；相反的，富「群體主義」特質的文化強調「我們」的意識、團體的目標，並以多數的利益為主要考量。個人主義與群體主義的價值觀影響了文化中人與人之間的溝通互動方式。個人主義傾向的文化大多是北美、西歐國家，像是美國、澳洲、英國、加拿大等；而具群體主義文化傾向的則多半是南美洲和亞洲國家，例如瓜地馬拉、厄瓜多爾、巴拿馬、印尼、台灣、南韓等。

　　強調群體主義的文化，跟個人主義的文化比較起來，前者比較容易受到所屬內部團體成員（in-group members）的影響，這裡的內部團體指的是家庭、宗教和社會團體等。而後者受到內部團體成員的影響只有在某些特定的情況，但是，群體主義文化下生活的人則是在他們一生當中的許多時刻，都受到這些內部團體成員意見的左右，也就是說，內部團體成員的意見或目標，對於強調群體主義文化的人來說，具有指標性的作用（Gudykunst & Lee, 2002）。譬如說，群體主義文化的人通常都很在意個人的決定或個人的行為是否會為內部團體帶來光榮或羞辱，若某種行為可能導致內部團體的名譽受到連累，或使成員們對自己失望，則個人大多會盡可能不去從事這樣的行為。即便是現代的社會，許多群體主義文化下的個人仍然認為夫妻離婚是一件對家族和所在團體來說很不光彩的事，所以有些人即使婚姻不和諧，還是會忍耐或委屈求全，他們在意的就是內部團體成員的看法。

■避免不確定感

　　避免不確定感傾向高的文化，人們對於不確定、模稜兩可的

事物比較無法接受，這些人比較容易表現出高度的焦慮感，對於實行制式的規定和得到具體的真相需求較高，這種文化裡頭的人也比較無法接受他人不同的想法或不一樣的行為。在學校，學生比較習慣於有明顯結構組織劃分的學習環境，老師們被期待對所有的問題都有解答；在工作上，時間就是金錢，所以準時自然是非常基本的要求。反過來說，避免不確定感傾向低的文化，人們視不確定感為生活中很正常的一部分，模糊的感覺則是很自然能夠被接受的，在學校裡，學生可以適應開放性問題和小組討論的學習方式，在職場上，時間不能主控一切，而是個參考標準，同時，富有創意的點子較能夠被廣為採納。高避免不確定感傾向的國家包含了日本、瓜地馬拉、葡萄牙、秘魯、智利、西班牙等；而低避免不確定感傾向的國家則有美國、加拿大、紐西蘭、瑞典、丹麥、挪威、南非等。

■權力距離

該價值觀指的是一個文化中擁有較少權力的個人或組織成員能夠接受權力不均等平分的程度。高權力距離文化下，例如墨西哥、菲律賓、印度，個人相信權力是社會中很基本的現實，通常決策過程以及上司和下屬之間的關係都比較形式化些，人們對於階級分別不明的情況往往會感到不適應。相反的，低權力距離文化中，譬如丹麥、以色列、紐西蘭，人們則認為權力應該被公平、合法的使用，而階級制度越不明顯越好，因此，在這樣的社會裡，好的領導者應該要能縮小權力的差異。

■男性化與女性化

男性化特質較強的文化強調性別角色、權力、果斷和自主（例如日本、澳洲、墨西哥），因此人們會認定賺錢養家就該由男人來負擔，照顧家庭和當老師則應該由女人來負責。反言之，女性化特質的文化則較重視人人應享的生活品質、服務他人、互相依存、關

懷，並且對性別角色的看法較具有彈性（例如北歐地區的丹麥、挪威、瑞典和荷蘭）。Hofstede發現男性化特質的文化裡，人們有比較高的動機追求成功、進步和面對挑戰。

Gudykunst和Kim（1992）的研究中也提到，避免不確定感的價值觀可以用來解釋不同文化中陌生的個體如何與彼此互動；而權力距離則可被用來瞭解跨文化的關係當中個人的行為涉及權力、權威的程度；男性化與女性化的文化可以幫助我們更加明白不同文化中的同性與異性關係，一般來說，男性化文化傾向的人多半較少有親密的異性友人。

(三)Milton Bennett

Milton Bennett（1993）指出，因為**跨文化敏感度**（intercultural sensitivity）並非靠遺傳，因此人們有必要去瞭解個人在遭遇文化差異時所表現出來的行為，以及個人在受過適當的教育之後，對於文化差異反應的差別。Bennett提到的跨文化敏感度指的是對於文化差異的適應能力。隨後，Bennett便發展了一套關於跨文化敏感度的理論（cultural sensitivity model），裡頭說明了跨文化敏感度，如何形成的，而此理論也幫助了專業的訓練者和教育人員設計「跨文化敏感度發展過程」（the development of intercultural sensitivity）的訓練課程。

在解釋跨文化敏感度理論的時候，Bennett首先從個人所歷經的「種族優越階段」（ethnocentric stages）介紹起，因為，個人對文化差異所反應出的行為會因為他們身處於不同的種族優越階段而異。第一個種族優越階段是「否認」（denial），處於這個階段的人們並不會意識到文化差異的存在，為了停留在這個階段，他們通常會避免自己有機會去面臨文化差異，所以更不願意與其他文化的

人互動或社交。

第二個種族優越階段是「自我防衛」（defense），根據Bennett
的說法，在這個階段的人會體認到某些特定的文化差異，但是他們
也會自己創造出特定的方式來防備這些文化差異。個人在這個階段
通常會透過三種方式來抗拒文化差異：誹謗（denigration）、優越
感（superiority）和顛倒（reversal）。經由誹謗異文化和表現出高
度優越感的方式，身處自我防衛階段的人視其他文化為劣等的、負
面的，而認為自己的文化比別人的文化來得高尚、優秀。反之，在
此階段亦有人會表現出完全顛倒的姿態，對異文化全然給予正面的
評價，但是對自己的文化批評有加，這樣的行為通常都發生在短期
旅居海外工作或唸書的人士。

最後一個種族優越階段稱為「減低」（minimization），個人
在這個階段會傾向於找出文化間的相似點，而刻意忽略文化間的差
異。個人行為表現的前提是，每個文化中的個人都是一樣的，所以
在溝通上我們亦不需要運用任何特殊的策略，這樣的想法乍聽之下
好像沒有什麼問題，然而仔細想想，這個階段仍然算是種族優越的
階段，因為認為自己的文化和其他的文化沒有差別，好似認定自己
的文化是全球通行的、眾人皆能瞭解的。

Bennett的跨文化敏感度理論的後三個階段稱作「種族相對階
段」（ethnorelative stages）。種族相對論的主要前提是，個人的文
化或行為唯有在特定的情境下才能夠被瞭解，沒有人能夠真正去評
斷某種文化行為的對與錯。正如同Bennett（1993）所說：「文化
化差異並無好與壞的分別，它是純粹的差異。」（p. 46）。種族相
對階段的開始乃是透過對於不同行為的尊重和重視，以致於更進一
步地接受文化間的差異。換句話說，瞭解和尊重其他文化的不同
價值觀，並不代表個人必須要同意那些價值觀。在這個「接受」
（accepting）的階段裡，Bennett強調的是一種「過程」的觀念，也

就是說，我們的價值系統需要被看成是一個不斷改變、進行的過程，個人持續性地透過對這個世界的觀察來建構他們的價值觀和信念，而這個過程也引導著人們用重新建構過的方式來看這個世界。

　　下一個種族相對階段是「適應」（adaptation）。這個階段屏除了同化（assimilation）的概念，同化指的是一個人的身分認同完全由另一個文化的身分認同所取代。在適應的階段裡，個人額外所學的溝通方式和世界觀都被鼓勵用來擴展自己原有的技巧和觀點，但是這並不意味著取代我們原有的文化價值觀。Bennett還解釋道，適應階段裡包含了兩個時期：同理心和多元文化（pluralism）時期。這兩個時期說明了人們為了溝通的目的，從自己的文化框架轉移到他人的文化框架去思考。因為富有同理心，個人能夠以他人的觀點出發，藉以更深入地瞭解他人的看法；同時，因為能接受多元文化，個人依據所在的文化情境，得以轉換自己不同的文化框架。

　　最後一個種族相對階段是「結合」（integration），這個階段說的是人們嘗試著結合個人身分認同中的不同面向，以融合成一個新的認同，但是仍然能保有他原有的文化認同感。這樣的人具備瞭解不同世界觀的能力，但也同時維持著他原來所屬的文化身分認同。比方說，一個熟悉美國、日本和西班牙文化而不忘本的台灣人，不僅能夠用這些不同文化角度來看這個世界，同時也沒有捨棄身為台灣人的文化認同，並清楚明白台灣人的文化觀點，這樣的人便是處於結合的種族相對階段。結合階段包含了兩種形式：第一種稱為「情境評估」（contextual evaluation），指的是個人擁有分析、評估一個或多種文化情境的能力；第二種形式稱為「建設性邊緣個體」（constructive marginality），代表一個人有能力持續性地藉由他所學到的文化世界觀來為自己創造一種屬於個人的真實。

　　簡言之，種族相對論的重點在於「過程」的概念。接受、適應和結合他人的價值觀和文化信念，其實就是一種不斷地建構真實的

過程。唯有透過這個過程，吾人才能消弭和種族優越相關的想法，並且創建個人的跨文化敏感度。

(四)Hazel Rose Markus和Shinobu Kitayama

雖然說前述由Hofstede所歸納出的個人主義和群體主義文化變項的理論架構，後來受到許多學者的支持並繼續加以延伸研究（例如Triandis, 1995），但是Markus和Kitayama（1991）卻認為，此組文化價值觀變項並未充分解釋為什麼文化能夠對人們的溝通行為有這樣深遠的影響。因此Markus和Kitayama主張，我們若要更有效地檢視文化對溝通模式的影響，那麼我們應該要研究居中相關的一套概念——「**自我構念**」（self-construals）（Markus & Kitayama, 1991）。根據Markus和 Kitayama的解釋，個人擁有兩種自我構念，分別是「**獨立自我構念**」（independent self-construal）和「**互賴自我構念**」（interdependent self-construal）。

獨立自我構念強調自我為一個獨特的自主體，這樣的觀念常見於個人主義傾向的文化中；而互賴自我構念強調的是自我存在於社會關係中，並且為社會關係的一部分，這種觀念相反地則多可見於群體主義傾向的文化裡。更進一步說明，強調獨立自我構念的個人通常較為重視自我實現的目標，這種人往往也比較直接、比較善於表達自己；反之，重視互賴自我構念的人則多反映出個人仰賴社會上各種群體關係而生存的需求，對互賴自我構念的人而言，個人的行為主要受關係群體中其他人的想法、感受和行動的宰制（Markus & Kitayama, 1991, p. 227）。Singelis和Brown（1995）的研究比較了亞裔美國人和白種美國人的互賴自我構念程度，結果發現亞裔美國人（來自中國、菲律賓、日本和韓國）的程度較白種美國人低；但是白種美國人和亞裔美國人相較之下獨立自我構念程度高。不過有

不少研究還未能發現群體、個人主義社會型態中，個人的獨立自我構念程度是否有顯著差別（葉蓉慧、陳凌，2004）。

二、跨文化研究的重要理論

介紹完跨文化領域裡的幾位代表性人物和他們的重要研究論點，接下來我們要探討的是跨文化研究的重要理論，因為理論繁多，在此僅擇三個和華人文化比較相關的基礎理論來做說明。

(一)面子協商理論

中國人的社會處處講面子，所以這個部分首先討論的跨文化理論是Ting-Toomey的「面子協商理論」。Ting-Toomey（1988）主張，「一個文化的價值觀和社會規範足以影響此文化系統中的成員如何處理面子問題，以及他們如何適切地化解衝突和糾紛」（pp. 213-214）。

面子維護策略（facework）其實存在於所有的文化之中。Ting-Toomey（1988）定義「面子」為「個人在一個關係情境中所投射的形象」（p. 215）。面子同時也是一個關係情境中，所有成員所共同建構和定義出來的一種認同。從個人主義文化的角度來看，一個人的面子跟這個人本身的核心自我（core self）應該是相呼應的，然而，從一個群體主義文化觀點的角度來看，一個人的面子必須視此人所遭遇到的不同的狀況、情境而定。在個人主義文化的情境底下，面子維護策略主要在強調個人如何維持自身的獨立性、空間和地域；反之，在群體主義文化的情境下，面子維護策略的焦點則是在於人們如何去維護他人的面子，還有如何不去毀損他人的面子。

Ting-Toomey（1988）的研究指出，社會文化裡的面子維護策

略同時也影響著個人處理衝突的態度（conflict styles）。在低情境文化（low context culture）中，比如說像德國、美國和北歐國家，人們通常偏好比較直接的互動方式，而這種互動方式並不被認爲是有損彼此面子的。然而，在高情境文化（high context culture）中，比方說中國、日本、南韓等國家，間接的互動方式則較爲人們所採納，對高情境文化的人們來說，過於直接的應對方式可能會傷及彼此的面子。

一個文化對於面子的重視與否、人們對面子的認知，以及遇到衝突時如何處理面子問題，這些都在在地影響著該文化中普遍實踐的面子維護策略。因此，Ting-Toomey（1988）提出了一套面子協商的理論模式，這個理論模式由兩個基本準則所組成：(1)關注面子的準則（face-concern principle）：不論是自我的面子（self face）、他人的面子（other face）或是雙方的面子（mutual face）；以及(2)面子需求的準則（face-need principle）：包含了負面的面子（negative face-concern，爲求個人的獨立自主）和正面的面子（positive face-concern，爲了要被歸屬於某個團體中）（pp. 218-219）。負面的面子需求，可以被視爲是一種爲了追求個人的自由和獨立性所產生的需求；而正面的面子需求則被看成是爲了達到個人的歸屬和被群體所確認而發生的需求。

根據Ting-Toomey（1988）的面子協商理論，個人主義和低情境文化的人多採取「自我面子」和「負面面子」的準則來處理衝突；反之，群體主義和高情境文化的人通常則是採用「他人面子」和「正面面子」的準則來化解衝突。此外，群體文化的人在遭遇衝突的時候，多傾向於用「逃避」或「退讓」的方式來處理，爲的是能夠顧及雙方和他人的面子；相反的，個人主義文化的人，因爲比較在乎自我的面子，故多半偏好運用「直接面對問題」和「解決問題」這兩種解決衝突的策略（Ting-Toomey & Kurogi, 1998）。

所以，我們不難想像，亞洲文化像是日本，通常大家在用餐完畢之後，並不會很詳細的查閱帳單再做付帳的動作，因為這樣的行為有損在座賓客以及店家的面子；然而在美國，付帳之前很仔細的核對帳單是很平常的動作，為的是避免自己的權益受損（March, 1996）。

吾人面對衝突時的態度差異也會導致不同的溝通方式，尤其是在跨文化的情境中，相異的處理方式容易造成互動雙方之間的混淆、誤解，甚至於仇恨。有些人為了維護彼此關係的和諧，而採間接的溝通方式，但是這麼做有時候反而可能會激怒習慣於以直接方式溝通的互動對象。同樣的，習慣於以公開、直接的方式來解決或討論問題的人，也很可能會被間接溝通方式的人誤以為是無禮的、不體貼的和有意損害彼此面子的（Samovar, Porter & McDaniel, 2007）。

(二)憂慮／不確定感管理理論

William Gudykunst是另一位為跨文化溝通奉獻一生心力的學者。Gudykunst（2005）在過去的二十年間一直致力於發展「**憂慮／不確定感管理理論**」（anxiety/uncertainty management theory, 簡稱AUM）。該理論主要在解釋不確定感、憂慮、用心（mindfulness）和有效溝通之間的關聯。根據AUM，不同文化或不同種族間的主要溝通過程，與相同文化中個人間的溝通過程其實是沒有太大差別的，Gudykunst統稱這樣的溝通模式為「與陌生人溝通」，而這個過程需要面臨到相當多的不確定感和焦慮感。和人際溝通裡的「消除不確定感理論」（uncertainty reduction theory, URT）不同的是，AUM把焦點放在「管理」這種不確定和憂慮的感受，而不是試圖去消除它。AUM的最終目的在於達到有效的溝通，也就是互動雙方能夠透過管理這些不愉快的感受，加上更用心謹慎的態度，來達到異

文化雙方彼此的溝通目標。

AUM主張人們對不確定感和憂慮感的忍受度有最高和最低門檻的限制，最高門檻指的是吾人所能接受最高量的不確定和焦慮感，但是仍然可以預測一個陌生對象的態度、信念和價值觀，並且保持正常的溝通和互動；而最低門檻則是代表個人所能接受最低量的不確定和焦慮感，但是並不會因此而失去與陌生對象互動的動機，或者對雙方的互動過度自信。假若我們的不確定感超越了最高的門檻或不及於最低的門檻，那麼吾人將無法與陌生的對象產生有效的溝通，換言之，這份不確定感必須要落在最高與最低的門檻之間，以達到最有效的溝通。

除了不確定感和憂慮感，AUM也探討了「用心謹慎」的態度與有效溝通之間的關係。依據"mindfulness"這個概念的說明，一般人對於自己的行為舉止大部分是不自覺反射的，因此日常生活中吾人有許多習慣性或自然反應的溝通行為，並不需要依靠特別的專注力。但是，mindfulness強調的是個人有意識的專注於其所接收到的資訊，一個擁有這樣用心謹慎態度的溝通者對於新的事物採取開放的態度，他能夠接受自己和他人之間不同的觀點，並且能夠進一步地去消化和思考。不同的是，一位不用心的溝通者通常會誤認為，和我們應對的陌生人必然能夠完全沒有偏差地解讀我們所送出去的訊息，但是事實並不然，Gudykunst指出，多數的時候如果個人無法在互動的過程中多用心，那麼這個溝通過程多半是無效的。

mindfulness還可以協助我們降低或增加互動當中所遭遇到的不確定和憂慮感。如果我們盡力地去瞭解與我們互動的陌生人看事情的角度，那麼這個時候，mindfulness則能夠幫助我們減輕那種不確定感和焦慮；可是，mindfulness也可能會促使我們的不確定和憂慮感升高，如果我們過度在意自己和陌生互動對象之間的差異。

在AUM裡，Gudykunst一共提出了七個可能影響不確定感和

憂慮感管理的因素：(1)個人的概念想法（self concept），例如，個人的自尊和身分認同感越高則不確定憂慮感越低；(2)互動的動機（motivation to interaction），例如，當陌生人越是讚許我們的自我認同，我們越願意與對方互動；(3)對陌生人的反應（reactions to strangers），例如，越是能運用同理心和接受模稜兩可的情況，則個人越能降低不確定憂慮感；(4)對陌生人的社會化歸類（social categorization of strangers），例如，若吾人用刻板印象來歸類我們互動的陌生人，那麼我們的不確定憂慮感則容易提高；(5)情境、溝通過程（situational processes），例如，越是能製造互動的情境，越是能夠降低我們的不確定憂慮感；(6)和陌生人之間的聯繫（connection with strangers），同樣的，越是經常和陌生人有接觸和聯繫，則不確定憂慮感也會相對減少；(7)道德倫理的互動（ethical interactions），互動的過程中若能彼此尊重，維護雙方應有的尊嚴，那麼不確定憂慮感也會減低。

(三)跨文化適應理論

和Gudykunst一樣，Kim自1977年起，花費了過去二十多年的時間在研究「**跨文化適應理論**」。這個理論源自於Kim當時對於韓國移民在芝加哥生活的適應情況所做的研究（Kim, 1977）。立基於開放性系統的觀點（open-system perspective），Kim對這個理論做過多次的修改，後來他加進了壓力（stress）、適應（adaption）和成長動能（growth dynamics）這些元素和概念來代表移民們的跨文化轉變過程。

這個理論試圖在敘述跨文化適應為一個「合作下」（collaborative）的產物，在這個過程中，一個剛剛抵達新環境的人和這個新的文化環境之間必須一同付出努力（Kim, 1995, p. 192）。

311

口語傳播

Kim（1995）在這個理論當中一共提出了三個前提（p. 173）：

1. 人類天生具有適應和學習成長的動力（humans have an inherent drive to adapt and grow）。
2. 人們若要適應一個新的社會環境必須要透過溝通（adaptation to one's social environment occurs through communication）。
3. 適應是一個非常複雜的變動過程（adaptation is a complex and dynamic process）。

根據Kim（1995）的研究，跨文化適應牽涉到「涵化」（acculturation）和「反涵化」（deculturation）兩個部分。這裡的涵化指的是學習適應新的文化（learning the host culture），反涵化則是指放掉之前舊有的文化（unlearning the original culture）。涵化和反涵化現象交錯發生的結果，會造成暫時性的破壞性經驗，稱為「壓力」，但是，伴隨這種壓力反應而來的是「適應」，也就是新加入者學習去迎接和處理各式各樣由新環境所帶來的挑戰。在壓力和適應之後緊接著到來的是「成長」（growth），在這個階段中，環境的新成員能夠有足夠的能力去承擔壓力，並且獨力解決由新環境所帶來的種種社會問題。更重要的是，隨著時間過去，這個由壓力、適應和成長所串連起來的過程並非以一種流暢或直線的方式去進行，而是以一種環狀、螺旋狀的型態在進行，和輪子轉動的方式十分相似（如圖7-1）。換句話說，人們學習新文化的過程，並不是單純地按照這個階段、下個階段不停往前走的，根據Kim的研究，這個過程是壓力和適應不斷的循環交替前進的。

該理論並假定新成員在跨文化適應的過程中，從事兩種溝通活動：「個人的溝通活動」（personal communication）以及「社交的溝通活動」（social communication）。Kim（1995）發現，新成員一開始藉由個人的溝通活動來展開這個適應的過程，這樣的溝通活

312

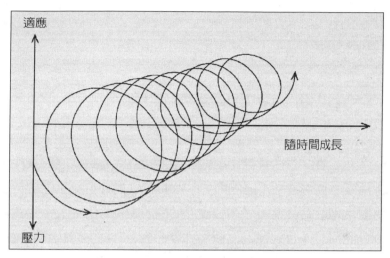

圖7-1 壓力─適應─成長關係圖

資料來源：Kim, Y. Y. (2001).

動展現的是新成員對於新環境認知上的、情感上的和生活機能運作上的溝通能力。和個人的溝通活動高度相關的是新成員的社交溝通活動，在這類型的溝通活動中，新成員得以深刻體驗這個新環境裡的人際互動和大眾傳播行為。

除此之外，新環境的狀況，比方說人們對於外來者的接納程度，或是新成員本身的文化群體強勢與否，都在新成員的個人和社交的溝通活動中扮演很重要的角色。其實，新成員本身的個性、個人特質和其對於投入新環境的準備功夫，皆能影響這個人對新環境的整體適應能力（Kim, 1995）。

第二節舉出了幾項跨文化溝通領域中的基礎概念和理論做介紹，過去曾經有學者質疑過跨文化溝通究竟能不能夠成就一個獨立的學門，然而近期已經鮮少聽聞這樣的疑問，因為跨文化溝通不僅僅在傳播學中發展成一門重要的學科，全世界從事跨文化研究的學者們也不斷的在發表新的跨文化溝通理論。近年來，跨文化溝通這

個研究分類在美國傳播學會裡頭亦擁有相當多數的專門會員，遠遠領先許多研究分類，可見其受學者們重視的程度。

第三節 文化與身分認同

「我是誰？」你曾經仔細地思考過這個問題嗎？對於某些人來說，這是一個再清楚不過的問題，因為誰又能比自己更瞭解自己的本質呢？但是話又說回來，其實這個問題困擾著不少人，畢竟自我的身分認同（identity）是個極為抽象的概念，加上時代的變遷和全球化的影響，國與國之間的界線已不如過往一般明顯。因為本土加上外來文化的融合，現代人的身分認同已經不再像過去一樣單一性質，尤其是對具有移民背景或是長期使用網路結交異國友人的個人而言，身分認同的概念可以是非常複雜多元的，而「文化」對於我們身分認同的形塑更是有著深刻的影響和衝擊。

為什麼瞭解自我的身分認同如此重要呢？事實上，瞭解自我對於吾人的心理健全發展是相當重要的一環。根據Pinney（1993）的研究，人們在青少年時期最重要的目標之一即是發展個人的身分認同，假設個人在這個時期沒有順利清楚的找尋到自我，那麼這個人將來會面臨無所適從、對於個人在社會上所扮演的角色渾然不清的困境。對於成年人來說，因為現代社會給予我們的選擇眾多，伴隨而來的是各式各樣不確定感的提升，為了降低這樣的不確定感，許多人對於自己所屬的團體有著更明確而強烈的需求。換句話說，現代人為了能夠適應目前多變的社會生活，確認自我的身分認同遂成為一項很重要的工作，因為一個清楚的身分認同能夠指引著個體去創造自己想要的生活，然後和自己社經地位相似的人做生活上的連結和互動（Samovar, Porter, & McDaniel, 2007）。

就跨文化溝通而言，個人的身分認同讓吾人更明白自己和他人在社會上所扮演的角色，同時也提供了一套與他人溝通互動應遵守的準則（Hecht, Jackson II & Ribeau, 2003）。舉例來說，亞洲學生到西方國家求學的一開始通常會覺得很不習慣，因為在西方文化（例如美國）的教室裡，學生和老師之間多採自由互動、一來一往的學習方式，老師不見得是教室裡唯一的知識提供者；相反的，在亞洲文化的課堂中則較少見到學生與老師對話的情形，通常都是老師站在台前唱獨角戲。如此教學方式和課堂互動上的差異，原因在於西方文化和亞洲文化對於老師這個角色的身分認同有著不一樣的定位，在亞洲文化裡，因為受到儒家思想的影響，老師的身分認同長久以來一直被定位成是一個道德的標準、高高在上不容許學生輕易挑戰的權威，然而西方文化對於老師這個角色則沒有這麼多制式、崇高的規範。因為老師這個角色在文化身分認同上的差異，跟隨之而來的自然是不一樣的溝通與互動模式。

一、身分認同（identity）和文化身分認同（cultural identity）

簡單說明了我們應當釐清個人身分認同的理由之後，緊接著要討論的是身分認同和文化身分認同的定義。如同前面所言，身分認同是一個既複雜且抽象的概念，基於這樣的特質，想要對它下一番清楚的定義並非易事。Ting-Toomey（2005）認為身分認同是：

> 我們的反身自我概念或自我形象，主要衍生於我們各自的家庭、性別、文化、民俗以及個體社會化的過程。身分認同基本上意指我們對於自己的反身觀點與其他自我形象的認知。（p. 212）

根據Ting-Toomey的說法，身分認同是我們從家人、性別學習、文化、種族和社會化過程當中所衍生出來的一種對於自我的看法和認知。Martin和Nakayama（2005）則是簡明地定義身分認同為「吾人的自我概念，也就是我們所認知的自我」（p. 80）。

而Fong（2004）認為文化身分認同在跨文化溝通的研究中，經常被當成是一個較廣泛的概念，其中包含了種族（racial）和民俗的（ethnic）身分認同，她定義文化身分認同如下：

> 一個具有歸屬感的群體深刻體認到成員彼此之間共享的傳統、遺產、語言、行為規範，以及一套有意義的語言和非語言溝通傳播系統。文化身分認同是由社會所建構而成的。（p. 6）

依照Fong的說法，文化身分認同是一個共享傳統、語言和社會行為規範的群體，其成員間彼此共同認同的一套系統性的語言和非語言行為。同樣的，Ting-Toomey和Chung（2005）定義文化身分認同為我們對於所屬的文化所產生的一種特有感情。簡單地說，文化身分認同即是我們對於所屬的文化群體所產生的一股歸屬感，而這種歸屬感包含了接受這個文化裡頭的價值觀、信念並遵照其社會規範行事。不論是身分認同或是文化身分認同，文化，隨時隨地無不在影響著吾人身分認同當中的每一個層面。

我們的身分認同是如此多變及多重性質，它會隨著我們人生經驗的不同而有所轉變。仔細想想，當我們年幼的時候對自我的認知和現在我們對自我的認知，是否有所差異？隨著時間的轉換，我們自然而然會捨棄掉一些過去的自我認同，而透過一些新接觸到的人、事、物，發展成現階段的自我認同。譬如說，小時候我們可能因為參加學校裡的某些組織團體而建立了某些面向的自我認同，像是童子軍、糾察隊等。長大以後，漸漸脫離了這些環境，我們對於自我的認同也許會轉成，例如大學生、社團幹部、企業員工等。在

日常生活中，隨著我們所處的環境和情境的不同，吾人自我認同中的不同面向會因此有不同程度的展現，比方說，在學校的文化情境中，學生和老師的自我認同層面會比較凸顯；在家裡，我們扮演家庭成員（父母、兒女）的自我認同會比較明顯。雖然，自我認同是個十分複雜的合成體，其所涵蓋的某些層面亦可能是恆久不變的，例如我們的種族文化認同（racial identity）（Samovar, Porter, & McDaniel, 2007）。

二、身分認同的種類

為了幫助我們瞭解身分認同多元而複雜的面貌，學者們提出了幾套方式來幫助我們分門別類。Gudykunst（2004）將吾人的身分認同做歸類，而這個歸類法在跨文化溝通這個學門中普遍為其他學者所重視，以下是他的看法：

> 我們的社會認同可以立基於人口統計中的分類（例如國籍、族群、性別、年齡、社會階級）、我們所扮演的角色（例如學生、教授、父母）、我們在正式與非正式組織中的成員身分（例如黨派、社會團體）、我們的職業（例如科學家、藝術家、園丁），或者我們在汙名化團體中的成員角色（例如街友、愛滋病患者）。（p. 77）

換言之，Gudykunst將我們眾多的自我身分認同區別為「社會自我認同」、「個人扮演的角色」、我們在「正式和非正式組織當中的會員/成員資格」、「特殊才能」和「汙名化的身分認同」五個大類，這樣的分類方式不僅涵蓋了正面的自我認同面向，也點出了一般人較容易忽略的負面自我認同面向。

Turner（1987）則將身分認同的許多層面簡單歸納成三大類，分別是：人類（human）、社會（social）和個人（personal）身分認同。「人類身分認同」簡單地說，就是將吾人和其他種族的人類連結在一起，但是也同時把我們和世界上其他的生物種類分別開來的自我認同。「社會身分認同」指的是在社會上我們所隸屬的不同群體，比方說，種族、風俗文化（ethnicity）、職業、年齡、性別等。「個人身分認同」則代表著你和隸屬群體內部成員（in-group members）間可以區隔開來的個人特質，通常和個人特殊的才華有關聯，例如電腦高手、游泳健將、音樂愛好者。

Turner和Gudykunst的歸類當中，和跨文化溝通最具關聯性的屬「社會身分認同」（social identities），以下將選擇性地介紹幾個社會身分認同的層面，同時探討這些身分認同的面向如何受到文化的影響。

(一)種族認同（racial identity）

根據學者的說法，種族乃是一個社會建構下的概念，專門透過人類生理、外表構造上的差異（例如皮膚的顏色、髮質、五官的構造）來區分世界上不同的族群——亞洲人、白人、黑人、拉丁美洲人——目的是讓我族和他族劃出明顯的界線（Collier, 1998）。但是現代的科學研究發現，由於人類長期大量跨族通婚的關係，世界上的人種基因已經沒有什麼太大的差別，因此，有越來越多人因為瞭解「種族」這個概念最早背後所附加的負面意涵（優族與劣族之分），而不願意運用種族這個分類來為自我下定義。除了某些移民為主的國家，像是美國，因為一些歷史事件的緣故（黑奴問題和印地安人之間的種族糾紛）以及國家人口組成的關係（多數為移民），其他地區的種族議題並未引起太大的爭議（Samovar, Porter,

& McDaniel, 2007）。

(二)族群認同（ethnic identity）

種族認同和族群認同這兩個概念很容易被混淆，Samovar、Porter和McDaniel（2007）認為種族認同和族群認同可以被如此區分：

種族認同與生物遺傳有緊密的關聯，它決定了我們可區辨的生理特徵。族群認同則是源自於認定一種群體所共享的遺產、歷史、傳統、價值、相似行為、原生地區，以及語言。（p. 113）

也就是說，種族認同採用的是生物遺傳學的角度，但是族群認同則是吾人對於傳統、文化遺產、語言、文化價值觀的歸屬感。舉例來說，同樣身為亞洲人（種族），日本人和印度人的族群認同便有所不同，因為這兩個文化體制所承襲的是不一樣的歷史背景和文化傳統。但是若比較華人、日本人和韓國人的族群認同，這三者的內涵就有其重疊之處，原因在於這三個地區共有的歷史文化、語言和重視的倫理道德與價值觀念皆受儒家思想影響。

(三)國家認同（national identity）

國家認同和種族、族群文化認同不一樣，它代表的是個人和某一個國家之間的法定關係（Martin & Nakayama, 2004）。一般來說，國家認同似乎是一個非常簡單明瞭的認知，但是對於世界上某些國家地位有爭議或不明確的人來說，國家認同便很容易變成該國人民心中的一個問號，例如，當捷克的前身（Czechoslovakia）要分裂成捷克共和國（Czech Republic）和斯洛伐克（Slovakia）兩個國家的時候（Martin & Nakayama, 2004）。而以居住在台灣的人民

來說，因為歷史背景和政治因素的關係，台灣人對於國家認同的認知和其他國家相較之下，多了一分複雜和分歧。如果一個國家發生了某些重大事故，通常會對該國人民的國家認同起作用，比方說，九一一恐怖攻擊發生之後，激起了許多美國人的愛國意識，在當時的情境之下，美國人的國家認同比過去來得凸顯和強烈；然而同樣一個國家，時間空間一轉，當小布希出兵攻打伊拉克之後，許多反戰的美國人的國家認同感反而降低，他們甚至在出國旅遊的時候不願意承認自己是美國人，因為他們覺得身為一個發動戰爭國家的人民是極不光彩的。

(四)性別認同（**gender identity**）

性別認同和性徵認同（sex identity）不應該被混為一談，性別（gender）也是社會建構下的產物，它指的是某一社會文化區別男性角色和女性角色的方式。而性別認同代表的是我們對於自身形象的「男性化」（masculinity）及「女性化」（femininity）所做的解讀和意義詮釋（Ting-Toomey, 2005）。文化影響了大眾對於不同性別的審美觀和流行的風潮，舉例來說，台灣女性化妝的年齡逐年降低，和歐美比較起來有相當大的差異，因為歐美文化崇尚自然簡約，年輕女性較少化妝，也多採隨性的裝扮為主。值得注意的是，有些人的性別認同和性徵認同並不一致，因此我們常常會發現有些男性的裝扮或舉止行為較符合女性角色的期待（gender expectation），或是女性的外型和言語動作偏向男性化特質。

(五)社會地位認同（**social class identity**）

社會地位或社經地位（socioeconomic status）可以由該社會階層人們的生活型態中看出，諸如這些人所吃的東西、看的書、從事

的休閒活動，和逛街購物的區域等。一般人在社交場合中通常會選擇與自己「感覺起來很相似的人」做互動，感覺起來相像其實指的就是外在打扮相像、說話方式相像，或是知道的生活資訊相像的人，換句話說，就是社會地位相似的人，因為這樣的人多半和我們擁有同樣的喜好、目標、類似的價值觀和對於生活的要求。大部分的人無法察覺社會地位對於吾人身分認同的重要影響力，但是專家學者們發現社會地位對於人們如何詮釋文化以及與他人溝通，扮演著舉足輕重的角色（Martin & Nakayama, 2004）。根據Paul Fussell（1992）的研究，在互動過程中，人們會運用一些間接的小技巧來查探對方是否和我們位處同樣的社經地位，例如詢問對方是否吃過某些自己特別喜愛的料理或餐廳。但是這樣的策略不見得能夠保證我們獲得的結果是完全正確的。

事實上，還有其他身分認同對於吾人的生活具有深刻的影響，例如，在本節沒有提到的宗教認同（religious identity）、年齡認同（age identity）和地域的認同（regional identity），這些不同面向的身分認同和文化之間有著密不可分的關係。值得注意的是，這些眾多的身分認同在某種程度上對我們產生交互作用（interrelated）的影響，所以要更深入地瞭解自我，我們必須思考這些不同面向的身分認同交織在一起之後所起的作用。

三、身分認同的發展和實踐

對於身分認同的定義和分類有了基本的認識之後，接下來要討論的是身分認同的發展和它在吾人生活中的實踐。綜合前面所述，身分認同的主要來源是我們在社會上所隸屬的團體，也就是說，個人乃是透過與其所屬的文化群體成員之間的互動，而漸漸發展出身分認同（Ting-Toomey, 2005）。

身分認同的發展主要來自於家庭的培養、社會文化的洗禮、和其他文化的接觸，以及個人的學習成長（Samovar, Porter, & McDaniel, 2007）。家庭不但是教導我們合宜合禮行爲的環境，更是人們第一個加入的團體，因爲與家人的互動和家庭故事的傳頌（family stories），我們學習到所處文化下的價值、信念和社會角色，譬如，我們在小小的年紀就懂得小男生或小女生該有的舉止言行，等到進了學校這個小型社會，我們便開始學習扮演「學生」這個角色。媒體呈現的內容和刻板印象對於身分認同的養成同樣影響匪淺，無論是電視、電影、網路、報章雜誌，無形中都左右了我們對於自我概念的型塑；同時，媒介也是我們加入許多社群團體的重要管道，比方說，透過網路我們可以在很短的時間內號召到一群和我們有著相同興趣或理念的有志人士。也因爲科技的進步與更新，我們接觸到其他國家文化和族群文化的機會與日俱增，藉著這些外來的因素，我們的身分認同才得以一步一步地發展（Samovar, Porter, & McDaniel, 2007）。

身分認同因爲其構成方式的不同，可被分爲「被賦予的認同」（ascribed identity）和「自稱的認同」（avowed identity）。其實，這兩種身分認同的區別在於該認同是否爲自願性或非自願性取得（Jung & Hecht, 2004）。種族身分認同、族群認同、性徵認同都是我們與生俱來的，所以被歸爲被賦予的認同。但是，一個人的職業認同、特殊愛好的認同，有時候甚至於是國家認同，都可以由自己選擇，因此被歸成自稱的認同。然而，不管是被賦予的認同或是自稱的認同，我們所處的文化皆會對每一種身分認同設定期望，所以，在各個身分認同當中，我們都有特定的社會期待需要去履行和實踐。

Jung和Hecht（2004）認爲，吾人的文化身分認同，因爲和他人的溝通和互動得以不斷地創造和再造（recreate）。因爲溝通我

們才能夠表達並同時發現我們和他人之間的相似點和不同點，這些溝通的方式可以是非常多元的，例如透過聊天、關於歷史的紀念日和紀念儀式、民俗音樂、舞蹈表演、慶祝活動和傳統戲劇演出等。因此，文化身分認同的建構和展現可以藉由風俗儀式或舉行典禮這類傳播活動，比方說，在墨西哥，少女們都很期待自己十五歲的生日，那一年生日少女的家人會幫她們舉行一個盛大的慶祝會，這個活動的主要意義在於凸顯少女已經邁入成熟期，即將成為一個大人；同時，這個慶典也再次強化了傳統墨西哥文化的家庭價值和宗教信念。其實，不同的宗教各自有其展現、實踐身分認同的不同方式，譬如，回教徒女性必須長期配戴傳統頭巾來遮蔽她們的頭髮，而猶太教男性則需要配戴猶太小帽或著傳統服飾，基督徒們則是配戴十字架項鍊（Samovar, Porter, & McDaniel, 2007）。

　　文化，不斷地在形塑著我們對於情境與適當溝通行為的理解和期望。在家庭要父慈子孝，兄友弟恭，在學校要尊敬師長，友愛同學。但是，這些社會規範和期望都是和文化緊緊相扣的，換句話說，跳到另一個文化情境，一直以來我們認定是合宜合禮的行為，卻不見得行得通（Hall, 2005）。在亞洲文化裡，女性朋友手牽手在街上並非罕見的情況，在中東，男性友人們為了展現情誼，經常會和彼此靠得很近，緊握彼此的手也不是一件奇怪的事。但是，在西方文化裡，這樣的非語言性別角色互動則可能會被誤解成同性戀。照這樣的脈絡來看，跨文化之間的人際互動，很容易會因為雙方對於身分認同的行為期待有所落差，而造成誤解或是衝突。所以Cupach和Imahori（1993）曾經說過，文化身分認同乃是跨文化溝通的中心要素，絕對不能輕忽。

　　為了要在跨文化溝通的情境當中做到最有效的溝通，Collier（2006）說過，吾人的自稱身分認同和溝通方式必須要和互動對方賦予我們的身分認同相呼應。例如，當我們和西方文化的人交流

時，難免會在需要和對方擁抱打招呼或道別的時候感到些許尷尬，畢竟在華人的文化裡並沒有這樣的習慣，因此，如果互動的雙方（華人和西方人）能夠彼此體認到這一點，而兩邊都能做些調整，那麼打招呼或道別的時候也許就能以握手或輕拍肩膀的方式來替代，也許場面就不會那麼尷尬。反之，如果互動雙方未能有跨文化身分認同的敏感度，假設身為華人的我們突然衝上前去給外國朋友一個大擁抱，恐怕也會嚇壞對方。欲瞭解互動對方所給予我們的身分認同和期待的溝通模式，需要透過不斷地溝通、調適，以取得一個中間點。

 ## 第四節　跨文化溝通知能

　　學習跨文化溝通的最終目的在於讓自己成為一個具備「**跨文化溝通知能**」（intercultural communication competence）的人。Spitzberg（1997）定義跨文化溝通知能為「個人的行為在特定的情境當中被視為適切（appropriate）並且有效（effective）的一種印象」（p. 379）。Wiseman（2002）指出，跨文化溝通知能牽涉到一個人與跨文化成員之間互動的知識（knowledge）、動機（motivation）和技巧（skills）是否達到有效和適切的標準。「知識」代表的是我們對於另一方的文化所存在的瞭解；「動機」說的是我們有多少意願想要與對方互動；而「技巧」則是我們是否具有一定的語言和非語言能力足以理解對方所傳達的訊息。Spitzberg和Wiseman的定義中都有提到「有效」和「適切」這兩個字眼，「有效」所強調的是溝通行為本身究竟能不能達到既定的目標，並且此溝通行為必須合乎這個互動情境的社會期望和規範，是謂「適切」（Spitzberg, 1997）。

　　跨文化溝通知能乍聽之下很像是一種某人天生「擁有」的技能，但是它其實更像是其他人對這個人產生的一種認知和印象。跨文化溝通知能好的人必須在不同的環境、文化情境下調整他的語言和非語言能力，以達到有效的溝通目的，但是這樣的能力並不見得可以在所有的情境當中都行得通，也許面對A文化的人時，某人帶給他人的認知可能是跨文化溝通知能好的人，但是在面對B文化的時候，也許情況又完全不同了（Neuliep, 2006）。這麼說的重點是，一般人不應該把跨文化溝通知能當成是種「特效藥」，誤以為一旦擁有了這個特效藥，我們就能在所有的跨文化場合中溝通無礙。事實上，因為文化間的語言和非語言溝通模式不盡相同，想要在不同的文化中表現得宜、游刃有餘，並不是件容易的事，因此跨文化溝通知能必須要透過不斷地學習、更新和調適，畢竟文化並非永恆不變的，隨著時間的變遷，文化亦會不停的演進。

　　Brian Spitzberg和Bill Cupach（1984）主張，溝通知能（communication competence）必須包含三個要素：(1)知識（knowledge）；(2)動機、情感（motivation, affective）；(3)行為（behavior）。但是後來Neuliep（2006）又加上了第四個要素——情境特徵（situational features）。這四個要素便構成了「跨文化溝通知能模組」（model of intercultural competence）（如圖7-2）。

一、知識（knowledge）

　　知識指的是個人對於另一個文化內涵的瞭解程度。最起碼，個人應對跨文化互動對方的主流文化價值觀和信念有所認知，此外，個人也不能不知道另一個文化有那些文化特質，例如高情境－低情境文化、個人主義－群體主義文化、高權力－低權力距離和高避免不確定感－低避免不確定感。在某種程度上，個人還需要對另一

325

口語傳播

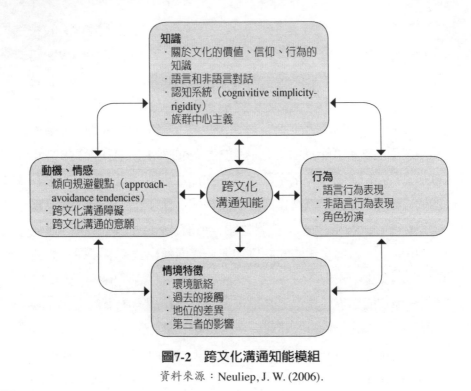

圖7-2　跨文化溝通知能模組

資料來源：Neuliep, J. W. (2006).

個文化的語言和非語言互動的基本對話方式（verbal and nonverbal scripts）有所熟悉，例如該文化的人如何打招呼、道別、如何問候第一次見面的人。值得注意的是，跨文化溝通知能好的人必須要保持著開放的心胸和一顆願意吸收新知和接納不同新知的心，否則，一般人在面對異文化的時候，很容易會落入認知上過度簡化和欠缺彈性空間的困境（cognitive simplicity and rigidity），當然，有種族優越感的人更是難以真正毫無偏見地去學習另一個文化。

二、動機、情感（motivation, affective）

動機、情感指的是個人對於接近另一個文化的意願高低程度，

也就是個人對於和異文化的人互動之意願。有些人對於和異文化的人做溝通或互動幾乎完全沒有興趣，甚至於會恐懼這樣的行為，這種人被稱為有「跨文化溝通障礙」（intercultural communication apprehension），這樣的人對新的事物、文化有高度不確定感，遂而產生焦慮和排斥。和跨文化溝通障礙者相反的是對於「跨文化溝通有意願」（intercultural willingness to communicate）的人，這種人通常比較能夠忍受不確定性以及調適自我內心的壓力和焦慮程度，因此，和異文化的人互動對他們來說不是一件太大的挑戰。前面談到的這兩個要素—知識和動機—是成正比的關係，亦即對另一個文化的瞭解度越高的人，會越想接近這個文化，反之亦然。

三、行為（behavior, psychomotor）

行為代表的是個人如何實踐前面所提到的知識和情感的要素，行為包含了「語言行為表現」（verbal performance）和「非語言行為表現」（nonverbal performance）兩類。語言行為表現也就是個人運用另一個語言的能力，許多人也許對於另一種語言具備了豐富的知識，但是卻無法真正的運用該語言與他人交談，有許多到國外求學的學生在剛開始的時候都可能面臨這樣的問題，明明準備很充分，卻無法開口交談或做簡單的對話。非語言行為表現和語言行為表現一樣重要，個人必須要對另一個文化的肢體動作、手勢、氣味、空間感、時間觀念，做很細微地觀察才能得以實踐。此外，角色扮演（role enactment）涉及了個人對於不同的角色在另一個文化中所被期待和規範的行為所做的瞭解和實踐。比方說，在亞洲文化中教師的角色普遍受一般人的尊敬，和西方文化不同的是，亞洲文化對於擔任教師的人多會尊稱一聲老師，不像西方國家的學生可以直呼老師的名諱。

四、情境特徵（situational features）

　　情境特徵代表的是跨文化溝通行為發生的實際情境，個人的跨文化溝通知能受到情境的影響很大。Neuliep（2006）指的情境包含了：環境（environmental context）、過去的接觸（previous contact）、地位的差異（status differential）和第三者的影響（third-party interventions）。不同的文化對於環境和空間的使用不太一樣，譬如說，在許多亞洲人的家裡面是不能穿外面的鞋子進入的，在教室裡，亞洲學生多半是整整齊齊地一排一排的坐著，但是在美國的文化裡，教室的桌椅經常會因為課程討論的關係而亂了秩序，不清楚不同文化情境特徵的人，很可能會在剛開始踏入異文化的時候無法適應或是冒犯到他人。和另一個文化曾經有過接觸的人，很自然地在下一次和該文化的人互動的時候會有些許優勢，因為溝通知能本來就是日積月累的，在大部分的情況下，經驗越是豐富，越是對跨文化溝通知能有所助益。

　　互動雙方地位的差異足以造成完全不同的互動行為，尤其是在高權力距離的文化下，上司和下屬的互動，或是長輩和晚輩之間的互動都有其特定的模式，一旦違背了應該遵循的模式皆會造成對方負面的印象。同樣的，互動過程中，若是有第三者的加入，很可能會改變原先的互動關係和地位的順序，因此，個人必須很留意所有互動對象與情境之間的關聯，以求表達最有效和適切的溝通行為（Neuliep, 2006）。

　　在美國，有許多所謂的跨文化溝通訓練課程（intercultural training programs）專門在協助一般人克服跨文化溝通的障礙，與異文化人士建立關係，或是能夠順利地在異地工作。這樣的訓練課

程通常包含了上課、討論、自我評量、範例實作、角色扮演等各式演練，姑且不論這種課程的效果如何，為了有效提升自我的跨文化溝通知能，吾人必須從基本做起，清楚瞭解文化與溝通之間的關聯性，同時保持著一顆開放接納的同理心，認知到我們所居住的地球村是由許多不同的文化所構成，各個文化缺一不可，不分優劣。唯有文化間能夠彼此瞭解，才能讓人類世代和平地共同生活在一起。

第五節　結論

　　本章的宗旨在引領著讀者們初步認識跨文化溝通的基礎知識和內涵。第一節的重點在闡述文化與溝通之間的關係，其次說明跨文化溝通的起源與背景，並且提出了學習跨文化溝通的主要理由，最後討論文化與語言彼此間的關聯。第二節的焦點在介紹跨文化溝通學術領域中的代表性人物，包括了Edward T. Hall、Geert Hofstede、Milton Bennett、Hazel Rose Markus和Shinobu Kitayama，以及這些學者所提出深具影響力的研究和理論。第三節的目標在探究文化與自我認同的關係，其中討論了吾人身分認同的構成面向，例如種族、族群、國家、性別、社會地位認同等，並詳述跨文化溝通對於身分認同的影響和形塑。第四節則是提出了跨文化溝通知能的概念，文中探討如何改善個人的跨文化溝通知能，同時概要地介紹Neuliep所提出的跨文化溝通知能模組。

 問題與討論

1. 請在校園裡尋找一名和你來自不同文化群體的陌生學生（例如僑生、國際交換生、不同性向的學生、居住地域不同的學生、不同黨政理念的學生）。在確定這名對象後，請就這名同學的文化背景做資料蒐集（例如馬來西亞文化的資料蒐集），並從資料當中擬出一系列的問題，同時進行一對一的訪談。將訪談結果整理歸納之後，在課堂上與同學分享。

2. 參觀一所與文化相關的博物館或一項展覽（例如台灣原住民博物館）。寫下該次參觀後的心得感想。

3. 瞭解他人的文化必先從瞭解自身開始。請從圖書館或家中的長輩口中調查個人的家族史，包含祖先的居住地、工作和家族的遷徙史等。同時記錄調查過程中所得知的家族故事。

參考書目

一、中文部分

葉蓉慧、陳凌（2004）。〈由個人自我構念價值看中國、香港和台灣之文化趨向及爭辯行為〉。《新聞學研究》，80，51-87。

二、英文部分

Bennett, M. (1993). Towards ethnorelativism: A developmental model of intercultural sensitivity. *Education for the multicultural experience* (pp. 21-71). Intercultural Press, Inc.

Bennett, M. J. (1998). Intercultural communication: A current perspective. In M. J. Bennett (Ed.), *Basic concepts of intercultural communication* (pp. 1-34). Yarmouth, ME: Intercultural Press.

Carroll, J. B. (1963). Linguistic relativity, contrastive linguistics, and language learning. *International Review of Applied Linguistics in Language Teaching*, *1*, 1-20.

Collier, M. J. (1998). Researching cultural identity: Reconciling interpretive and postcolonial perspectives. In D. V. Tanno & A. Gonzalez (Eds.), *Communication and identity across cultures* (pp. 126-138). Thousand Oaks, CA: Sage.

Collier, M. J. (2006). Cultural identity and intercultural communication. In L. A. Samovar, R. E. Porter, & E. R. McDaniel (Eds.), *Intercultural communication: A reader* (pp. 51-72).

Condon, J. C. (1984). *With respect to the Japanese: A guide for Americans*. Yarmouth, ME: Intercultural Press.

Cupach, W. R., & Imahori, T. T. (1993). Identity management theory: Communication competence in intercultural episodes and relationships. In R. L. Wiseman & J. Koester (Eds.), *Intercultural communication*

competence (pp. 112-131). Newbury Park, CA: Sage.

Dewey, J. (1916). *Democracy and education*. New York: Free Press.

Fong, M. (2004). Identity and the speech Community. In M. Fong & R. Chuang (Eds.), *Communicating ethnic and cultural identity* (pp. 1-18). Lanham, MD: Rowman and Littlefield.

Fussell, P. (1992). *Class: A guide through the American status system*. New York: Touchstone Books.

Gudykunst, W. B. (2004). *Bridging differences: Effective intergroup communication* (4th ed.). Thousand Oaks, CA: Sage.

Gudykunst, W. B. (2005). An anxiety/uncertainty management (AUM) theory of effective communication: Making the mesh of the net finer. In W. B. Gudykunst (Ed.), *Theorizing about intercultural communication* (pp. 281-322). Thousands Oaks, CA: Sage.

Gudykunst, W. B., & Kim, Y. Y. (1992). *Communicating with strangers: An approach to intercultural communication*. New York: McGraw-Hill.

Gudykunst, W. B., & Lee, C. M. (2002). Cross-cultural communication theories. In W. B. Gudykunst & B. Mody (Eds.), *Handbook of international and intercultural communication* (pp. 25-50). Thousand Oaks, CA: Sage.

Gudykunst, W. B., & Ting-Toomey, S. (1988). Verbal communication styles. In W. B. Gudykunst & S. Ting-Toomey (Eds.), *Culture and interpersonal communication* (pp. 99-115). Newbury Park, CA: Sage.

Gudykunst, W. B., Ting-Toomey, S., & Nishida, T. (Eds.), (1996). *Communication in personal relationships across cultures*. Thousand Oaks, CA: Sage.

Hall, B. J. (1997). Culture, ethics and communication. In F. L. Casmir (Ed.), *Ethics in intercultural and international communication* (pp. 11-41). Mahwah, NJ: Lawrence Erlbaum.

Hall, B. J. (2005). *Among cultures* (2nd ed.). Belmont, CA: Thomson-Wadsworth.

Hall, E. T. (1959, 1973). *The silent language*. New York: Anchor Books.

Hall, E. T. (1960). Linguistic models in the analysis of culture. In W. M. Austin (Ed.), *Report of the ninth journal round table meeting on*

linguistics land language study (pp. 157-158). Washington, D.C.: Georgetown University Press.

Hall, E. T. (1976). *Beyond culture*. Garden City, NY: Anchor Press/Double Day.

Hall, E. T. (1983). *The dance of life*. New York: Anchor Books.

Hall, E. T., & Hall, M. R. (1990). *Hidden differences*. New York: Anchor Books.

Hall, E. T. (1994). *West of the thirties: Discoveries among the Navajo and Hopi*. New York: Doubleday.

Hall, E. T. (1998). The power of hidden differences. In M. J. Bennett (Ed.), *Basic concepts of intercultural communication* (pp. 53-68). Yarmouth, ME: Intercultural Press.

Hecht, M. L., Jackson II, R. L., & Ribeau, S. A. (2003). *African American communication: Exploring identity and culture* (2nd ed.). Mahwah, NJ: Lawrence Erlbaum.

Hofstede, G. (2001). *Culture's Consequences* (2nd ed.). Thousand Oaks, CA: Sage.

Jung, E., & Hecht, M. L. (2004). Elaborating the communication theory of identity: Identity gaps and communication outcomes. *Communication Quarterly*, *52*, 263-282.

Kim, Y. Y. (1977). Inter-ethnic and intra-ethnic communication: A study of Korean immigrants in Chicago. In N. C. Jain (Ed.), *International and Intercultural communication Annual*, *4*, 53-68. Falls Church, VA: Speech Communication Association.

Kim, Y. Y. (1995). Cross-cultural adaptation: An integrative theory. In R. L. Wiseman (Ed.), *Intercultural communication theory* (pp. 170-193). Thousand Oaks, CA: Sage.

Kim, Y. Y. (2001). *Becoming intercultural: An iIntegrative theory of communication and cross-cultural adaptation*. Thousand Oaks, CA: Sage.

Leeds-Hurwitz, W. (1990). Notes in the history of intercultural communication: The foreign service institute and the mandate for intercultural training. *Quarterly Journal of Speech*, *76*, 262-281.

Leeds-Hurwitz, W. (2002). *Wedding as text: Communicating cultural*

identities through rituals. Mahwah, NJ: Laurence Erlbaum.

March, R. M. (1996). *Reading the Japanese mind*. Tokyo: Kodansha.

Markus, H. R., & Kitayama, S. (1991). Culture and the self: Implications for cognition, emotion, and motivation. *Psychological Review*, *98*, 224-252.

Martin, J. N., & Nakayama, T. K. (2004). *Intercultural communication in contexts* (3rd ed.). New York: McGraw-Hill.

Martin, J. N., & Nakayama, T. K. (2005). *Experiencing intercultural communication: An introduction* (2nd ed.). Boston: McGraw-Hill.

Neuliep, J. W. (2006). *Intercultural communication: A contextual approach*. Thousand Oaks, CA: Sage.

Nwanko, R. L. (1979). Intercultural communication: A critical review. *Quarterly Journal of Speech*, *65*, 324-340.

Pinney, J. S. (1993). A three-stage model of ethnic identity development in adolescence. In M. E. Bernal & G. P. Knight (Eds.), *Ethnic identity: Formation and transmission among Hispanics and Other minorities* (pp. 52-78). Albany, NY: State University of New York Press.

Porter, R. E., & Samovar, L. A. (1997). An introduction to intercultural communication. In L. A. Samovar & R. E. Porter (Eds.), *Intercultural communication: A reader* (pp. 5-26). Belmont, CA: Wadsworth.

Rogers, E. M., & Hart, W. B. (2002). The histories of intercultural, international and development communication. In W. B. Gudykunst & B. Mody (Eds.), *Handbook of international and intercultural communication* (pp. 1-18). Thousand Oaks, CA: Sage.

Salzmann, Z. (1993). *Language, culture and society*. Boulder, CO: Westview.

Samovar, L. A., Porter, R. E., & McDaniel, E. R. (2007). *Communication between cultures* (6th ed.). Thomson Wadsworth.

Sapir, E. (1929). The status of linguistics as a science. *Language*, *5*, 207-214.

Singelis, T. M., & Brown, W. J. (1995). Culture, self and collectivist communication: Linking culture to individual dehavior. *Human Communication Research*, *21*, 354-389.

Singer, M. R. (1998). Culture: A perceptual approach. In M. J. Bennett (Ed.), *Basic concepts of intercultural communication* (pp. 97-110). Yarmouth, ME: Intercultural Press.

Spitzberg, B. H. (1997). A model of intercultural communication competence. In L. A. Samovar & R. E. Porter (Eds.), *Intercultural communication: A reader* (pp. 379-391). Belmont, CA: Wadsworth.

Spitzberg, B. H., & Cupach, W. R. (1984). *Interpersonal communication competence*. Beverly Hills, CA: Sage.

Ting-Toomey, S. (1988). Intercultural conflict styles: A face-negotiation theory. In Y. Y. Kim & W. B. Gudykunst (Ed.), *Theories in intercultural communication* (pp. 213-238). Newbury Park, CA: Sage.

Ting-Toomey, S. (2005). Identity negotiation theory: Crossing cultural boundaries. In W. B. Gudykunst (Ed.), *Theorizing about intercultural communication* (pp. 211-234). Thousand Oaks, CA: Sage.

Ting-Toomey, S., & Chung, L. C. (2005). *Understanding intercultural communication*. Los Angels: Roxbury.

Ting-Toomey, S., & Kurogi, A. (1998). Facework competence in intercultural conflict: An updated face-negotiation theory. *International Journal of Intercultural Relations*, *22*, 190-212.

Triandis, H. C. (1995). *Individualism and collectivism*. Boulder, CO: Westview.

Turner, J. C. (1987). *Rediscovering the social group: A self-categorization theory*. Oxford: Basil Blackwell.

Whorf, B. (1940). Linguistics as an exact science. *Technology Review*, *43*, 61-63, 80-83.

Wiseman, R. L. (2002). Intercultural communication competence. In W. B. Gudykunst & B. Mody (Eds.), *Handbook of international and intercultural communication* (pp. 207-224). Thousand Oaks, CA: Sage.

Wood, J. T. (1997). *Gendered lives: Communication, gender and culture*. Belmont, CA: Wadsworth.

第八章 口語與科技

學習目標

1. 透過對口語與科技特性的理解，瞭解口語傳播的發展與科技創新之間的複雜關係。
2. 經由對初級口語的認識，理解口語的內涵，及其與書寫科技之間的差異。
3. 藉由瞭解二度／電子口語，認識傳播科技對於口語溝通帶來的種種影響與挑戰。

本章旨在説明口語溝通與科技發展之間的複雜關係。本章共有三節，第一節為初級口語的思維，分別説明了口語思維的興起、口語與書寫的比較，以及初級口語的特性；第二節電子口語的況味，以電子口語替換二度口語的概念，並分別從電子媒介的內涵、電子口語的溝通特色、電子口語的啓示，以及電子口語的語言奇觀等來説明之；第三節則就全章做結論。

深入來説，本章主以傳播科技發展為經，以Ong（1982）對希臘時代以來迄今的口語表達方式之劃分：初級口語、書寫印刷與二度／電子口語等為緯，説明科技特性對於口語傳播內涵的影響與挑戰。

第一節　初級口語的思維

口語（orality）做為人類溝通的基本形式，早在科技出現之前，已存在千萬年，雖然因為文字、印刷、電子、數位化等科技形式的介入，不斷改變與豐富口語的表達方式，但是口語一直是人類傳遞訊息、展現意義的基本工具。相對的，口語的對立物——書寫（literacy），一直是激發我們思考口語內涵的重要工具。

本節將分別説明初級口語（primary orality）的興起、口語—書寫（orality-literacy）的比較，以及初級口語的特性，以瞭解初級口語的思維。

一、初級口語的興起

有人類就有口語，但是西方學界對於口語本質、特性與書寫差異等等的比較與辯論，幾乎都從哈佛大學古典學Milman Parry（1902-1935）和Albert Bates Lord（1912-1991）對於「荷馬問題」深入探究中的重大啟發與發現著手。Parry和Lord兩人因意外在舊紙堆裡另闢研究蹊徑，也讓長期隱沒在書寫文化背後的「口語傳統」，發出了「過去的聲音」，並在西方知識界引發了對口語傳統對立物——「書寫傳統」的深入辯論與思考（劉宗迪，2004），此一發現對於口語研究頗具學術價值，包括：(1)荷馬問題的解決；(2)初級口語與書寫論辯的出現，並可作為說明初級口語的興起背景。

(一)荷馬問題的解決

西方探討口語發展與問題，必然回到古希臘時代的唱遊詩人（歌手之意）荷馬（Le Monde D'Homère，約西元前九至八世紀）身上，當代學者透過對「荷馬問題」的探討，終能開啟對口語問題的深刻認識。所謂的「荷馬問題」，係指後世學者對於荷馬是否確有其人，以及他的籍貫、生活年代、著名史詩如《伊利亞德》、《奧德賽》是否他一人所作等等一系列問題，都存有不同看法。

「荷馬問題」中最重要的議題是對荷馬史詩中的兩部著名長篇史詩《伊利亞德》和《奧德賽》的考證。前篇有15,693行，後者則共有12,110行。面對如此龐大的巨著，在缺乏記錄工具的時代，這兩部史詩如何流傳千年，成為後世學者無法閃躲的問題。在諸多的回答中，脫穎而出的是古典學者Parry。他假設荷馬史詩《伊利亞德》、《奧德賽》是比書面文學更為古老的口語創作，且試圖證明

荷馬史詩具有口語的特點，因此在1934年至1935間，他親赴南斯拉夫考察記錄當地的英雄詩與鄉土音樂（Lord, 1960, pp. 3-4），其雖英年早逝，但他對荷馬史詩與南斯拉夫詩歌套語的比較研究，卻有力說明了口語、書寫傳統的不同，也說明荷馬的史詩，是來自先民口語社會中口耳相傳所積累而成。

Parry（1971, p. 272）發現，如此龐雜的荷馬史詩，除非是採取特殊的組織原則，否則任何人皆不可能記誦，並認為荷馬史詩傳誦的關鍵在於使用存於當時口語文化中的套語（style formulaire），而不是逐字記誦或是句句斟酌的方式來背誦。Parry未竟的工作由其學生Lord完成（Lord, 1960, p. 4），Lord名著《故事歌手》（*The Singer of Tales*, 1970）除了延續了Parry的研究外，並發現除了套語外，荷馬史詩尚有主題（theme）和故事類型（story pattern）等觀念，且荷馬史詩非單一作者完成，而是由多位作者集體創造（p. 94），因此Parry-Lord的套語觀念，詮釋了荷馬史詩作為口語詩學的正當性。

由此可知，西方較有規模與系統的口語記錄來自民間流傳的詩，且為了適合吟遊詩人吟唱，不斷修改口語史詩，例如荷馬史詩。惟書寫出現後，寫下來的史詩，對吟遊詩人吟唱卻有困難。Parry-Lord的論點，連帶使「書寫理論」（literacy thesis）應運而生，引發後續學者展開壯闊的「口語—書寫」辯論（Havelock, 1963; Goody, 1987; Lord, 1960; Ong, 1982）。

(二)初級口語與書寫論辯的出現

60年代「口語—書寫」論辯的出現，使得初級口語因透過與書寫之間的比較，而讓世人對之有更清晰的認識。

Havelock（1991, p. 12）指出，「口語—書寫」的辯論爆發在1962年至1963年間，因在這不到十二個月中，意外或巧合地同時

出現了四種論述，使得初級口語的議題被激發出來，分別是：M. McLuhan的《古騰堡星雲》（*The Gutenberg Galaxy*, 1962）、Levi-Strauss的《野性的思維》（*La Pensèe Sauvage*, 1962）、Goody和Watt的《書寫的結果》（*The Consequences of Literacy*, 1963）、Havelock的《序柏拉圖》（*Preface to Plato*, 1963）[註1]。來自加拿大、法國、美國與英國的四位學者，分別從科技觀點、文化人類學、文學等角度，各自為「口語─書寫」這攸關人類智識做出討論，到了Ong的*Orality and Literacy*（1982）一書問世，乃將此討論推向新的高點。

在前述四種論述出現前，柏拉圖在《理想國》中對口語與書寫觀點，便成為後世學者徵引與討論的核心，而Parry、Lord等人的荷馬問題研究則成「口語─書寫」論辯的前哨戰。此外，還有多位學者在60年代之前的研究，為此一論戰埋下伏筆。作者與著作分別是：H. A. Innis的*The Bias of Communication*（1951）、I. J. Gelb的*A Study of Writing: The Foundations of Grammatology*（1952），以及W. J. Ong的早期著作*Ramus: Method, and the Decay of Dialogue—From the Art of Discourse to the Art of Reason*（1958）等書籍，分別探討古希臘語言的源頭、口語與書寫的特性等，例如Ong（1958）就指出口語在被設計好的書寫體系中，被形式化、固定化，也使其語言的活力與生命力受到極大的限制。

1963年之後，探討「口語─書寫」的論文與專書，開始大量出現，數量驚人，幾乎與所有社會科學、人文科學學門都有關係。其中較重要的人物Havelock、Goody、Olson、Levi-Strauss、Ong、Torrance、Watt等人在「口語─書寫」論辯的發展上，形成了不同

[註1] *Preface to Plato*，學者沈錦惠譯作《序柏拉圖》，大陸學者譯作《柏拉圖導言》，本文採前者。

的學術派別的對話，例如：「大分野論」（The Great Divide）學派、「連續論」（The Continuity）學派、「書寫論」（Literacy Thesis）學派、「新書寫論」（New Literacy Thesis）學派[註2]。

書寫是口語表達的科技形式，書寫出現之後，使得口語內容得以記載與保存。但是口語變成文字的過程中，流失了口語表達的豐富意義，例如聲音、表情、肢體動作等等非語言訊息，再加上書寫的視覺等特性，使得口語表達首次面臨轉變與挑戰。下文中對「口語—書寫」的比較，有助於瞭解書寫科技的形式對口語表達帶來的衝擊與影響。

二、「口語—書寫」的比較

60年代興起對於口語與書寫的各種討論，直接間接說明了初級口語的思維內涵，同時也釐清書寫科技與口語表達兩種溝通方式之間的差異。以下乃從不同的角度與不同立場學者的觀點和著述論之，並帶出口語與書寫之間的各種差異，以瞭解初級口語的思維。以下分從：(1)柏拉圖《理想國》與詩的批評；(2)「口語—書寫」論戰的派別與對話來說明之。

(一)柏拉圖《理想國》與詩的批評

探討初級口語思維，自無法忽視古希臘時期詩的影響力。柏拉

[註2] 「大分野論」對此兩種載體的物理區分，在某種程度上走向了兩極，而「連續論」者乃視「大分野論」者，將口語與書寫、文盲與識字等二元化，是一種概念的二分法暴力。「連續論」者強調口語與書寫兩種模式之間存在的是一種連續性而非對立關係，換言之，「連續論」者認為口語與書寫在本質上都承載著相似的功能，因而兩者當屬同等意義的語言手段（巴莫曲布嫫，2004）。

圖作爲西方各種思想的源頭[註3]，他對口語的討論影響後世的觀感頗深，不容忽視。在柏拉圖龐雜的著作中，對於口語的關鍵意見存在於《理想國》的598b-600c中[註4]。他對於詩不是讚頌，而是對荷馬與詩提出的批評，埋下了以後在書607中拒絕荷馬進入理想國的伏筆。

　　柏拉圖認爲詩只是模仿，將會毒害讀者的心靈，是眞理的敵人。柏拉圖並且指一般具模仿性的詩人，無視於美的理念，關於勇敢和正義缺少眞詮，因此荷馬不過是一個模仿性的詩人和悲劇的作者。他又在602b道，模仿只是一種遊戲的形式，於善惡不分，豈不敗壞人心？因此，荷馬之流的詩人與悲劇作家，自無法爲人類精神的領導。在柏拉圖眼中，其所倡議的所謂的理性，才能啓發眞實生命的意境，逼近眞理，發展合乎理性的人性（史偉民、沈享民，2005，頁159-165）。

　　柏拉圖在《理想國》中對於詩的批評，主要目的在於推崇書寫的地位與角色，企圖轉變人們口語記憶的習慣，改以書寫、理性的思維，以確保知識與眞理傳遞工具的穩定性。換言之，柏拉圖《理想國》攻擊希臘詩學傳統（尤其是荷馬），認爲詩只是模仿，是心靈毒藥和眞理的敵人，主張改革當時的教育體制，限制詩的影響，其動機乃源自於代表希臘社會的口語傳統，已經逐漸走向書寫傳統。

　　在柏拉圖生存的時代中，詩人創造的口語詩爲社會的百科全

[註3] 懷德海（Alfred North Whitehead, 1861-1947）説：「兩千年來的歐洲哲學，只不過是柏拉圖思想的註腳而已。」

[註4] 598、600、b、c等是柏拉圖《理想國》原著中的條文編碼。另外，《理想國》中 The Public 一章亦有譯作國家、共和國等。

書，也是社會知識的記憶庫，例如赫西奧德（Hesiod）^{（註5）}、荷馬的詩作，記載的就是歷史資料與心靈紀錄（Havelock, 1963, pp. 3-193）。但是，在溝通工具由口語進入書寫時，Havelock描繪的詩人角色並無法滿足柏拉圖對真理的要求，此因柏拉圖認知的乃是賴以傳遞知識的詩所處的口語傳統，在書寫發展出來之後，便應功成身退。因此，柏拉圖在《理想國》中的主要目的在於改變人們所接受的傳遞知識和真理的工具——從口說記憶轉而採取書寫、理性的思維。

Havelock則援用《理想國》中對口語的批評，並描述書寫科技帶來的識字文化可殺死口語傳統，以及柏拉圖對知識與真理的追求是口語傳統所完全無法想像的等等，來說明柏拉圖的主張。基此，Havelock指出柏拉圖主義^{（註6）}的必需性（the necessity of Platonism），尤其是書寫科技出現之後，知識的傳遞不再依賴口語、史詩、記憶等，而是伴隨溝通科技的變遷而變遷，改變了傳遞知識與真理的工具，即採用書寫、理性等思維，也無怪乎詩、口語受到柏拉圖的貶抑，而Havelock前述觀點也等於是以二元對立的方式比較了口語與書寫意識的差異。

（註5）赫西奧德（Hesiod），古希臘詩人，可能生存於西元前八世紀，他的作品是研究古希臘神話重要的依據，包括詩作《工作與時日》（*Works and Days*），是田園牧詩，書中除提到被懷疑是赫西奧德自己編造的兄弟爭遺產官司外，還包括許多忠告和理智的東西，它鼓勵人們忠誠地工作生活，反對休閒和不公正，因此書中大量記載農耕知識與農村優美的生活，和荷馬一樣，創作像是百科全書式的詩作。另一本詩作《神譜》（*Theogony*）是描寫宇宙和神的誕生，以及諸神之間的戰爭。參見維基百科http://zh.wikipedia.org/wiki/%E8%B5%AB%E8%A5%BF%E5%A5%A5%E5%BE%B7。

（註6）在名義上，就是指柏拉圖提議將希臘的史詩排除於柏拉圖學園之外（Havelock, 1978, I）。

(二)「口語—書寫」論戰的派別與對話

Havelock、Goody、Olson、Levi-Strauss、Ong、Torrance、Watt 等人在「口語—書寫」論辯的發展，形成了書寫論、新書寫論、口語論、科技觀等來討論口語、書寫的內涵；而對書寫內涵的說明，也間接說明了初級口語思維的特性，以下分說之。

必須說明的是，作者雖以書寫論、新書寫論、口語論、科技觀等來劃分本小節中諸學者的立場，但並非表示這些學者的立場一直堅持不變，許多學者在口語、書寫等問題的論辯立場上，其觀點經常是變動的。舉例來說，Havelock、Ong、Goody等人雖然在書寫論的議題上著墨甚深、立場鮮明，也提出許多重要書寫論點，但是他們本質上還是較傾向於認同口語論。因此，學者與學派之間並非壁壘分明，所以書寫論、新書寫論、口語論、科技觀等學者所提出的各種正、反論點，並不代表他們對於書寫、口語或新書寫論的最終立場與觀點，只能說是他們在書寫論或是口語論或是新書寫論中所主張的立場與觀點。

■書寫論

在大分野的二元論述中形成「書寫論」與「口語論」，「書寫論」以Havelock和英國人類學家Goody兩人提出的觀點爭議最大，影響也最大。他們都將書寫視為人類認知發展的一種偶然、初步的結果，且這結果與希臘字母的產生息息相關、密不可分。

Goody（1963）和Havelock一樣，指出古代希臘字母文字的發明和傳播，是以書寫影響人類認知發展的一種初級的、偶然的作用；他關注西元前五到四世紀中，字母書寫對於古希臘啟蒙時代的影響，也因此「口語—書寫」的論戰，一開始便圍繞在兩個核心議題上，即：(1)人類認知發展與現代理性是否是字母書寫與邏輯成

果？(2)口語與書寫之間是否橫亙著人類認知與現代心智的大分野（巴莫曲布嫫，2004）。

Havelock的後續著作，包括《古希臘的正義概念》（*The Greek Concept of Justice: From Its Shadow in Homer to Its Substance in Plato*, 1978），探討從荷馬到柏拉圖中關於口語與書寫的問題。Havelock在《古希臘的正義概念》中一章〈口語與書寫文字〉指出，如果希臘文學是荷馬與赫西奧德（Hesiod）史詩展現的歷史現象，那麼以詩論正義就顯得怪異，這是因為他認為可從以下觀點探討口語、書寫與史詩的特性：

1.不連續的（discontinuity）。

2.聽覺的組織規則（rules of acoustic composition）。

3.視覺的組織規則（rules of visual composition）。

4.完全抽象的句法（the completed syntax of abstraction）：指柏拉圖主義的書寫觀提供一個抽象邏輯呈現的句法，有主詞、動詞等，與史詩語法有所差異。

5.耳與眼（the ear and eye）：在口語時代人們依賴耳朵聆聽，到了書寫則靠視覺。

6.名字的選擇（selection of names）：是作者先前聽到的素材組合。

7.詩是原始書寫（the poet as proto-literate）。

8.以正義之名（the names of justice）：荷馬史詩探討正義的破壞與修復。

9.荷馬書寫字母化（Homer alphabetized）：強調荷馬、赫西奧德具有書寫與閱讀的能力。

10.語音與口語的塑造（linguistic sound and verbal shape）：呼應耳朵在口語的重要。

11.意義領域（a field of meaning）：口語的意義在脈絡中，書
　寫的意義在文本本身。

　整體來説，Havelock透過史詩中口語對正義的呈現，除了強調
赫西奧德的史詩逐漸擺脫荷馬的韻律，更向柏拉圖的書寫邏輯靠攏
（pp. 218-232），由前面十一點的分析，更知悉口語與書寫的不同
特性。

　Havelock在《繆斯學會書寫》（*The Muse Learns to Write:
Reflections on Orality and Literacy from Antiquity to the present*, 1988）
中指出，其一生立場脈絡明確，認爲希臘字母是西方文明的基石，
對於後世的啓蒙關係重大，且因希臘字母的使用，使得書寫成爲可
能，並讓人類的意識迅速地、永久地轉型。換言之，希臘字母帶
來的書寫，超越荷馬時代的口語心智（oral mind），並因此產生邏
輯、哲學與科學等，造成社會變遷（pp. 1-18）。因此，理想的文字
應該是由字母所構成的拼音文字，也可以因此促成教育的普及與全
面的識字。

　對書寫論的關切，除了Havelock外，另一位學者爲Goody。
從他和Watt合寫的〈書寫的結果〉（The Consequences of literacy,
1963），到《野蠻心智的馴化》（*The Domestication of the Savage
Mind*, 1977），到《書面與口頭的交界》（*The Interface Between the
Written and the Oral*, 1987），再到《書寫傳統的威力》（*The Power
of the Written Tradition*, 2002），處處可見他雖馳騁於口語與書寫之
間，但他較關切的重心卻是書寫帶來的影響。

　Goody和Watt在〈書寫的結果〉一文中指出，文字的發明與日
漸普及有助於產生某種社會變遷，例如民主化、個人主義、知識分
子階級、社會分工、知識探索、分析性思考等（1968, p. 68）。此
外，兩人的口語與書寫分類中，認爲口語與家庭或是小團體（in-

347

group）的運作有密切關聯，而書寫則必須在學校這類「去語境化」（de-contextualized）的環境與空間中習得與傳遞。不過，兩人避免落入絕對的二分法，在前述論述外，也強調書寫不是取代口語，而是附加（an addition）在口語上，不管家庭內或外，許多活動都不免要靠口語來進行，而且口語並未如想像中悲觀，口語與書寫其實是以混合並存的方式存於社會中運作。

《野蠻心智的馴化》一書延續1963年Goody和Watt在〈書寫的結果〉一文的討論立場[註7]，又企圖解釋希臘的成就與其他人類社會的差異。Goody多次強調古希臘文明興盛的關鍵在於「字母的書寫」（alphabetic literacy），其且創造出獨特的西方（uniqueness of the west）來，此與Havelock論點相同；Goody自承《野蠻心智的馴化》一書忽略其他異國的類似研究，但他仍信服於書寫帶來的思維模式或認知過程的改變（1977, ix）。換句話說，Goody認為社會發展到書寫的階段，野蠻的心靈將獲得馴服，並且發展出現代文明，也只有書寫系統，可以促進人們的自省。Goody也指出，書寫（文字）的出現，增加批判活動的範疇，以及使得理性、懷疑論、邏輯等促進記憶的工具得以可能，使得知識累積，尤其是抽象知識積累，無怪乎，記憶儲存問題宰制了人類的智識生活，人類的心智適用來閱讀穩定的文本（static text）（p. 37）。

小結前述Havelock和Goody對於書寫的主張，可知口語、書寫各有其重要性，但是就人類歷史文明的發展歷程來說，書寫則扮演比口語更重要的角色，尤其希臘字母、書寫等等帶來的邏輯、思維、抽象運算等等，更是口語所未及。前述關於書寫的論點，則成為日後捍衛書寫價值、凸顯與口語區別的重要依據。

[註7] 這篇與Ian Watt合作的文章（1963），後收錄在Goody所編的*Literacy in Tradition Societies*（1968）。

■新書寫論

「新書寫論」是對前述書寫論觀點的反思，以Brain Street爲代表，其受到德希達、傅科等人的啓發。這是因爲德希達、傅科等人後結構主義最基本的立場是既反對一元中心的霸權，也反對二元對抗的狹隘，力主自由與活力，反對僵化與秩序，強調多元與差異。因此，在德希達的著作《論文字學》（*De La Grammatologie*，1967）中，第一章稱爲書本的終結和文字的開始，就是對於一切文字，即西方文本的反思與反詰，他抨擊「字母暴力」，並以抒情詩來消解以古希臘字母爲圭臬的西方文字傳統。對於書寫論的字母沙文主義，語言學家Ken Goodman也指出拼音文字不見得優於非拼音文字，例如17+33=50，用拼音文字則爲seventeen plus thirty-three equals fifty，過於繁瑣，無法展現數字符號應有的一目瞭然的特性（巴莫曲布嫫，2004）。

在探討「新書寫論」之前，學者多討論到James Collins著名的論著《書寫與各種書寫》（*Literacy and Literacies*，1995），他引述了後結構主義對於書寫在社會構型中的作用，與近來歷史學與民族誌學關於書寫的研究成果，探討了現代國家構形、教育體制和官方／大眾書寫之間的聯繫。透過闡述教育在社會分層中的角色，社會性別機制中的公／私之爭，以及受壓迫的國家主義與官方書寫之間的波動聯繫，他分析了各種書寫對階級形成、社會性別與種族、族群認同方面的作用（巴莫曲布嫫，2004）。

簡言之，新書寫論戰有著明顯的政治色彩，其間捲入大分野的種種論見，也說明人類對口語與書寫存在著基本的認知差異。Collins的文章也說明書寫在經濟、政治、社會文化的改良中扮演重要的角色，深入來說，書寫是一種公民素養的養成，一種識讀能力的培養，書寫孕育具有識讀能力的公民。

90年代之後，「新書寫論」出現，除了對前述書寫論的自我反

思，也不再堅持過去所提出的書寫論點，例如Havelock在1991年的文章，乃對於過去堅持的「口語—書寫」二元觀點，從不同的角度重新反思，例如權力、認識論、文化形成和歷史演進等全面回顧了「口語—書寫」論戰中的學術源頭，同時對於「口語—書寫」做了更細緻的討論與分析。Havelock（1991, p. 11）指出，雖然其所處的時代可看到學者「口語—書寫」之間的劍拔弩張之勢，但是其實兩者在現今社會卻更加深層交織著（interwoven），以及兩者之間更具有創造性的張力，任何一方都具有歷史的面向，這是因為書寫社會來自於口語社會，書寫是附加在口語之上，口語是我們與生俱來的。

Havelock（1991）認為，現代哲學家在其理論思考中有偶爾涉及口語問題的時候，雖然略帶勉強，但是肯定了現代人心智與思維中存在著口語現象。例如從Heidegger為首的解釋學哲學家言，文本背後所掩蓋的事實，可用口語而非書寫語言來傳達；又例如Wittgenstein的語言觀點中，視語言為人類日常生活的交流，或推想為人類認知的養育者。對於沒有受益於閱讀或書寫的人群來說，慣例、習俗如果不是口語的，不是在人們脣齒之間出現或銘記的話，他們又能是什麼呢？

Havelock（1991）這篇為口語捍衛的文章，在窮舉各種例子之後，於結尾說到：口語是與生俱來的，不論口語的表達方式與認知方式有怎樣的侷限性，例如節奏的、敘述的、以行動為導向的等等，這些要素對於我們抽象的書寫意識而言都是必要的補充。因此，他結語道：(1)人類的經驗中存在著一種口語先於散文的經驗；(2)語言的儲存功能先於語言的偶然作用；(3)在我們的心理構成之中，詩歌經驗先於散文經驗；(4)記憶及記憶的手段先於發明或我們鬆散地稱之為創造性的東西。行動先於概念，具體的感知先於抽象的定義，古希臘的文字優於其他書寫類型，說明了全面書寫僅是一種工具。由此可判斷Havelock對於口語價值的認定高於書寫，書寫

雖有利於文明，但還是附加於口語之上的一種工具。

■口語論

　　口語論的支持觀點大部分都來自文化人類學學者，如
Malinowski、Jousse，他們將玻利尼西亞與近東帶入研究。Levi-
Strauss在亞馬遜盆地進行的實驗，Parry和Lord在巴爾幹半島的
研究，以及後來Ong（1982）在《口語與書寫：話語的科技》
（*Orality and Literacy: The Technologizing of the Word*）一書的研究，
都是Havelock、Ong所稱的初級口語的遺跡。換句話說，部落社會
中依然以口語方式保存的歌謠、聖歌、史詩、舞蹈、表演和音樂，
是口語研究的重要資料，尤其非洲和玻利尼西亞是口語資料的重要
來源（巴布曲布嫫，2004）。

　　來自玻利尼西亞、近東、亞馬遜盆地、巴爾幹半島、非洲、
美洲、中亞、東亞、太平洋島嶼、大西洋等地區，以豐富的實證研
究，揭開人類口語文化的多樣性，他們的研究發現多是書寫論者
論調的反證。在這些文獻中，較中肯的是人類學家Ruth Finnegan的
研究結果，她在大洋洲的研究發現，不存在僅此一種的書寫傳播語
境，也不存在獨一無二的口語傳播語境，因爲這兩種傳播方式都可
採諸多不同的形式，在不同文化中呈現不同特點，Finnegan指出，
口語與書寫長期以來是相互影響的（巴布曲布嫫，2004）。

　　後續研究者在古希臘研究傳統之外，尚另闢耶穌時代巴勒斯坦
地區的研究，作爲歷史的對照。Werner H. Kelber的著作*The Oral and
the Written Gospel*（1983），研究福音書中記載的故事，一方面是
根據口語記憶規則寫作出來，與文人以讀者爲大聲朗讀對象的預設
契合，換言之，《舊約》是一種「口語—書寫」等式的操作記載，
口語的素材最後變成法典。再者，從遠古時期的荷馬到《新約》，
到語藝學，再到當代的解構主義；從非洲的鼓手（tom-tom）到玻

利尼西亞的歌謠，到美洲印地安人的神話，再到俄羅斯的文盲；從古騰堡的活版印刷術到滾筒印刷，最後到現在廣播電視。這些形形色色、紛雜龐雜的人類知識互相關聯，都是在「口語—書寫」的語境中形成（巴布曲布嬤，2004），且這些語境中，口語又占據了關鍵的位置。

■代小結：Ong的科技觀

本小節論點從Ong的科技論點出發，探討其對於「口語—書寫」的觀點，並做為小結。

當代所有有關「口語—書寫」的討論，似乎最後都必須回到古典學者、精神分析和心靈研究專家Walter Ong的身上。Ong發表豐富且具創見的著作，是當代「口語—書寫」研究的領軍／教主型人物。其最重要的著作《口語與書寫：話語的科技》一書成為「口語—書寫」論辯的最關鍵書籍之一。整體來說，這本艱澀小書中，認為口語思維的特性是有記憶的、移情作用的、參與共享的、情境化的、凝聚的、保守的等等的特徵；書寫思維則是具有記錄的、客觀中立的、抽象的、分析性的、創造性的等等特徵。Ong對書寫的觀點，例如轉換人類思維、轉換語言關係、再現傳統的技術等則與Havelock、Goody等人的書寫論調相去不遠。

Ong表明其對書寫的尊崇，宣稱：「無疑問的，沒有書寫，人類的意識便無法發揮其全部的潛能，也無法產製出優美、具震撼力的創作。由此，口語最後必須產生，也注定是要產生書寫。」（1982, pp. 14-15）換言之，Ong多少把人類的文明歸功於書寫（何春蕤，1990，頁4）。

Ong（1982）引述德希達的觀點指出，有了書寫，才有符號（There is no linguistic sigh before writing）。但如果書寫仍與口語有關，仍舊不能構成符號。德希達認為書寫並不是用來補充口語，而

是口語的不同表現，是歷史發展的斷裂點（p. 75, 166）。

　　Ong（1982）的宣稱，以及整本書中處處可以看到他對書寫的種種推崇、偏袒與高抬貴手，在他的筆下，口語世界充滿傳統、保守、安於現狀，而書寫的世界則是進步、開放的象徵，例如他就提到他從沒有聽說過有那個口語文化（世界），不是盡其所能的邁向書寫文化（p. 175），Ong（p. 15）甚至認為人類歷史發展注定了書寫要吞噬其他先行者──口語。不過，他的書寫優越論，卻無法掩飾他傾向口語論的立場。他指出（pp. 174-175），過去的文明人（civilized）經常在宴會上與所謂的初級或野蠻人或更惡劣的劣等人（primitive or savage or inferior）做比較，但我們現在已經不會這樣稱呼後者，Levi-Strauss甚至建議以非書寫（without writing）取代初級，其目的在於以更正面的態度面對口語。

　　不容否認的是，口語一直都不是最理想的形式，積極正面看待口語時，並毋須將之視為永恆的狀態。事實上，口語可以創造書寫無法達到的成就，例如史詩《奧德賽》，口語也未被永遠根除，口語以及藉由口語成長的書寫，都是意識革命所必須的（p. 175）。

　　對於Ong的科技觀點，以下台灣學者的解讀與見解，也為Ong科技觀下的「口語─書寫」關係，賦予新的詮釋。

　　第一，何春蕤（1990，頁4）指Ong並非堅持書寫造成文明發展、意識變遷的唯一原因：「由口語向書寫轉變，和許多我們沒有提到的心理及社會發展密切關聯，其中在糧食生產、貿易、政治組織、宗教建置、科技、教育措施、家庭結構，以及人類生活等其他方面的發展，都各自扮演其各自的功能。」因此，何春蕤認為，Ong宣稱「書寫必然取代口語，書寫也必然高過口語」（1982, p. 15）並非實情。她認為口語與書寫、內容與疆界，不是天生的（given）、不是自然律，而是一種社會建構的（socially constructed）。因此，口語是落伍、進步是書寫的論述就頗值得懷疑。事實上，不但口語

與書寫的概念及相關的價值觀是社會建構的，就連口語與書寫的實踐，也是透過社會資源及決策才可能成為可能。她指出Ong書中缺乏以下三點的討論易產生誤導，即：(1)書寫文化中仍然進行的各種口語活動；(2)書寫活動本身適用的場合也有限；(3)口語與書寫文化之間的其他相同相異點（何春蕤，1990，頁11）。

何春蕤並不認為書寫特別優越於口語，甚至認為書寫科技不過是口語的外衣。書寫重要的識讀功能，在於消除文盲，而後結構時代的來臨，則讓書寫又變成一種具有獨特性的論述體，將口語與書寫的差距拉開。

第二，沈錦惠（2003，2005，2006）認為，Ong在書中對於口語與書寫截然二分的討論與對比，以及對口語表達刻意著墨，使Ong與McLuhan一樣都被歸入堅持口語優勢的陣營，然而她認為Ong關切的應該不是涇渭分明的論戰，而是從科技條件流變下的角度來審視語言的轉換，這由Ong以「話語動力生活風格」總結口語文化特色的嘗試，可見他對二元對立迴避之用心（2006, pp. 177-178）。

Ong（1982）指出，書寫文字是影響人類頗深的科技發明，不但擴大了語言的潛能、重構人類意識，更促進了人們的抽象性分析思考能力，甚至是科學、歷史、哲學、文學、藝術等等人類成就的先決條件（p. 15），例如Ong在第四章〈書寫重構意識〉，就點出書寫是科技的特質，柏拉圖也認為書寫是外部性的、異化的科技，就像我們今日看待電腦一般，而口語幾乎沒有書寫所擁有的宰制性成就。

沈錦惠（2006，頁176）深入討論Ong將希臘以來的話語表達方式的概分：初級口語、書寫、二度口語共三階段，在書寫階段側重視覺，以進行檢視、觀省等；口語則側重聽覺，世界是充滿各種可能、亟須參與的流變時空。因此，與書寫相關的概念有：視、再現口語思想結晶與心智成果的定型文本、思維務求條分縷析、層次分

明、抽象概括、循序以進；與口語相關的概念則有：聽、聲音腔調的起承轉合、思維偏向綜理整合、迂迴繚繞、鮮明具體，關注當下情境的平衡等。

　　沈錦惠（2005）認為，口語表達具有「音韻感」、「戲劇性」與「敘事性」（p. 15）。她引述Havelock的觀點指出，所謂口語思維就是「圖像思考者」（image thinkers）。口語文化中仰仗特別的設計以方便傳誦與記憶，因此口語表達首重韻律感與戲劇性，並採取固定的敘事公式。至於書寫表達，她認為代表的是知識的「客體化」、「抽象化」與「概念化」。詩，如同Havelock所言，「只燃起希望，卻並未告知」，唯有透過柏拉圖主張的書寫，才能傳授真知的教育（頁17）。沈文就Havelock觀點指出，書寫科技可以使集體記憶另有所託，個人可以藉由文字符號進行抽象性思考（頁18）。

　　Ong（1982, p. 52）在其書中更引述Luria（1976）的研究指出，Luria企圖教導不識字的人抽象的分類方式，但是發現他們無法掌握這些抽象的思考，他們仍然習慣以情境式思考解決問題而非分類式思考。他們認為分類式思考不重要、無趣且多餘。因此，口語文化不用推理來思考，不處理幾何圖形、抽象範疇、形式邏輯、推理過程、定義、理解性描述、自我分析等等的思維活動（pp. 52-54）。

　　前述對於口語、書寫的差異做了頗為具體深入的討論與分類，有助於更清晰認識兩者的差別。Ong從科技流變的角度切入，提出初級口語、二度口語等觀念，又跳脫「口語—書寫」論戰，將科技（形式）視為人類心智轉變的重要推手，不僅納入媒介發展的歷史觀，又在分析角度上另闢蹊徑。

　　整體來說，這場「口語—書寫」辯論的源頭應該是「荷馬問題」，以及Parry-Lord師徒兩人聯手在研究荷馬問題過程中的重要發現：史詩套語（formulaic language）產生口語套語理論（Oral

Formulaic Theory），並寫在《故事歌手》一書之中。此書問世之後，「書寫論」（Literacy Thesis）應運而生，導致「口語—書寫」論戰中關於人類智力分野論辯的角力。

　　這場「口語—書寫」的辯論、柏拉圖的觀點，以及前述諸多觀點的剖明，不僅勾勒出口語、書寫的差異，探知人類心智與表達方式上的兩大主流，也影響了我們對於初級口語的認識。

三、初級口語的特性

　　透過前述「口語—書寫」的討論，以下歸納說明初級口語的特性。

　　巴莫曲布嫫（2004）整理前述Havelock、Goody、Olson、Tannen、Ong等學者觀點，簡練明確的呈現出口語與書寫的特性，也點明了初級口語的特性，其如**表8-1**所示。

　　巴莫曲布嫫更發現口語／書寫衍生出不少相關的對比特性，包

表8-1　以書寫科技參照下的初級口語特性

	口語（orality）	書寫（written）
特性比較	聽覺的（aural）	視覺的（visual）
	暫時的（impermanence）	持久的（permanence）
	流動的（fluid）	固定的（fixed）
	有節奏的（rhythmic）	有規則的（ordered）
	主觀的（subjective）	客觀的（objective）
	不準確的（inaccurate）	定量的（quantifying）
	引起共鳴的（resonant）	抽象的（abstract）
	時間（time）	空間（space）
	現在的（present）	永恆的（timeless）
	參與的（participatory）	分離的（detached）
	共同的（communal）	個體的（individual）
	保守的（preserved）	創造的（creative）

資料來源：整理自巴莫曲布嫫（2004）。

括：文盲／識字者、未受教育的／受教育的、原始／文明、簡單／
繁複、低級／高級、傳統／現代、神話時代的／邏輯經驗主義的、
前邏輯／邏輯、前理性／理性、前分析／分析、具體／科學。

　　前述二分法或二元對立之外，有些學者還借之將社會類型劃分
為口語社會與書寫社會，其如**表8-2**所示，此即口語社會一定是規
模小的、農村的、公共的、沒有個性色彩的、專斷的、服從的；相
較之下，書寫社會一定是大規模的、城市的、工業化的、個人主義
的、新奇的、創造性的、理性的。然而，將歷史的連續性截然劃分
為某種技術革新（指印刷術）之前或之後的兩個時期，並使得書寫
被推至創新的地位，是一種「書寫決定論」的陷阱，且在此的口語
僅為初級口語的概念。

　　不管如何，前述初級口語的觀念與書寫科技的特性，皆在有
形無形之中深深影響我們。例如在人類歷史上利用書寫的概念區
分出「史前人類」和「文明人」；由於文字的書寫，人群中分化
出「雅」與「俗」的觀點，社會中也劃分出所謂的「俗民社會」

表8-2　口語與書寫衍生的對比概念

口語	書寫	口語社會	書寫社會
文盲	識字者	規模小的	大規模的
未受教育的	受教育的	農村的	城市的
原始	文明	公共的	工業化的
簡單	繁複	沒有個性色彩的	個人主義的
低級	高級	專斷的、服從的	新奇的、創造性的、理性的
傳統	現代		
神話時代的	邏輯經驗主義的	俗	雅
前邏輯	邏輯	俗民社會	菁英社會
前理性	理性	前文字時代	文字時代
前分析	分析	史前人類、原始時代、野蠻人時代、未開化民族	文明人
具體	科學		

資料來源：整理自巴莫曲布嫫（2004）。

357

（folk society）與「菁英社會」（elite society）。如此一來，「口語時代」不僅僅等於是「前文字時代」，還可能是等於「原始時代」、「野蠻人時代」、「沒有文字的民族是未開化的民族」等等（巴莫曲布嫫，2004）。

透過前述「口語─書寫」二元對立的分析模型，可以認識到口語與書寫思維已然建構出兩種截然不同的文化與思維模式的論述，也顯示出初級口語的特性。

Crystal（2001, pp. 26-28）在其專事討論網路語言的著作中整理出初級口語的特性，其如**表8-3**所示。

沈錦惠在〈新的「地方感」：電子互動媒體的語藝空間〉中整理Ong提出的初級口語的九大特色（2003，頁137-138），其如**表8-4**所示。

表8-3　Crystal之初級口語觀點

	初級口語的特性
1	口語是有時限的、動態的、短暫的，是參與者互動的一部分，演說者有一定的接收者。
2	在產製與接收之間沒有延遲；多數口語的自發性與速度，使口語難以從事複雜計畫，使用較鬆散的結構等較受歡迎。適用抑揚頓挫，管理冗長的演說。
3	參與者面對面互動，依賴額外的語言線索，像表情、姿勢等。口語詞彙經常模糊不清，使用的語言直接與情境有關（如現在、這裡等）。
4	口語中的文字與句法結構是濃縮的形式，例如isn't, he's。冗長的同一類句子很正常，但經常被視為複雜。一些沒有意義的辭彙（eq. thinkamajig）、淫穢詞在書寫中不會出現。
5	口語是非常適合交際應酬的語言，精於傳達社會關係、個人意見與態度，因其可使用韻律與肢體表演的空間很大。
6	他者演講時，聽者可再思內容。然當講者犯錯無法撤回；言者須和演講結果共存；中斷與重複是演講中的常態，口語是高度聽覺性。
7	口語獨特性大多是其韻律感。許多聲調上細微的差異，以及聲音、節奏、韻律、暫停，以及其他的聲音是書寫所無法有效呈現的。

資料來源：作者整理自Crystal (2001), pp. 26-28.

表8-4　初級口語的九大特色

	屬性	解說
1	屬增添性質非從屬性質	口語傳播並不靠正式的文法結構和分析性的語言來決定話語的意義。話語當時的情境，鼓勵了實用型的口語結構，這結構並不在乎各觀念之間的內在關係。其結果是一種增添型的結構，各觀念在其中串聯起來，卻不互相從屬。
2	屬聚合性質非解析性質	口語思維有賴套裝公式組合事件，以輔助記憶及回憶。定型的主題、角色和成語，都是藉以喚醒鮮明影像的公式。因此，壯麗的高山，就是記憶中的壯麗高山，而非可賦予壯麗特質的高山。一旦將思維細分成解析性的語言，將有損思維賴以傳遞的易記特質。
3	反覆的或沿襲的	思維需要連貫，由於聲音隨時間而逝，一旦錯失，無法像翻書一樣回頭追讀。因而口語傳播採「回音」以確保思維的連續性，有創意的重複則鼓勵風格的變化以加強效果。
4	保守的或傳統的傾向	在口語文化中確保知識，有賴於不斷反覆使用，因而過程的經驗和累積的知識，以及能保留這類「社會百科全書」者，都深受器重，但其結果可能偏舊。
5	蘊含擂台較勁的況味	口語經驗世界中的存在，要求人明認自己與自然及與他人之間的互動關係，因而口語表達注重人與人之間的戲劇性衝突或掙扎，引人「鬥陣」，以增強這種體認。語言因此也等於行動和權力。
6	貼近生活世界	親身經歷是口語思維的基石，因此為知識提供觀念基礎的都是人和人的行動作為，而非抽象化的論述。
7	神入且參與而非客觀超然	口語互動模式有賴面對面的說聽雙方共處於相同的時空情境，回饋是立即、持續且經常出現的，因此具社交性及參與性，排除了個人中心的主體意識。
8	當下平衡取向	仰仗記憶以支撐傳統、知識及生活方式的結果是，記憶中界定社會關係的資訊及意義都必須與存在的事件直接相關，但社會關係會變，累積過時的資訊造成記憶的負擔，因此忘卻與記憶在口語思維中同等重要。
9	情境導向而非抽離現實	口語傳播緊繫於日常生活，訊息都按當前事件而建構與接收，天馬行空的抽象思維與一板一眼的條分縷析，遠不如能實際運用與印證的詮釋架構。

資料來源：沈錦惠（2003），頁137-138。

前述兩個表格對於初級口語的概念，又較**表8-1**、**表8-2**多了一些補充。

整體來說，口語在書寫做爲一個傳播科技概念的中介下，前述比較了口語與書寫的差異，也對初級口語有更深刻的描繪。雖然初級口語就只是生活中經常使用的口語溝通形式，事實上，它是人類溝通文明的重要標誌，其特性也直接說明了人類口語傳播的溝通特性。

第二節　電子口語的況味

如前所述，電子口語可視爲Ong概念下二度口語的同義詞，不僅可以彰顯電子時代口語不僅是意識的回復，同時也是深受書寫印刷概念影響的口語概念。以下乃以電子口語概念替換二度口語的概念，並從電子媒介的內涵、電子口語的溝通特色、電子口語的啓示，以及電子口語的語言奇觀，來說明電子口語的況味。

一、電子媒介的內涵

在說明電子口語傳播的溝通特色之前，合該先敘明電子媒介的發展與種類。

首先，就**電子媒介的發展**而言，電子科技的發展，肇始於電報，在電報未發明前，人類最早利用「烽火」來傳遞消息，但是烽煙警示的傳送距離有限。雖然航海上或某些空曠處得以打「旗語」來傳送訊息，但傳送距離仍屬有限，且受天候影響又容易誤傳。事實上，1838年摩斯發明電報、1876年美國青年貝爾發明了靠簧片振動傳聲的第一具電話、1864年劍橋大學科學家馬克士威結合了電和

磁的知識而在理論上證明了無線電波的存在、1894年義大利人馬可尼製作了第一架電波發射機、1897年德國物理學家伯朗恩發明一種陰極射線管為電視機的出現鋪路，以及1957年10月由蘇聯發射成功的世界上第一顆人造衛星「史普尼克1號」等等，這些電子科技的長足發展，都成功促進了電子媒介的長足發展，也創造了電子口語溝通的新環境。

　　其次，就**電子媒介的種類**而言，電子媒介是繼書籍、報紙之後大眾傳播媒介另一環。一般說來，媒介依其性質，可分為「電子媒介」與「印刷媒介」，前者指的是運用電子訊號與電磁波來傳遞訊息的媒介，包括無線廣播、數位廣播、網路廣播、無線電視、有線電視、數位電視、網路電視、衛星電視、網際網路、電傳視訊、電影、錄影帶、唱片、卡帶、資料庫、多媒體、VR、DVD、手機、電子報、電子書等等；至於後者是指運用印刷物傳遞訊息的媒介，包括書籍、報紙、雜誌、目錄、信件、戶外廣告等等。其整理如**表8-5**所示。

　　由**表8-5**可清楚辨識電子媒介的種類，並發現電子媒介有長足的

表8-5　電子媒介與印刷媒介的種類

電子媒介	印刷媒介
無線廣播（調頻、調幅）、聯播網、數位廣播、網路廣播	書籍
	報紙
無線電視、有線電視、衛星電視、網路電視、數位電視	雜誌
	目錄
電腦、網際網路、電傳視訊	出版品
電影	信件
錄放影音媒體、唱片、卡帶、資料庫、多媒體、VR、DVD等	戶外廣告
電子報、電子書	
電報、電話、手機	

資料來源：作者整理。

發展，尤其電子報與電子書的出現，統合電子與印刷媒體的特性，成為電子時代的特色產物，也因此傳統電子媒介與印刷媒介涇渭分明的區隔就得重新思考。

經由前述對於電子與印刷媒介種類的說明，以下接續說明電子媒介的內涵，以下茲分成幾點來討論（管中祥，2005）。

首先，對於閱聽眾而言，傳統的印刷、電子媒體如無線廣播、無線電視、錄放影音媒體、唱片、電影等等，都是屬於一對多的傳播模式，也是屬於單向性的傳播，在這個過程中閱聽眾都只能被動的選擇接受或不接受媒體所給予的訊息。但是，在傳播科技的不斷推陳出新之下，當前電子媒體基於光電學理論之發展一日千里且變化迅速，使得電子媒體發展由單向互動轉向雙向互動。換言之，使得口語溝通由面對面進入互動式的電子空間，甚至更由於網際網路等數位科技的長足發展，使得口語溝通走入虛擬世界，讓傳受雙向互動的傳播系統在電子世界中益為蓬勃興盛。

其次，電子媒介的另一內涵乃為從頻道稀有到多頻道。就類比訊號的發展而言，由於無線電波的發現，使得廣播、電視可藉由無線頻譜來傳輸聲音與影像等內容，然而在頻譜有限、電波相互干擾的情況下，同軸電纜（cable）的出現改變過去無線頻道稀有的情況。以電視台為例，無線電視台受限於頻譜的關係，台灣因而只有台視、中視、華視、民視與公視五台，但在數位科技的發展下，倘若光纖網路鋪設成功，有線的頻道將可以增加到五百個左右，也因此頻譜問題將因數位化、寬頻化的發展下，轉變成頻道多元發展的概念。另一方面，在數位技術的發展下，全球上網人口數在2005年已超越10億，換言之，網際網路也將成為具龐大影響力的媒體，連帶使得未來溝通頻道大增、傳輸量驚人，因此多頻道的出現等於促成電子口語的發展。

第三，從大眾化到分眾化、個人化。傳統大眾傳播媒體不

論電子或印刷，大多數的資訊都是由訊息製作者經由媒體傳到個人，然而現今科技帶來的電子媒介則展現出分眾化、個人化的特色。所謂分眾化、個人化指的就是大眾傳播系統會依照分眾的屬性來傳遞訊息，以達到顯著的傳播效果，例如台灣的音樂電台Channel V、MTV；體育台「緯來體育台」、「ESPN」；電影台「HBO」、「緯來電影台」、「東森電影台」、「衛視電影台」；宗教台「大愛電視台」、「佛光衛視」等等，都有分眾概念存在。另外，網際網路中的電子布告欄（BBS）、部落格（BLOG）、臉書（facebook）等等，也都是分眾的表現，而且數量上更是不計其數。

分眾化、個人化的好處是，傳播訊息製作的控制權由媒體移向閱聽眾，個人可以透過電子媒介提供的平台，傳遞具有個人或分眾風格的訊息，如此一來也使得電子口語的表達多了個人化特色，事實上網路語言或是人氣部落格等的出現，就驗證了此一說法的存在。反過來說，雖然電子時代媒介以分眾與個人化爲特色，但因此而形成超人氣頻道或網站，何嘗不是一種電子口語社群（oral community），一種彼此認同的結果。

最後，從同步性到異步性。在此異步性代表著在訊息的傳布過程中，訊息傳布者未必與訊息接收者處於同一個情境或時間點，閱聽眾得以自行選擇時間來收發訊息進行溝通。在過去，錯過韓劇「大長今」完結篇且在電視台可能不重播的情況下，今生大概無緣再見其完結篇，但是電子科技如錄放影機、錄影帶、DVD等的出現，或是網路中Youtube的影音，使得閱聽人可隨時一而再、再而三的欣賞。如此一來，電子時代的閱聽眾具有掌控時間的能力，遠勝過了過往稍縱即逝的初級口語表達，電子時代的口語傳播不僅得以保留下來，而且還能一聽再聽、一看再看，讓電子口語的溝通，出現新的可能。

此外，快速、多元、匿名性也是電子媒介溝通的特質，達到

「天涯若比鄰」、「比鄰若天涯」的境界，而且由於電子科技的特殊屬性，使得不同性質的電子媒體如廣播、電視等可匯聚在數位平台之中，例如網路。換言之，數位化平台的出現，創造了一個集中化又去中心化的服務網絡，且同時提供過去各項傳播媒體所服務的音訊、影訊與資訊等項目，成爲一「數位整合型媒體」，前述**表8-5**所條列之數位廣播、數位電視、電子報等數位電子媒介便具此一特性。這種數位匯流整合的現象，使得電子口語的展現益形豐富與多元化，相較於傳統的初級口語概念，在電子媒介或數位媒體中呈現的電子口語，便有了更多更豐富的意義與可能。

二、電子口語的溝通特色

電子媒介以及整合了文字、圖像、聲音、影像傳播的網路科技，使人類實現了電子傳播「天涯若比鄰」的夢想，也給生活帶來革命性的改變。不過，對於電子媒介中出現的大量龐雜口語現象，Ong雖然率先提出二度／電子口語的概念，卻未多加著墨。一般說來，Ong所言的二度口語，通常就是指電子媒介中的口語現象，因此，二度口語，指的就是經由電子媒介所重新開啓的口語知覺（沈錦惠，2007）。

對於電子口語的溝通特色，沈錦惠首先指出：「這是一種經過書寫文明洗禮之後的結果，酷似但顯然不像初級口語，它一方面如初級口語強調參與感、社群意識、專注於當下時刻，甚至也包括公式套用，另一方面卻保留了書寫文字對於視覺秩序以及個人主體意識的重視。」（頁59）

深入來說，電子口語講求電子影音模擬，原則上是爲了創造身歷其境、人在現場的口語溝通效果，但口語溝通現場往往會爲了遷就視聽效果，顧及不在場、看不見、聽不到的閱聽眾而改弦易

轍。因此，沈錦惠舉例指出，早期美國的大選辯論，容許對辯論雙方在數萬觀眾面前暢所欲言，講個一兩個小時，但今日不論是那個國家，大多採取簡短精緻、交叉進行的辯論，一方面是為了擔心觀眾嫌冗長掉頭或轉台而去，另一方面也為了方便參與辯論者在媒體前展現優雅從容的形象。換言之，電子媒體不僅在捕捉不經意的表情，也要求不使場面秩序失控，即使是實況轉播，也是為了顧及不在場觀眾而存在的一種封閉性景觀。因此，台灣頗具知名度的「2100全民開講」一類的節目，主持人總要呼籲來賓小心不要贏了現場，卻輸了全國（頁60）。

其次，深受書寫文明影響的電子口語中，是強調參與選擇和臨場模擬的二度口語，口語學者視此類電子口語溝通為書寫的跨越而非延伸，主要在於以「瞬間畢現」（all-at-onceness）取代「一時一物」（one-thing-at-one-timeness）（McLuhan & Zingrone, 1995, pp. 180-182，引自沈錦惠，2007，頁60）。因此，此一口語為閱聽眾熟悉的口語，也能對應他已養成的書寫習慣與識讀能力。換言之，電子媒介的發展歷程可視為是再現口語情境的嘗試，因此如Havelock所言，將整個傳播通訊科技的發展，視為是人類重建口語情境的努力（頁59-61）。

呼應前述Havelock的觀點深入來說，以電子科技重建口語溝通情境，大致經歷了廣電期與電腦網路期。廣電期主要是讓影音圖像等重要的情境要素得以超越空間的阻隔，以映像方式如「實」呈現，使其盡量接近，甚至等於面對面溝通時的品質。

至於電腦網路期的課題則除了確保清晰的品質，更須盡可能加快傳輸速度以容許同時間大量的資訊傳輸，因此首重於減輕傳輸負荷，於是溝通中的感官資訊（影音圖像）不能不回頭向文字符號看齊，在傳輸過程中由具象而抽象，由類比而數位化，由原子而位元，這顯示資訊必須歷經符號化、位元化的過程，才得以重現口語情境，

讓口語溝通的多種訊息或口語化書寫的訊息同步或異步交流期間。
此外，真實的口語情境也不單以雙向溝通模式為滿足，而須朝全方
位多變項的溝通模式邁進，因而電子口語的溝通，已不再但求雙向
溝通，而是朝更多向式互動溝通的目標發展（頁61）。

由此重建出來的口語情境，較諸初級口語時代有別，此一因參
與者都經過了書寫教育的洗禮，具有較強的主體意識，再則也因以
電腦與網路重建共同空間，任何影音文字符號得以盡情穿梭期間，
因此不論在知覺特性、時空特性、參與自主性或溝通憑藉、意義的
產出等二度口語都已迥異於初級口語與書寫印刷。

網路做為電子時代數位化媒體的表徵，做為電子媒介口語溝通
的平台，充分顯示電子口語的特性，非常特別，對此作者刻意將初級
口語、書寫印刷與網路電子／二度口語並列顯示，一方面不僅顯示
網路電子口語與初級口語、書寫印刷的相似與差異之外，一方面更
彰顯出網路電子口語的獨到之處（頁62），其整理如**表8-6**之所示。

表8-6　網路二度口語的溝通特性對照

	初級口語	書寫印刷	網路電子口語
知覺特性	聽覺的	視覺的	視聽覺兼具：多媒體版面配置
時空特性	時間性	空間性	時空雙性兼具
	倏乎易逝	持久、更改大不易	雖可持久但隨時可改
	受限於獨特時空情境	文本為情境	媒體即情境
	內在的記憶裝置，只供回味、無從查考徵詢	外在的記憶裝置隨時可反覆查考徵詢	內外記憶兼具，可反覆查考徵詢
	當下此刻	彼時彼地	當下此刻兼彼此彼地
參與自主性	同步互動	異步單向傳輸	同步異步互動均可
	互做傳受雙方，無從更改的社群共同體屬性	傳受各自超然獨立、個人自主、不相干擾	互做傳受雙方，亦可相互區隔；社群屬性可隨時更改
	參與者身分明確固定	傳方身分明確固定	參與者身分含糊浮動

（續）表8-6　網路二度口語的溝通特性對照

	初級口語	書寫印刷	網路電子口語
溝通憑藉	語言和非語言知能	識讀素養、印刷紙本	閱聽素養、相關科技常識與配備
意義的產出	經由交涉協商	取決於文本	經由交涉協商

資料來源：沈錦惠（2007），頁62，McLuhan (1964, 1995); Ong, (1982); Chandler (1995)。

　　由**表8-6**可以看出，網路呈現的電子口語，多數兼具初級口語與書寫的特性，因此視聽兼具、時空兼具、可久可變、內外記憶兼具、既當下又彼時彼地、互做傳受雙方、參與者身分含糊浮動又能自我揭露，因此網路電子口語的溝通特性不可謂不特殊。

　　第三，若回到網路平台來檢視網路電子口語，也將對其特性有新的發現。其可視為是一種網路語言的展現，因此沈文所整理的網路電子口語特性，也可以作為探討網路語言特性之用。

　　Crystal（2001, pp. 42-43）探討了網路中網頁（Web）、電子信箱（e-mail）、聊天群組（chatgroups）、虛擬世界（virtual worlds）的特性，可視為網路電子口語因應網路空間屬性下發展出來的溝通特性，其如**表8-7**所示。

　　由**表8-7**左側Crystal所定義的口語特性，並檢視網頁、電子信箱、聊天群組、虛擬世界中的網路電子口語內涵，可知其具有以下七種口語特性為：時閾限制、自發性、面對面、結構鬆散、社會性互動、立即修復、豐富的韻律感。

　　從Crystal的觀點言，網路電子口語在不同的網路空間中具有不同的限制與意義。從網頁來說，口語結構是多變的，缺乏社會性互動；就電子信箱來說，具有時閾限制，在自發性、口語結構與社會性互動上多變化；就聊天群組來說，具時閾限制，在自發性與社會性互動上有所侷限；最後就虛擬世界而言，具時閾限制，在自發性

口語傳播

表8-7　網路平台中呈現的網路電子口語特性

	網頁	電子信箱	聊天群組	虛擬世界
1.時閾限制 （time-bound）	無	是，改用不同方法	是，改用不同方法	是，改用不同方法
2.自發性 （spontaneous）	無	多變的	是，但有侷限	是，但有侷限
3.面對面 （face-to-face）	無	無	無	無
4.結構鬆散 （loosely structured）	多變的	多變的	是	是
5.社會性互動 （socially interactive）	無，但選擇增加	多變的	是，但有侷限	是，但有侷限
6.立即修復 （immediately revisable）	無	無	無	無
7.豐富的韻律感 （prosodically rich）	無	無	無	無

資料來源：Crystal (2001), p. 42.

與社會性互動上有所侷限。前述亦直接說明了網路平台中呈現的網路電子口語特性。

三、電子口語的啟示

在前述的說明中，認識電子口語的溝通特色，而此電子口語的特色帶來的口語溝通的新現象，對我們有那些啟示呢？對此，作者援引沈錦惠的觀點，認為電子口語的啟示包括了電子素養、第五權等兩個概念。

(一)電子素養

隨著網路的發展，電腦的書寫特質也產生重大的變化。Ong認為電腦網路雖然始於解決資訊的傳輸與存取需要，但人類追求親近

的溝通需要也有賴於這個資訊系統。不過，沈錦惠（2005）認為，網路書寫雖然仍在創造可供資訊存取的文本，其作為溝通的事件行動特質卻益發顯著重要。如同電視的視聽敘事一樣，電腦網路的超文本當然不能忽略視覺空間秩序的需要，而且隨著電腦網路可隨時更新的即時性、超媒體的視聽敘事性，甚至是線上討論的互動性，使得電子媒介彰顯的二度口語說勝過二度書寫，這是因為二度／電子口語較能傳達在時間中開展、變化的「事件」特質（頁21-22）。

她並以Gregory Ulmer提出的電子素養（electracy）的新詞彙，嘗試使電子媒介確立為迴異於書寫印刷的溝通新典範，並凸顯以書寫印刷或是初級口語來理解電子環境的荒謬。Ulmer且強調不同時代需要不同的語言機制，一種科技、制度與認同養成三層面環環相扣的社會機器。如今，電子媒介蓬勃發展，電子科技重啟新頁，書寫所代表的文化養成涵義應該由電子素養所取代（頁22）。

(二)第五權

第五權是媒體第四權（the forth estate）概念的延伸。第四權不論是指政府組織行政、立法、司法三權之外另一種制度性基本權利（對媒體為新聞自由），或是指貴族、僧侶、平民之外另一個階級，其意義都在於民主制度中的制衡與監督，強調關心公共事務與公共利益，為人民利益把關（林子儀，1993）。相對的，第五權不再強調一個有別於政府或民眾，在兩造間傳介的媒體勢力或權利，而注重書寫行動中共同參與和共同經歷，因而媒體也不再是一個中間的通道角色，卻比較是眾人共享的情境或過程，於其間人人以參與替代觀察，以多方分享替代單向告知，以經驗敘事替代專業評述，而營造歸屬認同的需要更勝於傳統媒體價值中所堅持的中立客觀要求（沈錦惠，2005，頁22-23）。

　　對此，Ulmer在美國廣邀學子在線上寫「我的故事」（My Story），希望藉平凡人的親身經歷驗證政策得失，等於是希望藉由參與性的第五權來改善代表性的第四權。在此，相較於第四權或對書寫所重視獨立於事象之外的主體及其理性客觀思考判斷的能力，第五權和電子素養更重視的則是比較能夠參與，能認同，能藉由電子科技集思廣益，以解決社群問題的個人（頁23）。

　　深入來說，電子媒介帶來的二度口語，凸顯電子媒介或空間做為社會行動實踐的意義。如果在電子空間撰寫我的故事可做為檢證公共議題的基礎，撰寫他者的新聞敘事，或許可產生龐大的威力與影響力。

　　簡言之，置身電子時代，在媒體空間體會聲音視覺並具的口語溝通方式，使得當前電子口語的溝通表達，頗具社會行動的意義。全球瞬間傳散的、立即性的各種資訊，強化了地球村的社會責任感，讓人有無處不參與的感受。就如同全球暖化議題，美國前副總統高爾在「不願面對的真相」中的精采演說，透過數位化媒體的全球傳散，所有人都可以一而再、再而三的觀賞，彷彿一同親身經歷一場演說，也一同參與抗暖化救地球的世紀行動之中。

四、電子口語的語言奇觀

　　數位化電子媒體網路，已成為網路虛擬世界中人際互動的重要平台。由於網路特性使然，使得網路書寫得以口語的方式表達呈現，因而造就一批新的語言形式，此語言類別，就成為電子口語溝通表達中的語言奇觀，新奇有趣，不能不知。

　　網路語言是電子口語時代的特殊產物，不分東西方皆然。作者整理出繁體中文中出現的十一種網路語言類型（Crystal, 2001；盧諭緯，1997；周君蘭，2001；徐富昌，2002；林金珠，2003；

李櫻、張武昌，2003；吳筱玫，2003；吳瑾瑋，2003；潘美岑，
2004；蕭景岳，2005；張慧美，2006；薛奕龍，2006；鄭如婷，
2006；林玉婷，2006；蔡鴻濱，2008）。

　　這十一種網路語言類型的分類包括有：(1)連音類；(2)諧音
類；(3)注音文；(4)數詞類；(5)英文字母詞類（縮寫類）；(6)別字
類；(7)網路副語言類；(8)拆字（析文）類；(9)半字母詞；(10)港漫
語類；(11)其他：前述之外的所有網路語言。

　　以下十一類的網路語言類型，涵蓋多數的網路語言的類型，不
過由於網路語言數量驚人，因此僅擇部分繁體中文爲說明體例供讀
者參考，其分述如下：

(一)連音類

　　連音乃指合音字或合音詞，通常是將兩個語詞合爲一音或是
縮寫成一個同音字。例如「甭」字表示不必等。爲了書寫方便與趣
味，網路語言中經常有這類連音語詞的出現。舉例來說：

　　1.國語的連音字：
　　　(1)「這樣」──合音字「降」或「醬」。
　　　(2)「這樣子」──合音詞「降子」、「醬子」。
　　2.注音文的合音字詞：「不一樣」──合音字「ㄅㄧㄤˋ」
　　　（意即勁爆，爲「不一樣」三字切音而來）。

(二)諧音類

　　係指語言運用過程中，借用音同或音近的特點，製造出具有
某種效果的新詞。諧音，也有稱之爲「外來語音譯詞」（吳瑾瑋，
2003）、「走音文」等，不論稱謂如何，所指的都是諧音類的網路
語言。

在網路時代，語言不斷在全球流動，因此網友經常可以接觸到新的外來語，這些外來語形成的諧音是網路語言的大宗之一。諧音同時也是網路語言中比較搞怪、有趣的一部分。外界對於網路語言的批評，經常落在這一類。網路語言中的諧音現象，包括外來語，如日語、韓語、英語，本國則有國語、台語（閩南語）、客家語的諧音等等。另外數字以及截句法（或稱白痴造句法）等，都是諧音運作的對象，其中又以國語、台語的諧音居多。

■外來語的諧音

1. 日語的諧音：(1)奇蒙子：感覺（きもち）；(2)紅豆泥：真的嗎（ほんどに）；(3)卡哇依：好可愛（かわいい）；(4)扛八袋：加油囉（がんばって）。
2. 英語的諧音：(1)U2：你也是（you too）；(2)KO：擊倒（knock out）；(3)ing：進行中（英文現在進行式）；(4)烘培雞：homepage；(5)英代爾：Intel；(6)伊媚兒：e-mail。

■本地語的諧音

1. 國語（繁體字）的諧音：(1)口年：可憐；(2)美眉：妹妹；(3)不費：不會；(4)係喔：是喔；(5)粗來：出來。
2. 台語的諧音：(1)抓狂：發狂；(2)青菜：隨便；(3)知影：知道；(4)電電：閉嘴；(5)哭夭：鬼叫鬼叫；(6)阿利瑪幫幫忙：啊！你幫幫忙。
3. 客語的諧音：(1)粉：很；(2)細妹：小姐；(3)靚妹：漂亮小姐。

■人名形式的諧音

1. 台語發音的人名諧音：(1)英英美代子：閒閒沒事；(2)宮本美代子：根本沒事。

2.國語（繁體字）發音的人名諧音：如柯林頓，K你一頓。

■截句法的諧音

　　所謂的截句法，又稱爲「白痴造句法」，大搞無厘頭的造句。一般說來，是斷字截句後，又加上諧音的方式造句，因此經常和原句原意之間關係甚微。截句法的諧音，一般又可分爲以下幾小類[註8]。

1.望文生義：尤其是成語的使用較爲普遍。
　　(1)欣欣向榮：我的弟弟長得欣欣向榮。（誤用）
　　(2)如花似玉：如豆花似的愛玉。（白痴造句）
2.失去該詞的意思：
　　(1)難過：我家門前有條大水溝，很難過。
　　(2)教授：會叫的野獸。
　　(3)陳水：欠扁。
3.拆詞應用一：保持原字樣。
　　(1)公車：老公，車鑰匙帶了沒？
　　(2)母親：「失敗爲成功之母。」親愛的同學，不要因爲一時的挫折而沮喪。
4.拆詞應用二：改變原字樣並取其諧音。
　　(1)團結：我早上吃飯糰，結果飯糰不新鮮，害我拉肚子。
　　(2)電視：不是停電，是你忘了把插頭插上。

(註8) 參見維基百科的白痴造句分類。白痴造句法經常成爲網路笑話的來源，如國語課，老師叫小華：「請用小甜甜布蘭妮造句。」小華：「有天李奧納多跟小甜甜吵架，他說：『小甜甜不然妳是想怎樣？』」http://zh.wikipedia.org/wiki/%E7%99%BD%E7%97%B4%E9%80%A0%E5%8F%A5

■成語的諧音

成語的諧音所產生的特殊成語，通常是使用者不瞭解該成語之義，或是望文生義、胡亂猜測，或是惡搞下的結果。因此，成語或是俚語常遭到誤用、濫用、亂用等情況。

1.前途無量：祝你前途無亮，或祝你錢途無量（亮）。（諧音加惡搞）
2.乏人問津：旺旺金飾店乏人問金。（諧音）

(三)注音文

利用注音符號的聲母、韻母來表達一些語氣詞或直接替代音同、音近的字詞，稱為注音文，或稱斷頭注音文。注音文的使用與微軟新注音的出現有密切關係，因為許多網友使用新注音輸入法，而且中文同音字過多，因此網友在選字的過程中，為了節省時間，就以選擇注音符號替代。雖然此舉對使用者方便，但對閱讀者卻不利，因此長期以來注音文一直引起許多網友的撻伐，認為不僅不利閱讀，還破壞傳統中文的美感，許多大型的BBS站或是網路平台明令禁止使用，否則一律刪文，顯示出網路語言中以注音文的爭議最大。

一般而言，源自三十七個注音符號的注音文的使用，依二十一個聲母、十六個韻母，可以分為以下三種情況：

1.以聲母代體詞語：(1)ㄅ：吧；(2)ㄆ：不；(3)ㄇ：嗎；(4)ㄉ：的；(5)ㄊ：她；(6)ㄋ：呢；(7)ㄌ：了；(8)ㄍ：個；(9)ㄎ：可；(10)ㄏ：好；(11)ㄐ：幾；(12)ㄑ：去；(13)ㄒ：嘻；(14)ㄓ：之；(15)ㄔ：吃；(16)ㄕ：師；(17)ㄗ：子；(18)ㄙ：斯；(19)ㄧ：一；(20)ㄨ：嗚。

2.以韻母代體詞語：(1)ㄚ：阿；(2)ㄛ：喔；(3)ㄜ：阿；(4)ㄝ：耶、也；(5)ㄞ：唉、愛；(6)ㄟ：台語「的」；(7)ㄠ：拗；(8)ㄡ：嘔、喲、呦；(9)ㄢ：安；(10)ㄣ：嗯；(11)ㄦ：而、兒。

3.以完整的注音來代替語詞：(1)ㄋㄟ：語尾語氣無詞；(2)ㄍㄧㄥ：放不開、拘謹、假裝；(3)ㄎㄎ：賊笑、陰沉地笑；(4)ㄎㄡ：小氣；(5)ㄏㄏ：呵呵；(6)ㄏㄚˋ：很想（英文hot）；(7)ㄏㄤ：熱門。

(四)數詞類

　　數詞類的網路語言，也是常出現在網路中的語言類型。例如70345，用諧音代表「請你相信我」。數詞的諧音，其實也可以歸納到諧音類中成為一個次級類型，不過為了方便，作者將數詞的網路語言統整為一類說明。數詞的興盛，與行動通訊的出現有關，例如簡訊等，為了在小小手機上快速表達意思，簡單好用的數詞的出現頻率大幅度增高，進而也應用在網路語言中。

　　網路語言中的數詞類語言，可分為諧音式的數詞、歇後語式的數詞。其中歇後語式的數詞，是以數字當謎面，做為猜測用，通常具有趣味性。

■諧音式的數詞

1.國語的數字諧音：(1)5260：我暗戀你；(2)520：我愛你；(3)5201314：我愛你一生一世。

2.台語的數字諧音：(1)02：抗議；(2)50：沒空；(3)543：講些有的沒的；(4)469：死老猴；(5)2266：零零落落；(6)446646640：思思念念心裡攏是你；(7)9412：猴死囝仔。

3.日語的數字諧音：(1)3166：再見（さよなら）；(2)8916：混蛋（ばかやろう）。

4.英語的數字諧音：(1)88（bye bye）；(2)881（bye bye）；(3)886（bye bye囉）；(4)3Q（thank you）。

■歇後語式的數詞

1.123：木頭人。

2.8825252：打了沒？（源自披薩廣告）

3.286：落伍了（源自電腦機型）。

(五)英文子母詞（縮寫）類

字母詞的使用是很新鮮的現象，結合台灣流通的語言，如台語、國語、英語、日語，將英文的縮寫帶入網路語言之中。換言之，就是日常生活中的用語字母化，包括在台灣較流行的英語、日語、台語、國語等，也有韓國以及少數歐洲國家的語言。

1.英語的縮寫：(1)GF：女朋友；(2)BF：男朋友；(3)BMW：大嘴巴的女人；(4)IBM：國際大嘴巴；(5)OMG：我的天啊；(6)OIC：喔！我瞭解；(7)IDK：不知道；(8)IDM：不在乎。

2.日語的縮寫：(1)OGS：歐吉桑；(2)OBS：歐巴桑。

3.台語的縮寫：(1)LOA：老芋頭；(2)UK：幼齒；(3)SYY：爽歪歪；(4)SDD：水噹噹；(5)SPP：俗斃了；(6)LKK：老叩叩（老古板）；(6)PDG：皮在癢；(7)AKS：會氣死；(8)BPP：白泡泡。

4.國語的縮寫：(1)LM：辣妹；(2)PMP：拍馬屁；(3)TMD：他媽的。

(六)別字類

別字係指誤彼字為此字,亦即所謂的白字。這種書寫情況非常的多,這是因為新注音輸入法的使用,為節省時間、懶惰等因素之下所造成。由於新注音輸入法已經將所有正確的國字寫法輸入程式之中,因此會中打者幾乎不可能寫錯字(就是字體筆劃錯誤),只會寫別字,所以別字經常出現。例如:

1.恩,對不起,也許你會絕的我很師李,但是我沒有惡意。
2.其實板豬本來也覺得注音文沒什麼的所以一直沒有在這板很明列的禁止,對於沒學注音的網友就比較對不起了[註9]。

以上只是輕鬆舉兩例。事實上,不論是在MSN或其他網路的對話平台上,出現別字很稀鬆平常,可以說寫別字已經是網路對話中的基本現象,大家也習以為常,甚至也已經養成在對話中自己猜字,而且通常也都可以猜對對方的意思。除非對方的別字太離譜,否則不會要求對方再說一次。

(七)網路副語言類

在網路語言的大宗中,有一類為所謂的副語言。副語言是非語言溝通(non-communication)的一部分,係人們在口語溝通中,所輔助的語氣詞,例如音調高低、抑揚頓挫、速度、節奏、音量、音色、說話時的變化、大笑,以及其他聲音特徵如呻吟、打嗝、打哈欠、低語、哭泣、呀、喔、嗯等等。由於副語言的概念來自口語傳

[註9] 引自台灣論壇http://www.twbbs.net.tw/index.php?module=article&action=index&titleId=51329。

播的概念，因此在網路中使用副語言的概念，是一種觀念與詞彙的借用。

這些在口語對話中出現的副語言，到了網路中就變成狀聲詞的語言。在目前許多研究中，將這種網路語言中的狀聲詞，稱爲電子副語（言）（吳筱玫，2003；潘美岑，2004）。作者認爲，網路語言中的狀聲詞功能就像是現實生活對話中的副語言，例如嗯、啊、哈、啦、喂、喵、嗎、呢、呀、嗚、喔、嗯、呸、嘆、嘻、嘿、噗、吁、哧、噹、咕、咿、啾、唉、哎、喲、呦、哦、唏、嚧、哼、啵。這些副語言，同時可以注音文或是英文字母或是日文字母來表示。例如：(1)啵：ㄅ、b；(2)呸、噗：ㄆ、p；(3)喵、嗎：ㄇ、m；(4)噹：ㄉ；(5)嘆：ㄊ、t；(6)呢：ㄋ；(7)啦、囉：ㄌ、l；(8)咕：ㄍ、g；(9)嘿、哈、哼：ㄏ、h；(10)嘻、吁、啾、唏、嚧：ㄒ、c；(11)哧：ㄔ；(12)咿：一、e；(13)喂、嗚：ㄨ、u；(14)呀、啊：ㄚ、r、a；(15)喔：ㄛ、o；(16)嗯、哦：ㄜ；(17)唉、哎：ㄞ、i；(18)呦、喲：ㄡ、u；(19)嗯：ㄣ、n。

網路的副語言，學者多將之稱爲電子副語言（electronic paralanguage），其所稱之電子副語言的定義，不僅與非語言傳播不大相同，且比非語言傳播中對副語言的定義更爲廣泛。Turner（1988）便指出，電子副語言包括簡寫、諧音、轉喻，以及包含喜怒哀樂等等各種表情的符號圖形。吳筱玫（2003）在著作中也指出，台灣網路的中文副語言與Turner的研究類似，且中文副語言通常還包含了國、台、英等語言交雜使用的現象，情況更爲複雜。

Werry（1996）研究多人線上即時交談系統（internet relay chat, IRC），發現網路上的對話因爲缺乏語調、語氣等線索，因此IRC的使用者乃發展出一套自己的語言使用方法，例如拼字改變、大小寫的改變、標點符號，以及表情符號等等。

表8-8　英文字母與中文注音副語言對照表

注音	ㄅ	ㄆ	ㄇ	ㄉ	ㄊ	ㄋ	ㄌ	ㄍ	ㄏ	ㄒ	ㄔ	ㄧ	ㄨ	ㄚ	ㄛ	ㄜ	ㄞ	ㄡ	ㄣ
漢字	啵	呸噗	喵嗎	噹	嘆	呢	啦囉	咕	嘿哈哼	嘻吁咻唏噓	咻	咿	喂嗚	呀啊	喔	噁哦	唉哎	喲呦	嗯
字母	b	p	m		t		l	g	h	c		e	u	r a	o		i	u	n

資料來源：作者整理。

　　除了上述的表情符號，Turner（1988）的研究則更指出電子副語言具有圖形、諧音、簡寫、轉喻四種。吳筱玫整理指出，中文副語言也有圖形〔如p（^o^）q表加油〕、諧音（如3q謝謝）、轉喻〔如PH值，表示豬頭（pig head）指數〕和簡寫（如GF表女友）四種，和Turner的研究結果相近。

(八)拆字（析文）類

　　網路語言中的拆字現象，肇始於有些電腦軟體未建入罕見中文，因此不得不用拆字的方式。例如政治人物游錫堃中的罕見字「堃」字，經常使用（方方土）來替代，尤其是古書，這類情況更加普遍，例如口桀、口古月。不過，現在的字型軟體中，搜羅的國字越來越齊全，找不到字的情況已經減少，因此現在網路中出現的拆字現象經常不是因為電腦缺字，而是為了好玩，或單單僅是懶惰，將錯就錯。拆字詞是將組成一個字詞的形符拆開，構成與原字同義的新詞，例如：(1)水昆：混 (2)水昆兄：愛混水摸魚的人；(3)馬扁：騙；(4)馬蚤：騷；(5)口圭：哇；(6)口黑：嘿；(7)口羊：咩；(8)口可：呵；(9)口苗：喵；(10)口乎：呼；(11)口孔：吼；(12)口

貝：唄；(13)口惡：噁；(14)口支：吱；(15)米臭：糗；(16)火頁：煩；(17)票風：飄；(18)目害：瞎；(19)足曳：跩；(20)米田共：糞；(21)貝戈戈：賤；(22)金戈戈：錢。

(九)半字母詞

在網路語言中字母詞經常出現。字母詞或稱羅馬字母詞，是指在中文的詞語中由英文字母單獨組成或由英語字母與華語語素組合而成的詞語。英文字母的音詞，透過中文的轉譯，是一種「轉借詞」，直接利用英文縮寫或是中英混合詞。

1. 中英混合半字母詞：(1)A片；(2)A錢；(3)雙B（汽車）；(4)X光；(5)R級；(6)OK便利商店；(7)e媚兒；(8)AB車；(9)O形腿；(10)K金；(11)香Q；(12)OK繃；(13)B／C型肝炎；(14)T恤；(15)卡拉OK；(16)3B鉛筆。
2. 數字英文混合半字母詞：(1)4U：for you；(2)U2：you too；(3)2U：to you；(4)P2P：person to person。

(十)港漫語類

港漫用語源於香港漫畫的流行，在台灣電玩網站中的討論區裡便會出現一些香港漫畫中的用語，這些用語屬於網路電玩族群，一般人不一定熟悉。常見的港漫用語如：(1)戰：兩人決鬥；(2)仆街：被打敗或打死，倒在街上，形容很慘；(3)踢爆：以極大力量踢擊男性生殖器；(4)怒～真的怒了～：旁白介紹的常用語，形容決鬥者極為憤怒；(5)未夠班：等級不夠，用以嘲笑對方。

(十一)其他

　　凡是不屬於前者，或是新出現在前述網路語言類型等，均歸納到本類目來。有些類目內容較少者也都可歸納到本類目中，例如原住民語的諧音，前述中、英、日、客之外語言的諧音，如法文、德文等等，或其他太過無厘頭難以歸納的網路語言用法等等。這個類目的價值在於窮盡網路語言類型的選項，例如反諷法的字詞「丁丁是個人才」、「小美家爆炸了」等。

　　整體說來，前述十一種網路語言都是新詞且具有流行特性，且是融合初級口語與書寫印刷特性的電子／二度口語，成為電子空間溝通表達的形式，由於字型特殊，迥異於傳統的口語與書寫表達形式，是以蔚為電子口語溝通中的語言奇觀。

第三節　結語

　　本章共分為三節，第一節初級口語的思維，第二節電子口語的況味，第三節結論。第一節中，以「口語—書寫」的發展為主軸，從希臘羅馬時代開始，討論口語與詩、書寫的關係，且一路論述到二十世紀60年代興起的「口語—書寫」論辯，目的在於暸解初級口語思維的興起與內涵。第二節，則探討電子口語對於口語內涵的影響與挑戰。由於當代新興科技的蓬勃發展，使得口語已經不再是單純透過口語表達（初級口語），或是透過古騰堡（Gutenberg）時代發明的紙張紙本（書寫）等等來呈現的訊息載體。新興傳播科技的出現，例如各種電子媒體（包括電視、廣播、衛星等等）、平面媒體（包括報紙、雜誌等等）、數位化網路媒體（包括電腦、網路、

MSN、BBS等對話平台）、通訊媒體（包括手機等）的出現，宣告了Ong口中二度／電子口語時代的來臨，二度／電子口語結合口語、書寫的特性，又讓電子口語的溝通，顯得更加多元化，樣態風格也迥異於以往，嚴厲挑戰了傳統上對於初級口語與書寫形式的想像，也讓口語傳播多了更多溝通的可能性。

必須一提的是，當前科技匯流盛行，整合成風，諸多電子數位平台中，整合多種傳播新科技，例如電腦、手機等等，不僅可傳遞訊息，還可聽廣播、看電視，因此在當前數位匯流的年代，口語的呈現實比以往更加複雜且意義豐富。未來，傳播科技的匯聚與傳散現象只會益加興盛與激烈，因此將會不斷更新電子口語的內涵與意義，而電子時代的口語溝通將邁向何種境界，就頗值得我們持續密切的觀察與深刻反思。

問題與討論

1. 在第二節中提到網路語言是電子口語的語言奇觀，作者並分為十一類，請問就你熟悉的網路平台中，有那些網路語言對應這十一種類型？再者，你是否還可以再找出新的網路語言類型？

2. 在第二節中提到電子口語係因應電子媒體特性下的產物。請問在你的觀察中，在數位匯流時代的電子媒體之口語呈現中，還有那些樣態迥異於初級口語與書寫印刷中的呈現？

參考書目

一、中文部分

巴莫曲布嫫（2004）。〈口承傳統、書寫文化、電子傳媒體——兼談文化多樣性討論中的民俗學視界〉。《文史精華》，3。取自http://www.guoxue.com/ws/ShowArticle.asp?ArticleID=1074。線上檢索日期：2007年6月30日。

史偉民、沈享民編著（2005）。《柏拉圖理想國導讀》。宜蘭：佛光人文社會學院。

台灣論壇。http://www.twbbs.net.tw/51329.html。

何春蕤（1990）。〈口述與書寫：一個理論的再思〉。《中外文學》，19（2），73-91。

吳筱玫（2003）。《網路傳播概論》。台北：智勝。

吳瑾瑋（2003）。〈另類教材的思考：網言網語之趣味〉。「第三屆華文網路教育國際研討會」。台北。

李櫻、張武昌（2003）。〈Utterance-final Particles in Computer-mediated Communication〉。《文山評論》，1（5），62-77。

沈錦惠（2003）。〈新的「地方感」：電子互動媒體的語藝空間〉。《中華傳播學刊》，3，131-160。

沈錦惠（2005）。〈社群之知 vs. 客觀之知：從電子口語看電子新聞〉。《新聞學研究》，82，1-40。

沈錦惠（2006）。〈Walter Ong看話語的科技史〉。《新聞學研究》，88，173-181。

沈錦惠（2007）。《電子語藝與公共溝通》。台北：五南。

周君蘭（2001）。〈虛擬的溝通藝術：一個網路語言文化的初探性研究〉。2001年網路與社會研討會論文。新竹：清華大學。

林子儀（1993）。《言論自由與新聞自由》。台北：月旦出版。

林玉婷（2006）。《即時通訊軟體MSN Messenger暱稱之呈現與溝通策略》。政治大學新聞研究所碩士論文。

林金珠（2003）。《雲林縣國中校園流行新詞之調查研究》。中正大學國文研究所碩士論文。

徐富昌（2002）。〈網路語詞的發展與衝擊——以台灣的網路現象為例〉。《台大中文學報》，17，287-326。

張慧美（2006）。《語言風格之理論與實例研究》。台北：駱駝。

許斐絢（2000）。《台灣當代國語新詞探微》。台灣師範大學華語文教學研究所碩士論文。

管中祥（2005）。〈新傳播科技放大鏡〉。《批判的媒體識讀》。台北：正中書局。

維基百科（無日期）。〈荷馬〉，取自http://zh.wikipedia.org/w/index.php?title= %E8%8D%B7%E9%A6%AC&variant=zh-tw。

維基百科（無日期）。〈赫西奧德〉，取自 http://zh.wikipedia.org/wiki/%E8%B5%AB%E8%A5%BF%E5%A5%A5%E5%BE%B7。

劉宗迪（2004）。〈口頭傳統：人文學術的新視野〉。《文史精華》，3。取自 http://www.guoxue.com/ws/ ShowArticle.asp?ArticleID=1074。線上檢索日期2007年6月30日。

潘美岑（2004）。《網際網路溝通的語言遊戲——以MSN Messenger為例》。政治 大學廣播電視研究所碩士論文。

蔡鴻濱（2008）。〈網言網語的對話與遊戲：口語、書寫的再省察〉。台北世新大學傳播研究所博士論文。

鄭如婷（2006）。《傳統中文與台灣網路中文的比較研究》。台北輔仁大學語研學研究所碩士論文。

盧諭緯（1997）。〈說文解字：初探網路語言現象及其社會意義〉。「第二屆資訊科技與社會轉型研討會」。台北中央研究院社會科學研究所籌備處。

蕭景岳（2005）。低位語與低味語：網路使用者對注音文態度之初探。中正大學所碩士論文。

薛奕龍（2006）。《網路語言對國小作文的影響——以金門縣六年級學童為例》。銘傳大學應用中國文學研究所碩士論文。

二、英文部分

Crystal, D. (2001). *Language and the internet*. Cambridge: Cambridge

University Press.

Finnegan, R. H. (1988). *Literacy and orality: Studies in the technology of communication*. N.Y.: Blackwell.

Finnegan, R. H. (1992). *Oral poetry: Its nature, significance, and social context*. Bloomington: Indiana University Press.

Gelb, I. J. (1952). *A study of writing: The foundations of grammatology*. Chicago: University of Chicago Press.

Goody, J. (1977). *The domestication of the savage mind*. NY: Cambridge University Press.

Goody, J. (1987). *The interface between the written and the oral*. NY: Cambridge University Press.

Goody, J. (2002). *The power of the written tradition*. Washington: Smithsonian Institution Press.

Goody, J., & Watt, I. (1968). The consequences of literacy. In J. Goody (Ed.), *Literacy in traditional society* (pp. 27-68). NY: Cambridge University Press.

Havelock, E. A. (1963). *Preface to Plato*. Cambridge, MA: Harvard University Press.

Havelock, E. A. (1978). *The Greek concept of justice: From its shadow in Homer to its substance in Plato*. Cambridge, MA: Harvard University Press.

Havelock, E. A. (1988). *The Muse learns to write: Reflections on orality and literacy from antiquity to the present*. London: Yale University Press.

Havelock, E. A. (1991). The oral-literate equation: A formula for modern mind. In D. R. Olson & N. Torrance (Eds.), *Literacy and orality* (pp. 11-27). Cambridge: Cambridge University Press.

Innis, H. A. (1951). *The bias of communication*. Toronto: University of Toronto Press.

Kelber, W. H. (1983). *The oral and the written gospel: The hermeneutics of speaking and writing in the synoptic tradition*. Philadelphia: Fortress Press.

Lord, A. B. (1960). *The singer of tales*. Cambridge, MA: Harvard University Press.

McLuhan, M. (1962). *The Gutenberg galaxy: The making of typographic man*. Toronto: University of Toronto Press.

McLuhan, M. (1964). *Understanding media: The extentions of man*. NY: McGraw-Hill.

McLuhan, M. (1969). The playboy interview: Marshall McLuhan. Playboy magazine, Retrieved October 15, 2004, from http://heim.ifi.uio.no/~gisle/overload/mcluhan/pb.html.

Olson, D. R. (1994). The world on paper: *The conceptual and cognitive implications of writing and reading*. Cambridge: Cambridge University Press.

Olson, D. R., Torrance, N., & Hildyard, A. (Eds.), (1985). *Literacy, language, and learing: The nature and consequences of reading and writing*. Cambridge: Cambridge University Press.

Ong, W. J. (1958). *Ramus: Method, and the decay of dialogue—From the art of discourse to the art of reason*. Cambridge, Mass: Harvard University Press.

Ong, W. J. (1967). *The presence of the word: Some prolegpmena for culture and religious history*. Minneapolis: University of Minnesota Press.

Ong, W. J. (1977). *Interfaces of the word: Studies in the evolution of consciousness and culture*. Ithaca, NY: Cornell University Press.

Ong, W. J. (1982). *Orality and literacy: The technologizing of the word*. London: Routledge.

Parry, M. (1971). *The making of homeric verse: The collected papers of Milman Parry*. NY: Oxford University Press.

Schwandt, T. A. (1994). Constructivist, interpretivist approaches to human inquiry. In N. K. Denzin & Y. S. Lincoln (Eds.), *Handbook of qualitative research*. London: Sage Publications.

Tannen, D. (Ed.) (1982). *Spoken and written language: Exploring orality and literacy*. Norwood, NJ: Ablex.

Tannen, D. (Ed.) (1984). *Coherence in spoken and written discourse*. Norwood, NJ: Ablex.

Tannen, D. (1989). *Talking voice: Repetition, dialogue and imagery in conversational discourse*. Cambridge: Cambridge University Press.

Turner, J. A. (1988). 'E-Mail' technology has boomed, but manners of its users fall short of perfection. *The Chronicle of Higher Education*, *13* April, A1, A16.

Werry, C. C. (1996). Linguistic and interactional features of Internet relay chat. In Herring, S. (Ed.), *Computer-mediated communication: Linguistic, social and cross-culture perspectives* (pp. 47-64). Amsterdam, Philadelphia: John Benjamins Publishing Company.

第九章　非西方口語傳播思想與理論

學習目標

1. 重新思考「理論」的定義以及未來傳播研究的走向。

2. 探討現今西方傳播理論的通則性和適用性。

3. 認識以亞洲文化為中心的傳播研究取向。

4. 初步瞭解華人文化與其他非西方文化的傳播理論和研究。

「現在該是西方世界聆聽那些從未被聽見或是被禁的聲音的時候了。」──Yoshitka Miike (2007a, p. 277)

綜合前面幾個章節所言，口語傳播學乃是二十世紀初期在西方世界（尤以美國為代表）崛起的一門學科^(註1)。其實不僅是傳播，許多自然學科的研究，多年來亦是由西方國家所主導。在二十世紀末，學者們回顧過去近乎百年的傳播研究成果，並且開始策劃想像二十一世紀的傳播趨勢和藍圖，學者們發現，為了因應全球化的結果，我們所研讀的不該僅僅是以西方為代表的傳播世界，世界上其他文化中亦有值得學習的傳播概念和思想，很可惜在二十世紀的傳播研究中被埋沒。隨後，有一批非西方的傳播學者紛紛開始追本溯源，回頭去找尋自己文化中所流傳的傳播經典思想，同時，也有其他的學者開始認真的思考，究竟西方的傳播理論適不適用於世界上的其他文化體制，如果不適用的話，我們又該如何應對、改進？

身為二十一世紀的傳播人，我們學習的著眼點不應該受到侷限，而是更應該以一種宏觀的角度來觀察這個世界正在發展的種種傳播現象。但是，這也不代表學者們企圖揚棄過去一個世紀累積的西方傳播傳統和成果，相反的，傳播學者的目標在修改因為時代變遷而不適用的西方傳播理論；同時，透過對於其他文化更深入地學習，能夠讓原本以西方單一傳統為主導的傳播研究更加多元化，更適用於解釋世界上其他族群的傳播與溝通行為。誠如日本的傳播學者Miike

---

^(註1) 美國國家傳播協會最早成立時稱為「國家公眾演說教師協會」（National Association of Academic Teachers of Public Speaking），設立於1914年。

（2006）所言：

> 藉由多關注我們的文化位置與產製更多特定的文化理
> 論，傳播生態學家（communicologists）將會有更充足的
> 準備來充實現存以歐洲為中心的知識體系，並去探究發
> 展真正能夠適用於世界的傳播理論的可能性。（p. 12）

　　植基於此，本章主旨在初步介紹近年來傳播界興起的一
股新趨勢──非西方口語傳播思想和理論的探究，第一節將
說明西方傳播理論整體而言對於全世界的傳播教育和研究的
影響，同時探討傳播學者們對於西方傳播理論所做的評論和
改革；第二節欲討論的是以亞洲文化觀點出發的傳播與溝通
研究；第三節則是介紹和我們息息相關的華人傳播思想與理
論，以及其他非西方文化所主張的傳播理論研究；第四節將
探究傳播研究未來的走向，包含學者們目前所遭逢的挑戰和
可能的解決方案；最後第五節總結本章。

 # 第一節　傳播理論的改革

一、傳播學界的新潮流

　　口語傳播學在多數人心中起的第一個連漪似乎都是一個問號
──「這樣的學科究竟學的是什麼？」。事實上，這樣的問句其來
有自，因為亞洲的傳播學早年著重在新聞與大眾傳播，口語傳播的

相關研究和教學在亞洲出現其實是近十多年來的事，也因爲如此，目前有一大部分亞洲的傳播學者所受的是西方的高等教育和訓練。不難想像這些由西方國家傳播學系所培育出來的師資，帶給學生的影響，多少富有西方傳播學研究的色彩。比方說，Ishii（1998）便指出，過去的數十年間，日本的傳播學者大量引用和介紹以歐美自然科學和社會科學爲中心的研究典範。其實，類似的情況不只在亞洲出現，根據Nordenstreng和Traber（1992）的調查，除了亞洲以外，非洲、南美洲和阿拉伯等國家的傳播學科，絕大多數採用西方學者所撰寫的教科書。這樣的現象似乎在傳達著一個訊息：西方的傳播學傳統在過去很長的一段時間，主控著世界上其他地域文化的傳播學教育和研究。當然，這個現象萌生的另外一個原因，是因爲其他文化在傳播這個領域起頭本來就比西方世界慢一些，因此各文化中可見的傳播類研究和書籍，也是近年來才逐漸累積成形。

早先，當文化這個議題不如今日一般受到重視時，上述的情況並沒有引起太大的爭論，畢竟，引用西方的教科書和理論做爲教學和研究的基礎也並不是傳播這個學門的專利。然而，在二十世紀和二十一世紀的接合處，傳播學的領域走到了一個蓬勃發展的重要時期，有越來越多世界各國的人士投入傳播學研究，其中也有爲數不少的學者來自亞洲，這些非西方傳播學者開始察覺到，大部分的傳播研究和理論奠基於西方的哲學價值觀，多數研究的受訪者皆爲美國人，所以西方傳播理論所反映的是一個以歐美文化爲主軸的研究結果，然而，這些理論和研究卻被大量用來解釋歐美文化以外的傳播與溝通過程（Kim, 2002; Yum, 1988）。著名的美國教科書《人類傳播理論》（*Theories of Human Communication*）的作者Littlejohn（1996）也承認，美國學界所廣泛運用的傳播理論，其實是一個歐洲文化中心主義（Eurocentric）的產物。

許多學者開始批評，歐美的傳播學研究領域需要歷經一番改

革，因為過去的研究和理論遺漏了很重要的一點——傳播與溝通是一個與社會文化體制緊密相扣的過程（Gordon, 1998/1999; Kim, 1999; Kim & Leung, 2000; Kincaid, 1987）。理論發展的目標在於確切的反映出人類的生活（Goonasekera & Kuo, 2000），因此，某個文化框架下所衍生出來的理論，不應該被無條件認定為適用於解釋世界上任何文化族群的生活。傳播教育者更應該小心注意，不讓這種不合宜的「一體適用於所有」（one fits all）觀點影響到他們對於教學題材的選用。如此「全盤接受」西方傳播傳統的做法，忽略了教育最根本的意義在於學習和創造更為多元、兼容並蓄的智識，同時，各個國家經年累月流傳下來的文化智慧與遺產，似乎也未達到傳承的效果。

　　為了對傳播學界的新改革潮流做更進一步的說明，接下來，將就西方傳播理論受到學者所詬病的部分做比較詳盡的解釋。

二、西方傳播理論與研究出問題了嗎？

　　在傳播的領域之中，「**理論**」（theory）指的是一套用來解釋或預測人類溝通傳播行為的假定（Chu, 1988）。依照這個定義，只能夠套用在少數群體的理論，嚴格說來，不能算是一個真正的理論。因此，西方的傳播理論受到學者們批評，理由如下（Chu, 1988; Hasnain, 1988; Ishii, 2001; Miike, 2007a; Miike, 2007b）：

1.過度強調個人主義，達到個人目標，重視獨立自主、自由的價值觀。

2.認為傳播的過程只是為了提升自尊，維護自身的權益，而傳播的意義在營造一個以自我為主宰的世界。

3.以說話者為中心，重視說服導向的溝通模式，忽略傳播和溝

通中的其他關係面向，譬如傾聽。

4.重視理性的（rationality）傳播，忽略溝通當中的感情面（emotion）──感受互動對方的喜、怒、哀、樂等情緒反應。

5.自稱爲人類傳播研究（human communication），但卻以白人文化爲中心，欠缺對東方傳播哲學思想的理解與融合。

6.受西方笛卡兒哲學思想的影響，重視二元論以及直線型的科學發展模式。

7.疏忽了社會結構和功能對於傳播與溝通的影響。

顯然，從上列各點中可以看出，西方傳播理論忽視了社會文化、關係和歷史背景在傳播和溝通過程中所扮演的重要角色。

Kim（2002）在她的著作《非西方傳播理論的觀點：理論與實踐》（*Non-Western Perspectives on Human Communication: Implications for Theory and Practice*）中探討並評論了許多人際溝通理論當中的西方意識型態。Kim的主要論點是，目前大多數的傳播理論都有很強烈的西方文化偏見，亞洲文化當中可以適度運用和結合在傳播研究之中的想法和概念，並未獲得西方學者的採用和理解。因此，這些在美國所發展出來的傳播理論，不應被認定爲是具有世界通則性（universal）的傳播理論。爲了要印證她的評論，Kim比較了西方和亞洲在傳播溝通上的某些觀點，在此列舉三個例子予以說明：

1.溝通就一定能確保問題被解決嗎？（Is talk always good？）：在個人主義文化裡，能夠開誠布公的聊一聊、談一談通常都被認爲是一種正面的溝通行爲，但是，有許多文化並不如美國文化一般視說話爲如此正面價值的行爲活動，例如中國、日本和其他亞洲文化。西方的傳播學者之所以會有這樣的觀念認爲「說話是好的」，是因爲他們並不瞭解其他文化

對於溝通知能（communication competence）的不同定義，
同時也忽略了在群體文化國家中，人們可能會為了保住面子
或是表現出禮貌，而刻意避免語言表達的情況。舉例來說，
日本文化將溝通知能定義為一種「能夠接收與傳送迂迴的、
不被說明的訊息」之能力（Lebra, 1991, p. 14，轉引自Kim,
2002），這一點和西方文化觀點下所主張的很不一樣，所以
我們可以想像，當西方的傳播學者在文獻中探討到比較被動
的傳播方式，都會很自然地將它們歸類成有瑕疵的、不良的
傳播行為。

2.迴避真的就是穩輸不贏的策略嗎？（Is avoidance a lose-
lose strategy？）：同樣的，西方的學者們通常對「迴避」
（avoiding）的衝突管理方式有負面的看法，認為這樣處理衝
突的策略是無效的。比方說，Thomas和Kilmann（1974）所
歸納的五種衝突管理策略中，迴避的策略就被視為是非合作
性（uncooperative）和無法清楚表達（unassertive）的衝突處
理態度，Thomas和Kilmann認為這樣的處理方式並無法將雙
方的利益考量點表達出來，並且只是暫時壓抑和延後處理衝
突，導致同樣的問題很可能一而再、再而三的浮現檯面。然
而，換個文化情境來看，在群體主義的文化底下，迴避的策
略經常被使用在面對衝突管理的情況，因為這樣的方式可以
在衝突的尷尬場面中，有效保住彼此雙方的面子並且維持原
本和諧的人際關係（Ting-Toomey, 1988）。同時，受群體主
義影響的人往往不喜歡採用直接面對衝突（confrontational）
的溝通方式，因為這種只顧著表達自己的想法、情緒和意見
的做法，對他們來說是非常欠缺敏感度而且不成熟的。

3.態度行為一致性（attitude-behavior consistency）：持西方傳
播觀點的學者強調人類遵守「態度行為一致性」的原則，這

個原則說明人們從事某些行為乃是因為他們心裡相信、認同這樣的行為。根據「**協調理論**」（dissonance theory，又譯認知失調理論）的說法（Festinger, 1957），人們會因為自己的行為而去改變自己的態度，好讓我們的行為和態度呈現一致性，這個理論解釋了為什麼有些人會推翻自己過去認定的某個態度，因為他們後來從事了和那個態度相反的行為。乍聽之下，態度行為一致性的原則似乎沒有什麼不合理的地方，但是在亞洲或群體文化裡，很多時候人們的所作所為並不是依循著自己內心的態度，而是依據當時的情境和情況而定。譬如，群體文化的人常常遇見的情形是，當他們和長輩互動的時候，即使對於長輩所言完全持相反的態度和信念，但是因為那樣的情境牽涉到輩份的高低關係（高權力距離），晚輩的一方通常還是會順著長者的意，而去做長輩所交代的事，所以其實人類的行為有些時候並不能以單一的心理或邏輯層面來思考，因為我們的一舉一動時時刻刻都受限於文化的包袱。

Kim（2002）對西方傳播理論的評論，減輕了許多非西方世界的人在學習傳播理論時所遭遇的挫敗感，她的論點讓這些曾經質疑過自己文化固有的溝通方式是否較為劣等的非西方人士，重新找回了對自我文化的認同感。

事實上，西方傳播理論近年來所受的批評還不僅止於人際溝通的理論層面。在跨文化的理論方面，那些用來區分和比較西方和東方文化特質的二元文化指標（例如Hofstede的文化價值觀），若是運用不當，很容易造成一種刻板印象的認知，因為一個文化裡有成千上萬的獨立個體，吾人其實不應該用簡單幾個文化特質來概括所有人的溝通行為（Nakamura, 1985）；同時，這樣的二分法很容

易讓一般人在不甚瞭解的情況下，對兩種不同的文化特質冠上好／壞的評斷（Kim, 2001）。大部分的跨文化研究著重在比較兩個或多個文化之間的差異，這樣的研究導向不免讓人忽略掉所有的文化之間皆存在的共同性，無形中加深文化間的距離。至於語意與修辭學方面，學者們批評西方的修辭理論完全忽略了東方（例如中國）說服、辯論和推理的修辭傳統，西方強調的是以說話者爲主的溝通藝術，但是亞洲文化一向重視說話者與聽話者之間的默契和責任共享，聽話者有時候在互動的過程中甚至要背負更多的責任（Foss, et al., 1991）。

　　此外，理論的建構與研究方法的設定有絕大的關聯。許多量化研究的問卷或量表都是依照西方文化的經驗所設計的，把這樣的研究工具不經修改的套用在其他文化的傳播研究中，所得出的結果不禁令人質疑。其實，西方傳播界較爲偏好的量化研究方法，反映的是西方的哲學思考方式，這樣的研究方法假定我們的世界是可以透過片面測量（measuring）的方式去理解的，但是這樣的做法卻忽略了人類的傳播活動在本質上是相當複雜的，因爲它背後代表的是研究受訪者錯綜的政治、歷史、文化背景，而這樣的溝通行爲有時候並不能單純的透過量表即可檢驗出來。如同Miike（2006）所說：

> 社會科學的研究方法，包括最常被使用的問卷調查，反映並產生了一種二元的[西方]世界觀。正如同詮釋與批判派學者所反映出來的問題一樣，社會科學的研究方法被認定為是具有歷史與政治傾向、降低與受訪者互動而只對數字提出回應、忽略彼此相互關聯與相互作用的多元情境脈絡，一味地強調心理學偏好、心物分離、相信客觀真實，以及外在世界可以被「測量」的概念而非真正地去瞭解我們所處的現象世界。（p. 9）

　　再者，有些研究者著重於使用西方的量化研究方法，其原因在

於美國許多期刊論文偏好出版使用量化研究方法的研究報告，但是這樣的做法實在有違研究道德和知識真義，研究者首當避免才是。

大致理解了西方傳播理論的問題癥結之後，學者們下一步思考的是該如何改善這些問題。當務之急，傳播研究者應該要認清某些理論和概念受到西方文化偏見的嚴重影響，所以這些在美國發展出來的理論，不應該被視為全球通用的準則，未來傳播研究者在著手準備研究計畫之時，應該要考量自己是否充分瞭解研究受訪者的文化背景，研究所套用的理論框架是否適合用來解釋特定的受訪族群，研究者本身是否用自己的文化視角在評斷受訪者的行為。

Kim（2002）主張，傳播理論應該要結合非西方的思想觀點，如此才能幫助我們更確切的瞭解到世界上不同的人類溝通行為。傳播學者們在從事研究的時候，應該避免受到美國傳播理論的過度牽制，學習重新將焦點放在他們所要研究學習的文化上，並且融合應有的文化觀點在研究題材的蒐集、研究方法的選擇和研究分析之中，這樣才有可能真正邁向一個完整的人類傳播研究之途。Gordon（2007）也指出相同的論點，他提到中國和亞洲的傳播學者應該貢獻一己之力建構世界性的傳播理論，探究那些重要的、豐富多元的、深入的傳播問題，分析中國和其他亞洲文化過去以及現在的哲學思想、價值和溝通實踐方式，如此才能擴展「人類」的傳播學理論和運用。

有鑑於此，非西方的傳播學者們開始進行系統性的研究，企圖瞭解自己的文化當中對傳播與溝通的定位，以及與傳播和溝通相關的思想和價值觀。目前，比較具體可見的成果是一系列關於亞洲文化思想的傳播研究，在本章第二第和第三節中將針對這個部分做詳細的討論。

第二節 以亞洲文化觀點研究傳播與溝通

一、亞洲文化的傳播研究方法（Asian approaches to human communication）

近年，由於中國的崛起，帶動了亞洲文化成為各領域爭相探索學習的主題。傳播界當然也不例外，不管是早年赴美求學的亞裔學者，或是這幾年剛加入傳播界的新生代，有越來越多的研究者開始著眼於以亞洲文化觀點為主軸的傳播研究。學者們想要試著解答的問題包含了：什麼是「亞洲文化傳播」（Asain communication）？為什麼亞洲文化傳播值得我們去學習探索？我們該如何著手發展亞洲文化的傳播理論？在這段新的理論發展過程中，我們可能遭受到怎樣的困難？我們又該如何克服它們？

Guo-Ming Chen和William Starosta（2003）發現，要定義亞洲文化傳播是相當棘手的，因為亞洲涵蓋了各式族群，彼此間享有不同的文化、社會、宗教、經濟背景，所以想要與歐洲文化傳播（European communication）或是非洲文化傳播（African communication）一樣，從這些不同的群體中找出一條共同的線把它們串聯起來，以表現出亞洲文化的特質，實為艱鉅的工程。首先，Chen和Starosta提出，我們必須認知到亞洲文化裡的同質性和異質性，並且平等地看待這些相同和不同之處。一方面，強調亞洲文化裡的相異點，可以幫助我們歸納、理解，並且尊重人類族群的多元特性；另一方面，重視亞洲文化中的相同點，可以讓我們更清楚瞭解那些經年累月影響著我們的價值觀點，事實上可以跨越族群的界

線，把各個群體結合在一起的。換言之，亞洲文化間的差異更加深我們對於自我文化的認同感；但是亞洲文化間的雷同處，也讓吾人體認到人類族群之間有其共享的基礎、淵源並足以結合共存。而亞洲文化傳播的重點便是透過理解亞洲各文化間的相同和相異的本質，進而培養出一種協調差異的有效溝通互動能力，以達到一個眞正全球化的和諧社會。簡單的說，亞洲文化傳播指的是從各文化中的相同和相異點，去探討這些文化中的價值觀和思想脈絡，如何影響這些群體的傳播模式和溝通行爲，例如孔子的儒家思想、印度的佛教思想和伊斯蘭教等，穿越了國界，對於東亞和南亞的人際互動與溝通皆有深刻的影響力（Chen & Starosta, 2003）。

　　欲從亞洲文化裡找尋能夠整合各文化的相似元素，Chen和Starosta（2003, pp. 5-6）認爲我們應該從以下五個層面去思考：

1. **本體論**（ontology）：亞洲文化傾向於持一個較爲全面整合性（holistic）的觀點來看這個世界，這樣的觀點有很大一部分是受到佛教、孔子、道家和日本的神道思想的影響。也就是說，亞洲人普遍視這個世界爲一個融合的整體，而這個整體是不斷變動的一個過程，所以在這之中，人們的溝通和傳播代表的是一個不斷進行的互聯網絡。該本體論也爲接下來要說明的亞洲文化認識論、價值論和方法論奠定基礎。

2. **認識論**（epistemology）：亞洲人相信這個世界的整體性根植於外在所有事物與彼此的關聯性上，根據這樣的觀點，人類的傳播與溝通行爲是一個建立關聯性的過程，所有互動的個體在這個過程當中不斷地相互適應，並且找尋彼此在這互賴的人際網絡中的定位。因此，亞洲人對於存在的觀點，落實在人類彼此互賴的價值觀上。

3. **價值論**（axiology）：從價值論的觀點來看，「和諧」的概

念主宰了亞洲人所認知的這個互賴整合世界。和諧的價值觀
代表著亞洲人對於人類互動溝通的最終目標，所以對我們來
說，溝通的過程並不是其中一方對另一方行使權力，進而讓
另一方協助自我達成目的；相反的，在亞洲人的世界裡，溝
通是一種合作的過程，在這個過程中我們強調的是對彼此的
尊重，以及人際間互賴互信的影響力。換句話說，和諧所代
表的意義是真心誠意的考慮對方的立場，而不是運用一些技
巧性的策略讓對方付出，或讓自己從中得利。

4. **方法論**（methodology）：亞洲人並不認為我們存在的世界是
以一種直線的方式（linear way）在進行著，我們感知到的世
界是以一種永不停止的、非直線性循環在運作著。對亞洲人
而言，人類的溝通行為依循著這樣的循環不斷地在發生，就
像日夜交替和浪潮交疊一樣，人際間關係的建立正如同溝通
的過程一樣永不休止。如此非線性循環的理解方式，造就了
亞洲人較為直覺性、間接隱含和敏感的溝通模式。

5. **目的論**（teleology）：最後，亞洲人又是怎麼認定我們生存
的目的所在？亞洲人認為每個人都想要完成自己被這個社會
所賦予的期望，因為這麼做人類的存在才能昇華到一種較高
的境界，這樣的境界能夠遠離知識和實踐上的謬誤，也唯有
如此才能免於心靈上的苦難和不和諧。這樣的目的論很顯然
是受到佛教、印度教和孔子儒家思想的影響，這些哲學教條
所提倡的都是從每個人平日的一言一行做起，以達到一種宇
宙間較高層次的自我實現。

受到亞洲文化五個哲學層面的影響，亞洲人的溝通呈現出直
覺性（intuitive）、同理心（empathic）、靜默（silent）、保守
（reserved）、間接隱含（subtle）和偶然性（contingent）的色彩

（Chen & Starosta, 2003）。

　　那麼，亞洲文化傳播研究對於現今的傳播和溝通文獻究竟有何貢獻呢？爲什麼許多學者要將研究焦點轉移到這個方向？Dissanayake（2003）認爲，亞洲國家，像是中國、印度、日本、韓國等，在過去幾個世紀以來孕育並且發展出豐厚的文明和複雜開化的社會，而這樣的文明發展其實正是奠基於其傳播與溝通的系統之上，因此爲了更有深度地瞭解西方世界以外的重要文明，探究亞洲文化中所隱含的傳播理論、概念和觀點，在這個全球化的世代，自然顯得非常重要。

　　Chen和Starosta（2003）也持有相似的看法。他們提到目前的傳播研究讓我們學習到的，絕大多數是西方世界與西方文化體制下的溝通行爲，如果亞洲或是非洲文化的學者們能夠對這兩塊不同地域的傳播與溝通模式，提出更多學術上的貢獻，那麼我們對於世界上不同角落傳播行爲的瞭解，便能拼湊出一幅更完整的圖畫。爾後，我們也能夠以這樣比較廣泛涵蓋性的研究做爲一個起點，在有必要的時候，進一步深入地去探究任何一個特定文化當中的溝通行爲特質。這樣看來，亞洲文化傳播研究確實有其必要性。

　　從現實面考量，學者們又該如何著手進行亞洲文化傳播的研究呢？Dissanayake（2003）的想法是，如果傳播在亞洲或者在世界的其他角落，要能成爲更有意義的研究調查，那麼這方面的研究勢必要和亞洲文化本土的智慧起源、思想模式和情境知識做緊密的結合，換句話說，建構屬於亞洲文化的傳播研究取向、理論概念和模式是迫切需要的。因此，對於發展亞洲文化的傳播理論，Dissanayake提出了四個具體的做法（pp. 19-20）：

　　1.從經典的哲學著作當中，尋找有價值的傳播概念。中國、日
　　　本、印度等歷史悠久並且具有豐富傳統文化的國家，必定能

夠找到這類的經典來從事這樣的研究，譬如孔子的《論語》裡面就有許多和傳播或溝通相關且具有啓發性的理念。亞洲各個文化中所蘊藏的經典文物，很可惜的，還尚未被完整地透過傳播和溝通的角度來分析。

2.由大量的風俗、傳統和現存的文化實踐中去尋找和傳播相關的概念。這個部分其實已經陸陸續續有學者開始進行，例如 Guo-Ming Chen（2007）的研究中，探討了「風水」這樣的民俗傳統對於中華傳播行爲的影響。類似這樣的風俗傳統相信在其他文化中也可見，但是爲了要避免被批評爲過於抽象或不切實際，這樣的概念一定要結合歷史背景和實際的生活應用來做探討，否則將會流於空泛。

3.另一個可以提供眾多和傳播與溝通運用相關概念的是傳統的儀式和表演活動，例如民俗戲曲、民俗舞蹈、民謠、山歌和典禮儀式。學者們可以透過語言學的分析來找到其隱含的傳播重要性。

4.對日常生活當中的溝通傳播行爲做深入的觀察，意欲瞭解傳統文化對我們的一言一行所產生的影響。畢竟發展理論的重點在於與實際生活做結合，因此傳播學者應該要時時留意吾人的日常互動，藉以瞭解亞洲文化獨特之處，並且盡可能的去檢驗現代人這些溝通特質與傳統文化的關聯性。

即便發展亞洲文化傳播理論聽起來似乎可行，但是Dissanayake（2003）也特別指出幾個亞洲文化傳播理論可能受到的質疑和批評，以及學者們在發展理論時應當注意的事項。首先，從亞洲文化當中的傳統價值觀和哲學思想來建構傳播理論，不免會被攻擊是否認定亞洲文化精髓是千年不衰、不變的眞理（cultural essentialism）；也就是說，難道這些歷史久遠的價值觀乃是千古不

變的定理，歷經幾千年的歷史，對於人們來說依然存在著相同的意義？難道這些概念並不會隨時間而演化嗎？為了避免這樣的批評，學者們在探究分析亞洲文化中的古老概念時，必定要將歷史背景和政治文化的變遷一併考量進去，也就是把這些概念脈絡化（contexualize），考量社會的改變，以徹底理解這些遠古的思想究竟對現代亞洲人來說具有怎樣的意義和影響。

其次，學者們應該要避免將亞洲文化傳播思想和理論，與世界的其他文化做切割，如此很容易會與西方世界形成兩個對立二元的獨霸體系（binarism）。畢竟現今的社會，文化間的互動頻繁，彼此互為融合影響的機會頗高，亞洲學者們在檢視亞洲既有文化的同時，應該特別注意這些思想和概念曾經受過那些非亞洲文化的洗禮。就以印度文化為例，印度乃是一個多元種族、文化、語言的國家，早年因為受到英國殖民的關係，印度的文化思想亦不容否認，具有些許英國文化的色彩。所以，傳播學者在歸納統整亞洲傳播理論的時刻，必須留意切勿完全摒除西方文化在外，因為我們必須承認，西方與非西方文化是共存並且持續性互動的。

最後，Dissanayake（2003）強調，亞洲文化傳播理論要避免流於抽象或空泛，因此學者們要盡可能將這些理論和概念落實應用在特定文化、地域情境的傳播研究之中，以幫助吾人更瞭解亞洲各文化中的傳播與溝通行為。

二、以亞洲文化為思想中心的傳播研究取向（Asiacentric communication research agenda）

近年來，致力於建構亞洲文化傳播研究理論的學者眾多，來自日本的Yoshitake Miike教授可說是其中貢獻卓著的一位。Miike（2007a）發現過去和亞洲文化相關的研究，通常只是挑選出幾個

亞洲文化，然後將這些文化當中的溝通行為以西方的理論架構來做分析，這樣的研究，是以歐洲文化為中心的思想來理解亞洲人的溝通行為，完全忽視了亞洲文化中特有的情境和脈絡，實在說不通。因此，Miike（2003）認為：

> 為了要真正地理解與體會亞洲人的想法與行動，研究者必須要探索並且檢視亞洲人在語言學、信仰／哲學，以及亞洲的歷史脈絡等文化機制。從亞洲人為中心的視角觀點來建構理論，意味著要以亞洲人日常生活中的語言、哲學信仰傳統，以及歷史經驗做為重要的來源。目前亞洲傳播學者在這關鍵的時刻最要緊的任務之一，是要去引領以亞洲為中心的亞洲傳播研究，現在他們日以繼夜地埋頭致力於源自亞洲文化概念、模式和原則的人類傳播學術研究，以便建立理論。（pp. 39-40）

對Miike而言，發展出一套亞洲文化傳播理論，和發展出一套以亞洲文化背景為思想中心的傳播理論是不同的。Miike主張為求真正深入瞭解亞洲，學者們在構築亞洲傳播理論的時候，應以亞洲文化的核心為根本，也就是從亞洲的語言、宗教、哲學、歷史的角度出發，如此才能建構出以亞洲文化思想為中心的亞洲傳播理論。換句話說，Miike強調，發展亞洲文化傳播理論的目標在理解亞洲人如何用「亞洲的方式」來體驗這個世界，並且和這個世界互動。是故，Miike所主張的以亞洲文化為思想中心的傳播研究取向，可以被視為亞洲傳播理論的形上論（metatheory），左右著亞洲傳播理論典範（paradigm）的形成。

Miike（2007, pp. 13-22）更進一步提出五個方法來闡釋以亞洲文化為思想中心的傳播研究取向（Asiacentric communication research agenda），藉以協助亞洲文化傳播研究未來的發展。茲說明此五個方法如下：

(一)從亞洲文化中衍生理論（deriving theoretical insights from Asian cultures）

亞洲文化的研究不能單純的只是因爲研究者和參與研究的對象爲亞洲人，眞正的亞洲文化研究依照Miike（2007a）的想法，必須是整個研究過程，也就是研究設計、研究資料蒐集、分析和詮釋，都是以亞洲文化的思想爲中心主軸。許多亞洲文化研究將亞洲文化本身邊緣化處理，雖然這些研究探討的是亞洲人的傳播和溝通，但是研究最終卻以歐洲文化的理論和概念來說明亞洲人的行爲，雖然這些研究結果或許也頗具洞察力，但是這樣的研究把亞洲文化的脈絡摘除了，所得的研究結果也並非以亞洲文化的觀點去徹底詮釋，甚爲可惜。是故，學者們應該運用亞洲文化中長期累積下來的智慧觀點來研究其文化和傳播，文化本身就該被視爲理論，這樣我們才能用屬於自己的理論來探索自己的世界，而不是以別人的觀點來分析我們的文化樣本。

Miike（2003）指出，亞洲的學者們可以透過下列方式從亞洲文化中推衍出屬於亞洲文化的理論：(1)從亞洲的語言中探尋出亞洲文化的理論概念，藉以重新認識傳播的本質；(2)自亞洲的宗教哲學傳統中提出基礎的人類互動準則，做爲新的傳播理論模組；(3)關注亞洲歷史經驗中的掙扎和困境，以求加強人類的傳播倫理和溝通能力。

(二)擴展傳播研究中所涵蓋的地域（expanding the geographical focus of study）

過去的亞洲文化傳播研究多數將焦點放在中國、日本、南韓和印度等地區，南亞的文化傳播觀點卻幾乎都被忽略，例如印尼、寮國、馬來西亞、菲律賓、斯里蘭卡、泰國和越南等地的研究鮮少在傳播文獻中出現。尤其是斯里蘭卡、泰國和越南文化中蘊含豐富

而特殊的佛教儀式、慶典、傳統故事和講道，亞洲的學者可以從這些文化遺產當中整理出和傳播相關的價值觀和概念。再者，有關回教文化的傳播研究亦是少之又少。從另外一個方面來看，亞洲文化傳播的文獻關注的大部分都是以亞洲「國家」為區分的研究，分布在全亞洲各個角落不同國籍的亞洲人以及他們的溝通傳播方式，卻鮮少被納入研究的範疇之內，因此Miike（2007a）建議傳播學者可以試著探究，譬如在日本的中國人、在泰國的韓國人或是在新加坡的印度人，這樣散居在各地的亞洲人的傳播與溝通（diasporic communication）。

(三)比較和對照亞洲文化（comparing and contrasting Asian cultures）

　　現存的亞洲文化相關研究大多數在比較亞洲和西方文化在溝通行為上的差異，目前的文獻欠缺的是亞洲文化間的內部比較，少了這方面的研究則很難凸顯亞洲各個文化的特殊性和多樣性，也容易讓外界對亞洲文化傳播研究產生一種過於簡單化、概括化的刻板印象。舉例來說，在傳播文獻當中並不難找到關於東亞的溝通研究，然而這些研究的內容多半都在說明這些東亞文化與美國文化在某種溝通行為上的差別，因此這樣的研究是以美國的傳播理論觀點來解讀其結果，對於瞭解亞洲文化傳播並無直接的助益。簡言之，以亞洲文化為中心思想的文化和溝通比較研究具有下列四種功能：(1)能夠展現出亞洲各文化間的多樣性和複雜性；(2)能夠發掘亞洲文化間共享的認同和價值觀；(3)能夠幫助亞洲人從亞洲的觀點來瞭解其鄰近國家；(4)能夠闡明一個亞洲觀點的地球村。學者們甚至可以比較亞洲文化和其他非西方文化（例如非洲文化或南美洲文化）的溝通和傳播，讓吾人對於非西方文化的溝通行為能有更多的瞭解。

(四)理論視角的多元化和歷史化（**pluralizing and historicizing theoretical lenses**）

　　亞洲文化傳播研究必須強調其多元化的觀點，理由有二：第一，因爲一般與文化相關的研究結果，某種程度上很難不落入刻板印象的窠臼，爲了避免這樣的現象，研究者必須致力於讓亞洲更多不同的聲音──不僅是主流群體，還有少數族群──被聽見。第二，亞洲文化傳播研究必須融入更多元的觀點，如此才能掃除外界對於亞洲文化的迷思，認爲所有亞洲人都是安靜、被動、不直接、崇尚和諧。這樣的認知其實不算是瞭解亞洲文化溝通方式的完整面貌，其實，亞洲人也有直接、主動、健談的一面。此外，亞洲文化研究亦須融入歷史的觀點，如此才能真正瞭解亞洲文化中的傳播概念如何隨著時代的改變而發展出新的意義，畢竟忽略了時空的脈絡，而把亞洲古文明裡的觀念和思想直接套用來解釋現代社會的溝通行爲並不合理，也不恰當。

(五)正視形上論和方法論的問題（**confronting metatheoretical and methodological questions**）

　　傳播學者應該更認真的思考亞洲文化傳播研究所適用的形上論和研究方法。根據之前所述，歐洲傳播研究方法和形上論其實並不適合用來探究屬於亞洲文化的研究問題，因爲用歐洲人的邏輯和思考方式來檢驗亞洲人的生活經驗和世界觀，實在不合乎道理。打個比方，從非洲文化的觀點出發，Asante（2005）對於非洲文化研究採用歐洲的研究方法有以下的看法：

　　　　若沒有假設與預設，研究方法只不過是沒有意義的規則，非洲
　　　　中心主義者絕對不可過度快速地承襲以西方文化爲中心但卻無

法體會非洲現象的研究方法，這麼做就表示研究者可能會被失
敗的方法困在被建構的心靈監獄中。我相信非洲中心主義學者
可以運用非洲文化做參照，以獲得更有效分析現實的方式。
（p. 22，轉引自Miike, 2007a）

同樣的，如果亞洲學者以歐洲的研究方法來從事亞洲的傳播
研究，那麼這樣的研究結果亦是令人質疑的。另外，亞洲學者強調
理論和方法本身必須要兼顧脈絡（context），但是究竟該如何將理
論和研究脈絡化，則是另一個學者們必須關切的問題。唯有將這些
基本問題釐清，學者們才能產出有意義、有品質的亞洲文化傳播研
究。

雖然，Miike（2007a）並不認為他所提出的上列五個方法能夠
完全解答「如何讓亞洲文化傳播研究真正代表亞洲」這個問題，但
是至少他提出了這幾個重要的方向，指引著亞洲傳播未來的研究趨
勢。總括來看，欲發展以亞洲文化為思想中心的亞洲傳播研究，學
者們必須考量：(1)如何讓亞洲傳播文化中深藏的概念和理論配合
歷史發展的演進而有一番新的解讀；(2)由歐洲文化的研究傳統所
培育出來的亞洲學者們要如何跳脫歐洲傳播研究的框架而走出自己
的路；(3)如何避免過度標榜亞洲文化傳播研究成果中的「亞洲獨
霸性」或「異國味」（essentialism or exoticism），而終究導致亞洲
文化傳播研究與世界上其他研究產生脫節或切割化（Dissanayake,
2003; Miike, 2007a）。雖然亞洲文化傳播研究正在起步，但是截至
目前為止已經累積了一部分的成果，值得我們深入探索。下一個小
節將淺略介紹華人的傳播學研究，以及其他非西方地區的傳播研
究，提供吾人進一步認識非西方文化傳播研究的進程與發展。

第三節　華人及其他非西方文化之傳播理論與研究

一、華人的傳播學研究

　　傳播的興起雖然是二十世紀以後的事，但是因為傳播、溝通代表的就是人類的生活，因此中國自古至今亦有一套屬於自己的傳播系統和方法，譬如古代官方之間、官方與百姓之間、百姓與百姓之間的傳播交流。時至今日，由於科技的發展，華人的社會和一般西方世界一樣，對於新聞媒體的需求頗高，因此新聞與傳播科系也一直是學子們決定學習方向的熱門選擇。兩岸三地的傳播教育一開始以新聞與大眾傳播為主導，但是到了90年代初期，台灣和香港紛紛增設了非新聞類的傳播研究科系，例如台灣世新大學的口語傳播學系、慈濟大學的傳播學系、香港浸會大學的傳播研究學系和城市大學的媒體與傳播學系等。海外的學者對於華人的傳播研究貢獻更是不遺餘力，在美國成立的「中華傳播研究學會」（Association for Chinese Communication Studies, ACCS）和「國際中華傳播學會」（Chinese Communication Association, CCA），近年來更是可見其會員熱烈投入華人傳播研究的現象，外加台灣的「中華傳播學會」（Chinese Communication Society, CCS）和大陸剛成立不久的「中國傳播學會」（Chinese Association of Communication, CAC），兩岸和海外華人所組成的傳播研究網絡，逐漸地交織出一幅以華人傳播思想為中心的研究地圖（陳國明，2004a）。

　　然而，陳國明（2004a）發現，華人社會的傳播研究仍有幾個

問題尚待解決，例如「西化有餘、本土不足性」（頁16），所幸這幾年來已經有一些華裔學者們由華人文化的角度，試著將傳播學本土化[註2]，其中也包含了對緣、面子、關係、風水、易經八卦、儒家思想、道家思想等重要概念的分析和探討。

另一個華人傳播研究所面臨的問題，根據汪琪、沈清松和羅文輝（2002）的看法，是數十年來華人世界（甚至是亞洲人的世界）始終未能提出一個具有普同價值的傳播理論。為什麼呢？究竟建構一個華人的傳播理論可不可能？汪琪等人（2002）比較了華人和西方研究傳統對於理論的定義，發現結果明顯不同，西方的傳播研究認定理論必須包含可驗證性、邏輯關係、解釋性、預測力和通則性；但是，華人的文化傳統則認為西方對於理論的定義乃是科學的定義，華人講求的是一個較為「廣義」的理論義涵，也就是將理論等同「思想」（例如關紹箕，1994，《中國傳播理論》），所以華人的文化傳統中，理論指的是「思想家或學者對某一現象的解釋、或對某一問題的見解」（汪琪等人，2002，頁34）。雖說西方與華人的傳統對理論持不同的見解，但是為了讓所有人類的文化價值、經驗和社會現象受到同樣的重視，華人的學者們必須致力於與西方的研究傳統做對話和融合，以達到互補的功效，讓兩岸三地以及其他華人社會中存在的傳播現象受到世人的理解。眼前的趨勢不容否認的是，世界上各種文化間正彼此不斷的交互影響著，也許有一天，華人文化的傳播理論能夠被應用在非華人的社會中，用以解釋非華人的溝通行為。因此，華人文化傳統中或許沒有現成的科學性理論，但是卻蘊藏著相當豐富的理論根源，值得學者們去挖掘和創

[註2] 例如中國傳播理論與思想（吳東權，1991；關紹箕，1994，2000）、華夏傳播理論（李敬一，1996，2003；孫旭培，1997）、華人傳播理論的相關期刊（朱立，1995；汪琪、沈清松、羅文輝，2002；祝建華，2001）。

新發展（汪琪等人，2002）。

而陳韜文（2004）則是針對上述兩個問題點，就「理論本土化」做論述。他認為理論本土化具備了三種意義：第一種是直接將外來的理論移植到本土的研究中，對本土的研究做解釋，這樣的本土化理論其實多半並不被肯定，因為其中缺乏創新，並且略顯牽強。第二種則是從外來的理論去做補充與修訂，讓它更貼近本土的社會規範，這樣的本土化理論是帶有創新意義的，同時學者們也比較容易做到。最後一種是真正建構出屬於本土的創新理論，雖然這是大部分學者們的夢想，不過在實踐上的確有其困難度。根據陳韜文的說法：

> 所謂理論本土化實際上是理論在全球範圍內的自然更替演變；本土化者也只是理論的社會對象或是社會條件轉變的結果而已。理論本土化跟理論全球化之間的關係是辯證的。本土理論，不管是美國的還是中國的，都是有條件的。理論本土化的過程實在是檢驗、補充現有理論和創新理論的過程。長遠來說，傳播理論是內外理論修訂、融合的結果，所謂我中有你，你中有我，很難分清內外。不過，目前源自美國等西方國家的傳播理論較多，受到發展中國家的研究者修訂的還不顯著，所以這種區分仍有分析意義。（頁50）

因此，陳韜文認為解決本土和西方學術研究間的「張力」乃是未來發展傳播研究的問題核心，而學者們應該要側重的是由本土的觀察中提出重要的理論問題，接著尋找答案，再以所找出的答案去回應國際間所真正關注的焦點，試著去補充或創造出新的想法和概念。

基於以上的討論，我們明白華人的傳播理論和研究不能夠與這個世界脫軌，也不應該完全捨棄其他文化的研究傳統（例如西方的研究傳統）；真正的理論不應該只能受用於某一個小群體，或是

只能解釋某一個特定文化的特質，相反的應該要有其國際相關性，理論的生產有時候只是時間快慢和敏感度的問題，也就是學者們或早或晚，對於其生存的社會所體察到的行為現象，因此，華人的傳播理論研究不見得只能說明華人社會的現象，而其他文化研究所提出的理論也勢必能對華人的生活提供某種程度上的參考（陳韜文，2004）。

　　談完了理論，不能不談方法。陳世敏（2002）說道，在台灣的社會科學界，舉傳播學為例子，70、80年代的研究方法多是採問卷調查的方式，到了90年代，質化方法——文本分析、符號學分析、語藝分析等——反而取代了問卷調查法。許多人單單質疑傳播理論的本土化問題，但是卻忽略了傳播研究方法乃是社會文化的產物，實際上包含著社會價值判斷和思維方式，它並不如一般想像的中立，如果將西方的研究方法移植到華人的社會，並無法認識和分析華人社會的本質（邊燕傑等，2001）。華人學術界雖然有不少對於西方研究方法的批評，然而改革的浪潮卻僅止於此，至今無人提出解決的方案，因此陳世敏為文建議發展「方志學」做為中國傳播學的方法論。方志就是地方史，它的功用在於充分反映地方面貌，資料和內容力求詳盡，書寫方志需要前往各地考察、記錄、訪問以取得第一手資料，再以特殊的體例撰寫、表達，等同於是一項學術研究。方志的意義在於蒐集地方上的經濟、文化、政治等素材，其內容包含的是人類社會日常生活的各式傳播活動，只不過以文字符號，透過邏輯系統和執行規範將之再現。陳世敏認為方志學為中國社會的產物，比起問卷抽樣調查法或實驗法更能體現中國社會的特殊性。華人學者們應該跟隨陳世敏教授的腳步，找出更多能夠充分解析和認知華人社會現象的傳播研究方法，藉以得出更確實、更貼近社會的研究結果。

　　接下來的內容將分別從幾個不同面向的研究例證——中國傳播

思想與理論、儒家思想、道家思想、面子、風水——來探討華人文
化中的思想概念對於吾人傳播及溝通的影響。

(一)中國傳播思想與理論

與西方學者對傳播理論所下的科學的定義相異，關紹箕
（1994）於其著作《中國傳播理論》中主張「傳播理論」為「思想
家或學者對傳播現象的解釋或對傳播問題的見解。此一解釋或見
解，可以是經得起驗證、具有邏輯關係的一組命題，也可以是主觀
的、直覺的片段思想」（頁5）。他認為「傳播研究中國化」可分
為幾個研究方向，但其中又以「建構概念清晰、體系井然的中國傳
播理論」最具學術價值（頁12），因為中國傳播理論不僅能為傳播
科系的學生們開啟一扇屬於中國傳播視野之窗，其內容敘述先哲對
於生活經驗和傳播問題的見解，亦有助於現代人解決一些生活上所
面臨的困境。關紹箕建構中國傳播理論的方法乃是以研究主題的層
級或邏輯關係為主，依照理論觸及的廣度排列優先順序，與一般人
想像的以時代或人物為重心的歸納方法有所不同。在此書中，中國
傳播理論被劃分成五大範疇（頁20-21）：

1. 語文傳播理論（牽涉了語用、語意、辯論、說服、修辭概
   念）：主要說明中國文字的起源與作用，並且對語文的意
   義、辯論的規則、說服和修辭的技巧提出詮釋，這個範疇內
   的理論有助於記號學、語藝學、邏輯學、修辭學和美學等學
   說的解讀。
2. 傳播規範理論（牽涉了一般規範、語言規範、行為規範概
   念）：中華民族自古至今一向重視道德規範，故傳播規範的
   問題亦大量出現在中國古人討論的話題之內，尤其以儒家思
   想中的賢哲著墨最多，例如那些溝通行為是合宜的，那些是

不合宜的。這些理論與倫理學、非語言溝通和政治傳播等學說有高度的關係。

3. **人際觀察理論**（牽涉了一般觀察、察言與察聲、觀色與觀行概念）：「觀人」和「知人」的能力一直是中國人所強調的，在人際的交流過程中，一個表情或一個動作，皆是中國人用才、處世的重要線索，故人際觀察遂成為中國傳播智慧當中的一大特色。這個部分的理論可以與社會心理學、管理學等做連結。

4. **人際關係理論**（牽涉了一般關係、家庭關係、君臣關係、朋友關係概念）：中國古代的先賢講求「五倫」，尤以儒家為最。五倫指的是君臣、父子、夫婦、兄弟、朋友間的人際關係，這方面待人接物的道理在古籍中亦有豐富的討論，其實與人際溝通、社會心理學和政治傳播頗有關聯。

5. **民意與報業理論**（牽涉了民意、報業的概念）：雖然中國古代並無報業，一直要到清末才有少數報業理論出現，但是古代的國君對於民意並無法完全忽視，因此先哲們針對民意也提出了些見解和看法。雖然這個部分的中國傳播理論和前面幾個範疇比起來稍有遜色，但是對於現代政治傳播、新聞學研究的理解仍然有所助益。

在此書中，關紹箕對於中國古代的傳播概念提供十分清楚的定義、詳盡的解說，從大量著作中旁徵博引，所有理論的排序和統整亦合乎邏輯道理。此書協助吾人系統性地對中國古代的傳播與溝通理論觀點做「橫向」的瞭解，而後來他在2000年所出版的另一本著作《中國傳播思想史》則是依據上述的五個範疇做為架構，將中國傳播思想做「縱向」的剖析，由古到今分別詳述先秦、兩漢、魏晉、南北朝、隋唐、宋明和清代中所流傳的傳播原理。此書的價值

在於培養鑑往知來的智慧，從歷史的教訓中探索傳播的未來；在瞭解先哲對傳播的貢獻後，更能增加我們對建構理論的信心；同時，清楚瞭解自己的思想史，也等於是為將來的比較思想史（例如華人與西方傳播思想史的比較）奠定研究的基礎（關紹箕，2000）。

除了台灣以外，大陸在近幾年也有傳播中國化的相關著作出爐，例如由李敬一（2003）所撰寫的《中國傳播史論》，是從歷史的角度來探討中國古代和傳播相關的事件、人物、思想和技術，此書並且呈現出中國古代社會豐富多彩的傳播方式如何以文化的精神滲入民族，並產生深遠的影響。孫旭培主編（1997）的《華夏傳播論》則論述了中華文化傳播理念與媒介、環境、政治、文化、教育、經濟的關聯，書中亦討論了中外傳播交流對於中國文化發展的影響。孫旭培認為，傳播研究中國化是一個「過程」，透過這個挖掘傳統和現代文化傳播理念的過程，傳播學不至於只是西方的傳播學，而有朝一日可能成為集東西方大成而非特立獨行的傳播學。該書中提出中國傳統文化當中的四個傳播特性（孫旭培編，1997，頁33-50）。

第一個特性是「傳播體制：『定於一尊』的一元格局」。一個社會的傳播體制能夠直接表現出該社會政治文化的機制，換言之，從社會政治的結構便能看出其傳播體制，因此中國古代家國同構的一元性便決定了中國傳播體制的一元化格局──皇帝既是政治權力的主宰，亦是社會信息的來源，皇帝對於社會訊息掌控享有絕對的主導權。而傳統社會的龐大官僚體系不但專責政治權力的運行，同時也要扮演社會政治訊息傳達的網絡和通道，不僅如此，為遵循傳播的一元格局，傳統社會還會採取各種手段來打壓異類思想及活動的傳散，譬如秦始皇的焚書坑儒即是以暴力方式維護傳播一元性的例子。一元化的傳播體制也使得傳統社會各級之間信息流動不均衡，雖然有由上而下的訊息，像是皇帝的旨意和官府的政令能夠通

達四方、暢行無阻，但是由下對上的人民言論卻也因爲階層化的關係，終遭扭曲變形難於通達。以消極面來看，這樣的體制並不利於社會整體機能的發展。

中國文化的第二個傳播特性是「傳播取向：『止於至善』的價值追求」。倫理道德一直是中國傳統文化的核心，有別於西方的傳播，中國古代傳播活動的價值在於追求一個「止於至善」的境界，很多時候中國人不是爲了傳播訊息而傳播，而是以道德做爲傳播的起點和歸宿，因此傳播活動亦被納入道德的範疇之中，許多倫理道德的觀念也進而演化成社會公認的傳播規範。比方說，孔子所言「非禮勿視，非禮勿聽，非禮勿言，非禮勿動」，即說明了傳播活動中非禮的內容均被排除在外，這樣顯然就是一種道德價值的取捨。

第三個傳播特性是「傳播技巧：『東方智慧』的凝結」。其實前面所提的傳播的道德取向就是「東方智慧」在傳播活動當中最明顯的體現；再者，中國古代不僅注重道德化，還特別重視謀略化。傳播的謀略化乃是受到「言多必失」、「禍從口出」、「一言可以興邦，也可以喪國」等古老觀念的影響，許多傳播的謀略計策則直接表現出中國人的東方智慧，例如明喻暗諷、迂迴漸進、以退爲進、恩威並舉、不言之言。

最後，第四個傳播特性是「傳播媒體：漢語獨特的神韻面貌」。這裡強調的是我們所使用的漢語所具備的傳播特性，譬如漢語的具象性（以形象爲主導，對客觀的現象模仿）、漢語鮮明的主體性（組織結構靈活，法無定規，端賴發言者造句的主體意識）、漢語語法以簡馭繁、以神統形（語法依人意而變化，注重的是傳播者主體意識的發揮），以及漢語的審美特性（講求觀物取象，將萬物之象加工成有意義的可感圖像）。

(二)儒家思想

眾所周知，華人的文化特色築基於儒家思想的傳統上，想當然不少學者會將華人傳播研究的焦點側重在孔子思想對於人際溝通所產生的影響。儒家特重對人的社會規範，也因此讓說話的主體自覺性的控制自我的言論並培養道德意識（李敬一，2003）。事實上，儒家思想的確主宰了中國人的政治理念及溝通行為長達兩千年之久，其影響也擴及到東亞的其他國家，諸如日本和韓國。而其中一個很重要的原因是這些國家，包含中國，過去某些朝代的主政者都曾經將儒家文化採用為治國的主要哲學理念，甚至將孔子的思想納入當時的教育體系當中，就連國家官員的考試幾乎也都有測試到考生對於儒家思想瞭解的程度（Stowell, 2003; Yum, 1988）。

不過，學者也質疑，究竟孔子的思想和其所提倡的價值系統對於東亞國家傳播行為的衝擊和影響，是否隨著時代的更替而有所改變？Stowell（2003）在比較了相關的文獻之後發現，與日本和中國相較之下，無論是在家庭關係、社會關係、合乎社會期待的角色扮演等面向，儒家思想似乎更加根深蒂固的影響著韓國人的生活文化。Stowell說道如此的結果，很大一部分原因來自於韓國的倫理道德教育。韓國人有句俗話說，「連老師的影子都踩不得」，即便在現代化的社會，韓國仍舊保存了強調儒家思想的傳統倫理道德教育方式。也因為如此，韓國人的溝通首重和諧和關係的維繫，同時致力於提升對他人的尊重和團體的向心力。值得注意的是，不管是韓文、中文或日文，多傾向於使用以「是」來開頭的肯定句，就算句子後面的內容在陳述否定的涵義，這一點是和歐美語系截然不同的。以中文為例：

小劉：「你明天不會去圖書館對吧？」

小高：「對啊，我明天不會去，我明天要去陽明山賞花。」

　　相反的，同樣的情境若換成英文來交談，答話者就必須以否定的方式來開頭：“No, I will not go to the library tomorrow.”而東亞語言強調「是」的附和表達方式，在在說明了孔子思想中的「和諧」概念對於這些文化所產生的深刻影響（Stowell, 2003）。

　　同樣是跨文化的比較研究，陳國明和鍾振昇（2004）分析了儒家思想中的層級關係、家族系統、仁道觀念及重視教育如何影響亞洲五龍（香港、日本、新加坡、韓國與台灣）的人際關係與組織生活。研究結果發現，孔子發展的道德倫理規範，建立了組織內家庭式的人際互動關係，也就是一種以人為中心的工作動力，這種動力減低了人際溝通的成本，並且創造高度的組織效率。但是，儒家思想影響下的組織溝通也並不是十全十美，譬如，因為高度的向心力容易造成過度區分你族我族（in-group vs. out-group），而常常發生組織派系化，或是與外界隔離形成同質化的封閉系統，還有過度強調儒家中重面子、互惠、尊重傳統的價值觀，也很可能會阻礙組織的創新和競爭能力。

　　儒家思想之所以對華人及東亞文化有這麼強烈的影響，另一個原因是來自於它的「實用性」，它屏除了任何形上學的形式或宗教基礎，它比任何體系都來得實際。儒學也是關於人性的學說，它視良好的人際關係為社會的基礎，故而提倡仁、義、禮、智做為引導正確行為的準則（Yum, 1988）。Yum（2007）說道，孔子學說所重視的「仁」和「禮」對於東亞人民的溝通影響尤其重大，因為儒學的核心是以尊重和順從的態度為中心的仁道主義，這一點恰巧可以透過仁和禮的概念表現無遺。Yum如是說：

　　　　亞洲人的溝通模式強調使用適切的語言以符合情境、對話者，
　　　　和正式與非正式溝通模式。「仁」與「禮」的結合正好可以提

供一個模式來導正無禮的趨勢，並得以重返文明。（p. 15）

華人和東亞文化的溝通交流模式也因爲重視儒學的關係，而呈現特有的面貌，比方說，東亞人認爲傳播是一個無限說明的過程，這個過程是以受話者爲中心，因爲意義是在聽話者詮釋的過程中出現（Yum, 1988）。Yum（1988）的研究說明了仁、義、禮、智這四個原則深刻地影響華人和東亞文化對於人際關係模式的偏好：(1)根據不同的情境、對不同社會地位的人產生不同的交往方式和溝通規範；(2)長期不對等的互惠原則，儒學相信人一生皆爲人情債所累，依賴他人不是一件壞事，而是社會人際關係組成的重要一部分，如此互惠的責任體系即是「義」的一種呈現。比方說，華人的社會比較少見到用餐後朋友間各自付帳的情況，很多時候都是彼此互請，以建立友善的人際關係；(3)長期認同一個內部關係緊密的特定群體（我群），群體成員習慣對彼此付出並且期待他人的回報，這樣的關係網絡與群體外的成員間形成了明顯的區別；(4)也因爲我族和他族間的劃分明顯，故受儒學影響的文化強調非正式的中介人來連結互動的雙方，然後建立新的人際網絡，如此是合乎「禮」的概念，例如媒人婆、生意上的介紹人，或由長輩來擔任衝突的協調者。

(三)道家思想

道家思想曾對中國封建社會產生巨大的影響，它與儒家文化並舉構成中華傳統文化的整體思潮。老子是道家學派的創始人，他的傳播思想是道家人物中最具代表性的。若是把傳播的基本內涵看成是訊息間的流通，而訊息流通的方式可分垂直方向和水平方向的話，老子的傳播思想偏重於闡釋統治者「自上而下的垂直傳播現象」。但如果把傳播視爲個人與群體之間的互動關係，而此關係又包含了個人自身對外界訊息的獲取、回應，以及和社會成員之間的

交流與情感溝通的話，老子的傳播思想則著重於個人在社會關係中從事內向傳播的探討（李敬一，2003）。

Chen（2003）便指出，道家思想的隱士論（anchoretism）可以被運用在自我溝通的過程中，因為道家所提倡的「不爭」與「無為」正是人類溝通行為當中非常需要的一種謙卑態度，如果每個人在溝通的初始都能存有一個身為現代隱士的心態，不去強求，讓事情順其自然的發展，如此也許能夠避免造成許多紛爭。

同樣的，道家無為、順乎自然的心態也能夠被應用在談判方面的溝通之上。黃鈴媚（2004）在其研究中探討目前西方談判研究的困境，亦即談判者很容易陷入無法兼顧「競爭與合作」這兩種矛盾動機的困境。與西方「競爭／支配」的思維對比的道家思想，以「無為」與「不爭」的論說為中心，這樣強弱對比的兩極思想，依黃鈴媚之見似乎可說是解決西方談判困境的一種新嘗試。因此，她提出無為談判者應遵循的談判行為準則：(1)無為談判者是管理競合矛盾者；(2)無為談判者是自我價值開發者；(3)無為談判者是因勢利導者；(4)無為談判者是權力釋放者；(5)無為談判者是軟中帶硬者；(6)無為談判者是知足保勝者（頁282-288）。這六個命題雖然還需要透過更多實證研究的檢驗，但是這種非西方的華人哲學思考，亦算是提供了談判學者們一個新的視角。

(四)面子

以面子為主題的跨文化傳播研究不在少數（e.g., Oetzel, et al., 2001, Oetzel, et al., 2003），由Stella Ting-Toomey（1988）所提出的「面子協商理論」亦為傳播學者們所重視。不管時代怎樣地變遷，華人所存在的社會不可能不講「面子」，林語堂曾經說過：

中國人的面子是難以解釋的，它像是榮譽，但卻又不像。面子

不能用金錢所購買，卻能夠帶給所有人榮耀。它不是存在的實體，男人為了它爭權奪利、女人可以為了它犧牲生命。（Ling, 1988, p. 175）

林語堂的一番話充分地說明了中國人視面子為重要的價值觀念。即使在非華人的社會，面子的概念亦不能算是陌生，只不過因為文化的關係，西方人和華人對於什麼樣的議題和事件可以牽扯到面子的考量，自然會有不同的標準。面子對於華人生活和溝通的影響，林智巨（2003）有以下的描述：

「面子」，一直在華人社會中有著舉足輕重的地位，它所扮演的角色是一種社會溝通的機制過程，每個社會中的個體都竭其所能的希望同時保有面子與爭取面子。事實上，「面子」的概念中外皆有，不同的意識型態、社會風俗與人類價值的文化背景下，所呈現的是不同的面子概念，甚至面子工夫。只是在華人社會中，面子的概念特別彰顯，它所展現在華人身上的是一種具備深度與廣度的價值信念，影響著華人社會體系中個體的日常生活溝通、政治參與以及經濟活動等。（頁1-2）

更具體的說，面子指的是吾人重視的社會聲譽，也就是個人在生活的過程中因為某些努力和成就所累積的名聲。從社會心理學的觀點來看，面子是個人在某一情境當中所體察到的「情境自我」（situated identities），也就是這個人在這個社會情境中所意識到的「自我形象」（self-image）。當個人在某一情境下和他人進行互動時，此人會依照該情境所賦予個人的角色期盼，而顯現出自我在他人心中最有利的形象，這樣的形象就是他在該社會情境中的面子。而所謂的做面子，便是在社會互動的情境裡，盡可能讓個人有面子的行動和層面顯現出來（黃光國，2004）。與做面子高度相關的概

念是「面子工夫」（facework）（Goffman, 1955），意指爲了避免個人在社交場合中尷尬失態，或維護個人自我形象所使用的特殊手段。

　　朱瑞玲（1987，頁41-44）以時間爲劃分的基礎，將面子工夫的整飭策略做了三種分類，分別是：(1)預防性的面子行爲，也就是爲了怕失掉面子所採取的補救措施（例如以聲明的方式解釋或否認可能造成負面結果的不良行爲，或者以逃避的方式完全否認事實的存在）；(2)補救性的面子行爲，亦即面子已經損失了，但還是需要解救這樣的困境（例如找合理的藉口來昇華自己某項行爲的意圖）；(3)增加面子的行爲，強調即便沒有失去面子的問題，仍須給自己或所屬的團體添面子，以增加個人的社會資源和影響力（例如標榜自己的優點或良好的表現）。

(五)風水

　　華人傳播研究當中，有一個範疇乍看之下好像與傳播或溝通沒有太直接的關聯，但是透過學者們的分析和解說後，不難發現原來和我們生活如此息息相關的中國古老觀念，竟然如此牽連著我們的傳播行爲。比方說，「風水」就是一個很好的例子。根據陳國明的研究（2004b; Chen, 2007），風水其實就是傳統華人看待人與大自然之間關係的世界觀，風水學的歷史，其實就是中國的哲學史，深入探究可以發現四個中國哲學概念與風水學有著緊密的關係：天人合一、陰陽、五行以及氣。「天人合一」意指天與人互相影響、互爲依存的關係，也就是說人的命運取決於上天的意志；而相對地，人類的行爲和社會狀態也會影響宇宙自然界的運行。依循這樣的思想，風水的概念就是一個人選擇的居住地或安葬的環境，會直接影響到此人及其家庭的發展，當然這個人的所作所爲亦會對其居住環

境造成效應。風水學同樣深受「陰陽」系統互動和諧關係的影響，並且採用「五行」（金、木、水、火、土）的概念，因為風水學認為人乃是五行互動之下的產物，五行對於人們的生活有決定性的作用。與五行相關的「氣」是萬物的本質，充滿生氣之所必有好風水；反之，充滿煞氣則須避之（陳國明，2004b，頁488-490）。

風水對人們溝通行為的影響可以分做兩個部分來看：人際間的互動、組織與商業生活（陳國明，2004b; Chen, 2007）。在人際互動方面，風水學強調大自然與人和諧的關係，而人與人之間應以創造一個和諧的社會，並且維持彼此互為依存的關係為目標；風水學也隱含了「選擇性的溝通」，也就是門當戶對、八字相配、個性相合的兩方比較容易發展出良好和諧的關係。另一方面，風水也與組織和商業利益有關，華人的社會很習慣於在新事業開張前找風水師指點，除了公司行號坐落的位置、空間的設計、辦公室裝潢和家具的擺設力求生氣生財以外，組織的名字在風水學上也與財富、好運有直接相關。而管理階層若能對組織內成員深入瞭解，包括個性和生辰八字，依風水學的觀點來說，亦有助於人事管理與生產力提升。

從廣義傳播學的角度來看，可以發現風水學對空間和方位的理論與非語言傳播學的內涵非常相似，除了空間理論外，風水學對時間和顏色的理論亦有相當豐富的討論，這個部分同樣也屬於非語言傳播的範疇，由此可見風水學與傳播之間的關聯不容小覷（陳國明，2004b）。

總括來看，與中華文化相關的研究牽涉到的主題眾多（例如易經八卦、占卜、佛教思想、關係、客氣等），在此僅挑選一小部分的主題和研究做簡單的介紹，期盼能夠引起讀者對於以華人文化為主的傳播研究產生共鳴與興趣。值得注意的是，學者們對華人傳播

研究的關注不該只執著於它的名號，不論它是不是被稱爲「華人傳播研究」，學者們應該以能創建出優質深入的研究爲目標。因爲玫瑰就算不叫玫瑰，大家依然認爲它芬芳美麗（陳世敏，2002）！

二、其他非西方文化的傳播研究

　　現今，非西方的傳播研究多數產自於東亞文化的傳播學者，例如Chen（2001）的和諧理論、Yum（2000）的儒家思想與人際溝通研究、Ishii（2004）的佛教思想和自我溝通；一方面的原因也許與早期赴歐美研習傳播學多爲來自東亞國家的學人有關。雖然從80年代起，便開始有學者們陸續強調發展非西方傳播理論和研究的重要性，並且非裔美籍的傳播與溝通型態也有日益受到學者們關注的趨勢（例如：Hecht & Ribeau, 1984; Ribeau, Baldwin & Hecht, 2000），但是相較之下，捨去歐美和東亞的傳播研究，其他非西方文化的傳播研究仍然占相當少數。

　　就非洲文化的傳播研究而言，目前在美國譚普大學（Temple University）教授非裔美國研究（African American studies）的學者Molefi Kete Asante（1987）在其著作*The Afrocentric Idea*提出了「以非洲文化爲中心的研究典範」（Afrocentricity）。Asante（1987）定義Afrocentricity爲「以非洲文化的思想概念爲中心的非洲文化和行爲研究典範」（p. 2），他提到自己經常懷疑歐美的學者怎麼能夠以歐洲文化爲中心的思想典範（Eurocentricity）去解讀其他文化的行爲研究，這樣「群體式的主觀」（collective subjectivity）卻一直被認爲是學術界的客觀標準。企圖改變這樣的現狀，他進一步說明提倡以非洲文化爲中心的研究典範之用意和目的：

　　　　其實每個人都具有文化的知能，能從對我們有利的存在位置來

觀看、解釋與詮釋。在西方與其他地方，歐洲與其他國家人民相較之下，通常都對真實持一種排外的觀點，這個觀點的排他性產生了基本的人類危機。在某些情況下，它導致文化間產生陣列來對抗其他人或甚至是他們自己。以非洲文化為中心的研究典範，並非要強加自己的觀點以為普同性，因為以歐洲文化為中心的研究典範已經這麼做了，但是聽見非裔美國人文化當中特殊的部分，的確是一個可以創造比較健全社會的方法，它也可以是一個建立更人性化世界的模式。（p. 23）

　　Asante認為目前人們大部分都是藉由歐洲文化中心的角度在詮釋我們所處的社會，而忽略了世界上其他與歐美傳統共存的文化觀點，非洲文化便是其中之一。以單一的文化視角來體察我們的世界，在某種程度上很可能會造成文化間的誤解和對立，因此，Asante鼓勵大家以多／另一種文化觀點來瞭解人類的社會，非洲文化為中心的研究典範（Afrocentricity）就是其中的一種方式，可用來深入理解和非洲文化相關的事物和行為。Asante的這番主張後來啟發了日籍的學者Yoshitaka Miike，Miike也因此發展出我們在第二節探討過的「亞洲中心的傳播研究取向」。爾後，Asante的論點也影響了其他研究者，促使他們採用Afrocentricity的理論角度來分析非裔美籍的文化，比方說，Cummings和Roy（2002）便以Afrocentricity為理論基礎來檢視饒舌音樂（rap music）的內涵和特質。

　　至於牽涉到亞洲其他文化的傳播研究，雖然偶爾還是可見其出現在某些特定主題的期刊論文集，但是在數量上仍嫌不足。其實，像是印度（例如：Starosta & Shi, 2007）、伊斯蘭（例如：Mowlana, 2007）、泰國（例如：Chaidaroon, 2003; Pfahl, Chomngam, & Hale, 2007）、馬來西亞（例如：Lee, 2007）、菲律賓（例如：Mendoza

& Perkinson, 2003）等文化都有其特殊的傳播傳統和思想概念，非常值得學者們進一步深入的探究。在傳播的領域中經常被遺忘的還有世界上其他不同的文化，譬如中南美洲、北歐、南歐、紐西蘭、澳洲文化的傳播研究，除了在國際性的研討會中或許可見之外，在國際性的期刊論文上似乎少了它們的蹤跡。

　　仔細想想，也許學者們並非忽視了這個讓全世界瞭解更多文化內涵和溝通特色的機會與責任，就實際面來說，很可能是因為要創建一個理論，走出一番新的傳播研究局面的確有其困難度。故下一節的部分將就非西方傳播研究未來的走向和其所遭遇的困境做討論。

第四節　傳播未來的走向

　　本章針對傳播領域新興的潮流——非西方口語傳播思想和理論——做初步的介紹。文中檢視了目前西方傳播理論的潛在問題，探究了以亞洲文化傳統和思想為基礎的傳播研究方向，同時也瞭解了華人傳播思想與理論及部分的例證研究，最後我們要回歸的問題是，非西方傳播研究整體而言所面臨的挑戰和困境。作者在此歸納出三個主要的挑戰，說明如下：

　　挑戰一：發展全球通則性的理論（universally applicable theories）。前面曾經提過，一個理論若是只能代表或反映某一個特定地區民眾的溝通行為，並不能算是一個理論（Goonasekera & Kuo, 2000）。充其量，這樣的「理論」只能算是一套假定，或是適用於該特定區域的傳播模式（Wang & Shen, 2000）。因此，非西方的傳播理論與研究，無論是源自於亞洲或是其他地區，能夠算是真正的理

口語傳播

論嗎？答案似乎是不盡然。那麼發展這樣的理論和研究是否又落入了西方傳播傳統目前正遭逢的問題？究竟非西方傳播研究能不能夠發展出全球通則性的理論來協助人類瞭解彼此的傳播和溝通行為？

挑戰二：平衡本土化（cultural specificity）與全球化（universal relevance）的學術辯證拉鋸。這個困境事實上和困境一有密切的關聯。傳播學者們已經紛紛提出平衡傳播研究本土化和全球化的迫切性，畢竟當我們理解了特定本土文化的傳播與溝通行徑之後，對於我們生存的這個全球化彼此互動的世界又能產生什麼樣實質的意義和幫助？以華人的傳播研究為例，陳國明（2004a，頁17, 19）提出這樣的看法：

> 以整體的觀點展望華人傳播學未來的發展，除了持續與加強華人傳播學會正常的互動與互助之外，更需要瞭解如何共同因應整個時代潮流的變化與衝擊，以便凝聚出一個具有文化認同與特色的華人傳播學研究，並進一步與全球化的潮流結合，為整個傳播學與人類社會提供必要的貢獻。……全球化社會的最大矛盾，就是本土化同時跟著增強。如前所述，本土化與全球化的辯證拉鋸，是人類未來社會的主流。換句話說，人類社會未來的前途，寄託在本土化與全球化的和平共存。這更表示，要立足於人類未來全球化的社會，必須先鞏固本土的自我文化認同。

陳韜文（2004，頁51）也指出類似的看法，他說道：「解決本土研究與國際學術之間的張力是發展傳播研究的核心問題。」如果無法將特定文化中的「個案」（case study）提升到一種國際性的層次，那麼這樣的研究意義便很難超越地方背景的限制，在國際學術上也很難找到對話、互補和融合的空間。更清楚的說，國際學術恐怕很難對某一文化中的案例產生高度的興趣，如果該學術議題和國

際世界是無法接軌的。

　　在此同時，學者們亦不該忘掉學術本土化的重要性，如同李敬一所言（2003，頁283）：

> 傳播不是一種獨立的文化現象，傳播活動對一個民族的文化傳
> 統形成有著重要的促進作用。……不研究中國的傳播史，就無
> 法解釋傳播與中華民族傳統文化的關係；……也就無法解釋當
> 今的傳播現象。

　　如果對於自身的傳播傳統不求甚解，又如何能達到更高的國際學術層次。故，欲做到平衡本土化和全球化的學術拉鋸，確實是學者們當前的重要課題。

　　挑戰三：傳播學子能力的不足。 就華人文化而言，我們所面臨的問題就是學習西方傳播論述已經造成單一面向（以歐洲文化為中心的研究取向），往往不經省察而一概接受的習慣，要走出自己的路，似乎是困難重重。汪琪、沈清松和羅文輝（2004，頁38-39）清楚的指出華人學界所面臨到的困境：

1. 現代的教育體制並未培養學生深入瞭解本土文化傳統的習慣，全球化的結果連結了分散在世界各地的人，在此過程中，人們必須面對自己和他人，故「我是誰？」、「我們在全球社群中占了什麼地位？」這樣的問題越形凸顯。
2. 華人傳統的學習態度是另一種障礙，我們的學習心態往往過於追求實際面，從古代的科考制度到現在台灣仍然相當重視考試的教育，如此長期累積下來的學習習慣，讓華人學子們難以跳脫固有的框架去發展自我的創見。
3. 華人的師生關係和歐美體制中的師生關係大不相同，我們的文化崇尚效法吾師，雖然很多功夫都是從模仿開始，但是一

味的模仿而失去自我的思想和風格，不能算是成功的教育。

上述對於華人學子能力上的顧慮，雖然不見得是所有非西方文化傳播界目前所面臨到的問題，但是在某種程度上也一定可以提供給其他非西方文化學術界做為參考。

根據前面所提出的三項挑戰，作者綜合前人的文獻，建議可以朝以下兩個方向來尋求解決方案：

1. 從教育著手：在文化傳統的學習方面，非西方的教育體制應該考慮更深入的將本土（例如華人文化）和世界性的（例如南亞文化、非洲文化、東歐文化等）哲學思想和經典選讀納入傳播類學生學習的內容，以求形成一個較為多元、完整的世界觀和省察的視野。另一方面，從溝通與詮釋的角度來看，傳播類的學生應當學習第一和第二外國語，如此一來學子們能夠透過對語言的熟稔而更加深入的認知跨文化的議題和異文化的觀點，正如同Yoshitaka Miike（2002）所述：「新世紀的溝通原則應該是多元語言且多元文化，以便回應本地與全球的溝通領域中多元的人類經驗。」（p. 16）未來的傳播範疇要面對的是人類全體共同的傳播與溝通經驗，絕不是單一文化中的單向生活體驗。而傳播教育者也應該多鼓勵學生們善用評析、思考辯證的學習模式，以避免老是被困在歐洲傳播典範的桎梏之中。

2. 雖然特定文化中的傳播研究和溝通模式，無法在一時之間演變成真正的理論，但這樣的研究卻應該被視為累積成理論的重要組成元素，並且，這樣的文獻基礎也能幫助其他學者們從事更多優質的本土化研究。換言之，這類本土型的研究不但可以幫助學者們瞭解某一地區文化的傳播和溝通習慣，避免掉研究者妄下斷論（making cultural assumptions）的陋習，

同時學者們亦可以從某些本土研究的基礎上去發展全球性通
則的理論，畢竟人類彼此之間的差距並不如我們想像中的
大。打個比方，「華人社會的傳播現象並不永遠獨特到不具
理論意義與價值；傳統的思想、學說也未必與主流論述絕對
毫無關聯」（汪琪等，2004，頁37）。多方文化所提出的本
土化論述，也許反而能夠激盪出對人類社會更有助益的創新
思想。此舉不失為平衡本土化和全球化學術拉鋸的一個具體
做法。

　　再次強調，本章的主旨不在擺脫西方傳播學對傳播領域的影
響，而是在說明以非西方文化的傳播觀點來學習人類傳播的重要
性。當然，這樣的改革過程確實艱難，也往往需要很長的時間，但
是值得注意的是，因為我們的時代正在遭逢一個重要的全球化轉
型，傳播學肯定不是目前唯一正在經歷如此修正過程的社會科學。
這個重新省視、改進的過程也許漫長，但是辛苦過後的結果——嶄
新的傳播未來——必定能夠幫助我們生活在一個更貼近世界一家的
和諧境界。

第五節　結論

　　本章的主要目的在探究非西方口語傳播思想和理論研究。第一
節的焦點在闡明西方傳播理論對其他非西方國家傳播教育和研究的
影響；其次討論傳播學者們對西方傳播理論所提出的評論和改革。
第二節則是探討亞裔的傳播學者們主張的以亞洲固有文化觀點為理
論基礎的傳播研究方法，同時介紹了日本傳播學者Yoshitaka Miike
所建構的以亞洲文化為中心的傳播研究取向。第三節簡介了華人傳

播思想與理論研究，其中論及了儒家思想、道家思想、風水、面子與傳播的關聯，以及其他非西方文化目前可見的傳播研究文獻。第四節則說明傳播研究眼前所面臨的挑戰和未來應該採取的因應策略，除了著重在傳播教育方面的改革以外，傳播學者們也應當投注更多心力於達到學術研究本土化與國際化的平衡點。

問題與討論

1. 請寫下你所認知的華人溝通特點。分組討論每位組員所寫下的內容，並且整理出華人溝通的長處和需要改進的地方，最後說明這些溝通特點需要改進的理由和方法。

2. 除了本章提到的西方傳播理論中所出現的問題，還有那些你讀過的理論或研究是有「瑕疵」的，亦即不適用於非西方文化體系的？請對這些理論研究做批判，同時提出你個人的看法。

3. 如果你是某傳播科系的課程委員會學生代表，你會建議系上規定畢業生一定要通過那些特定的標準？為什麼？

4. 藉由本章的介紹，依你之見，中華文化當中還有那些元素或概念是深刻影響吾人的溝通與互動的？請詳細論述之。

參考書目

一、中文部分

朱立（1995）。〈開闢中國傳播研究的第四戰場〉。《報學》，6（1），20-27。

朱瑞玲（1987）。〈中國人的社會互動：試論面子的運作〉。《中國社會學刊》，11，23-52。

李敬一（1996）。《中國傳播史——先秦兩漢卷》。武漢：武漢大學出版社。

李敬一（2003）。《中國傳播史論》。武漢：武漢大學出版社。

汪琪、沈清松、羅文輝（2002）。〈華人傳播理論：從頭打造或逐步融合？〉。《新聞學研究》，70，1-15。

吳東權（1991）。《先秦的口語傳播》。台北：文建會。

林智巨（2003）。《華人面子工夫與形象修復策略：以台灣女性政治人物面子威脅事件為例》。台灣世新大學傳播研究所碩士論文。

孫旭培（1993）。〈中國大陸傳播研究的回顧與前瞻〉。1993中文傳播研究暨教學研討會主題論文。台灣桃園。

孫旭培編（1997）。《華夏傳播論：中國傳統文化中的傳播》。北京：人民出版社。

祝建華（2001）。〈中文傳播研究之理論化與本土化：以受眾及媒介效果整合理論為例〉。《新聞學研究》，68，1-22。

陳世敏（2002）。〈華夏傳播學方法初探〉。《新聞學研究》，71，1-16。

陳國明（2004a）。〈中華傳播學研究簡介〉。陳國明編，《中華傳播理論與原則》，台北：五南。

陳國明（2004b）。〈風水與華人溝通行為〉。陳國明編，《中華傳播理論與原則》，台北：五南。

陳國明、鍾振昇（2004）。〈儒家思想對組織傳播的影響〉。陳國明編，《中華傳播理論與原則》。台北：五南。

陳韜文（2004）。〈理論化是華人社會傳播研究的出路：全球化與本土化的張力處理〉。陳國明編，《中華傳播理論與原則》，台北：五南。

黃光國（2004）。〈華人社會中的臉面與溝通行為〉。陳國明編，《中華傳播理論與原則》。台北：五南。

黃鈴媚（2004）。〈無為談判者：道家思想與談判行為研究〉。陳國明編，《中華傳播理論與原則》。台北：五南。

關紹箕（1994）。《中國傳播理論》。台北：正中。

關紹箕（2000）。《中國傳播思想史》。台北：正中。

邊燕傑等編（2001）。《華人社會的調查研究：方法與發現》。香港：牛津大學。

二、英文部分

Asante, M. (1987). *The Afrocentric idea*. Philadelphia: Temple University Press.

Chaidaroon, S. (2003). When shyness is not incompetence: A case of Thai communication competence. *Intercultural Communication Studies*, *XII(4)*, 195-208.

Chen, G.-M. (2001). Toward transcultural understanding: A harmony theory of Chinese communication. In V. H. Milhouse, M. K. Asante, P. O. Nwosu (Eds.), *Transcultural realities: Interdisciplinary perspectives on cross-cultural relations*, (pp. 55-70), Thousand Oaks, CA: Sage.

Chen, G.-M., (2007). The impact of Feng Shui on Chinese communication. *China Media Research*, *3(4)*, 102-109.

Chen, G.-M., & Starosta, W. J. (2003). Asian approaches to human communication: A dialogue. *Intercultural Communication Studies*, *XII(4)*, 1-15.

Chen, P. Y. H. (2003). Taoist anchoretism and intrapersonal communication: A pentad approach. *Intercultural Communication Studies*, *XII(4)*, 117-126.

Chu, G. C. (1988). In search of an Asian perspective of communication theory. In W. Dissanayake (Ed.), *Communication theory: The Asian perspective* (pp. 204-210). Singapore: AMIC.

Cummings, M., & Roy, A. (2002). Manifestations of Afrocentricity in rap music. *Howard Journal of Communications, 13(1)*, 59-76.

Dissanayake, W. (2003). Asian approaches to human communication: Retrospect and prospect. *Intercultural Communication Studies, XII(4)*, 17-37.

Festinger, L. (1957). *A theory of cognitive dissonance*. Stanford, CA: Stanford University Press.

Foss, S. K., Foss, K. A., & Trapp, R. (Eds.), (1991). *Contemporary perspectives on rhetoric*. Prospect Heights, ILL: Waveland.

Goffman, E. (1955). On face work. *Psychiatry, 18*, 213-231.

Goonasekera, A., & Kuo, E. C. Y. (Eds.), (2000). Foreword. *Asian Journal of Communication, 10*, vii-xii.

Gordon, R. D. (1998/1999). A spectrum of scholars: Multicultural diversity and human communication theory. *Human Communication, 2*, 1-8.

Gordon, R. D. (2007). The Asian communication scholar for the 21st century. *China Media Research, 3(4)*, 50-59.

Hasnain, I. (1988). Communication: An Islamic approach. In W. Dissanayake (Ed.), *Communication theory: The Asian perspective* (pp. 183-189). Singapore: AMIC.

Hecht, M. L., & Ribeau, S. (1984). Ethnic communication: A comparative analysis of satisfying communication. *International Journal of Intercultural Relations, 8*, 135-151.

Ishii, S. (1998). Developing a Buddhist en-based systems paradigm for the study of Japanese human relationships. *Japan Review, 10*, 109-122.

Ishii, S. (2001). An emerging rationale for triworld communication studies from Buddhist perspectives. *Human Communication, 4(1)*. 1-10.

Ishii, S. (2004). Proposing a Buddhist consciousness-only epistemological model for intrapersonal communication research. *Journal of Intercultural Communication Research, 33*, 63-76.

Kim, M. S. (1999). Cross-cultural perspectives on motivations of verbal communication: Review, critique, and a theoretical framework. In M. Roloff (Ed.), *Transcultural realities* (pp. 3-31). Thousand Oaks, CA: Sage.

Kim, M. S. (2001). Perspectives on human communication: Implications for transculture theory. In V. H. Milhouse, M. K. Asante, & P. O. Nwosu (Eds.), *Transcultural realities: Interdisciplinary perspectives on cross-cultural relations*, (pp. 3-31). Thousand Oaks, CA: Sage.

Kim, M. S. (2002). *Non-western perspectives on human communication: Implications for theory and practice*. Thousand Oaks, CA: Sage.

Kim, M. S., & Leung, T. (2000). A multicultural view of conflict management styles: Review of past research and critical synthesis. In M. Roloff (Ed.), *Communication yearbook 23* (pp. 227-269). Thousand Oaks, CA: Sage.

Kincaid, D. L. (1987). *Communication theory: Eastern and western perspectives*. San Diego, CA: Academic Press.

Lee, E. L. (2007). The Chinese Malaysians' selfish mentality and behaviors. *China Media Research*, *3(4)*, 91-101.

Ling, Y.-T. (1988). *The Chinese*. China: Zhejiang People's Press.

Littlejohn, S. W. (1996). Communication theory. In T. Enos (Ed.), *Encyclopedia of rhetoric and composition: Communication from ancient times to the information age* (pp. 117-121). New York: Garland.

Mendoza, S. L., & Perkinson, J. W. (2003). Filipino "Kapwa" in global dialogue: A different politics of being-with the "other". *Intercultural Communication Studies*, *XII(4)*, 177-194.

Miike, Y. (2002). Theorizing culture and communication in the Asian context: An assumptive foundation. *Intercultural Ccommunication Studies*, *XI:* 1, 1-21.

Miike, Y. (2003). Toward a alternative metatheory of human communication: An Asiacentric vision. *Intercultural Communication Studies*, *XII(4)*, 39-63.

Miike, Y. (2006). Non-western theory in western research? An Asiacentric agenda for Asian communication studies. *The Review of Communication*, *6*, 4-31.

Miike, Y. (2007a). An Asiacentric reflection on Eurocentric bias in communication theory. *Communication Monographs*, *74*, 272-278.

Miike, Y. (2007b). Asian contributions to communication theory: An introduction. *China Media Research*, *3(4)*, 1-6.

Mowlana, H. (2007). Theoretical perspectives on Islam and communication. *China Media Research*, *3(4)*, 23-33.

Nakamura, H. (1985). *Ways of thinking of eastern peoples*. Honolulu: University of Hawaii Press.

Nordenstreng, K., & Traber, M. (1992). *Promotion of educational material for communication studies*. Finland, University of Tampere.

Oetzel, J., Ting-Toomey, S., Chew-Sanchez, M., Harris, R., Wilcox, R., & Stumpf, S. (2003). Face and facework in conflicts with parents and siblings: A cross-cultural comparison of Germans, Japanese, Mexicans, and U.S. Americans. *Journal of Family Communication*, *3(2)*, 67-93.

Oetzel, J., Ting-Toomey, S., Masumoto, T., Yokochi, Y., Pan, X., Takai, J., et al. (2001). Face and facework in conflict: A cross-cultural comparison of China, Germany, Japan, and the United States. *Communication Monographs*, *68(3)*, 235-258.

Pfahl, M., Chomngan, P., & Hale, C. L. (2007). Understanding friendship from a Thai point of view. *China Media Research*, *3(4)*, 82-90.

Ribeau, S. A., Baldwin, J. R., & Hecht, M. L. (2000). An African American communication perspective. In L. A. Samovar & R. E. Porter (Eds.), *Intercultural communication: A reader* (pp. 128-135). Belmont, CA: Wadsworth.

Starosta, W. J., & Shi, L. (2007). Alternate perspectives on Gandhian communication ethics. *China Media Research*, *3(4)*, 7-14.

Stowell, J. A. (2003). The influence of Confucian values on interpersonal communication in South Korea, as compared to China and Japan. *Intercultural Communication Studies*, *XII(4)*, 105-115.

Thomas, K. W., & Kilmann, R. H. (1974). *Thomas-Kilmann conflict MODE instrument*. New York: XICOM, Tuxedo.

Ting-Toomey, S. (1988). Intercultural conflict styles: A face-negotiation theory. In Y. Y. Kim & W. B. Gudykunst (Eds.), *Theories in intercultural communication* (pp. 213-235). Newbury Park, CA: Sage.

Wang, G., & Shen, V. (2000). East, West, communication, and theory: Searching for the meaning of searching for Asian Communication theories. *Asian Journal of Communication*, *10*, 14-31.

Yum, J. O. (1988). The impact of Confucianism on interpersonal relationships and communication patterns in East Asia. *Communication Monographs*, *55*, 374-388.

Yum, J. O. (2000). The impact of Confucianism on interpersonal relationships and communication patterns in East Asia. In L. A. Samovar & R. E. Porter (Eds.), *Intercultural communication: A reader*, 63-73. Belmont, CA: Wadsworth.

Yum, J. O. (2007). Confucianism and communication: Jen, Li, and Ubuntu. *China Media Research*, *3(4)*, 15-22.

新聞教育的「是」與「不是」
——「新世紀華人新聞傳播大系」編後

一、新聞教育的六個「不是」

1994年9月，筆者應邀在北京廣播學院（今中國傳媒大學）演講不久，又應陳桂蘭院長之邀，參加復旦大學新聞系七十周年紀念，兩度在大陸就新聞教育提出看法，我提出了新聞教育的「六個不是」；返台後，應邀擔任台大、交大研究所與慈濟、銘傳、台灣藝術大學、國防大學、佛光等校評鑑，有教授對此一觀點相詢，要我做進一步說明。

我所說的新聞教育「六個不是」，意指新聞教育「不是技術教育，不是廉價教育，不是孤立教育，不是速成教育，不是僵化教育，更不是功利教育」。願申其說：

(一)新聞教育不是技術教育

眾所周知，新聞教育起源於培育新聞專業人才。首創美國密蘇里大學新聞學院的威廉博士（Dr. Walter Williams）原是美國一家大報的總編輯，但是他放棄了當時優渥的報業待遇，而於1908年到密蘇里大學創辦新聞學院，因為他相信報業與民主政治前途息息相關：如果他繼續辦報最多只能辦一份好報，但是民主政治需要更多的好報紙，因此他放棄辦報，而去從事新聞教育，希望能與更多志同道合的青年，為社會辦出更多好的報紙，以開創民主政治的光明

前景。

　　繼密蘇里之後，美國第二家新聞教育學府乃是1912年成立的哥倫比亞大學新聞學院，該院為偉大報人普立茲（J. Pullitzer）所創辦。普立茲主張新聞工作者應受新聞專業教育；他提供巨款，創辦這一所影響重大的新聞教育學府。他表示，塑造國家前途之權，是掌握在未來記者的手中。

　　威廉博士與普立茲都重視新聞實務訓練，所以密大的《密蘇里人報》歷史悠久；而哥大重視實務訓練更是無出其右，所以其新聞學院的許多師資是來自紐約重要媒體，如《紐約時報》、美聯社的重要幹部與著名專欄作家等。

　　但密蘇里與哥大雖然重視實務訓練，卻從來知道新聞教育的核心價值在於道德與職業倫理。

　　威廉博士手訂「報人信條」（The Journalism Creed），成了新聞工作人員共同遵守的基本信條，也是對抗黃色新聞、珍惜新聞自由與倡導新聞自律的指針。

　　普立茲在創辦哥大新聞學院之同時，捐款美金一百萬元後成立普立茲新聞獎，以獎勵新聞工作者提升專業水準。

　　威廉斯強調新聞為社會服務，新聞人應有三種預備功夫，便是：知識、技能、人格。三種功夫中，道德人格最為重要。而獨立的精神、客觀的態度和不偏不倚的立場，更是新聞專業道德思想的中流砥柱。

　　普立茲以經辦《世界報》而聞名，他是一位追求進步的理想主義者。他說：「當今培養律師、醫生、牧師、軍官、工程師與藝術家，已有各種專門學院，唯獨欠缺一所用來訓練記者的學院。……在我看來是毫無理由的。我想，在我所奉獻的行業裡，我所能貢獻的，再沒有比建立一所新聞學院更切實際，而且更有助於社會公益了。」

這位「有所為、有所不為」的矮小報人，建立了不朽的新聞思想哲學、新聞政策典範。他實踐偉大、自由、不畏政治勢力，以及新聞獨立的精神，永遠標柄史冊，照耀人間。

由上述可見，新聞教育的創始者威廉斯與普立茲雖重視新聞工作的實務訓練，但新聞教育絕不是技術教育。以技術訓練培養人才，只是一種匠氣教育，而非培養獨立的報人。

(二)新聞教育絕非廉價教育

近些年，台灣與大陸的新聞教育風起雲湧，表面上蓬勃發達，實際上卻是潛伏危機，問題叢生。

丁淦林教授於2005年3月致函筆者說：「近年來大陸新聞教育發展迅速，有二百多所高校有新聞系，傳播學專業，專業點超過五千個，在讀學生超過十萬名，在發展中出現若干新問題，需要繼續努力改進。」

近五年間中國大陸的新聞教育，又有新的增加，據聞所系單位已達五百七一所，在學學生逾十五萬人。

同樣情形，台灣的新聞教育，在光復初期亦只有政戰學校新聞系、政大新聞所系、世界新聞專科學校、師大社教系新聞組等數所；迄民國五十二年，文大新聞系所，藝專廣電科（夜間部）、文大大傳系（夜間部）相繼成立，形成當時的九院校。

當年由馬星野先生任理事長，筆者任副理事長、秘書長的大眾傳播教育學會，曾經聯繫九院校，不斷舉辦各種演講會、座談會、研討會、出版書刊、舉辦九院校聯誼會，不僅增進情感，促進交流，提升新聞教育水準，且培養出甚多傑出人才，為新聞界服務。

但是，曾幾何時，台灣的新聞教育學府已逾一一二所。根據中華民國傳播教育協會的統計，迄2006年底，台灣的新聞傳播教育單

位已從九院校增加爲一一二所。除政大、文大、輔仁、淡江等老牌學校外，其中以台大新聞所、交大、中正大學、南華大學、玄奘大學、銘傳大學、朝陽大學、世新大學、慈濟大學是其中較受矚目的學校。

台灣的新聞傳播教育如此迅速發展，一方面原因固然是報禁解除，媒體生態隨著新傳播科技而日益發展，人才需求孔急；另一方面更是由於年輕人對新聞科系趨之若鶩，以爲是既新鮮又好玩，特別是電視主播，成了許多青年人之夢，以爲進了傳播科系就可以圓夢。

而學校方面，因爲新聞傳播科系較熱門，不怕招生無「源」；有的更只闢幾間教室，聘幾位師資，添一點設備，就宣布新聞傳播科系成立，似乎廉價之至。

事實上，這種觀念是錯誤的。因爲新聞教育一如醫學教育，必須付出極大代價，無論是印刷媒體（如報紙、雜誌、出版）、電子媒體（廣播電視）以及電腦等新科技設備無不需要昂貴代價。

一些新聞學府，把實習與經驗傳承寄託於媒體。事實上過去確實有不少媒體負責人有此社會責任感，願爲培養人才而奉獻教育熱誠，但隨著各校畢業生逐年增多，對接受實習單位而言，形成沉重負擔，熱忱也已不如當年，在媒體經營自顧不暇的困境中，也常把學生實習當做「應付」，眞正有周詳規劃者日漸稀少。

從另一角度看，媒體經營單位之成本代價又高，也漸無能力派出工作人員輔導學生，國外許多著名媒體其實是不接受實習的。他們認爲媒體經營與教育是不同的領域；教育單位既有意興辦新聞傳播教育，則應該寬籌經費，增加完善的實習設備，形成良好的教育環境以培養學生。

「既要馬兒好，又要馬兒不吃草。」這是不可能的。新聞教育不是廉價教育人才的培養所。若干粗製濫造的教育成果，不僅危害

青年前途，也傷害新聞專業的本質。

(三)新聞教育絕非「孤立教育」

鮮少新聞學府能孤單一支，而能蔚爲大樹的。

在新聞傳播發展的過程中，除了以實務訓練爲本位外，有的主張以社會科學爲依歸，更有的主張以人文主義爲目的。

新聞專業接觸的是整體社會。所以新聞工作者要有廣泛的社會學科基礎，才能善盡職責。而教育內容更必須以社會科學爲基礎，才能與新聞工作密切結合。許多學校曾把新聞科系置於社會科學院之下，其理至明。如美國明尼蘇達、史丹福、伊利諾等大學，在課程安排上，極爲重視社會科學的比例，其理在此。

也有不少學者主張，新聞教育是一種文化工具，不但塑造社會輿論，且應在社會上扮演道德仲裁的角色，所以應多強調人文主義方面的思想和課程。

此外，由於近些年，統計電腦與新傳播科技的發展、傳播理論的研究、傳播效果的評估均與數理學科關係密切，所以這一部分的知識逐步在傳播教育中占據一定比例。

無論是社會科學、人文主義與科學性的傳播研究，都說明了新聞傳播教育絕不能孤立，它必須成長，並結合諸般涵詠廣闊的知識領域中，始能奏功。

所以，新聞教育絕不能孤立，否則人才之出，必成爲技術之輩，而無法指引其畢業生朝輿論事業之大方向。

筆者一向主張，新聞教育應生根於綜合大學中。學生們除修習本科專業知識外，更要選修、旁聽其他學院之不同知識，即使聽演講、參加學術討論會之機會亦有益於新聞傳播科系學生之視野與潛力發揮，所以新聞傳播教育絕不能孤立一支。無任何知識背景之支

援。

(四)新聞教育絕非速成教育

　　新聞專業人才上通天文、下通天理，其養成教育必須深厚，才能蔚爲有用人才。

　　曾任中央社社長，在新聞界人尊「蕭三爺」的蕭同茲先生曾說：「醫生治療人類生理疾病，記者治療人類社會疾病。治療社會疾病更較治療生理疾病爲難。醫生要接受七年醫學教育，記者怎能輕率？」

　　所以，他主張完整的新聞教育需要七年的時間。前四年奠定語文、社會科學與人文素養之基礎。第五年，一如師範生必須到學校試教一年（新聞系學生則到媒體實習一年）。第六、七年則開始受新聞專業知識以求深度，並補不足。

　　蕭先生的構想在今日教育制度下，當然不易實現，但是他的理想與哥大新聞教育新聞學院、台大新聞所之精神或有若合符節之處。哥大與台大不辦大學部，研究所則招收大學部有各種不同學科背景知識的學生，2007年6月分，筆者擔任台大新聞研究所之評鑑，亦深覺其教育效果與傳統四年制之大學新聞科系教育互有利弊，值得深入探討。

　　無論如何，新聞教育絕不能只是求速成，否則教育無益於專業水準之提升，亦無由獲得社會之認同與尊重。

(五)新聞傳播教育絕非僵化教育

　　在所有教育領域中，新聞教育是一塊特殊的領域，因爲它主要培養的人才是在爲新聞媒體服務，而新聞媒體隨著傳播科技之日新月異，其生態亦不斷更新。

因此，新聞教育必須隨著新科技的發展，而更新其內涵。教學課程固然需要調整，教學內涵亦必須不斷充實，教學方法亦有隨時檢討之必要。

新世紀要掌握媒體、資訊，做科技的主人，新世紀更要以人文為本，落實科技與人文並重的全人教育，才能建構知識經濟時代的科技人文之國。

筆者主張新聞傳播科系的課程有不變的一面，如歷史、倫理、社會責任、法律等；但也有其隨時代以改變的一面。這樣新聞工作者才能走到新世紀的先端，預見各類現象與問題，提供閱聽人全新的思維。新聞工作者不僅以提供資訊為滿足，更須進一步的提供知識，並指引智慧，這是新時代有抱負的新聞人應有的使命感。

所以，新聞教育絕不可僵化，一成不變，而要隨時代以進步，日有進境，才無負社會的期許。

(六)新聞教育絕非功利教育

有人批評新聞教育的功利性似乎只是為學生製造一張畢業證書，求得一份職業。事實上，新聞教育除給學生謀生技能外，也應該回歸教育的本質，因為教育的目的不僅在使人有用，更要使人幸福。

如果教育只是為職業而教育，不免狹窄；如何提升生活品質與生命意義，乃是人生終極的關懷；所以新聞教育除在專業上授學生以知識技能外，也應該強化其哲學思維，以求終生之幸福與人生目標之實現。

這種理想，必須循人文科學之思維，以培養學生適當的態度、正確的思想、常態的情緒以及良好的習慣，進一步謀求個人與社會的和諧與幸福。

445

曾任美國聖母大學校長赫斯柏（Theodore M. Hesbursh）曾說：「人文精神教育的旨趣，在學習如何生活，充實人生，發揮生命價值，而非僅在專業訓練以準備將來的就業而已。」

人文教育重視「博雅教育」（liberal education），讓學生體會如何生活比學習如何工作更為重要。

這牽涉到人的價值觀、生命觀與宇宙觀，也是一位新聞記者立身處世、安身立命之終極。

如此說來，新聞傳播教育確是任重而道遠。

二、新聞教育的六個「是」

新聞教育既有那麼多的「不是」，那麼新聞教育究竟「是」什麼呢？筆者認為，新聞教育如要贏得敬重，受到民眾的信任，他必須建立在以專業為基礎的教育上。

(一)新聞教育是專業教育

所謂專業就是此一行業不僅服務社會，且因其所從事工作的內容，常常牽涉他人生命、財產、名譽與安全。例如醫師、律師、教師、建築師、會計師，其工作內涵涉及別人的健康、權益、成長。所以他們的共同特徵就是要以專業概念做為工作指導；醫師在促進病人健康，律師在保障人權，教育在協助成長……所以他們在從事專業活動時，皆需運用較高級的心智，不僅「知其然」，更知「其所以然」。其專業形象的建立，消極的要從自我的突破開始，積極的更要不屈於外來壓力，進一步堅忍勇敢，專一與明斷。

專業從事者應接受完整的教育，以運用其知識，誠懇地服務大眾；而以謀生為次，金錢只是生活的工具而已。

(二)新聞教育是倫理教育

新聞教育既是一種專業教育，則其必須以倫理為基礎，重視榮譽，並以高度自治的方式，不斷求進步，改善服務的品質，並遵守一套道德規範與倫理規範；心中有一把道德的尺，終生奉獻，所謂「做良醫不做名醫」。

專業從事者，是否有專業倫理，受社會制約，受專業理念指導，最為重要。

道德是自發而為，所以作者認為哲學家柏拉圖在《理想國》一書所提的四種道德，實為新聞倫理教育極重要的基礎：

1. 智慧：今日媒體所提供的只是一種資訊，如何進一步提升為知識，實為新聞人的重大挑戰；智慧不僅是資訊的整理與歸納，更是對真善美的抉擇與判斷。
2. 勇氣：新聞從事者每天面對不斷的挑戰與壓力，必須以無比的勇氣接受挑戰，雖千萬人吾往矣。
3. 自制：新聞是一項權力，行使此一權力，往往涉及他人的權益與幸福，所以必須有強大的自制力，謹慎、反省，不僅不違反道德，且積極為善，服務社會。所以新聞自律乃是新聞教育的核心價值。
4. 公正：公正就是正義。新聞從業者，必須懷公正之心，對真理負責，以期成為社會進步之標竿，而不成為社會進步之絆腳石。

(三)新聞教育是人文教育

新聞工作者在科技時代的社會危機中，更需要加強人文教育。

　　人文教育在強調器識先於文章，文化素養重於工具性的知識。它所關懷的，是研討人的存在價值、所擁有的態度、採持的信念、所追尋意義與生活方式的呈現。

　　「正德、利用、厚生」正是人文教育的重大信念，所以新聞教育應鼓勵學生體驗人生，並積極創造生命的價值，培養民胞物與的情境。人文教育的理想是希望落實科技與人文並重的教育，以建構知識經濟時代的科技，爲生命找無限的可能。

　　人文教育的實施，重視情意，特指感性的訓練價值與道德能力的培養。當人們強調人文關懷時，即是著重於人生存的價值和榮耀，他所主張的自由，是利人利己的大利。

(四)新聞教育是通識教育

　　通識教育是人文教育的重要形成，希望透過合理的課程與教學，提供新聞人完整的知識，進一步培養全面性的人格。哈佛大學所強調的通識教育是：

　　1.清晰而有效思考，並用文字表達出來。
　　2.對於某些知識具有廣博學識基礎。
　　3.對於所吸納之知識有正確批判和理解能力。
　　4.對於道德與倫理，具敏銳的判斷力。
　　5.具有豐富的生活型態。

　　曾任清華大學校長的梅貽琦，強調其教育觀念的核心是通才教育，他認爲應培養學生在自然、社會和人文三方面的綜合知識。一些學者主張通識教育應以經典的閱讀、分析、討論爲中心，不爲無因。

(五)新聞教育是「全人教育」

所謂「全人教育」就是四種教育平衡的觀念：

1.專業與通識的平衡。
2.人格與學養的平衡。
3.個體與群體的平衡。
4.身心靈的平衡。

中國全人教育的理念，不僅是要完成人的內在整合，使生理、生命接受精神生活的統攝指導，完成身心一如之功夫。教育的目的是幫助受教育者在人格、知識、態度與智慧等各方面的整體成長，回歸「以人為本」的基礎。

(六)新聞教育是「終身教育」

新聞事業隨科技發達而日新月異，而社會變遷更是驚人。新聞教育必須配合此一發展情勢，朝新聞教育朝終身教育的理念方向發展。

德國大學最鄙視的是為謀生而學習。愛因斯坦希望青年人離開學校時，做個終身和諧發展的人，而不只是做為一個專家。「專家不過是一隻訓練有素的狗。」

在今天數位匯流下，新聞教育自需若干改變，尤其終身學習的觀念，更需建立。而新聞教育的基本功力更應強化：

1.文化歷史的素養。
2.專業精神的精深。
3.寫作能力的強化。

4.永生教育觀念的培養。

　　我們要再一度強調新聞教育是一種「教育」，不是一種「訓練」。這樣的新聞教育才有永恆價值。這是筆者主編這套叢書的緣由。

　　　　　　　　　　　　　　　　　　鄭貞銘

新世紀華人新聞傳播大系 2

口語傳播

作　　　者／秦琍琍、李佩雯、蔡鴻濱
出　版　者／威仕曼文化事業股份有限公司
發　行　人／葉忠賢
總　編　輯／閻富萍
執行編輯／吳韻如
地　　　址／台北縣深坑鄉北深路三段 260 號 8 樓
電　　　話／(02)8662-6826
傳　　　真／(02)2664-7633
網　　　址／http://www.ycrc.com.tw
　E-mail ／ service@ycrc.com.tw
印　　　刷／鼎易印刷事業股份有限公司
　ISBN ／ 978-986-85746-2-5
初版一刷／2010 年 9 月
定　　　價／新台幣 520 元

國家圖書館出版品預行編目（CIP）資料

口語傳播 / = Speech communication / 秦琍
琍, 李佩雯, 蔡鴻濱著. -- 初版. --臺北縣
深坑鄉：威仕曼文化, 2010.09
　　面；　　公分. --（新世紀華人新聞傳播
　　大系；2）

ISBN 978-986-85746-2-5 (平裝)

1.口語傳播

541.83　　　　　　　　　　　　　99016249